Thomas Schnitzler (Hg.)

unter Mitarbeit von Petra Jenny Vock

„Das Leben ist ein Kampf"
Marianne Elikan – Verfolgte des Nazi-Regimes

Tagebuch, Briefe und Gedichte aus Trier und Theresienstadt

Mit einer kommentierten Biografie und einem historischen Glossar

[handschriftliche Widmung:]

Herrn Dr. Heinz Kahn
zum Dank für Deine
unentwegte Unterstützung
als Zeitzeuge bei der
Realisierung u. Erhaltung
eines ganz wichtigen Teils
der Erinnerungskultur.

mit freundlichen Grüßen
von Thomas Schnitzler

Trier, 4. 6. 2009

Thomas Schnitzler (Hg.)

unter Mitarbeit von Petra Jenny Vock

„Das Leben ist ein Kampf"

Marianne Elikan –
Verfolgte des Nazi-Regimes

Tagebuch, Briefe und Gedichte
aus Trier und Theresienstadt

Mit einer kommentierten Biografie
und einem historischen Glossar

wvt Wissenschaftlicher Verlag Trier

„Das Leben ist ein Kampf"
Marianne Elikan – Verfolgte des Nazi-Regimes
Tagebuch, Briefe und Gedichte aus Trier und Theresienstadt
Mit einer kommentierten Biografie und einem historischen Glossar
herausgegeben von Thomas Schnitzler
unter Mitarbeit von Petra Jenny Vock
Trier: WVT Wissenschaftlicher Verlag Trier, 2008
ISBN 978-3-86821-100-9

Umschlagabbildungen: Privatsammlung Marianne Elikan
Umschlaggestaltung: Brigitta Disseldorf

© WVT Wissenschaftlicher Verlag Trier, 2008
ISBN 978-3-86821-100-9

WVT Wissenschaftlicher Verlag Trier
Bergstraße 27, 54295 Trier
Postfach 4005, 54230 Trier
Tel.: (0651) 41503, Fax: 41504
Internet: http://www.wvttrier.de
E-Mail: wvt@wvttrier.de

Inhalt

Vorwort   vii

I „Das Leben ist ein Kampf": Marianne Elikan – Eine kommentierte Biografie   1

Die verleugnete Herkunft   1

Beginn der Rassenverfolgungen   1

„Meine Eltern sind nicht meine Eltern" –
ein verhängnisvoller Familienbesuch 1940 in Frankfurt   2

Überall zuhause – und doch nirgends daheim: Als junges Mädchen
diskriminiert, verfolgt und gefangen in Trier und Theresienstadt   7

Der Krieg ist zu Ende – die alten Zwänge bestehen fort:
Warten auf die „Heimkehr" aus dem „befreiten" Ghetto   16

Ein Rucksack und Taschen voller Erinnerungen an die 'Festung ihrer Jugend'   19

„Wie nett und freundlich sie alle waren, als sie hörten, dass wir aus dem
Konzentrationslager kamen" – Die Rückkehr nach Trier im Juli 1945   21

Die alte Heimat – unbehaglich und voller Widersprüche   22

Notgottesdienste in „Betstuben", der Abriss der alten Synagoge 1956
und das unerwünschte Gedenken an die KZ-Opfer und die NS-Vergangenheit   29

„Die Nazis sind noch immer da" – aber wo sind meine Eltern?   35

'Ein Mensch, den ich gern habe, wird mir nicht gegönnt. Jeder fährt weg …' –
Die Sehnsucht nach Liebe und das Schicksal als alleinerziehende junge Mutter   38

„Wiedergutmachung" konnte es nicht geben – Verliererin im 'Kleinkrieg der Opfer'   40

'Ich habe niemandem geschadet, niemanden betrogen und bin auch ein bisschen
stolz' – Von der zweiten Hochzeit bis zur späten Tagebuch-Veröffentlichung   43

II Dokumente   47

1. Tagebuch-Aufzeichnungen aus Theresienstadt und Trier, 1942-1946   47

Vorbemerkung zur Überlieferung und Textwiedergabe   47

Blätter mit grüner Wollfaden-Heftung (Herbst 1942 bis Juni 1944)   48

Blaues Heft (3.7.1944 bis 27.9.1944)   58

Loseblatt-Sammlung mit Seitennummerierung (September bis Dezember 1944)   67

Heft mit blauen Umschlagdeckeln (24.12.1944 bis 5.5.1945)   72

Notizheft in braunem Lederetui (6.5.1945 bis 30.7.1946)   84

2. Briefe 1942 bis 1946   93

Werner de Vries und Lieselotte Elikan an Marianne Elikan (26.1.1942)   93

Melanie und Eduard Wolf an Marianne Elikan (1.2.1943)   94

Werner de Vries an Marianne Elikan (8.7.1946)   96

**3. Gedichte und weitere Texte 1943-ca. 1948 –
geschrieben und gesammelt während der Internierung
in Theresienstadt und in der frühen Nachkriegszeit**   98

Vorbemerkung zur Überlieferung und Textwiedergabe   98

Theresienstadt *[Autor unbekannt]*   101

Kleine Festung! *Herbert Kain*   102

Das Lied von Theresienstadt, 23.5.1945 *Walter Lindenbaum*   103

Wir fahren nach Theresienstadt *Otto Kalno*   105

Das Feuer von Auschwitz *[Autor unbekannt]*   108

Arbeitsantritt im K.Z. Gleiwitz I *[Autor unbekannt]*   109

Glimmer-Marsch Theresienstadt *Paul Abedes*   111

Ruhe, meine Damen! (Glimmer-Stücke) *[Autor unbekannt]*   112

Die Thermosflasche in Theresienstadt *[Autor unbekannt]*   114

Zehn Kleine Kalorien. Tragödie *Rudolf Winkler*   117

Floh-Idyll in Theresienstadt *[Autor unbekannt]*   118

Mit Dir in einem Kumball *[Autor unbekannt]*   119

Typhusspital *Marianne Elikan*   121

Ein Kakaozug von Zimmer 4. 5.-6. Februar 1945 *Marianne Elikan* 124

Todesanzeige für ein Kaffeeböhnchen *[Autor unbekannt]*   128

Lasst sie nicht untertauchen *Walter Dehmel*   129

Wir ... *[Autor unbekannt]*   130

4. Poesiealbum (März 1941/Trier bis Mai 1945/Theresienstadt) 131

Vorbemerkung zur Überlieferung und Textwiedergabe   131

Die Eintragungen   133

III Glossar: Erläuterungen zum historischen Kontext   151

Alphabetische Register zum Glossar   249

Anhang   253

Farbtafeln   253

Quellen- und Literaturverzeichnis   265

Abbildungsnachweis   276

Dank   278

Vorwort

„Den Opfern ihre Namen wieder zurückgeben" – dies ist das Anliegen der seit 2005 auch in Trier durchgeführten Gedenkaktion „Stolpersteine". Jeder Name steht für eines der vielen NS-Opfer, deren Lebenswege über 60 Jahre lang vergessen, verschwiegen oder aus den Erinnerungen verdrängt worden waren. Mit dem „Ende der Zeitgenossenschaft" (Norbert Frei) hat eine Wende im öffentlichen Bewusstsein der Deutschen begonnen. Während die vom Schrecken des Naziregimes noch unmittelbar betroffene „Wiederaufbau"-Generation sich von der Vergangenheitsbewältigung durch das erinnernde Aufarbeiten distanzierte – nicht selten aufgrund eigener Verstrickung –, suchen die jüngeren Generationen nach authentischen Informationen, anhand derer sie dieses für sie immer noch „dunkle Kapitel" deutscher Geschichte auch auf der sinnlichen Wahrnehmungsebene begreifen können.

Hierzu bieten die allzu lange verschwiegenen Leidensschicksale der NS-Opfer immer wieder neue Einsichten. Der schwere Lebensweg von Marianne Elikan ist ein solches Lernbeispiel. Marianne Elikan ist die letzte überlebende Frau der Judenverfolgungen im Kreis Trier-Saarburg. Sie überlebte ihre 33 Monate währende Internierung im jüdischen „Vorzeige-Ghetto" Theresienstadt, wohin sie im Sommer 1942, kurz vor der Vollendung ihres 14. Lebensjahrs, von Trier aus deportiert worden war.

Den Entschluss zur Veröffentlichung ihrer autobiografischen Erinnerungen fasste Marianne Elikan erst wenige Monate vor ihrem 80. Geburtstag am 29. Juli 2008. Auch sie bricht jetzt endlich das Schweigen, das sich viele aus der nach Deutschland, das „Land der Täter" zurückgekehrten Minderheit der KZ-Überlebenden aus verschiedenartigen Beweggründen eine lange Zeit auferlegt hatten.

Die späte Aufarbeitung ihres Lebensweges als Opfer des NS-Regimes erforderte von Marianne Elikan eine gehörige Portion Mut und Kraft. Allein bei den Korrekturlektüren ihrer Tagebücher, der Briefe und Gedichte riskierte sie, dass all jene traumatischen Erinnerungen „wieder hochkämen", die sie längst vergessen glaubte; setzte sich bei den Interviews und Gesprächen, die sie mit dem Herausgeber bis zuletzt geführt hat, einer erneuten Konfrontation mit den psychischen Folgeschäden ihrer Haft aus. Jedoch riskierte Marianne Elikan diese Auseinandersetzung mit ihren unangenehmen Erinnerungen ganz bewusst, weil sie mit diesem Kapitel ihres Lebens selbst „endlich abschließen wollte".

Mit dem vorliegenden Buch möchte sie der Jugend und ganz besonders ihren eigenen Kindern und Enkelkindern einen umfassenden und ungeschminkten Rückblick auf ihr Leben geben. Darüber hinaus hofft Marianne Elikan aber vor allem, mit der Veröffentlichung ihrer Erinnerungen einen Beitrag zur Aufklärung und Mahnung zu leisten, damit sich Verfolgung und Terror gegen unschuldige Opfer nicht mehr wiederholen mögen.

Der vorliegende Band gliedert sich in drei Teile. Um den Leser nicht unvorbereitet mit der Edition der autobiografischen Texte – den Tagebuchaufzeichnungen, Briefen, Gedichten und anderen literarischen Texten sowie dem Poesiealbum – zu konfrontieren, bietet der erste Teil eine kommentierte Darstellung des Lebensweges von Marianne Elikan. Teil II beinhaltet die Edition der überlieferten autobiografischen Dokumente, literarischen Texte und Poesiealbum-Einträge. Ihnen ist – bis auf den Teil II.2: Briefe –, jeweils eine „Vorbemerkung zur Überlieferung und Textwiedergabe" vorangestellt, die die Quelle beschreibt und einordnet sowie die Editionsprinzipien erläutert.

Als besonderes Angebot und zur Anregung der selbständigen, nachforschenden Erschließungsarbeit an den vorgelegten Textdokumenten – gerade auch im Schulunterricht – wurde der Edition zu dem üblichen Anmerkungsapparat noch ein umfangreiches Glossar (Teil III) beigegeben. Darin finden sich sowohl allgemeine und spezielle Erläuterungen zum historischen Kontext als auch Erklärungen einschlägiger Sachbegriffe sowie ergänzende Informationen zu den im Text erwähnten Personen, Orten und Ereignissen. Zusätzlich liefern zahlreiche Fotografien und Bilddokumente in allen drei Teilen sowie ein Anhang mit Farbtafeln umfassendes Anschauungsmaterial.

Das Buch beschließen ein Verzeichnis der benutzten Quellen und Literatur, ein Quellennachweis der Abbildungen und der Dank an alle Personen und Institutionen, ohne deren Unterstützung diese Publikation nicht möglich gewesen wäre.

Thomas Schnitzler, Oktober 2008

I. „Das Leben ist ein Kampf"
Marianne Elikan – Eine kommentierte Biografie[1]

Marianne Elikan wurde am 29. Juli 1928 in Durlach geboren. Sie war die uneheliche Tochter von Helene Geiger geb. Elikan, jüdischer Konfession, und Paul Rotter, einem Friseur aus Karlsruhe. Zum Zeitpunkt ihrer Geburt lebten ihre beiden Eltern bereits voneinander getrennt.[2]

Die verleugnete Herkunft

Marianne lebte die ersten drei Jahre ihrer Kindheit in Grötzingen zusammen mit ihrer Mutter und ihrer drei Jahre älteren Schwester Lieselotte Elikan im Hause ihrer Großmutter Johannette Traub und deren Ehemann Leopold Traub. Dieser war Vorbeter und Gemeindediener der Synagoge in Grötzingen. Er war aber nicht Mariannes wirklicher „Opa", da er nicht der Vater ihrer Mutter Helene war, die ihre Großmutter Johannette aus einer früheren Beziehung mit in die Ehe gebracht hatte. Nach dem Tode von Johannette Traub (30.12.1931) heiratete ihre Mutter einen nichtjüdischen Ofensetzer aus Ettlingen, Franz Josef Geiger (Hochzeit 6.1.1931), der einen eineinhalbjährigen Sohn Namens Franz mit in die Ehe brachte. Im Frühjahr 1932, nach ihrem Umzug nach Ettlingen, wo sie in einem Haus in der Leopoldstr. 12 wohnten, gab Helene Geiger ihre dreijährige Tochter Marianne zur Pflege an das kinderlose jüdische Ehepaar Eduard und Melanie Wolf (geb. Hayum) in einem Dorf namens Wawern an der Saar. Eduard Wolf war Viehhändler, sie wohnten in einem Bauernhaus, zu dem ein geräumiger Hof gehörte. Von nun an hieß sie Marianne Wolf. Sie verlebte eine glückliche Kindheit bei den Wolfs, von denen sie annahm, sie seien ihre richtigen Eltern, sagte „Mutti" zu Melanie und „Vater" zu Eduard. Eduard und Melanie Wolf kümmerten sich um sie wie um eine eigene Tochter, und so sagten sie ihr zunächst lieber nicht, wo sie wirklich herkam und wer ihre leiblichen Eltern waren. Marianne liebte die Wolfs wie ihre wirklichen Eltern. Sie spielte mit den anderen Dorfkindern Verstecken und Nachlaufen, und in den Ferien fuhr die Familie gerne nach Lautersweile zu einem Onkel, einem Bruder Melanie Wolfs. In seiner großen Matzenfabrik gab es leckere Matzen. Und so vergingen Mariannes frühe Kindheitsjahre, ihre kleine Welt schien heil und in Ordnung.

Beginn der Rassenverfolgungen

Marianne lebte in Wawern von 1932 bis 1939. Auch nach ihrer Einschulung dort 1934, dem Jahr nach Hitlers „Machtergreifung", gab es für sie zunächst noch keine

---

[1]   Die im Folgenden wiedergegebenen autobiografischen Erinnerungen wurden während einer Reihe von Gesprächen mit Marianne Elikan im Jahr 2008 aufgezeichnet.

[2]   Helene Geiger, geb. Elikan (1903-1942 Auschwitz) und Paul Rotter (1901-1968 Frankfurt/M.); für ausführlichere biografische Angaben über die im Folgenden genannten Personen und Erläuterungen wichtiger Begriffe, Ereignisse, Namen und Orte vgl. das angehängte Glossar.

Abb. 1: Marianne Elikan 1939 im „Judenhaus" Brückenstraße 82

spürbaren Probleme. Sie erinnert sich noch an ihren Klassenlehrer Dietsch. Das erste schreckliche Ereignis in ihrem Leben war die „Reichskristallnacht", als plündernde Nazis mehrmals in das Haus ihrer Pflegeeltern einbrachen.[3] Sie wurde von nun an als „dreckiges Judenmädchen" beschimpft und durfte die Volksschule von einem auf den anderen Tag nicht mehr besuchen. Im Sommer 1939 musste sie mit ihren Eltern nach Trier umziehen und dort als Zwangsmieter in sogenannten „Judenhäusern" wohnen und ab dem Frühjahr 1941 in einem Weinberg in Olewig Zwangsarbeiten verrichten.[4] Kurz nach ihrer Abschiebung nach Trier erfuhr sie von ihren Pflegeeltern von der Existenz ihres leiblichen Vaters Paul Rotter, der sich in mehreren Briefen nach ihr erkundigt hatte und sie nun auf einmal zu sehen wünschte. Dass sie also auch eine andere Mutter hatte, davon schrieb er nichts. Für Marianne, die ihre Pflegeeltern wie richtige Eltern liebte, war diese Eröffnung ein Schock. Als ihr Vater Paul Rotter sie mit seinem Auto zu ihrer ersten Begegnung abholte, begleitete sie ihn nur widerwillig nach Frankfurt zu dem verabredeten Besuch seiner Familie. Sie brachte es nicht fertig, ihn „Vater" zu nennen, als er sie auf der Fahrt nach Frankfurt dazu aufforderte.[5]

„Meine Eltern sind nicht meine Eltern" – ein verhängnisvoller Familienbesuch 1940 in Frankfurt

Dieser Besuch in Frankfurt, den Marianne Elikan in ihrem Tagebuch sehr ausführlich beschrieben hat, wurde zu einem zentralen Ereignis, wenn nicht sogar zu dem wichtigsten Schlüsselereignis ihres ganzen Lebens. Die Sturzflut unerwarteter Informationen dort, die ihr bisheriges Selbstbild von einem auf den anderen Tag über den Haufen warfen, und das Wechselbad hocherfreulicher und tieftrauriger Erlebnisse verdichtete sich in der unterbewussten Wahrnehmung des gerade zwölf Jahre alten Mädchens zu einem traumatischen Ereignis, das in ihr nachfolgend eine „partielle Abwehr-Amnesie"[6] auslöste. Als Marianne Elikan etwa zweieinhalb Jahre später nach ihrer Ankunft in Theresienstadt mit der Niederschrift ihres Tagebuches begann, hatte sie bereits

---

[3] Vgl. Glossar: „Reichspogromnacht".

[4] Vgl. Glossar: „Arbeit", „Judenhaus" und „Zwangsarbeiterinnen".

[5] Vgl. die erste, undatierte Tagebucheintragung nach Mariannes Ankunft in Theresienstadt (Juli 1942): „‚sage zu mir Vater, ich bin dein Vater' und ich wusste nicht was ich machen solle."

[6] Treplin, Vera: Zweierlei Vergangenheit – zweierlei Erinnerungen. In: Analytische Psychologie 32 (2001), S. 84-106.

weitere traumatischer Bedrohungssituationen durchmachen müssen. Die nachfolgende Reaktion war ein selektiver Erinnerungsverlust einzelner Ereignisse, deren zeitliche Abfolge Marianne nicht mehr einzuordnen wusste. Daher fehlten in ihrer Tagebuch-erinnerung an diesen Besuch präzise Angaben über den Tag der Ankunft und über das Datum der Rückfahrt. Dieser Besuch in Frankfurt dauerte mindestens vier Wochen, worauf ein indirekter Hinweis („nach vier Wochen") schließen lässt. Der Besuch ist wohl auf das Spätjahr bzw. auf die Monate Oktober bis November 1940 zu datieren, da Marianne Elikan in dieser Tagebuchpassage als einziges Datum den 14. November 1940 erwähnte. An jenem Tag hatte sie ihren gewohnten Namen „Wolf" gegen „Elikan", den Namen ihrer leiblichen Mutter Helene, eintauschen müssen. Zu diesem Zeitpunkt wusste sie noch nicht, dass dies der Name ihrer Mutter war, da ihre Pflege-

geeltern ihr deren Existenz bisher verschwiegen hatten und sie sich auch gar nicht mehr
an sie erinnern konnte, weil sie sie nur als
Kleinkind gesehen hatte. Es schwante ihr also
bereits Böses, als sie mit dem ihr persönlich
ebenfalls erst kurz vorher durch ihre Pflegeeltern vorgestellten Paul Rotter in dessen
Auto nach Frankfurt fuhr. Vielleicht ahnte sie
bereits unterbewusst, dass sie ihre geliebten
Pflegeeltern in nicht allzu ferner Zeit für immer verlieren würde. Bei der Ankunft in
Frankfurt sah sie das Frisörgeschäft ihres Vaters und in der Etagenwohnung darüber lernte
sie dann ihre etwa gleichaltrige Halbschwester Waltraud Ingeborg kennen, deren ebenfalls anwesende Mutter[7] sie aber nicht erwähnt. Im Tagebuch beschreibt sie ihre Halbschwester Waltraud Ingeborg als ein scheues
und von einem langen Krankenhausaufenthalt
geschwächtes, ihr aber durchaus sympathi-
sches Mädchen. Noch heute erinnert sie sich
daran, dass sie in ihrem Mansardenzimmer

Abb. 2: Lieselotte Elikan 1938 in Karlsruhe

übernachtet hat. Das Haus befand sich in der
Nähe des Römers, dem historischen Zentrum
der Stadt. Es war das Eckhaus in der Elefantengasse 1. Von Waltrauds Mansarden-zimmer aus konnte sie, auf einem kleinen Schemel stehend, durch das Dachfenster über die Dächer der Stadt schauen. Im gleichen Hause begegnete sie auch erstmals und zugleich zum letzten Mal in ihrem Leben ihrer Halbschwester mütterlicherseits, der sechzehnjährigen Lieselotte Elikan. Sie kam mit ihrer beider Mutter, Helene Elikan, zu Besuch. Auch ihr begegnete Marianne hier zum ersten Mal bewusst und zugleich zum letzten Mal in ihrem Leben. Wie und warum Rotter dieses pikante Zusammentreffen mit seiner ehemaligen Geliebten und ihrer unehelichen Tochter Marianne „arrangiert" hatte, und warum ausgerechnet im Haus seiner Familie, ist Marianne bis auf den heu-

---

[7]   Waltraud Ingeborg und Margarethe Anna Rotter, geb. Reinemuth; vgl. Glossar.

tigen Tag ein Rätsel geblieben. So weiß sie auch bis heute nicht, an welchem Tag diese verhängnisvolle Begegnung in Frankfurt stattgefunden hat. Aufgrund des aktenkundigen Karlsruher Deportationsdatums ihrer Mutter, dem 22.10.1940, lässt sich aber als mögliches Datum dieses Besuches die erste oder zweite Oktoberwoche annehmen, da sich Helene Geiger in der dritten Woche der Erledigung der mit ihrer Deportation zusammenhängenden Formalitäten hatte widmen müssen.

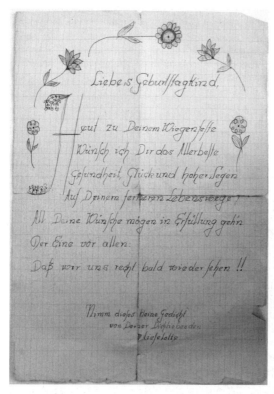

Abb. 3: Geburtstagsglückwünsche von Lieselotte an ihre Schwester (ohne Datum; um 1939)

Wie diese einmalige Begegnung im Hause Rotters mit ihrer Mutter und ihrer Schwester verlaufen ist, hat Marianne in ihrem Tagebuch nicht beschrieben. Sie erinnert sich heute, dass sie sich sogleich gut verstanden haben. Ihre braun gelockte, drei Jahre ältere Schwester Lieselotte war bildhübsch und ähnelte ihrer dunkelhaarigen Mutter. In Waltraud Ingeborgs Zimmer spielten sie abwechselnd auf dem Harmonium, erst Waltraud, dann Lieselotte. Zum Abschied gab ihr Lieselotte Küsse auf beide Wangen und sagte sinngemäß: „Wir sollten uns mal öfter treffen!" Dazu kam es aber nicht mehr, auch nicht mit ihrer Mutter, da sie beide vier Jahre später in Konzentrationslagern umkamen. Seit diesem Tag in Frankfurt aber schrieben sich Marianne und Lieselotte noch zahlreiche Briefe. Erst in diesen Briefen erfuhr Marianne mehr über ihren gemeinsamen problematischen Lebensweg als Töchter einer geschiedenen Mutter, die nach ihrer gescheiterten Beziehung mit Paul Rotter soeben erst die Scheidung ihrer zweiten zerrütteten Ehe mit Franz Geiger durchgemacht hatte. In diesem Briefwechsel, der bis zur Deportation Lieselottes aus Gelsenkirchen am 27. Januar 1942 andauerte, lernte Marianne Elikan ihre zuvor unbekannte Schwester Lieselotte kennen als „ein kluges und vernünftiges Mädel". Was Marianne Elikan über ihren weiteren Lebensweg darin erfahren hat, war Grund genug, sie fortan auch als Seelenverwandte zu lieben. Lieselotte Elikan wurde nach dieser einzigen Begegnung und auf-

grund ihrer besonderen Lebensumstände zu ihrem bewunderten Vorbild. Als sogenanntes „Heimkind" hatte Lieselotte eine Berufsausbildung zur Hauswirtschafterin abgeschlossen. Nun hatte sie sogar – trotz der Judenverfolgungen – eine Arbeit als Krankenschwester im jüdischen Krankenhaus in Frankfurt gefunden, wo sie seit Mitte Mai
1941 angestellt war. Davon war Marianne weit entfernt, da sie in Trier nicht einmal
mehr eine ordentliche Schulbildung absolvieren durfte. Was sie aber vielleicht noch
mehr an ihrer Lieblingsschwester bewunderte, war, dass sie sich bei ihrer Arbeit frisch
verliebt hatte in einen „gestandenen Mann", Werner de Vries, einen Mechaniker aus
der Bergarbeiterstadt Gelsenkirchen, der sechzehn Jahre älter war als sie[8] und der sie
demnächst sogar seiner Familie zu Hause vorstellen wollte. Vielleicht wollten die
beiden sogar heiraten. Dann wäre ihre Schwester, wie man damals sagte, eine „arri-
vierte Frau" gewesen. Doch es sollte alles anders kommen. Nach ihrer beider Deportation Ende Februar 1942 aus Gelsenkirchen – Lieselotte Elikan und ihr Freund schrieben noch einen gemeinsamen Abschiedsgruß an Marianne – kehrte Werner de Vries
nach dem Krieg allein zurück und berichtete Marianne Elikan in einem Brief im Juli
1946 vom wahrscheinlichen Tod ihrer Schwester Lieselotte.[9]

Abb. 4: Familie Rotter um 1943 in Frankfurt/M. In der Mitte auf dem Stuhl Waltraud Ingeborg Rotter,
rechts auf dem Stuhl, sich auf den Tisch aufstützend, Paul Rotter

---

8   Werner de Vries aus Gelsenkirchen (Jahrgang 1908), vgl. Glossar.
9   Vgl. die weiter unten (Teil II.2) abgedruckten Briefe vom Februar 1942 und vom 8. Juli
    1946.

Das ausschlaggebende Negativerlebnis ihres Besuches in Frankfurt aber, das Mariannes sofortige Rückreise nach Trier veranlasste, war die in ihrem Tagebuch beschriebene Auseinandersetzung mit ihrem Vater Paul Rotter. In einer Art Strafpredigt prophezeite Rotter ihr das drohende Schicksal der Judenverfolgungen in so drastischen Worten, dass sie währenddessen in einem Weinkrampf zusammenbrach. Marianne war so konsterniert und schockiert, dass sie in ihrer Erregung den Entschluss fasste, sogleich allein nach Trier zurückzufahren. Sie schlug damit das Angebot ihres Vaters aus, bei seiner Familie in Frankfurt einzuziehen. Beim überstürzten Verlassen des Hauses vergaß sie, einen Teil ihres Gepäcks mitzunehmen. Die Abreise aus Frankfurt sollte sich als folgenreicher Entschluss erweisen, da die Aufnahme in die „Arierfamilie" der Rotters Marianne möglicherweise weitere Verfolgungen erspart hätte, während sie durch die Rückkehr in den Haushalt ihrer Pflegeeltern in Trier die Verschlimmerung ihres bereits bedrohten und ungewissen Schicksals riskierte. Ihre Abreise aus Frankfurt bedeutete für Marianne zugleich die endgültige Trennung von ihrer Mutter und ihrer geliebten Halbschwester Lieselotte, die beide in Konzentrationslagern ermordet wurden.

Die kaum dreizehnjährige Marianne war nach ihrer überstürzten Rückreise aus Frankfurt so verstört, dass sie in ihrer erwähnten Besuchsbeschreibung, die sie in ihrem ersten Tagebucheintrag nach ihrer Ankunft in Theresienstadt festhielt, eine weitere Erstbegegnung zeitlich nicht mehr genau zuordnen konnte: Einen Brief ihres ihr bis dahin ebenfalls unbekannten „arischen" Stiefvaters Franz Geiger.[10] Offenbar hatte dieser Stiefvater mit ihr einen ähnlichen Plan wie ihr leiblicher Vater Rotter, nämlich sie durch Adoption vor weiteren Verfolgungen zu schützen. Eine für sie ebenso unerträgliche Vorstellung, die sie lieber aus ihrer Erinnerung verdrängte. Wie sehr Marianne bei diesem Frankfurt-Besuch aus ihrem inneren Gleichgewicht geraten war, zeigt auch die von ihr sehr plastisch beschriebene psychosomatische Abwehrreaktion des Erbrechens, für die sie allerdings allein das schlechte und eintönige Essen bei Rotters verantwortlich machte: Es habe in den ganzen vier Wochen „Früh-Mittag-Abend" nur „Brötchen oder Brot, Wurst und Tee" gegeben – also offenbar keine warme Mahlzeit – möglicherweise ein Hinweis auf die eher dürftige finanzielle Situation ihres leiblichen Vaters? Marianne Elikans Begründung für das Erbrechen („weil ich ja [zu Hause bei den Pflegeeltern] was anderes gewöhnt war") könnte allerdings auch auf die ihr kindliches Gemüt bereits quälenden Trennungsängste hinweisen. Einzig für den Tag des Besuchs ihrer Mutter Helene Elikan erinnert sich Marianne an ein „gutes Essen", d.h. an eine warme Mahlzeit mit „Rindsuppe, Bratkartoffeln und Salat und Fleisch": Ein typisches Sonntagsessen, das den Gepflogenheiten der Gastfreundschaft entsprach und das man den Gästen vielleicht auch aus dem Grund servierte, um eine evtl. finanzielle Notlage nicht deutlich werden zu lassen. Sicherlich spiegelt sich in Mariannes positiven Assoziationen an den Besuch ihrer Mutter aber auch wider, wem ihre Sympathie galt: Ihre Mutter Helene hat sie bei dieser einzigen bewussten Begegnung lieb gewonnen, ihren Vater Paul Rotter hingegen lehnte sie schon damals instinktiv ab – eine Antipathie, die sie ihr ganzes Leben lang nicht ablegen sollte.

---

[10] Franz Josef Geiger (1906-1945), vgl. Glossar.

Überall zuhause – und doch nirgends daheim: Als junges Mädchen diskriminiert, verfolgt und gefangen in Trier und Theresienstadt

Die von Marianne Elikan vor ihrer Deportation nach Theresienstadt (26. Juli 1942) in Trier gemachten Erfahrungen als verfolgtes „Judenmädchen" konfrontierten sie bereits mit dem extremen Alltagsantisemitismus der beginnenden Judenvernichtung: Sie durfte weiterhin keine öffentliche Schule mehr besuchen, keine Straßenbahn fahren, keine Schwimmbäder besuchen, auch keine Theatervorstellungen, durfte nur noch in bestimmten Geschäften einkaufen, sich mit keinem „Arier" verabreden, geschweige denn sich mit einem solchen anfreunden.[11] Wenn sie auf der Straße, wie zuvor bereits in Wawern, beschimpft oder gar bespuckt wurde, blieb ihr nichts anderes übrig, als dies nach außen hin gleichmütig zu ertragen. Und doch fand sie auch hier – trotz ihres Ghettodaseins als Judenhaus-Bewohnerin – Trost und Zuversicht bei ihren Pflegeeltern, Freunden und Bekannten. Bei den Zwangsarbeiten im Olewiger Weinberg sammelte sie heimlich aufgenommene Fotos.[12] Die Bilder zeigen junge Mädchen und Frauen, auch nichtjüdische, mit denen sie in der Mittagspause heimlich mitgebrachte Essensrationen austauschte. Bei den ebenso heimlichen Leseabenden schrieb sie von und für ihre Freundinnen kleine Gedichte zum Andenken auf, die sie in ihrem Poesiealbum bis heute aufbewahrt hat. Hier im Ghetto der Trierer Judenhäuser knüpfte Marianne Elikan erstmals Kontakte zu akademisch gebildeten Bürgertöchtern und kulturell interessierten Frauen der Stadt, die sie auf dem Dorf in Wawern gewiss nicht kennengelernt hätte. Mit dem Aufschreiben und Sammeln dieser Poesiesprüchlein kann man auch den Beginn von Marianne Elikans Interesse an Literatur ansetzen, das sie dann wenig später auch zum eigenen Schreiben führte. Dass sie dieses literarische Schaffen jedoch nur in Theresienstadt praktizierte, unter den problematischen Lebensverhältnissen der Nachkriegszeit aber gänzlich aufgeben musste, ist eine weitere Tragik ihres Verfolgungsschicksals.

Die Zeit im Ghetto der Trierer Judenhäuser lehrte Marianne auch, sich einzurichten auf ein ungewisses Leben in einer Dauer-Abschiebeposition, auf ein Leben, in dem menschliche Werte wie Freundschaft, Liebe, Familie kaum mehr zählten und in dem auch die Grundregeln der zivilisierten Gesellschaft – Freiheit, sozialer Friede, Gerechtigkeit und das Recht auf freie Arbeit – außer Kraft gesetzt worden waren. Paradoxerweise entwickelte Marianne Elikan in jenen frühen Jahren der Judenverfolgung auch ein sehr ausgeprägtes physisches Selbstwertgefühl, weil sie ihren jugendlichen weiblichen Körper – sie war blond und hatte blaue Augen – als ein geeignetes Werkzeug entdeckte, das sie in den alltäglichen rassischen Diskriminierungssituationen wie eine Tarnkappe einzusetzen lernte. „Wo ich auch hinkam, überall mochten mich die Leute", erinnert sie sich heute. „Mit meinen blonden Haaren und meinen blauen Augen sah ich gar nicht so aus, wie man sich Juden damals gemeinhin vorstellte." Zum Beispiel plauderte sie stundenlang mit der Verkäuferin des Textilgeschäfts in der Brückenstraße, über dem sie mit ihren Pflegeeltern in einem kleinen „Judenhaus"-Zimmer wohnte. Sie beobachtete von dort aus, wie die Verkäuferin nach Geschäftsschluss von ihrem

---

11 Vgl. Glossar: „Endlösung", „Judenverfolgungen", „Kennkarte" und „Vernichtung".
12 Vgl. Glossar: „Zwangsarbeiterinnen"; hier auch Abb.

'arischen' Liebhaber abgeholt wurde. Auf diese Weise erlernte Marianne bereits in Trier Verhaltensmuster, die ihr – nach eigener Einschätzung – in Theresienstadt geholfen haben, zu überleben: die Fähigkeit, sich mit einem durch und durch zwiespältigen Leben arrangieren zu können, dessen Schönheiten niemals ohne doppelten Boden existierten; und das Hineintauchen-Können in äußerliche Traumwelten als Strategie, persönliche Sorgen und Schicksalsschläge zu ertragen und zu vergessen. Auch in diesem frühjugendlichen Lernprozess hatte Marianne schon dramatische Angstsituationen zu bestehen – eine frühe Traumatisierung, die durch den nachfolgenden

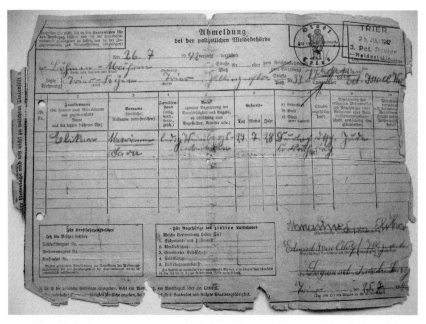

Abb. 5: Marianne Elikans „Abmeldebescheinigung" vom 26. Juli 1942, am Tag vor ihrer Deportation nach Theresienstadt

Aufenthalt in Theresienstadt und die hier erlittenen Todesängste und Trennungserlebnisse noch weiter verstärkt wurde. So wurde sie an einem sehr kalten Frühjahrstag 1942 in Trier während einer Straßenbahnfahrt zusammen mit ihrer Freundin Liesel Mayer[13] verhaftet. Weil die beiden als Juden bzw. „Judenmischlinge" öffentliche Verkehrsmittel nicht mehr benutzen durften, hatte sich Marianne in einem unbeobachteten Moment den „Judenstern" mit einem dicken Winterschal zugedeckt; die Freundin hatte den ihrigen durch schnelles Herunterschlagen ihres großen Mantelkragens verdeckt. Als die Straßenbahn aber von einem Gestapo-Mann zu einer Kontrolle angehalten wurde, wurden die beiden Mädchen bei ihrer unerlaubten Fahrt entdeckt. Marianne

---

[13] Vgl. Glossar; sie war, wie Marianne Elikan, auch als Zwangsarbeiterin in den Weinbergen in Trier-Olewig eingesetzt (vgl. Glossar: Zwangsarbeiterinnen).

Elikan erinnert sich, daraufhin von dem Gestapo-Mann Wilhelm Plichta in den düsteren Gefängniskeller der Gestapo-Zentrale beim Bahnhof (heute Ecke Balduin-/Christophstraße) gebracht worden zu sein, wo sie mehrere Tage bei Verhören schikaniert wurde. Als sie sich am Tage ihrer Deportation, am 26.7.1942, vor dem Frauengefängnis im Bischof-Korum-Haus von ihren Pflegeeltern verabschiedete, kam der genannte Plichta brüllend herbeigelaufen und schlug ihr den Topf Suppe aus der Hand, den sie gerade von ihrem Vater als Reiseproviant annehmen wollte. Marianne Elikan regt sich noch heute über diese sadistische Gemeinheit so auf, dass ihre Stimme zittert, wenn sie davon spricht; sie kann und will dieses Erlebnis aber doch nicht vergessen, verbindet sich mit ihm doch der Moment, an dem sie sich von ihren Pflegeeltern, die ein Jahr später nach ihrer Deportation verschollen blieben[14], für immer verabschiedete.

Abb. 6: Deutsches Mädchenheim (L 414; links neben der ehemaligen Garnisonskirche) in Theresienstadt (Postkarte, um 1938)

Marianne Elikan gehörte zu der Minderheit der Häftlinge, die den Krieg und die Judenverfolgungen als Dauerhäftling im Ghetto Theresienstadt überlebten, weil sie aufgrund ihres Rassen-Status als „Judenmischling" nicht in ein anderes Konzentrations- oder Vernichtungslager deportiert wurde.[15] Sie war im NS-Lager Theresienstadt vom 28. Juli 1942, dem Ankunftstag ihres Transportzuges, bis zur Befreiung des Lagers am 8. Mai 1945, also fast drei volle Jahre bzw. 33 Monate interniert. Und sie blieb dort

---

[14]   Eduard Wolf (1886-1943) und Melanie Wolf (1889-1943); vgl. Glossar.
[15]   Vgl. Glossar: „Mischling", „Judendeportation".

unter immer noch katastrophalen Lebensbedingungen auch nach der Befreiung noch
mehr als zwei Monate bis zu ihrem Heimtransport am 17. Juli 1945.

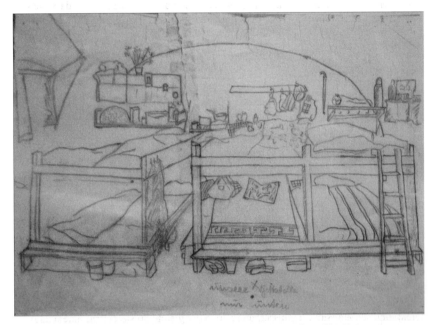

Abb. 7: Stockbetten in Theresienstadt. Zeichnung von Betty Süsskind

Die von ihr während der Internierung bei Zwangsarbeiten erlittenen Drangsale und die
schlechten Hygieneverhältnisse werden an besonderer Stelle genauer beschrieben;
ebenso die erneuten Demütigungen, Erkrankungen und traumatischen Erfahrungen, die
sie in den Wochen des Wartens auf den Heimtransport nach Trier durchmachte.[16] Sie
erkrankte an Fleckfieber, Typhus, Hirnhautentzündung und sie erlitt eine schwere
Herz-Kreislauf-Störung in Verbindung mit einer gravierenden Regulationsstörung des
vegetativen Nervensystems. Hinzu kamen schwerste Beeinträchtigungen in ihrem psycho-sozialen Wohlbefinden, die sich nach dem Kriege in einer langfristigen posttraumatischen Belastungsstörung manifestierten. Die Symptome waren unter anderem
Händezittern, Schlafstörungen und Herzrasen, die aber von den Gutachter-Ärzten in
ihrem Wiedergutmachungsverfahren nicht anerkannt wurden.[17]

---

[16] Vgl. Glossar: „Arbeit", „Verpflegung" und „Sterblichkeit" sowie weiter unten den Ab-
      schnitt „Der Krieg ist zu Ende – die alten Zwänge bestehen fort: Warten auf die 'Heim-
      kehr' aus dem 'befreiten' Ghetto".
[17] Amt für Wiedergutmachung in Saarburg: VA-Nr. 77321 Entschädigungsakte Marianne
      Elikan Bd. 1-3, fachärztliche Gutachten vom 5.2.1948, 31.8.1949, 16.2.1955 und
      28.3.1955.

Diese psycho-sozialen Leiden in Theresienstadt entsprangen ihrer rassischen Sonderstellung als Juden-„Mischling" – eine obskure Privilegstellung, derer sich Marianne Elikan erst gegen Ende ihrer Internierung bewusst wurde, als sie merkte, dass man sie wie andere „Mischlinge" bei der Erstellung der Namenslisten für die Todestransporte immer wieder verschonte. So erlebte sie jedes Mal aufs Neue die Todesängste bei den nächtlichen Transportappellen, als ihre ganze Stube in hektischer Eile alle Sachen zusammenpackte und auf dem Kasernenhof antrat, um das Schleusenkommando abzuwarten. Prägend waren dabei auch das tagtäglich wieder von vorne beginnende Sich-Orientieren-Müssen, die nicht aufhörende Suche nach menschlicher Nähe und Geborgenheit. Marianne wusste nie Bescheid über die wahren Gründe dieser ständigen Hektik und Aufregung. Mit welcher Nachhaltigkeit die permanente Angst vor den Transportbefehlen Mariannes Leben in Theresienstadt bestimmt hatte, zeigen ganze Passagen ihrer Tagebuchaufzeichnungen. Das Wort „Transport" wurde zum Synonym eines gnadenlos rotierenden Schicksalsroulettes, das, je nachdem, bei welcher Zahl die Kugel anhielt, den sicheren Tod anzeigte.

Unter dieser Daueranspannung gerieten die zu Nummern degradierten Häftlinge[18] in einen permanenten Konkurrenzkampf um das nackte Überleben. Er nährte in der Schicksalsgemeinschaft der Opfer einen schleichenden Entsolidarisierungsprozess durch asoziale und opportunistische Verhaltensweisen. Wer sich bei einflussreichen „prominenten" Häftlingen[19] beliebt zu machen wusste, konnte sich eventuell mit leichteren Arbeiten größere Essensportionen verdienen. Wer gute Beziehungen zu den Häftlingsärzten im Krankenbau hatte, konnte sich eventuell durch fingierte Krankheitsatteste auch einmal vor den schweren Arbeiten drücken. Und wer durch persönliche Beziehungen eine Aushilfsarbeit in der Kleiderkammer „ergatterte", konnte vielleicht eine schöne Bluse herausschmuggeln, ganz gleich, ob sie einmal einem anderen deportierten Häftling gehört hatte. Das gleiche opportunistische Spiel funktionierte beim „Organisieren" von Extra-Nahrungs- und sogar Genussmittel-Rationen (Zigaretten). Man musste nur wissen, an wen man sich zu halten hatte, ganz egal, ob er ein prominenter Mithäftling war oder zum SS-Wachpersonal gehörte. In diesem zutiefst asozialen Überlebenskampf mussten sich die Häftlinge auf eine brutale Reduzierung und Disziplinierung ihrer primären Lebensgewohnheiten einlassen. Sie mussten erleben, wie die tägliche Nahrungsaufnahme aus der gewohnten Abfolge des Appetithabens und Essens abgespalten wurde und sie sich das archaische Existenzprinzip des „Friß oder stirb" aneigneten, indem sie sich wie Raubtiere auch über unvorhersehbare Nahrungsangebote hermachten, ganz gleich, in welcher Form sie sich ihnen darboten. Bei Feldarbeiten steckte sich Marianne Elikan, wenn der Wachmann wegschaute, Löwenzahn, von dem sie nur kurz den Sand abschüttelte, roh in den Mund und verschluckte ihn schnellstmöglich – selbst zum Kauen war zu wenig Zeit! Aus der Eger schnappten sie und ihre Zimmerkameradinnen sich lebende Frösche, die sie zum Essen nur abkochten. Wie stark der ständige Hunger in Verbindung mit unterbewusster Todesangst die alltägliche Wahrnehmung der inhaftierten Kinder beherrschte, zeigt eine besonders makabre Begebenheit aus ihrem Alltag: Die Brotrationen wurden auf den

---

[18]   Vgl. Glossar: „Häftlinge", „Transport", „Schleuse".
[19]   Vgl. Glossar: „Prominente".

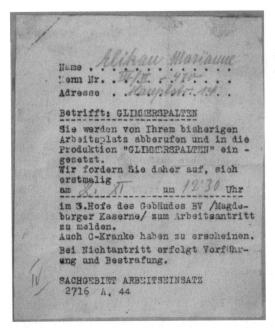

Abb. 8: Arbeitseinberufung für Marianne Elikan in die Glimmerspalterei

gleichen Transportkarren in die Lagerküchen geliefert, auf denen soeben noch Häftlingsleichen in das Krematorium gefahren worden waren. Als Arbeitstrupp diente jeden Morgen eine Gruppe Kinder, die den gleichen Handkarren auf dem Hinweg als „Leichenwagen" zum Krematorium und anschließend auf dem Rückweg über die „Brotzentrale" in die Lagerküche schoben.[20]

Ganz ähnlich erging es den Ghetto-Häftlingen mit der Liebe. In dem rasenden Kreislauf an- und abgehender „Todestransporte" bestanden Bekanntschaften, Freundschaften und Liebesbeziehungen allzu oft nur für ein paar Tage oder Wochen. Und so wurde „die Liebe im Ghetto" – ähnlich wie das Essen – abgespalten aus dem gewohnten Erfahrungszusammenhängen des zivilisierten Lebens. Mit dem nächsten Transport fielen gerade erst begonnene Freundschaften genauso auseinander wie langjährige Ehen. „Liebe im Ghetto" geschah infolgedessen nur noch da, wo sie zufällig „gerade hinfiel". Wenn Du nicht den lieben kannst, mit dem zu zusammen sein willst, dann liebe eben den, mit dem Du – wo und wann auch immer – zusammen bist! Das waren die brutalisierten Liebesregeln des Überlebenskampfes im NS-Lager, die Marianne Elikan als junges Mädchen ebenfalls geprägt haben. Als sie Anfang Februar 1945 ihr Spottgedicht „Ein Kakaozug von Zimmer 4" verfasste, hatte sie eine ganze Reihe bitterer Enttäuschungen hinter sich, nicht nur in Bezug auf Freundschaften, sondern auch bezüglich ihrer „ersten Liebe". Sie nagten tief in ihr und zerstörten wohl auch ihr Vertrauen in das Idealbild der bürgerlichen Ehe, deren Glücksversprechen sie nicht mehr glauben konnte und wollte. Und so schrieb sie in dem zitierten Spottgedicht über eine verliebte Zimmerkameradin den ironischen Satz: „Drum prüfet wer sich ewig bindet, ob sich doch nicht noch etwas bessres findet."[21]

---

[20] Vgl. Glossar: „Hunger" und „Verpflegung".
[21] So im Gedicht „Ein Kakaozug von Zimmer 4", abgedruckt im Teil II.3: „Gedichte", vgl. u.; vgl. auch im Glossar: „Liebe im Ghetto" und „Freunde und Bekannte".

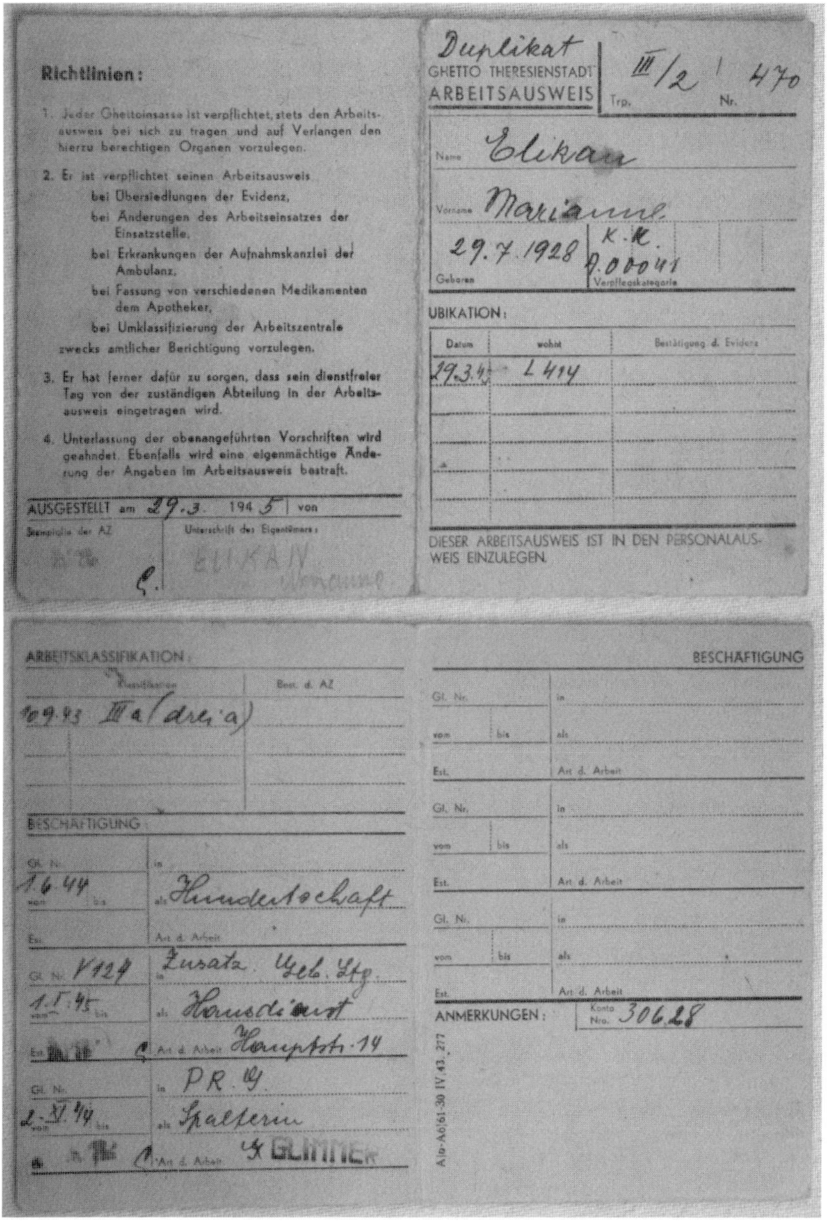

Abb. 9 a und b: Arbeitsausweis Marianne Elikans vom 29.3.1945 (Außen- und Innenseite)

Diese Erosionen in der persönlichen Integrität und das zunehmende gegenseitige Misstrauen verminderten nicht nur die individuelle Leistungsbereitschaft, sondern sie zersetzten auch den Kollektivgeist der jüdischen Glaubensgemeinschaft. Marianne Elikan erlitt in Theresienstadt neben schwerwiegenden körperlichen Erkrankungen gravierende Beeinträchtigungen in ihrer psycho-sozialen Befindlichkeit, da sie immer wieder erleben musste, dass die aus ihrem früheren Leben vor den Verfolgungen gewohnten Regeln und Orientierungsmaßstäbe unversehens von einem auf den anderen Moment nicht mehr funktionierten. Auch die Arbeit war keine richtige Arbeit mehr, weil die Menschen, die arbeiteten, nichts mehr wert und jederzeit austauschbar waren. Arbeit war keine richtige Arbeit mehr, weil das arbeitende Schaffen nicht mehr die Fertigung lebensnotwendiger Erzeugnisse bezweckte, sondern – im besten Falle – nur noch um seiner selbst willen geschah, schlimmstenfalls jedoch die Vernichtung der arbeitenden Menschen bewirkte.[22]

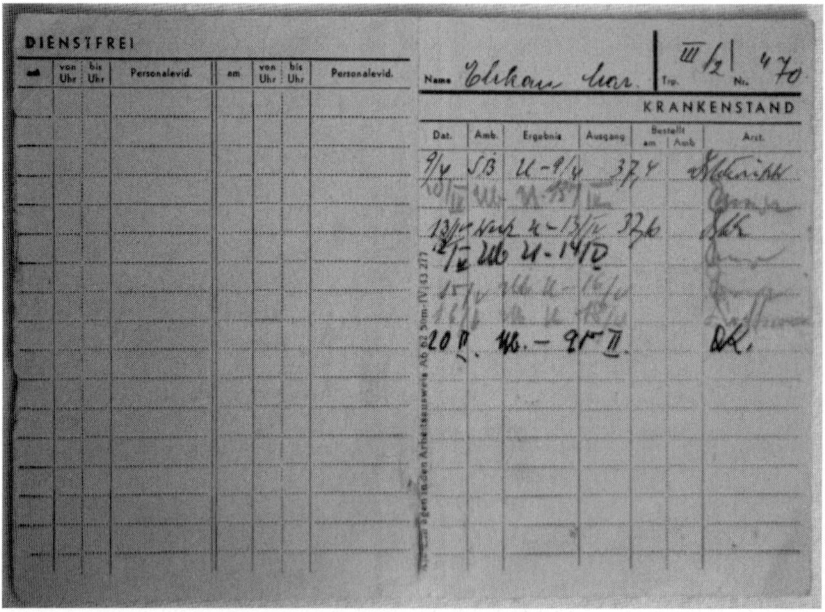

Abb. 10: Krankenstandsmeldung Marianne Elikan

An manchen Tagen hing das Selbstwertgefühl nur mehr an einem seidenen Faden. „[Heute] wollte ich mir das Leben nehmen", schrieb Marianne am 28. Juni 1944 in ihr Tagebuch. Sie hat den Satz sogleich wieder durchgestrichen, da sie offenbar beim Aufschreiben erschrak über ihren schon fast wieder verdrängten Depressionsanfall des vergangenen Tages. Und Krankheit war keine richtige Krankheit, weil man sie oft

---

[22]   Vgl. Glossar: „Vernichtung".

besser nicht kurierte, sondern als Schutzschild vor sich hertrug, sie also sogar „pflegte", weil ein vorgetäuschtes Kranksein je nach der bestehenden Situation eine Verbesserung der Überlebenschancen bedeuten konnte – sei es, dass man aufgrund von Krankheit Transportschonung erhielt oder aber eine befristete Freistellung von der „Vernichtung durch Arbeit". Marianne Elikan überlebte Theresienstadt durch eine Aktion, der genau diese perverse Logik zugrunde lag. Als die Septembertransporte 1943 aufgestellt wurden, schickte sie der Judenälteste Dr. Eppstein in das Krankenhaus zu einem vorab informierten Arzt. Er diagnostizierte an Mariannes Handgelenk eine Sehnenscheidenentzündung, die er sogleich mit einem dicken Gipsverband behandelte, womit er im letzten Moment ihre Einteilung für diesen angeblichen „Arbeitstransport" nach Auschwitz verhinderte.[23]

Die Brutalisierungseffekte auf die psycho-soziale Verfassung der Häftlinge äußerten sich nicht zuletzt auf der sprachlichen Ebene. Die Tagebucheintragungen Marianne Elikans sind an mehreren Stellen durchsetzt mit Begriffen und Redewendungen, die den seelenlosen Verschleierungsjargon der Vernichtungsbürokratie reflektieren. Anstatt zu schreiben, „die Häftlinge wurden an den Bahngleisen von der SS zum Einsteigen in die Waggons der Deportationszüge kommandiert", heißt es da: „wir wurden einwaggoniert". Oder anstatt „wir müssen unsere Unterkunft räumen, weil das ganze Heim von der Wanzenplage desinfiziert werden soll", liest man nur ganz kurz: „Unser Heim sollte schon seit Wochen vergast werden" – eine Diktion, die darauf hindeutet, dass sich die Schreiberin unterbewusst schon mit der Rolle des passiven und völlig willenlosen Opfers abgefunden hatte. Die spezifische Wortwahl dieses Satzes irritiert aus heutiger Sicht ganz besonders, weil die Tagebuchschreiberin hier offensichtlich die Vernichtungstechnik der Gaskammern zu einem Zeitpunkt vorwegnimmt, als sie diese aus ihrer bewussten Wahrnehmung noch gar nicht kannte. Dass sie den organisierten Massenmord durch die Rezeption dergleichen Termini Technici der Schreibtischtäter unterbewusst jedoch bereits antizipiert hatte, beweist, dass ihre Sprache selbst etwas Zwanghaftes und Aufgezwungenes erhalten hatte.[24]

Alle diese Erfahrungen ließen Marianne Elikan hart werden, im Umgang mit sich selbst – und im Umgang mit anderen. Wenn sie heute wieder über diese Zeit spricht, tut sie dies oft abrupt, manchmal mit einer aufgewühlten Stimme. Ihre Wortwahl wirkt, vor allem dann, wenn sie sich selbst beschreibt, oft allzu hart, beinahe gefühlskalt. Manchmal wechselt sie abrupt das Thema und erinnert sich – von einem Moment auf den anderen – auch wieder an die angenehmen Erlebnisse auf ihrem Mädchenzimmer im Heim L 414. Doch wer, der all dies nicht hat erleben müssen, könnte ihr das verübeln?

---

23 Mündliche Information durch die Autorin (Interview vom 19.6.2008).
24 Vgl. Glossar: „Lagersprache".

Der Krieg ist zu Ende – die alten Zwänge bestehen fort: Warten auf die „Heimkehr" aus dem „befreiten" Ghetto

Mit der Unterzeichnung der bedingungslosen Kapitulation der deutschen Wehrmacht am 8. Mai 1945 und dem damit besiegelten Ende des Zweiten Weltkrieges war auch der Niedergang des „Deutschen Reiches" eigentlich eine beschlossene Sache. So sahen und hofften es die Politiker und euphorischen Zeitgenossen, weshalb sie den Schlagwortbegriff der „Stunde Null" prägten. Er sollte besagen, dass nun alle Schandtaten der Vergangenheit ein Ende hätten und der Aufbau einer neuen, friedlichen Nachkriegswelt beginnen würde.[25] Dem war aber nicht so, schon gar nicht für die Häftlinge in Theresienstadt. Obwohl durch die Einflussnahme des Internationalen Roten Kreuzes bereits Anfang Februar mit der Evakuierung nichtdeutscher Häftlinge begonnen wurde, dauerte die Gesamtevakuierung der Häftlinge unter der russischen Interimsverwaltung bis zum 17. August 1945. Hauptgrund dieser Verzögerung war die große Fleckfieber-Epidemie, die sich durch die Aufnahme der aus den evakuierten Lagern zurückgekehrten Häftlingstransporte – das waren insgesamt 13000 Häftlinge! – ausgebreitet hatte.[26] Auch Marianne Elikan musste noch über zwei volle Monate in Theresienstadt verbringen bis zu ihrer Rückfahrt am 17. Juli 1945. Das konnte sie am Befreiungstage noch nicht wissen, den sie schon lange vor dem Abzug des letzten Kommandanten Rahm und der letzten SS-Männer sehnlich erwartet hatte.

Ihre Tagebucheintragungen vom 7. und 8. Mai 1945 bringen ihre große Euphorie über dieses Ereignis zum Ausdruck. Sie beinhalten aber doch auch skeptische Nebentöne, als ob die Autorin ihr ungewisses schweres Schicksal nach dem Kriege vorausgeahnt hätte:

> „Um 7 Uhr haben die Deutschen die Waffen niedergelegt na diese Freude muss man sich vorstellen. Dieser Taumel auf der Strasse keiner trägt mehr Sterne. Einer hat dem andern die Sterne abgerissen und weggeschmissen. Dieses Tohuwabohu was sich hier ab 7 Uhr abgespielt hat, kann man sich gar nicht vorstellen. Ein Küssen und freuen und andererseits das Weinen. Alle spannen [sind gespannt] auf den morgigen Tag" [7. Mai] „Man ist jetzt doch schon endlich frei man fühlt sich gleich ganz anders aber man kann es kaum glauben oder fassen weder noch richtig freuen. Es will noch nicht in den Kopf so richtig herein wie es soll. Jetzt gehen die neuen Sorgen los. <u>Wo sind die Angehörigen??</u>" [8. Mai 1945; Hervorh. im Orig.]

Nach fast drei Jahren Internierung wusste die siebzehnjährige Marianne noch nichts Genaues vom Schicksal ihrer Familie. Wo waren ihre Pflegeeltern, das Ehepaar Eduard und Melanie Wolf, von denen sie Anfang März 1943 die letzte Postkarte erhalten hatte? Waren sie auch in ein Lager deportiert worden wie ihre Mutter Helene, deren Deportationsadresse im französischen KZ Gurs sie erst jetzt erfahren und in ihrem Tagebuch aufgeschrieben hatte? Auch wegen ihrer Lieblingsschwester Lieselotte, von

---

[25]   Falser, Michael: 1945-1949. Die „Stunde Null", die Schuldfrage, der „Deutsche Geist" und der Wiederaufbau. In: Ders.: Zwischen Identität und Authentizität. Zur politischen Geschichte der Denkmalpflege in Deutschland. Dresden 2008, S. 71-97.

[26]   Huppert, Jehuda/Drori, Hana: Theresienstadt. Ein Wegweiser. Prag 2005, S. 14-15 und 59-60.

deren Deportation sie aus ihrem gemeinsamen Schreiben mit Werner de Vries wusste, musste sie das Allerschlimmste befürchten. Was in den Gaskammern der Konzentrations- und Vernichtungslager passiert war und schließlich auch in Theresienstadt geplant war, davon wusste sie ja erst jetzt durch die Ankunft der Evakuierungstransporte. Sie hat ihr abgrundtiefes Entsetzen über diese schrecklichen Nachrichten am 20. April 1945 im Tagebuch festgehalten.

> „Das kann man sich nicht vorstellen. Wenn man das nicht gesehen hat, kann man das nicht glauben. In Birkenau hat man die Kinder bis zu 14 Jahren verbrannt, vergast oder erschossen aber mit den Müttern. Auch mit erwachsenen Männern hat man das gemacht. Man hat lebende Menschen in eine Grube geschmissen und zugemacht. Alles dieses Elend […] Ein jeder ist so aufgeregt. Das kann man sich ja vorstellen, was das bedeutet."

Und am 18. Mai schrieb sie: „Wir sind mit einem Haarstreif mit dem Leben davon gekommen. Man wollte [auch] für uns [in Theresienstadt] eine Gaskammer bauen." Dass sie mittlerweile sehr hart im Nehmen – auch gegen sich selbst – geworden war, verrät der knappe, emotionslose Satz, mit dem sie über das erneute Ausbrechen einer Typhusepidemie berichtete: „Sie [die zurückgekehrten KZ-Häftlinge] haben zwar sehr viel Typhus mitgebracht und Läuse aber das lässt sich alles vertreiben" (5.5.1945). Über die Folgen der Ausbreitung einer erneuten Flecktyphus-Epidemie schreibt sie am 15.5. lakonisch: „Und was sich da tut, das brauch ich wohl nicht schreiben."

Tatsächlich hatte sich das kurze Hochgefühl der Befreiungstage bei ihr sehr schnell verflüchtigt. Denn während ihrer mehr als zweimonatigen Wartezeit auf die Rückkehr aus dem befreiten Ghetto Theresienstadt hatte Marianne Elikan eine Reihe weiterer Negativerlebnisse, die bereits unter den düsteren Vorzeichen eines heraufziehenden neuen, sogenannten „Kalten Krieges" standen. Denn im Widerspruch zu den Friedensvereinbarungen des Potsdamer Abkommens (17. Juli bis 2. August 1945) kümmerten sich die Siegermächte nicht wirklich um die Entmilitarisierung und Befriedung in den ehemaligen Kriegsgebieten, sondern sie begannen vorab mit der Aufrüstung ihrer Armeen und Geheimdienste. Unter dieser Prioritätensetzung waren die „humane" Rückführung der Heimatvertriebenen und KZ-Internierten und ebenso die Wiedergutmachung und Entnazifizierung Lippenbekenntnisse, um deren konsequente Einhaltung und Realisierung sich die Hauptsiegermächte, Russland und die USA, wenig kümmerten.[27] So kam es bei den geplanten friedlichen „Überführungen" der in den Kriegsgebieten zurückgebliebenen Deutschen zu ungesühnten Gewaltexzessen durch Soldaten der Roten Armee, die sich auf diese Weise für ihre eigenen Opfer rächten, die sie auf dem Vormarsch geborgen hatten. Bei diesen Racheexzessen vergewaltigten Rotarmisten angeblich 2 Millionen Frauen, von denen etwa 10% bis 12% anschließend umkamen, ermordet wurden oder Selbstmord verübten.[28] Marianne Elikans Tagebucheinträge vom 10. Mai, 9. und 11. Juli 1945 deuten an, dass sie ebenfalls beinahe Opfer dieser Racheakte geworden wäre. Obwohl Rotarmisten am 10. Mai gegen ihre Absicht von ihrer Behörde Übernachtungsverbot in ihrem Mädchenheim erhalten hatten, kam

---

[27]   Timmermann, H. (Hrsg.): Potsdam 1945. „Konzept, Taktik, Irrtum?" Berlin 1997.
[28]   Sander, H./Johr, B.: Befreier und Befreite. Krieg, Vergewaltigungen, Kinder. Frankfurt a.M. 2005; siehe auch Anonyma: Eine Frau in Berlin. Tagebuchaufzeichnungen vom 20. April bis Juni 1945. Berlin 2005.

es in der anschließenden Nacht doch zu Vergewaltigungen. Bei einer Auseinandersetzung habe ihr ein von ihr durch Schreien, Schlagen und Treten zurückgewiesener Russe einen Judenstern aus ihrer Erinnerungsmappe herausgerissen.[29] Es musste sie dann doch ziemlich irritiert haben, als sie 9 Tage später einen sehr hilfsbereiten Russen kennenlernte, der ihr aus einer misslichen Situation heraushalf, und dass sie zwei Tage danach auf offener Straße von „liebestollen" Russen derart bedrängt wurde, dass sie aus „Angst, sie würden mich wieder mitnehmen", Anzeige bei den russischen Heimverwaltern erstattete.[30]

Dass sich der genannte hilfsbereite Russe in sie verliebte, sie diese Liebe aber nicht erwiderte, war eine Fortsetzung ihrer traurig-tragischen Erlebnisse, die auch nach der Befreiung nicht aufhörten. Bei ihren abendlichen Ausgängen oder beim Besuch der Kirmes in Bauschowitz mochte sie noch insgeheim Hoffnung verspürt haben, unter den veränderten Umständen einen richtigen Freund und vielleicht doch noch die Liebe fürs Leben zu finden. Am 28. Juni verbrachte sie die Nacht, weil man die Heimtüre zugesperrt hatte, bei einem befreundeten „Burschen" – nicht in seinem Bett, obwohl er es ihr angeboten hatte, sondern „angezogen auf der Erde"[31]. Wenige Tage später verliebte sie sich in einen Tschechen aus Pilsen, von dem sie sich aber Anfang Juli für immer verabschiedete, weil er in seine Heimatstadt zurückkreiste: „Wir hatten uns beide sehr gern und so fiel uns der Abschied doppelt so schwer, auseinanderzugehn. Ich weinte und durch mein weinen begann auch er [ergänze: „zu weinen"].

Abb. 11: Czechoslovak Repatriation Office:
Ausweis Marianne Elikan (1945)

---

29 Vgl. u. Tagebucheintragung vom 10.5.1945 mit Anm. II,131.
30 Vgl. u. Tagebucheintragungen vom 9.7.1945 und vom 11.7.1945.
31 Vgl. u. Tagebucheintragungen vom 28.6. und 9.7.1945 (Zitat).

Nach dieser abermaligen Enttäuschung scheint Marianne Elikan bereits für immer mit dem Kapitel Liebe abgeschlossen zu haben: „Auch er ist heute weg", schrieb sie am Tag nach dieser Verabschiedungsszene auf dem Bahnhof, „und so sitze ich wieder da alleine und warte was kommt. Jetzt ist es mit allem auf jeden Fall Schluss und genug."[32]

Das lange Warten auf ihre Rückfahrt nach Trier war eine sie ebenfalls sehr frustrierende „Friedens"-Erfahrung, die sie sehr stark an ihre ungewisse Abschiebesituation im Ghetto erinnern musste. Bereits am 13. April 1945 hatte sie hoffnungsvoll über den Heimtransport der dänischen Häftlinge geschrieben. Und schon am 5. Mai hatte sie erstmals erwartungsfroh ihre Koffer gepackt. Leider bewahrheitete sich die Ankündigung ihrer Heimleiterin nicht, dass sie, die „Mischlinge und Vollwaisen die Ersten" seien, die demnächst nach Hause führen. Im Gegenteil: Mitte Mai musste sie mit sechs anderen jungen Frauen nochmals umziehen, „kaum zu glauben", wie sie damals schrieb, „kurz vor der Fahrt nach Hause." Jedoch bewahrheitete sich auch diese neue Hoffnung nicht, obwohl die Heimleiterin sie einen Tag später zum Packen aufforderte, da angeblich die „Waisenkinder" mit zwei Privatautos abgeholt werden sollten. „Natürlich sind die Autos nicht gekommen", notierte Marianne Elikan schon merklich distanziert diese erneute Enttäuschung. Mit einer geradezu stoischen Gelassenheit kommentierte sie dann am 28.6.1945 das Ausbleiben eines weiteren Omnibus-Transportes, indem sie an sich selbst appellierte: „Kopf hoch!" Obwohl sie sich mittlerweile auf diese Enttäuschungen eingestellt hatte, empfand sie die Benachrichtigung über ihren definitiven Rückfahrttermin vom 17. Juli 1945, nachdem sie die Sondererlaubnis des Repatriation Office in der Hand hielt, als eine richtige „Erlösung".

Ein Rucksack und Taschen voller Erinnerungen an die 'Festung ihrer Jugend'

Marianne Elikan spürte eine merkwürdige Wehmut beim Gedanken, Theresienstadt, die 'Festung ihrer Jugend', wie eine junge Tschechin das Ghetto nannte, nach so langer Zeit hinter sich zu lassen. Sie war jetzt knapp 17 Jahre alt und ein beinahe erwachsenes Mädchen geworden. Fast drei Jahre ihres jungen Lebens hatte sie in diesem Lager erlebt, nein, „überlebt", wie sie angesichts der fürchterlichen Umstände dachte, deren Dimensionen sie gerade erst zu realisieren begonnen hatte. An diesem Ort, den ehemalige Häftlinge auch „Vorhof der Hölle" nannten, hatte sie „entscheidende Jahre ihrer Jugend"[33], die ihren Charakter geprägt hatten, zugebracht. Bereits vor dem Verlassen spürte sie, welche tiefe Zäsur der letzte Gang durch das Lagertor, der ehemaligen „Schleuse" des Ghettos, in ihrem ganzen weiteren Lebensweg hinterlassen würde; ein Einschnitt in ihrem Lebenslauf, der wohl niemals wieder ganz zuwachsen würde und das Ende eines Lebensabschnitts, der in ihrer Persönlichkeit sehr markante Spuren hinterlassen hatte.

Und so sammelte sie bereits vor der Abfahrt verschiedene Dinge zum Andenken für die Zeit danach. Nicht nur ihre Tagebücher, Gedichte von sich und anderen Häftlin-

---

32 Vgl. u. Tagebucheintragung vom 28.6.1945.
33 Friesová, J. R.: Festung meiner Jugend. o.O., o.J. (um 2002); Zitat aus dem Einbandtext.

gen, Adressen von Bekannten, die sie im Freudentaumel der Befreiung kennengelernt hatte, sondern auch Dinge und Sachen, bei deren Anblick sie sich bestimmte Erfahrungen, die ihr wichtig erschienen, wieder vergegenwärtigen konnte: einen Blechteller, mit dem sie Mittags und Abends „Essen gefasst" hatte; das Nähkästchen mit dem Scherchen nebst Zwirnröllchen und der Nadel, die sie zum Stopfen ihrer löchrigen Strümpfe benutzt hatte.

Besonders ans Herz gewachsen waren ihr drei holzschnittartige Bilder. Eines, das ihr eine Zimmerkameradin geschenkt hatte, zeigte sie, das auffallend blonde Mädchen, wie sie sich mit einem Spiegel in der Hand anschaute. Eine Anspielung auf ihre „Eitelkeit", auf ihren Wunsch, zu gefallen und gemocht zu werden? In der linken oberen Ecke war eine Art Wappen aufgemalt, das einen Pelikan mit einem quer durch die Halspartie gezogenen Schrägstrich zeigte – eine raffinierte Verschlüsselung ihres Namens „Elikan", den sich ihre Freundin „Lotte" ausgedacht hatte, denn der Schrägstrich sollte die Trennung des Buchstabens P von dem Wort „Pelikan" anzeigen, woraus sich für Eingeweihte ihr richtiger Name „Elikan" ergab. Die Freundin hatte ihr dieses kleine Bild zu ihrem 16. Geburtstag am 29.7.1944 gemalt und die Bedeutung des Pelikans in ihrem Glückwunschspruch auf der Rückseite erläutert: „Dein Wahrzeichen". Die beiden anderen, von Marianne Elikan selbst angefertigten größeren Holzbilder, zeigen einen Bauernhof und eine alte Frau mit einem Stock – wohl eine Internierte[34]. Auf der Rückseite beider Bilder steht „Terezin", die tschechische Bezeichnung für Theresienstadt, geschrieben.

Von ihren Zwangsarbeiten in der Glimmerfabrik hatte sie sich Glimmer-Bruchstücke und ein Kunststoffplättchen, die Produkte dieser Arbeit, in einem kleinen Schmuckkästchen aufgehoben. Da sie ihre eigene Häftlingsjacke im Trubel der Befreiung verloren hatte, hatte sie sich aus der Kleiderkammer von einer beschädigten Häftlingsjacke die Kennnummer abgerissen. Auch diese Erinnerungen an das Gefangenendasein wollte sie sich aufheben. „Wer weiß, wann und wem ich diese Dinge einmal zeigen werde?", wird sie sich gefragt haben. Vielleicht dachte sie an ihre Mutter, ihre Pflegeeltern oder an ihre Schwester. Deshalb hob sie auch drei Judensterne auf und klebte sie in ihr Dokumentenmäppchen: einen mit deutscher, einen mit holländischer Aufschrift und einen dritten russischen Judenstern, der ihr aber bei der erwähnten Rangelei mit dem Rotarmisten gestohlen wurde. In diesem Mäppchen verwahrte sie auch einschlägige Dokumente ihres Interniertendaseins: „Vorladungen" zu Arbeitseinteilungen, Bezugskärtchen für die Kleiderkammer, Nachweise ihrer Arbeitsstunden in der Glimmerfabrik, Schwerstarbeiter-Zusatzkarten, eine Krankheitsbescheinigung, ein halbes Dutzend Geldscheine der sogenannten „Moseswährung" sowie auch Eintrittskarten zu Kulturveranstaltungen des Ghettos, in das Caféhaus und in das Zentralbad von Theresienstadt. Sie bewahrte auch den kleinen Taschenplan auf, den sie von der Kommandantur bei der Ankunft im Ghetto zur Orientierung erhalten hatte[35]. Von dem nach der

---

[34] Vgl. Glossar: „Kultur und 'Freizeit'", sowie den Farbtafel-Teil mit Abbildungen der Holzbilder und weiterer Erinnerungsstücke.

[35] Vgl. zum Kontext einiger der genannten Erinnerungsstücke und Dokumente die entsprechenden Einträge im Glossar: „Judenstern", „Währung", „Glimmerspalterei", „Topografie"; sowie den Farbtafel-Teil im Anhang.

Befreiung abgebrochenen Lagertor ließ sie sich von einem Theresienstädter Juwelier einen Anhänger mit dem Wappen von Theresienstadt anfertigen. Und, weil sie auch diese späte makabre Entdeckung nicht mehr loslassen sollte, ging sie auch noch in die glücklicherweise nicht mehr in Betrieb genommene Gaskammer. Dort fand sie einen schwarzen runden Stein auf dem Fußboden. Sie hob ihn auf und steckte auch diesen in ihre Taschen. Später beklebte sie ihn mit einem schmalen Heftpflaster, das sie mit der Aufschrift „Gaskammer 1945 Theresienstadt" versah.

Wegen der langen Wartezeit auf die Heimfahrt hatte sie zwar genügend Zeit gehabt, alle diese Dinge einzupacken, aufgrund der häufigen Diebstahlvorfälle bereitete ihr die sichere Unterbringung jedoch Sorgen, vor allem in Bezug auf die Tagebuchaufzeichnungen und Gedichte, die sie bis zuletzt wegen der Zensur in wechselnden Geheimverstecken hatte aufbewahren müssen. Leider waren ihr bei einem Diebstahl Anfang März 1945 – so ihre Tagebucheintragung vom 7.3.1945 – alle für einen Heimumzug gepackten Sachen von einem Dachboden gestohlen worden. Zwar wurde ihr Rucksack von der Lager-Polizei wiedergefunden, alle anderen Taschen aber nicht mehr, in denen sich unter anderem ein neues Paar Schuhe und 9 Paar Seidenstrümpfe befunden hatten. Als sie sich infolgedessen für die Heimfahrt neue Taschen beschaffen musste, griff sie erleichtert und bedenkenlos zu, als ihr ein Verwalter in der ehemaligen Kleiderkammer eine Reisetasche aushändigte, die aller Wahrscheinlichkeit nach einem ermordeten ehemaligen Mithäftling gehört hatte.

„Wie nett und freundlich sie alle waren, als sie hörten, dass wir aus dem Konzentrationslager kamen." Die Rückkehr nach Trier im Juli 1945

Am 17. Juli 1945 konnte Marianne Elikan Theresienstadt endlich verlassen. Es war 5 Uhr morgens. Die Fahrt ging über die Zwischenstation Frankfurt nach Trier. Während des zweitägigen Aufenthaltes in Frankfurt besuchte sie ihren Vater Paul Rotter und dessen Familie nicht. Nach den traumatischen Besuchserlebnissen vom Oktober 1940 dachte sie wohl auch keine Sekunde lang an diese Möglichkeit, sonst hätte sie wenigstens eine kleine Anmerkung dazu niedergeschrieben. Als sie von Theresienstadt losfuhr, wusste sie immer noch nicht, ob und wer überhaupt von ihren Verwandten den Krieg überlebt hatte. Was sie also in Trier erwartete, war ihr völlig unklar. Und dennoch freute sie sich über das Zusammensein mit den Glaubensbrüdern aus Trier, die sie erst kurz vor dieser Rückfahrt kennengelernt hatte. Mit der Rückkehr nach Trier verbanden alle den gleichen Wunsch, dass dort für sie eine glücklichere und frohe Zukunft beginnen sollte. Jedoch war Marianne Elikan in ihrem Inneren nicht so recht überzeugt von der Realisierung dieser Hoffnung. Kurz vor dem Eintreffen in Trier beschrieb sie dieses Gefühl: „Je näher das Ziel [kam], desto schwerer wurde einem [ums Herz]".

Sie und ihre Mitfahrerinnen fuhren in zwei Autos, deren Fahrer Marianne Elikan in den Tagebuchaufzeichnungen nicht benannt hat, zunächst bis nach Frankfurt. Nach zweitägigem Warten auf eine weitere Mitfahrgelegenheit ging es weiter nach Trier. Mit Marianne Elikan hatten die folgenden vier Frauen aus Trier die Rückfahrt aus Theresienstadt angetreten: Betty Süsskind geb. Meyer aus Wawern und deren Mutter Henriette Meyer geb. Lazarus, Else Levy aus Könen und Edith Ermann geb. Joseph aus Aach.[36] Auf dem letzten Teilstück zwischen Frankfurt und Trier und durch die besonderen Umstände ihrer Ankunft erwachte noch einmal der Kollektivgeist jener Schicksalsgemeinschaft, aus dem Marianne Elikan in den Jahren der Judenverfolgung und Judenvernichtung seelische Kraft für ihren Überlebenskampf gewonnen hatte. „Die Fahrt war überhaupt wunderschön", schrieb sie bereits auf der ersten Etappe bis Frankfurt. Marianne konnte sich mit diesen Frauen, die wie sie Theresienstadt und die Konzentrationslager (Betty Süsskind und ihre Mutter auch Auschwitz) überlebt hatten, noch einmal in aller Ausführlichkeit über ihre Erlebnisse in den Jahren der Verfolgung austauschen. Da sich die jüdische Gemeinde mit ihrem designierten Gründungspräsidenten Dr. Heinz Kahn noch in der Wiederaufbauphase befand, mussten sie ihre erste Übernachtung in Trier selbst organisieren. Auch diese kollektive Aktion erinnerte sie an ihre ungezählten improvisierten Treffen, die sie als Zwangsmieter sogenannter „Judenhäuser" in den Jahren 1939 bis 1943 veranstaltet hatten. Diese erste Nacht übernachteten sie in der Engelstraße 42, im Privathaus des Ehepaares Martini. Berta Martini war die ältere Schwester von Betty Süsskind. Aufgrund ihrer Heirat mit einem Nichtjuden – Herr Martini war Inhaber eines Antiquitätenladens in der Jüdemerstraße – hatte sie den Krieg überlebt.[37] Sie schliefen, wie bei der Ankunft in Theresienstadt, auf dem Fußboden, auf dem sie sich aus ihren Taschen, Mänteln und vorhandenen Kissen bzw. Decken ein Nachtlager eingerichtet hatten. Obwohl ihnen die Inanspruchnahme dieser Hilfe etwas peinlich war, freuten sie sich doch über das Zusammensein, denn ihre weitere Zukunft war völlig ungewiss in dieser im Trümmerschutt der Bombardierungen liegenden Stadt.[38] „Trier ist in einem ganz fürchterlichen Zustand. Wir waren alle ganz enttäuscht." Mit diesem Satz beschließt Marianne Elikan ihren am 17. Juli 1945 begonnenen Tagebucheintrag über ihre Rückreise und Ankunft in Trier.

Die alte Heimat – unbehaglich und voller Widersprüche

In jenem Sommer 1945 wuchs die Bevölkerung Triers durch die Rückkehr evakuierter Einwohner täglich um etwa 400 Personen. Die Einwohnerzahl, die beim Einmarsch der Amerikaner Anfang März 1945 kaum mehr als 2000 betragen hatte, stieg bis Anfang Juli auf 36 000 Personen. Die Enttrümmerungsarbeiten liefen auf Hochtouren. Es herrschte große Wohnungsnot, da nach den Bombenangriffen 85 Prozent der Häuser zerstört oder beschädigt waren und 16 000 (17 Prozent) in Schutt und Asche lagen.

---

[36]   Zur unsicheren Datierung des Ankunftstages sowie zur Benennung der Weggefährtinnen vgl. weiter unten Teil II.1 mit Anm. II,151.

[37]   1949/50 war ein Bauingenieur Johann Martini Hauseigentümer, 1952 eine Veronika Martini; ergänzende biografische Angaben aufgrund eines Gespräches mit der Autorin vom 11.2.2008 sowie der Einwohnerbücher der Stadt Trier der Jahre 1949/50 und 1952.

[38]   Vgl. Zenz, Emil: Trier in Rauch und Trümmern. Das Kriegsgeschehen in der Stadt, in Ehrang, Pfalzel, Konz in den Jahren 1943-1945. Trier 2008 (= erweiterte Neuaufl. d. Erstaufl. von 1983).

Die von der Besatzungsregierung ausgegebenen Lebensmittelrationen von nur 1000 Kalorien pro Tag machten die ausgehungerten Menschen nicht satt, so dass sie Lebensmittel hamsterten oder mit gestohlenen Genussmitteln (Kaffee und Wein) einen Schwarzmarkt aufzogen.[39] Zu den mehr oder weniger stark beschädigten Wohnhäusern gelangte man über Trampelpfade, die an vielen Stellen über kleine oder größere Trümmerhaufen hinwegführten. So bot die ganze Innenstadt den Heimkehrern ein 'Bild des Jammers'. Dieses Bild bekam bisweilen auch groteske Züge durch die lässig einher wandelnden GIs, die gelangweilt oder gar amüsiert Kaugummis kauten und Zigaretten rauchten. Auch diese Genussmittel waren absolute Mangelware, so dass sich die ausgehungerten Deutschen mit eigens dazu angefertigten Stockspitzen auf ihre weggeworfenen Zigarettenkippen 'stürzten'. Weil die Post noch nicht funktionierte, suchten die Zurückgekehrten nach ihren Verwandten auf handgeschriebenen Zetteln, die sie an den Fassaden aufhängten.

Während sie sich mit dergleichen Existenznöten abplagten, begannen die Amerikaner bereits mit der im Potsdamer Abkommen verhandelten „Entnazifizierung" – die nicht zuletzt auch als friedenspolitisches Täuschungsmanöver verstanden werden muss, das von der Aufrüstung für den „Kalten Krieg" zwischen den konkurrierenden Großmächten USA und Sowjetunion ablenken sollte.[40] Und so gingen die Amerikaner, als die Straßen noch nicht vom Trümmerschutt geräumt waren, gleich daran, die Beschilderungen, die an die NS-Vergangenheit erinnerten, abzumontieren und durch neue zu ersetzen. Sie taten dies vor laufender Kamera im arroganten Stil einer autoritären Siegermacht. Vor der Übergabe der Besatzungshoheit an Frankreich am 10. Juli 1945 inszenierten sie diese Schilderdemontage in einem Propagandafilm reinsten Wassers. Darin flogen die beiden „Adolf-Hitler"-Schilder vom Eckhaus Petrusstraße/Bahnhofstraße gegenüber der Besatzungszentrale (heutiges Sparkassengebäude) und vom Bahnhofshotel am anderen Straßenende in hohem Bogen in den Straßengraben, nachdem ein modisch gekleideter US-Zivilist in weißem Trenchcoat sie mit heftigen Fußtritten traktiert hatte.[41]

Es war dies ein Etikettenschwindel sondergleichen, da auf den so für den Augenschein „entnazifizierten" Straßen bereits wieder hochrangige ehemalige Nazis seelenruhig entlang spazierten und ohne Angst vor gerichtlichen Sanktionen ihre beruflichen Karrieresprünge in die 'neue Zeit' vorbereiteten. Ein Etikettenschwindel auch, weil sich, obwohl die meisten Menschen von Politik 'nichts mehr wissen wollten', bereits sogenannte demokratische Parteien begründeten, in deren Vorständen wendehalsige Altnazis wie Hans Globke (1898-1973), der 1936 eine juristischen Rechtfertigung der

---

[39] Vgl. Vogel, Ludwin: Trier nach dem Zweiten Weltkrieg. In: Düwell, K./Irsigler, F. (Hrsg.): 2000 Jahre Trier. Bd. 3: Trier in der Neuzeit. Trier 1996², S. 591-592 und Krisam, Alfons: 2000 Jahre Trier. Von Augustus bis Zimmermann. Geschichte der Stadt Trier mal heiter, mal ernst betrachtet. Trier 1984, S. 189-196; siehe auch die zeitgenössischen Luftbildaufnahmen bei Welter, A.: Die Luftangriffe auf Trier 1939-1945. Ein Beitrag zur Geschichte des Trierer Landes. 3. Aufl., erweiterte Fassung. Trier 2005, S. 212-218.

[40] Vgl. dazu die Beiträge in Timmermann (Hrsg.): Potsdam 1997.

[41] Stadtmuseum Simeonstift Trier: Trier-Kino: Film Nr. 16 mit dem Titel „Entnazifizierung".

Nürnberger Rassengesetze geschrieben hatte, miteinander konkurrierten. Ein Etikettenschwindel aber auch deshalb, weil sich die Kirche mit nicht minder bizarren Inszenierungen einfügte: Von den Zinnen der Domruine läuteten schon bald wieder die Glocken zu den Messen in den noch gar nicht wiederhergestellten Gotteshäusern, bereits am 29. Mai 1945 intonierte der Bischof Bornewasser das „Großer Gott, wir loben dich" bei der Wiederaufstellungsfeier des Marktkreuzes.

Währenddessen organisierte der Vatikan, seine oberste Dienstbehörde, in Absprache mit dem amerikanischen Geheimdienst bereits die ominöse „Rattenlinie", jenen geheimen Fluchtweg, auf dem hochrangige Ex-Nazis wie Klaus Barbie aus Trier oder Josef Mengele, der „Todesengel von Auschwitz", unter falschem Namen nach Südamerika gelangten. Und just zur gleichen Zeit fand jener Barbie, der aus Frankreich geflohene berüchtigte ehemalige Gestapo-Chef von Lyon, der bei den Judenverfolgungen Tausende Menschen ermorden ließ oder auch eigenhändig ermordet hatte, in seiner alten Heimatstadt inkognito einen Unterschlupf. Er fand ihn unweit der beschriebenen „entnazifizierten" Straßenecke in der Paulinstraße 8, wo jahrzehntelang ein Autoschilder-Geschäft existierte. Er wohnte dort unter falschem Namen unbehelligt im Haus seiner Schwägerin mit seiner Ehefrau Regina aus Osburg und seiner fünfjährigen Tochter Ute Regina. Der angehende US-Geheimagent, der später in La Paz von seiner prächtigen Villa aus die Killerkommandos der Militärjunta Boliviens organisierte, konnte sich damals sicher fühlen: Von der Trierer Kriminalpolizei, in der ehemalige Gestapoleute ohne Probleme ihre alten Dienststellungen zurückerhalten hatten, brauchte er absolut nichts zu befürchten. Nach mehreren Verhören schrieb der frustrierte Trierer Kriminalkommissar Michel am 8. Februar 1964 in seinem abschließenden Untersuchungsbericht, dass er trotz mehrerer Verhöre von Barbies immer noch in Trier lebender Mutter und von seiner ebenso noch in der Paulinstraße 8 wohnenden Schwägerin den Aufenthaltsort des nach Südamerika geflohenen Barbie nicht hatte ermitteln können. Barbies Trierer Verwandte hatten Michel, das lag auf der Hand, nach Strich und Faden belogen. Denn noch im Sommer 1957 waren sie selbst von der Ehefrau Barbies und dessen zwei Kindern mehrere Wochen lang in Trier besucht worden. Mit Unterstützung von Staat und Kirche starteten eine ganze Reihe Ex-Nazis im damaligen Trier ihre Nachkriegskarrieren: der seit 1947 wieder amtierende spätere Regierungspräsident Josef J. Schulte, der 1938 von seinem Schreibtisch aus als Regierungssekretär die „Entjudung" Triers verwaltet hatte; der in Hermeskeil bald wieder praktizierende ehemalige Krankenhaus-Chefarzt Dr. Theophil Hackethal, der in Hinzert als Lagerarzt mit gefälschten Totenscheinen Häftlingsmorde verschleiert hatte; beim Trierer Verwaltungsgericht der Jurist Wolfgang Reinholz, der als SS-Offizier Massenerschießungen befehligt hatte; oder der schließlich zum Ehrenbürger „für seine Verdienste" ausgezeichnete Romika-Geschäftsführer Hellmut Lemm, der als „Ariseur" des ehemals jüdischen Unternehmens Hunderte von Zwangsarbeitern aus Hinzert beschäftigt hatte.[42]

---

[42] Schnitzler, T.: Klaus Barbie in Trier – auf den Spuren einer NS-Kriegsverbrecherkarriere. Mit einem Anhang autobiografischer Dokumente. In: Neues Trierisches Jahrbuch 45 (2005), S. 113ff; die von der Trierer Kriminalpolizei am 23.12.1960, 8.3.-9.3.1961 und 8. Januar 1964 über ihre Untersuchung gegen Barbie verfassten Protokollberichte befinden

Der erwähnte Schilderwechsel Ecke Petrusstraße/Bahnhofstraße hatte also mit den vor Ort waltenden Realitäten nichts gemein – in Wahrheit konterkarierte er sie in einer unglaublich grotesken Art und Weise. Denn während sich die Besatzer nach außen hin als die großen „Entnazifizierer" Deutschlands aufführten, umwarben sie bereits klammheimlich ehemalige SS-Schergen vom Schlage Barbies für den kommenden „Kalten Krieg" als Kommunisten-Spione. Und so war es auch eigentlich nicht weiter verwunderlich, dass der ehemalige Gestapo-Mann Wilhelm Plichta, der Marianne Elikan bei ihrer Deportation aus Trier so schlimm gedemütigt hatte, in der Paulinstraße 7 – genau gegenüber dem Unterschlupf Barbies – ein Büro als Privatdetektiv eröffnete[43].

In ihren zweiten und dritten Trierer Tagebucheinträgen vom 24.7. und vom 29.7.1945 zog Marianne Elikan bereits eine äußerst negative Bilanz über ihre Situation in Trier. Sie schrieb so, als ob sie diesen Anachronismus in ihrem gesellschaftlichen Umfeld bereits erahnte. Hier konnte sie sich nur „einsam, alleine und verlassen fühlen. Kein Mensch kennt Dich." Das, was „man weiß, will [man] nicht glauben." Ohne ihre Eltern – „wo sind sie geblieben?" – gab es für sie „keine Heimat" mehr. In diesem Trier fühlte sie sich genauso „fremd" wie zuvor in Theresienstadt. Einen Tag nach ihrem 17. Geburtstag, den sie wohl gar nicht gefeiert hatte, schrieb sie den folgenden Satz:

> „Man sagt, das Schicksal muss sich wenden, es wird und wird aber nicht wahr. Der Kummer und die Sorgen bleiben die gleichen wie zuvor. Nur dass man ein freier Mensch ist. Diesen Kummer, den ich hier habe, den hatte ich nicht einmal in Theresienstadt."

Dennoch war sie nicht ganz allein gewesen in jenen ersten Wochen nach ihrer Ankunft. Mitgekommen waren insgesamt 14 Personen, die die Judenverfolgungen wie sie überlebt hatten; außer ihren bereits genannten Fahrtbegleiterinnen waren dies: die Geschwister Karl und Liesel Mayer, Kurt Lorig, Rosalie Salm, Ernst Salm, Martin Marschall, Erich Süsskind, Else Kahn und Heinz Kahn. Aus der ehemals 796 Personen starken Synagogengemeinde war eine „Zwerggemeinde" geworden. Ihre „Begrüßung" durch die Stadt Trier, deren Datum die Stadthistorie bis heute nicht kennt, gestaltete sich in einer Weise, anhand derer man bereits erahnen konnte, dass man von offizieller Seite über eine wirkliche Reintegration der jüdischen Bürger nicht ernsthaft nachdachte. „Jeder erhielt von der Stadt zur Begrüßung 100 Mark und zehn Flaschen Wein"[44] – eine rein förmliche Begrüßungsgeste, an die sich die Marianne Elikan heute gar nicht mehr erinnert.

Die Behauptung, dass die jüdischen Heimkehrer bei der Wohnungssuche von der Stadt Trier tatkräftig unterstützt worden seien, ist eine in älteren Darstellungen zu lesende Mär, die einer kritischen Überprüfung nicht standhält. Auch dass sie für die Einrichtung ihrer ersten Wohnungen Teile ihrer durch die Arisierungen geraubten Möbel zurückerhielten, war nicht dem Entgegenkommen der Stadt zu verdanken, die sie

---

sich im Bundesarchiv, Außenstelle Ludwigsburg, B 162/3395, Bd. 1 und B 162/3396, Bd. 2 (Ermittlungsakten gegen Klaus Barbie); ausführlichere biografische Informationen über die übrigen Personen (Nachkriegskarrieren) vgl. Glossar: „Vergangenheitsbewältigung".

[43]   S.o.; Bürostandort nach Auskunft der Autorin vom 11.2.2008. – Angeblich arbeitete auch Plichta später als Spitzel für die Airbase in Bitburg.

[44]   Jacobs, Jacques: Existenz und Untergang der alten Judengemeinde der Stadt Trier. Trier 1984, S. 153-155.

angeblich „mit dem notwendigen Mobiliar zur ersten Einrichtung versorgte".[45] Vielmehr gebührte dieses Verdienst allein dem engagierten Auftreten des Auschwitz- und Buchenwald-Überlebenden Dr. Heinz Kahn. Er war es, der seit seiner Rückkehr am 31. Mai 1945 bis zum Jahresende 1947 die Reorganisation der Synagogengemein- de einleitete und dabei auch äußerst couragiert auf der Rückgabe der geraubten Eigen- tümer insistierte, wobei er sogar Such-Begehungen in Privathäusern und den Bürostu- ben stadtbekannter Amtsleiter (!) durchsetzte, deren Eigentümer bzw. Vorgesetzte in Verdacht standen, sich durch die Arisierungen bereichert zu haben. Unter den be- schriebenen gesellschaftlichen Verhältnissen gestalteten sich diese Visitationsbesuche für alle Beteiligten immer wieder zu einem höchst peinlichen Akt. Weil Heinz Kahn durch seine Aushilfsanstellung beim Arbeitsamt Einblick in die Zwangsarbeiterkartei erhalten hatte, fand er heraus, in welche „Arier"-Haushalte die Möbel seiner depor- tierten Familie gekommen waren. Zu diesen Ariseuren gehörten, wie Kahn in einem autobiografischen Aufsatz beschrieben hat, das Trierer Stadtmuseum und der Leiter einer ebenso stadtbekannten Einrichtung:

„Zuerst bin ich in das Museum gegangen, machte dort einen Rundgang und fand einen Schrank aus meinem Elternhaus. Auf die Frage wie ich denn beweisen könne, dass das der Schrank aus meinem Elternhaus sei, sagte ich, dass ich die Schubladen absperren kön- ne. Der Beamte bemerkte, dass ja keine Schlösser vorhanden seien. Ich bat ihn, sich um- zudrehen, und verriegelte die Schlösser durch einen Geheimverschluss. Bei der Durch- sicht der Schubladen fand ich das Bild meiner Eltern."[46]

Bei einer weiteren Inspektion fand Kahn an der Flurwand eines Privathauses zunächst die Garderobe seiner Familie, anschließend im Wohnzimmer Wandbilder und schließ- lich – eine Türe weiter – auch noch die komplette Schlafzimmereinrichtung seiner El- tern. Auf seine diesbezügliche Frage verneinte die Familie den soeben aufgedeckten Raub „einstimmig". Erst nachdem Kahn ein weiteres Mal mit einer Rückgabegeneh- migung der Stadt ankam, akzeptierten sie die Rückgabe. Nur durch Zufall entdeckte Kahn dann noch eine kostbare antike Holztruhe, die einmal in seinem Elternhaus ge- standen hatte. Der Leiter des Sozialamtes hatte sie im Wohnzimmer seines Hauses aufgestellt.[47]

Genauso distanziert bzw. unkooperativ verhielten sich die Trierer Behörden in Bezug auf die Lebensmittelversorgung. Am 31. Juli 1945 versuchte Heinz Kahn in einem Gespräch mit Behördenvertretern „für die aus den Konzentrationslagern Zurückge- kehrten eine größere Zuteilung von Lebensmittelkarten zu erreichen" – ohne Erfolg.[48]

---

[45] Zitiert Jacobs: Untergang 1984, S. 153.

[46] Zitiert Kahn, Heinz: Erlebnisse eines jungen deutschen Juden in Hermeskeil, Trier, Au- schwitz und Buchenwald in den Jahren 1933 bis 1945. In: Ein Eifler für Rheinland-Pfalz. Festschrift für Franz-Josef Heyen zum 75. Geburtstag am 2. Mai 2003. Hg. v. J. Mötsch. Mainz 2003, S. 658-659.

[47] Kahn: Erlebnisse 2003, S. 659.

[48] Bohlen, R.: Die Wiederbegründung der jüdischen Kultusgemeinde durch Heinz Kahn. In: Bohlen, R./Botmann, B. (Hrsg.): Neue Adresse: Kaiserstraße. 50 Jahre Synagoge Trier. Festschrift. Trier 2007, S. 56.

Aufgrund neuester Forschungsergebnisse beginnt man jetzt erst zu ahnen, dass der Wiederaufbau dieser „entnazifizierten" Stadt Trier in weiten Bereichen sogar eine Vollendung der von den Nationalsozialisten mit der sogenannten „Entjudung" begonnenen Zerstörungen herbeigeführt hat.[49] Die Ausübung gewalttätiger Macht ging weiter – auch nach dem Ende des „Dritten Reiches" –, und damit auch die Verdrängung von Menschen aus ihrem angestammten Lebensumfeld. Gewalt geschah jetzt – und hierin liegt die Paradoxie der „Geschichte nach Auschwitz" – im Namen von „Freiheit und Recht". Das Gewaltmonopol fiel jetzt in die Hände der „modernen" Machtkonstellationen des „Kalten Krieges" und der „Wiederaufbau"-Bürokratie. Das „Entsetzen" von Menschen aus „frei gemachten Wohnungen", dieses Erbe nationalsozialistischer Gewaltherrschaft – es wurde nicht revidiert. Vielmehr geschah die gewaltsame Umstrukturierung gewachsener Siedlungsräume jetzt im Namen des „Wirtschaftswunders"[50]. In Trier sind besonders erwähnenswert die Zerstörung der kleinteiligen Siedlungsstrukturen in der Innenstadt, wo vor dem Kriege mehr als 1000 Einzelhandelsgeschäfte, -läden und -betriebe bestanden hatten, etwa Bäckereien, Metzgereien, Schuhgeschäfte, Textilläden und Feinkosthändler. Durch die Genehmigung großflächiger Zusammenlegungen von Trümmergrundstücken, die großenteils jüdischen Bürgern gehört hatten, wurde der Immobilienspekulation Tür und Tor geöffnet. Für den Ausbau Triers zur „autogerechten Stadt" wurden traditionelle jüdische Wohn- und Geschäftsquartiere abgerissen und ersetzt durch historisch gesichtslose Baublöcke: Großkaufhäuser, Banken, Parkhäuser, Versicherungen und imperiale Verwaltungsgebäude. Nur einige Beispiele[51]: in der Simeonstraße 52 wurde das spätwilhelminische „Haus Puricelli" mit der ehemaligen Textilhandlung „Schloss & Gottschalk" (1902-1942) durch die „Kaufhof"-Geschäftsfiliale ersetzt. Weil sie den kastenförmigen Neubau störte, wurde die denkmalgeschützte Fassade nach Komplettabbruch über dem Nordosteingang „vorgeblendet", dabei die äußeren Mansardendachgauben jedoch weggelassen.[52] Am „Basilika-Durchbruch", bei dem die Nazis in der sogenannten „Brandgassenaktion" 1944 die Brotstraße von der Kornmarktseite zur Basilika durch den Abbruch mehrerer Häuser durchstoßen hatten[53], entstand 1958 das Schuhhaus Hoffmann, das

---

[49] Albrecht, J.: Die „Arisierung" der jüdischen Gewerbebetriebe in Trier im NS-Regime. Trier 2008 (= Magisterarbeit FB Zeitgeschichte an der Universität Trier).

[50] Reemtsma, J. P.: Hässliche Wirklichkeit und liebgewordene Illusionen: Grundzüge einer Theorie der Gewalt in der Moderne. In: Süddeutsche Zeitung vom 25.1.2008, S. 14.

[51] Folgende Angaben nach Landeshauptarchiv Koblenz Best. 572,8 Finanzamt Trier und Best. 583/2 Landgericht Trier: Wiedergutmachungsakten des Landes Rheinland-Pfalz (vgl. im Einzelnen auch u.: Quellen- und Literaturverzeichnis); über die Zerstörungen der Siedlungsstruktur siehe Monz, H.: Aufbaujahre. Ereignisse und Entwicklungen in der Zeit nach dem Zweiten Weltkrieg bis zum Jahre 1975. Trier 1987, S. 48 und 59-67.

[52] Stipelen-Kintzinger, A. van: Trier in alten Ansichten. Zaltbommel 1980 (= Europäische Bibliothek), Foto Nr. 120 mit bauhistorischer Erläuterung; siehe auch Morgen, R.: Regen und Feuerwerk zum Jubiläum. Kaufhof feiert bundesweit 125. Geburtstag. In: Trierischer Volksfreund 2004, Nr. 215 vom 4. September.

[53] Bollmus, Reinhard: Trier und der Nationalsozialismus (1925-1945). In: Düwell, K./Irsigler, F. (Hrsg.): 2000 Jahre Trier. Bd. 3. Trier in der Neuzeit. Trier 1996², S. 583; zum „Basilika-Durchbruch" und zum „Antonius-Durchbruch" bzw. den Straßenbauten der

erste mehrstöckige Geschäftshaus in der Innenstadt. In dem abgebrochenen Haus Nr. 18 befand sich zuvor das „Modehaus" des Geschwisterpaares Helene und Friederike Vasen, die beide nach ihrer Deportation umkamen. Auf den Grundstücken der Holzhändlerfamilie Isay in der Balduinstr. 10-12 und in der Ostallee 7/8 stehen heute die Verwaltungsgebäude der Bezirksärztekammer und der Stadtwerke. In der Jüdemerstraße 7/8, wo die Sparkasse 1987 ihre große Innenstadtfiliale mit Anbindung zum Viehmarkt errichtete, befand sich die letzte gründerzeitliche Häuserzeile der Trierer Juden. Entgegen der offen gelegten Bauplanung wurde die denkmalgeschützte Fassade nicht wieder aufgebaut. Sie landete dann im Depot des Denkmalamtes an der Zurmaienerstraße, von wo sie vor zwei Jahren beim Ausbau dieser Straße auf Nimmerwiedersehen „entsorgt" wurde.[54] Durch den Bau der „Trier-Galerie", eines riesigen Einkaufszentrums in der Innenstadt, wurde nun auch die gründerzeitliche Metzelstraße, in der besonders viele jüdische Wohnhäuser und Geschäfte standen, zur historischen Unkenntlichkeit verstümmelt.[55]

Wie rücksichtslos diese „Entsetzung" des ehemals jüdischen Wohn- und Lebensraumes in der Trierer Innenstadt verlaufen ist, verdeutlicht das Schicksal der jüdischen Eigentümerin des Hauses Jüdemerstr. 7. Dieses Haus war 1899 von dem Kantor Isaak Schmal – er sang die Messe in der nicht weit entfernten Synagoge – erbaut worden. Von seinen Trierer Nachfahren überlebte einzig Emma Schmal (1883-1967) die Verfolgungen, weil sie während des Krieges mit ihrem „arischen" Ehemann, einem Franzosen, in Paris Unterschlupf gefunden hatte. Als sie 1950 wieder nach Trier zurückkehrte, fand sie ihr Haus in einem total verwahrlosten und renovierungsbedürftigen Zustand vor, da es die Gestapo während des Krieges nach der Deportation ihrer Geschwister zum „Judenhaus" für die Internierung von mehr als einem Dutzend später ebenfalls deportierter Juden umfunktioniert hatte. Da sie ihr Elternhaus aus den Entschädigungszahlungen der Wiedergutmachungsbehörde nicht renovieren konnte, musste sie es schließlich gegen ihren Willen an die Stadt verkaufen, die ihr „lebenslanges Wohnrecht" einräumte. Sie war über den Vorgang so enttäuscht, dass sie am 27.12.1954 in einem langen Beschwerdebrief an den Bundeskanzler Adenauer schrieb: „Ich bin nur noch ein Wrack"[56], ein „Opfer der Tyrannei im wahrsten Sinne des Wor-

---

Nachkriegszeit siehe Heise, K. A.: Die alte Stadt und die neue Zeit. Stadtplanung und Denkmalpflege im 19. und 20. Jahrhundert. Trier 1999, S. 129-138.

[54]   Schnitzler, T.: Stolpersteine – ein Mahnmal in der Stadtsparkasse. In: KATZ. Kritisches Trierer Jahrbuch 2005, S. 38-45 und freundliche Mitteilung von Frau Dr. Angelika Meyer (Leiterin des Denkmalamtes).

[55]   „Ist das Stadtbild ruiniert, baut sich's weiter ungeniert", lautete die sarkastische Kommentierung eines Kritikers. Vgl. Heinrich, D.: Riskantes Monopoly: Das neue Einkaufszentrum – Top oder Flop. In: KATZ. Kritisches Trierer Jahrbuch 2004, S. 15-22; zur Errichtung der „Trier-Galerie" vgl. Wolff, C.: Selbstbewusstes Zugpferd oder apokalyptischer Reiter? Trier-Galerie: Werbegemeinschaft signalisiert Stärke und Gesprächsbereitschaft. In: Trierischer Volksfreund v. 2./3. August 2008, S. 9 und Stölb, M.: Bedenkliche Konzentration. In: 16vor. Nachrichten aus Trier, 4. August 2008.

[56]   Vgl. weitere Passagen ihrer Beschwerde in Landeshauptarchiv Koblenz Best. 572, Finanzamt Trier Nr. 20953, Jüdemerstr. 7: „Aber auch ein Wrack will leben, sofern mir ein gütiges Geschick noch ein paar Jahre schenkt und die Behörden einem die Möglichkeit

tes". Nach dem Tode von Emma Schmal scheiterten alle Bemühungen um die Erhaltung dieser historischen Häuserzeile, die, wie oben erwähnt, von dem Sparkassen-Neubau verschluckt wurde. Man scheint auch von Seiten der Stadt den Verfall dieser historischen Bausubstanz billigend in Kauf genommen zu haben. Anfang der 1980er Jahre waren die Gebäude bereits in einem ruinösen Zustand, und wenige Jahre zuvor schon so heruntergekommen, dass die Wohnungen nur noch an „zwielichtige" Personen vermietet werden konnten.[57]

Notgottesdienste in „Betstuben", der Abriss der alten Synagoge 1956 und das unerwünschte Gedenken an die KZ-Opfer und die NS-Vergangenheit

Wie wenig einfühlsam die Stadtväter mit den elementaren gesellschaftlichen Interessen der jüdischen Kriegsheimkehrer und ihrem Wunsch nach einer kulturellen Selbstfindung umgegangen sind, zeigte ganz besonders deutlich auch die Geschichte ihrer Bethäuser. Da die Synagoge zerstört war, sahen sich die Heimkehrer bei der Durchführung ihrer Gottesdienste wieder einmal auf ihr im Krieg erprobtes Improvisationstalent angewiesen. Ihre ersten Betversammlungen führten sie in Privatwohnungen in Trier-Nord durch, und zwar bei dem Metzger Leo Jacobs in der Paulinstraße (Nr. 120 oder 124), in einem Haus neben der Besatzungsbehörde in der oberen Petrusstraße, in einem französischen Betsaal in der Engelstr. 2 und im Privathaus der Familie Süsskind in der Saarstr. 47. Als Heinz Kahn die Wiederzulassung der Kultusgemeinde im September erwirkt hatte, errichteten die Mitglieder in der Wohnung von Leo Jacobs eine „Haussynagoge". Als Heinz Kahn am 30. Juli 1950 in dem provisorischen Betsaal in der Engelstraße seine Verlobte Inge (geb. Hein), ebenfalls eine KZ-Überlebende, heiratete, musste er von auswärts einen ehemaligen Trierer Juden als Kantor (Sänger und Vorbeter) der Trauungsmesse einladen.[58] Um die Alte Synagoge am Zuckerberg kümmerten sich die mit dem Wiederaufbau befassten Stadtväter gar nicht. Im Gegenteil: sie leisteten weiterer Zerstörungen in und an ihr sogar Vorschub, indem sie trotz mehrfacher Proteste der Gemeindeführung das wilde Fußballspielen abenteuerlustiger Jugendlicher und Einbrüche duldeten und dagegen von sich aus keinerlei Vorsorge trafen. 1955 plante der Gemeindevorstand den Wiederaufbau der nach den Plünderungen der Reichspogromnacht durch die Bombenangriffe zerstörten alten Synagoge, die

---

dazu geben. Herr Bundeskanzler, wir sind mit 2 Grundstücken 133 Jahre Anlieger in Trier, Jüdemerstr. 7-8. Treue und brave Menschen, die ihre Pflicht gegenüber Stadt und Staat erfüllt haben. Die Stadt hat die Häuser gekauft für den Preis von 46 000 DM. Nun, Herr Bundeskanzler, die Häuser sind viel mehr wert. Alles zu erläutern, würde zu weit führen. Nun soll ich auch noch bezahlen. Ich bin 70% gesundheitlich geschädigt – Opfer der Tyrannei im wahrsten Sinne des Wortes. Ich habe für Jahrzehnte vorausbezahlt. Man kann Gnade vor Recht erteilen. Das deutsche Vaterland wird an den paar Mark nicht zu Ende gehen. Helfen Sie mir, Herr Bundeskanzler!"; zur Geschichte dieses Hauses siehe auch Schnitzler: Stolpersteine 2005, S. 44.

[57] Eine der letzten Mieterinnen war die in der Lokalgeschichte als „Trierer Original" bekannte ehemalige Prostituierte Rosa („Röschen") Becker (1905-1984). Vgl. Bauer, K. W.: Ons Welt öß Trier. Trier 1983, S. 78-83.

[58] Bohlen: Kultusgemeinde 2007, S. 55-60.

aber durchaus hätte wieder aufgebaut werden können – eine in der bisherigen Literatur verschwiegene, in diesem Zusammenhang aber bedenkenswerte Tatsache. Benno Süsskind, der Nachfolger Heinz Kahns, der inzwischen zum Studium von Trier weggezogen war, stellte dazu bei der Stadt am 27. Dezember 1955 den folgenden Antrag:

> „Mit gegenwärtigem Schreiben stellen wir den Antrag auf Baugenehmigung zum Aufbau der alten Synagoge Trier, Zuckerberg. Da wir im nächsten Jahre das 100jährige Bestehen der Synagoge feiern und zu diesem Zeitpunkt im Oktober 1956 die Synagoge einweihen wollen, erbitten wir die sofortige Genehmigung. Der Lageplan ist in Ihren Händen. Wir bitten um Ihren diesbezüglichen Bescheid baldmöglichst.
>
> Hochachtungsvoll! Vorstand: Benno Süsskind."[59]

Dieser Plan hatte aber keine Chance gegen die anderweitigen Prioritäten der Trierer Stadtplaner. Diese sahen vor, durch die nach dem Abbruch der Synagoge in der Metzelstraße geschaffene Lücke den Bau der westlichen Erschließungstangente zum Viehmarkt durchzuführen. Auf dem Viehmarkt entstand dann jener große Parkplatz, der bis Ende der 1980er Jahre das Stadtbild geprägt hat. Der entsprechende Aktenhinweis lautete: „Nach Lage der Dinge ist der bisherige Standort für die weiteren planerischen Belange so wichtig, dass der Tausch vorgenommen werden soll. Die Zustimmung des Planungsausschusses ist am 20. Januar (1956) herbeigeführt worden."[60] Dieser daraufhin von der Stadt erarbeitete und dem Synagogenvorstand vorgelegte Tauschplan sah vor, dass der Synagogenneubau weitab von der bisherigen Zentrumslage im Schießgraben nahe dem Moselufer erfolgen sollte – also ausgerechnet auf dem Platz, auf dem dereinst die unter Hitler als besonders eifrige Antisemiten agierenden Turn- und Sportvereine trainiert hatten.[61] Zudem befand sich der vorgeschlagene Standort in Sichtweite des ehemaligen Kriegerdenkmals an der Mosel, wo im April 1933 unmittelbar nach der Ehrenbürgerernennung Hitlers die beiden Hindenburg-/Hitler-Eichen gepflanzt worden waren. Erst nach Protest Benno Susskinds kam es dann am 21.6.1956 zur Unterzeichnung eines anderweitigen Tauschvertrages. Demnach wurde die Synagoge 1956 an der Ecke Kaiserstraße/Hindenburgstraße errichtet und am 25. August 1958 eingeweiht.[62] Aber eigentlich war auch dieser Standort eine Zumutung, denn nicht nur die von hier aus in die Stadt führende Eckstraße, die Hindenburgstraße, erinnerte an den als „Steigbügelhalter Hitlers" bekannten antisemitischen Generalfeldmarschall, sondern auch das zwei Jahre später als direktes Nachbargebäude in Betrieb genommene „Hindenburg-Gymnasium", das Wilhelm Altmann, ein Sohn des 1944 in Auschwitz umgekommenen Trierer Oberrabbiners Dr. Adolf Altmann, wegen der

---

[59] Zitiert Stadtarchiv Trier: Häuserakten T 01/1133 Häuserverzeichnis: Zuckerbergstr. 16/17 (Synagoge mit Wohnhaus); s. dort auch Beschwerdebrief von Rechtsanwalt Voremberg vom 13.8.1954 mit Bitte um Reparatur der schadhaften Torverriegelung.

[60] Zitiert Stadtarchiv Trier: Häuserakten T 01/1133 (wie vorige Anm.); zur Straßenplanung (Konzeptionen und Realisierungen) vgl. Heise: Stadt 1999, S. 133 und 173.

[61] Schnitzler, T.: Trierer Sportgeschichte. Trier 1997, S. 111-117.

[62] Scherf, R.: Die Synagoge Kaiserstr. 25 in Trier. In: Bohlen, R./Botmann, B. (Hrsg.): Neue Adresse: Kaiserstraße. 50 Jahre Synagoge Trier. Festschrift. Trier 2007, S. 45.

Judenverfolgungen hatte verlassen müssen.[63] Nach dem Abbruch der Alten Synagoge wurden die geplante Erschließungstangente zum Viehmarkt und dessen Ausbau zum Parkplatz zügig vorangebracht; die Gedenkstele, die an die alte Synagoge erinnern sollte, aber erst 1984 – also fast dreißig Jahre später – errichtet.[64]

Mit dem gleichen Desinteresse begegnete die Stadt auch dem sehr speziellen Gedenkanliegen der Synagogengemeinde in Bezug auf die in den Konzentrationslagern umgekommenen Kriegsopfer. Da die nach Trier zurückgekommenen Überlebenden vor Ort keinen dafür geeigneten Gedenkort besaßen, blieb den Gemeindemitgliedern keine andere Wahl, als die Gedenkveranstaltungen auswärtiger Synagogengemeinden zu besuchen – eine aufwendige Angelegenheit, wenn man bedenkt, dass die Verkehrsverbindungen noch nicht wieder hergestellt waren und die Fahrten mit Bussen oder PKWs mit Kosten verbunden waren und einen hohen Organisationsaufwand verlangten. So fuhren Marianne Elikan und die anderen jüdischen Heimkehrer am 29. Juni 1946 mit privaten Autos auf den jüdischen Friedhof in Koblenz, wo sie an der „Einweihung des Denkmals für die ermordeten Koblenzer Juden" teilnahmen. Marianne Elikan berichtete über diese Fahrt in ihrem Tagebuch.[65]

Zur selben Zeit begann der Trierer Bildhauer Michael Trierweiler mit seiner Arbeit an der Skulptur „Der Große Kniende". Sie zeigt einen kräftigen, in sich zusammengesunnen Mann, dem es trotz größter Anstrengungen nicht gelingt, aufzustehen. Mit diesem Werk wollte er die den ermordeten Juden zugefügten Leiden auf plastische Weise darstellen, zugleich aber auch die durch den Massenmord dem deutschen Volk aufgeladene Schmach ausdrücken. 1948 präsentierte die Jury Trierweilers Werk als Gewinner des von der Stadt Trier ausgeschriebenen Wettbewerbs für die geplante Errichtung eines Denkmals zur Erinnerung an die Opfer des Nationalsozialismus. Die Trierer aber wollten das Denkmal nicht haben. Es dauerte zwei Jahre, ehe es am 26.11.1950 auf dem Hauptfriedhof nahe dem jüdischen Gräberfeld enthüllt wurde. Nachdem viele Bürger heftig protestiert hatten, wurde die Einweihung zu einem Skandal. Von der regierenden Ratsfraktion (CDU), den Behörden und den Musik- und Gesangsvereinen der Stadt war niemand zugegen. Gegen den Willen des Künstlers war das Denkmal tiefer aufgestellt worden und später um 180 Grad so gedreht worden, dass man von der Stadtseite nur den Rücken des Mannes erkennen konnte. Auf Anweisung des Friedhofsamtes wurde es dann noch durch Anpflanzung von Büschen teilweise verdeckt. Schließlich sollte es sogar an einen anderen, unauffälligeren Ort versetzt werden.[66] Viele Zeitgenossen sahen

[63] Schnitzler, T.: Zum Benennungsstreit um das Hindenburg-Gymnasium Trier – ein historischer Rückblick. Warum die Umbenennung jetzt erfolgen wird und warum sich die Schule selbst um einen geeigneten Namen bemühen sollte. In: 16vor, 14.2.2008.

[64] Heise: Stadt 1999, S. 170-173 sowie: Juden in Trier. Katalog einer Ausstellung von Stadtarchiv und Stadtbibliothek Trier März-November 1988. Hrsg. v. Stadtarchiv/Stadtbibliothek Trier Unter Mitarbeit von Horst Mühleisen und Bernhard Simon, bearbeitet von Reiner Nolden. Trier 1988, S. 136.

[65] Scherf: Synagoge 2007, zitiert S. 59-60; s. u. die (irrtümlich auf 1947 datierte) Tagebucheintragung von Marianne Elikan.

[66] Zuche, T. (Hrsg.): Stattführer. Trier im Nationalsozialismus. 3., überarbeitete und erweiterte Auflage. Trier 2005, S. 117-118; siehe auch Heß, R.: Der Bildhauer Michael Trierweiler wurde 85 Jahre alt. In: Neues Trierisches Jahrbuch 33 (1993), S. 180.

sich allein durch die Nacktheit des Mannes in ihrem sittlichen Empfinden irritiert. Überhaupt sei die gebeugte Körperhaltung der Denkmalfigur ein schlimmer Verstoß gegen das traditionelle Kriegsopfergedenken, nach dem sich nur ein „erhaben und würdig" gestaltetes Mahnmal geziemte. Und zu dieser Tradition gehörten angeblich nach wie vor militärische Ehrenrituale.[67] Vor allem aber erschien ein symbolisches Schuldbekenntnis vor einem gebeugten nackten Manne völlig undenkbar in jenen Jahren der beginnenden Wiederaufrüstung Deutschlands durch die Bundeswehr, zumal ein solches Schuldbekenntnis ja auch den Mythos der siegreichen und ehrenhaften Wehrmacht entweiht hätte, die sich angeblich nicht an den Kriegsverbrechen beteiligt hatte. Die konservative Mehrheit befürwortete eine Gedenkkultur der „Behaglichkeit", die jede Mitschuld an dem Massenmord an den Juden verleugnete. Bundeskanzler Konrad Adenauer formulierte diese bis in die 1980er Jahre gleichsam staatsoffizielle Sicht 1951 mit dem Satz: „Das deutsche Volk hat in seiner überwiegenden Mehrheit die an den Juden begangenen Verbrechen verabscheut und hat sich nicht an ihnen beteiligt."[68]

Abb. 12: Kriegerdenkmal vor dem Haus Pellinger Straße 33 (um 1952)

---

[67] Vgl. „Mahnmal auf dem Hauptfriedhof enthüllt." In: Trierischer Volksfreund v. 29.11. 1950 und „O, diese Heuchler und Pharisäer! Moralische Entrüstung über das Mahnmal für die Opfer des Faschismus." Undatierter Presseartikel. In: Privatsammlung Gertrud Trierweiler.

[68] Zitiert Reichel, P.: Auschwitz. In: Francois, E./Schulze, H.: Deutsche Erinnerungsorte. Bd. 1. München 2001, S. 611.

Und so verdrängten die Trierer, wenn sie alljährlich am „Volkstrauertag" der Kriegsopfer gedachten, weiterhin die Erinnerung an die KZ-Opfer. Sie gedachten auch in den einzelnen Stadtteilen vor alten Kriegerdenkmälern ausschließlich ihrer gefallenen Soldaten, die ermordeten und vermissten Deportationsopfer aber erwähnten sie mit keinem Wort. Bei den zurückgekehrten KZ-Überlebenden erzeugten diese Verdrängungsrituale ein tief sitzendes Unbehagen. Besonders schmerzlich berührt wurde Marianne Elikan, als die Feyener Ortsvereine um 1952 in der Pellinger Straße 33, also ausgerechnet vor dem Haus, von wo sie, ihre Pflegeltern und die jüdische Eigentümerfamilie Lorig keine 10 Jahre zuvor deportiert worden waren, das alte Nazi-Kriegerdenkmal von 1934 wieder einweihten.[69]

Die Amnestie von Kriegsverbrechern wie Klaus Barbie und deren vielfache Resozialisierung als „Mitläufer" war die Kehrseite dieser offiziell legitimierten Verdrängungshaltung.[70] Diese „Behaglichkeit" des Nicht-Gedenken-Wollens prägte auch den Alltagsdiskurs über den Krieg nachhaltig, so dass sich die allermeisten Deutschen in ihren persönlichen Erinnerungsgeschichten auf den Mythos der „Bombenopfer" verständigten. Und so blieb für die kleine Minderheit der zurückgekehrten KZ-Überlebenden wie Marianne Elikan, wenn sie sich einfügen wollten, kaum eine andere Wahl, als dieses kollektive Schweigen hinzunehmen – ein abermaliges ungewolltes Zurückstellen-Müssen ihrer eigenen Identität, das sich bis in die private Freizeitgestaltung auswirkte. Denn die allgemeine Verbindlichkeit dieser „Schlussstrich-Mentalität" zeigte sich auch im Gesellschaftsleben der Vereine, vor allem in den Sportvereinen, die mancherorts bis zu 10% jüdische Mitglieder gehabt hatten, nun aber so taten, als hätte es diese nie gegeben.[71] In den neuen Kinos der Stadt liefen ab Mitte der 1950er Jahre Heimatfilme und amerikanische Western, in denen die Trierer Illusionen einer „schönen", zwar nicht immer „heilen" Welt, aber garantiert andere „Wirklichkeiten" als die Vergangenheit fanden.[72] Dass sich an manchen dieser Kino-Standorte oder direkt nebenan vor wenigen Jahren noch dramatische Lebensschicksale abgespielt hatten, dafür interessierte sich in diesem Nachkriegs-Trier niemand mehr. Und so hätte Marianne Elikan, die 1951/1952 in der Maximinstraße 31 gewohnt hatte, niemandem die Geschichte dieses ehemaligen „Judenhauses" mitteilen wollen, nachdem Theo Baltes dort 1953 das stadtbekannte „Atrium"-Kino eröffnet hatte.[73] Von dort waren in den Jahren 1941 bis 1943 über ein halbes Dutzend jüdische Bürger in die Konzentrations- und Vernichtungslager „ausgesiedelt" worden, unter anderem Marianne Elikans frühere

---

[69] Foto des Denkmals nach seiner Einweihung durch freundliche Mitteilung von Frau Marlene Mensendiek-Scholz (Frankfurt/Main), der ehemaligen Nachbarin dieses Hauses.

[70] Schwan, G.: Der Mitläufer. In: Francois, E./Schulze, H.: Deutsche Erinnerungsorte. Bd. 1. München 2001, S. 654-669.

[71] Schnitzler, T.: „Gewissenhaft und treudeutsch": Ernst Cantor – Leben und Wirken eines Turnvereinsvorsitzenden aus Mainz, der Opfer der Rassenverfolgung wurde. In: Jahrbuch für Westdeutsche Landesgeschichte 33 (2007), S. 480-481.

[72] Krisam: Trier 1984, S. 200-204.

[73] Einwohnerbücher der Stadt Trier der Jahre 1953ff.; zur Wohnsituation von Marianne Elikan s. weiter unten.

Privatlehrerin Adele Elsbach (1908-1944), die ihr 1941 einen Erinnerungsspruch in ihr Poesiealbum geschrieben hatte.[74]

Abb. 13: Gestapo-Luftschutzbunker-Türe am Balduinsbrunnen (Foto von 2005)

Den Augen der Öffentlichkeit verborgen geblieben ist auch der ehemalige Gestapo-Bau am Balduinsbrunnen, obwohl seine grauschwarzen Fassadenmauern immer noch so aussehen wie zur NS-Zeit.[75] Wenn Marianne Elikan Trier besucht, wechselt sie auf dem Weg in die Stadt immer die Straßenseite, weil sie beim Vorübergehen an dem ehemaligen Gestapo-Gebäude jedes Mal schreckliche Erinnerungen plagen. In den düsteren Gefängniszellen dort war sie Anfang 1942 von der Gestapo längere Zeit gefangen gehalten worden.[76] Der Zellentrakt besteht noch immer mitsamt einer riesigen Riegeltür des Gestapo-Luftschutzbunkers. Doch hielt man es – anders als in anderen Städten[77] – in Trier bis heute nicht für nötig, das „dunkle Geheimnis" dieses Terrorortes zu lüften, so dass die Überlebenden ihn als einen Teil der friedlichen Gegenwart erleben könnten.

Dass der öffentliche Raum und mit ihm der öffentliche Honoratiorenkult aufgrund seiner fehlenden Dechiffrierung der Insignien des Terrorregimes bei den überlebenden Verfolgungsopfern immer noch traumatische Reaktionen hervorrufen kann und deren Angehörige vor den Kopf stößt, scheinen die Verantwortlichen bis heute nicht richtig begriffen zu haben. Noch immer besteht Hitlers Ehrenbürgerschaft, die ihm die Stadt 1933 einstimmig zuerkannt

---

[74]   Stadtarchiv Trier: Verzeichnis der 1933 bis 1935 in Trier lebenden und von dort deportierten Trierer Jüdinnen und Juden. Datenbank. Redaktion Angelika Wilke. Aktualisierte Version 2008; zur Biografie von Adele Elsbach vgl. das Glossar.

[75]   Zuche: Stattführer 2005, S. 24-26; siehe auch Kubalek, Ines: Das dunkle Geheimnis. Unter dem ehemaligen Reichsbahngebäude trieb die Gestapo ihr Unwesen – Besuch mit einem ehemaligen Zeitzeugen. In: Trierischer Volksfreund v. 19.12.2007, S. 20.

[76]   Interviews mit der Autorin, 18.2.2008 und 19.6.2008; vgl. auch o.

[77]   Zum Beispiel in Köln, wo auf dem ehemaligen Hauptsitz der Gestapo das heute weltweit renommierte NS-Dokumentationszentrum errichtet wurde.

hatte, und für die erst jetzt erfolgte Abbenennung des „Hindenburg-Gymnasiums" bedurfte es seit 1957 (!) mehrerer Anläufe.[78]

„Die Nazis sind noch immer da" – aber wo sind meine Eltern?

Unter den beschriebenen Umständen, die sie in ihrer „alten Heimat" vorfanden, zogen es die meisten der 1945 nach Trier zurückgekehrten Juden vor, die Stadt so bald wie möglich wieder zu verlassen: die Geschwister Liesel und Karl Mayer emigrierten in die USA, genau wie Else Levy und auch Kurt Lorig aus Butzweiler. Wie Marianne Elikan hatte Lorig seine Eltern und nächsten Verwandten bei seiner Rückkehr nicht mehr wiedergefunden. Zunächst arbeitete er in der Paulinstraße als Chauffeur für seinen Mitbewohner, den körperbehinderten Leo Jacobs. Eine entfernte Verwandte versorgte ihn aus Luxemburg mit Lebensmittelpaketen. Dennoch „wollte er nicht mehr in Deutschland bleiben". 1949 emigrierte er zu einem Onkel nach Kalifornien[79]. Die „Freiheit" sei ihm wichtiger geworden als die „verlorene Heimat", beschrieb der Heimatforscher Klaus Pauli 1989 seine Eindrücke nach seinem Besuch bei Kurt Lorig. Für die KZ-Opfer gab es keinen Rechtsanspruch auf Entschädigungen. Und so hatte auch Kurt Lorig außer den 10 Flaschen Wein zur „Begrüßung" nur einen „Schadensausgleich" von lediglich 150 Reichsmark für jeden Monat KZ – das sogenannte „Sternegeld" – erhalten.

Da Marianne Elikan noch immer auf ein Lebenszeichen von ihrer Familie wartete und sie außerdem noch nicht volljährig war, blieb ihr keine andere Wahl, als in Trier erst einmal abzuwarten. Für die ersten Jahre fand sie eine Bleibe in einem möblierten Zimmer im Hause der Familie Süsskind in der Saarstr. 47.[80] Weil sie nirgends sonst einen Gesprächspartner für ihre persönlichen Probleme finden konnte, trat sie der von Heinz Kahn wiedergegründeten Synagogengemeinde bei. Wegen der Internierung in Theresienstadt hatte sie keine Ausbildung, und so musste sie sich ihren Lebensunterhalt mit Aushilfsarbeiten im Haushalt der Familie Süsskind verdienen, später auch bei anderen Familien, für die sie putzte, wusch, nähte, Einkäufe erledigte, das Essen zubereiten half und den Tisch deckte. Obwohl sie wenig darüber sprach, blieb ihre Identität immer noch die eines „Opfers". Weil sie nicht wusste, wie und woher sie Entschädigungen erhalten konnte, wurde sie am 17. Januar 1949 Mitglied in der „Vereinigung der Verfolgten des Naziregimes". Einen Monat später – am 15. Februar 1949 – erhielt

---

[78] Schnitzler: Benennungsstreit 2008 und Schnitzler, T.: Adolf Hitler – Triers „verwirkter" Ehrenbürger. In: 16vor, 19.4.2007.

[79] Kurt Lorig begründete in Kalifornien eine Holzfirma. Vgl. Geishecker, Anja: Das Schicksal eines Juden aus dem Regierungsbezirk Trier, der in der Zeit des Nationalsozialismus nach Polen deportiert wurde. Trier 1988/89 (Geschichte-Facharbeit/Auguste-Viktoria Gymnasium Trier), S. 21-22 (zit. Klaus Pauli) und Stadtmuseum Simeonstift. Trier Kino Filme Nr. 67, 69 und 72 (= Video-Interviews mit Leo Jacobs, Karl Mayer und Kurt Lorig); zu den Biografien der Geschwister Karl und Liesel Mayer sowie von Else Levy vgl. Glossar.

[80] Alle folgenden Informationen vgl. Amt für Wiedergutmachung Saarburg (wie Anm. I,17) und Interviews mit Marianne Elikan Februar bis Juni 2008.

sie von der Trierer Regierungsbehörde den Ausweis, der sie als „Opfer des Faschismus" anerkannte.[81]

So sehr sie das auch gewollt hätte, sie konnte nicht weg aus Trier. Dazu fehlte ihr das Geld, und einen „reichen Onkel in Amerika", bei dem sie übergangsweise – wie Kurt Lorig – hätte einziehen können, hatte sie auch nicht. Es blieb ihr also gar nichts anderes übrig, als auf ihre Eltern zu warten.

Abb. 14: Vereinigung der Verfolgten des Naziregimes. Ausweis Marianne Elikan (Januar 1949)

Aber wo waren sie und ihre anderen Verwandten geblieben? Ihre Mutter Helene und ihre Schwester Lieselotte hatte sie Anfang November 1940 das letzte Mal bei dem erwähnten unglücklichen Zusammentreffen bei Paul Rotter, ihrem leiblichen Vater, gesehen. Ihre Pflegeltern, Eduard und Melanie Wolf, hatte sie zum letzten Male am 26. Juli 1942 auf dem Trierer Bahnhof gesehen, als sie in den Deportationszug nach Theresienstadt einstieg. Was war mit ihnen geschehen? Aufgrund der fehlenden Nachrichten von ihren Verwandten musste sie das Schlimmste befürchten, nämlich dass sie alle in Gaskammern umgekommen waren. Diese Befürchtungen wurden, obwohl genauere Informationen ihr immer noch nicht vorlagen, immer wahrscheinlicher mit je-

---

[81]   Dokument in Privatsammlung Marianne Elikan; vgl. auch Abb. im Teil „Farbtafeln".

dem Gespräch, das sie mit einem KZ-Überlebenden führte. Aus ihren Gesprächen mit den Heimkehrern Heinz Kahn, Kurt Lorig, den Geschwistern Liesel und Karl Mayer wusste sie, dass diese ihre Eltern bei der Selektion an der „Rampe" von Auschwitz verloren hatten. Die gleiche schreckliche Geschichte wird ihr auch der Theresienstadt-Überlebende Herbert Süssmann erzählt haben, als sie ihn Ende Juli 1946 in Ochtendung besuchte.[82] Sie gab dennoch die Hoffnung auf ein Wiedersehen nicht auf. Sie schrieb einen Brief an Werner de Vries in Gelsenkirchen, den Freund ihrer Schwester Lieselotte, der sie am 26. Januar 1942 in einer gemeinsamen Grußkarte über ihre Deportation nach Riga informiert hatte. Seine Antwort konnte kaum enttäuschender ausfallen: Lieselotte lebte mit größter Wahrscheinlichkeit nicht mehr.[83] „Nach so langer Zeit habe ich alle Hoffnung auf ein Wiedersehen aufgegeben. Auch meine Eltern, meine Brüder mit Frauen sind nicht mehr zurückgekehrt", schrieb Werner de Vries.

Da Marianne Elikan von den Behörden nicht informiert wurde, musste sie sich alle Auskünfte über den Verbleib ihrer Familie selbst besorgen. Sie brauchte diese Informationen auch für das Entschädigungsverfahren als Nazi-Opfer, das sie am 2. Februar 1948 bei der Wiedergutmachungskammer in Trier beantragte.[84] Von der Deportation ihrer Mutter Helene in das französische KZ Gurs wusste sie bereits bei ihrer Entlassung aus Theresienstadt, wahrscheinlich aus einem der letzten Briefe ihrer Schwester Lieselotte. Ihren Vater Paul Rotter wollte sie nach dem traumatischen Besuchserlebnis 1940 in Frankfurt von sich aus gar nicht mehr sehen, ebensowenig ihren Stiefvater Franz Josef Geiger. Am 8. Mai 1950, genau fünf Jahre nach Kriegsende, erhielt sie endlich eine amtliche, aber alles andere als erfreuliche und noch dazu irreführende Nachricht vom Meldeamt in Karlsruhe. Diese besagte, was sie ohnehin schon wusste, nämlich dass ihre Mutter Helene und ihre Schwester Lieselotte „deportiert" worden waren und dass „jedes Lebenszeichen über die Genannten" fehle. Fälschlicherweise war bei beiden der französische Deportationsort Gurs angegeben, was aber nur bei ihrer Mutter stimmte; ihre Schwester dagegen war, wie auch aus dem Brief Werner de Vries' hervorging, nach Riga deportiert worden. Außerdem enthielt diese Mitteilung eine weitere Negativinformation, die sie eigentlich gar nicht hatte wissen wollen: Die Nachricht vom Tode ihres Stiefvaters Franz Josef Geiger am 22. Mai 1945, den ihre Mutter 1932 geheiratet hatte, bevor sie Marianne zur Adoption an das Ehepaar Wolf abgegeben hatte. Über ein Jahr später, am 23. November 1951, schrieb ihr die Stadtverwaltung in Karlsruhe, ihre Mutter „Helena Geiger" sei „am 26. September 1942 in Auschwitz gestorben". Auch sei der Tod ihrer Schwester Lieselotte aufgrund einer Entscheidung durch das Nachlassgericht in Karlsruhe aktenkundig geworden. Aufgrund der Nichtfeststellbarkeit ihrer näheren Todesumstände hätte das Nachlassgericht Karlsruhe sie „für tot erklärt. Als Zeitpunkt des Todes wird der 31. Dezember 1944, 24

---

[82] Stadtmuseum Simeonstift. Trier Kino Filme, Nummern 67, 69, 72 und 77 (= Video-Interviews mit Leo Jacobs, Karl Mayer und Kurt Lorig); siehe Tagebucheintragung vom 30.7.194[6]; zur Biografie von Herbert Süssmann vgl. Glossar .

[83] Vgl. den vollen Wortlaut des Briefes, abgedruckt in Teil II.2.

[84] Siehe unten den Abschnitt „Wiedergutmachung" konnte es nicht geben – Verliererin im „Kleinkrieg der Opfer".

Uhr festgelegt". Über den Todesort und die Ursache aber machte die Behörde keine
Angaben.

Die „alte Heimat" – sie verdiente diesen Namen eigentlich nicht mehr. Marianne Elikan ahnte dies bereits, als sie ihr Heimatdorf Wawern fünf Wochen nach ihrer Rückkehr aus Theresienstadt wieder besuchte. Ihre bedrückenden Erfahrungen dort – offenbar handelte es sich um mehrere Besuche – schilderte sie in ihrer Tagebucheintragung
vom 31. August 1945. Demnach besuchte sie das Haus direkt gegenüber dem ehemaligen Hof ihrer Pflegeeltern, wo sie die Jahre ihrer Kindheit und die ersten Schuljahre
gelebt hatte. Sie fand bei diesem Hausbesuch, den sie wohl auf Anraten von Heinz
Kahn gemacht hatte, mehrere Dinge aus dem Hausrat ihrer Pflegeeltern wieder, die
sich die Nachbarfamilie in Zuge der „Arisierung" bzw. nach ihrer Deportation ange-
eignet hatte, unter anderem eine Tischdecke und Bettbezüge mit dem Monogramm
ihrer Pflegemutter – „M.H." für Melanie Hayum. „Wie mir zu Mute war, brauche ich
wohl keinem zu sagen", schrieb sie dazu in ihr Tagebuch. Die Freundlichkeit der Leute ihr gegenüber war nur oberflächlich. Sie, die das böswillige Vortäuschen falscher
Tatsachen aus den „Verschönerungsaktionen" im Ghetto Theresienstadt nur allzu gut
kannte, durchschaute diese gespielte Freundlichkeit vom ersten Moment an. Nach
allem, was sie durchgemacht hatte, traute sie so schnell keinem Menschen mehr. „Sie
sind alle heute sehr nett zu einem. Aber die Nazis sind noch immer da", heißt es am
31. August 1945 im Tagebuch – einen Monat nach ihrem siebzehnten Geburtstag.

'Ein Mensch, den ich gern habe, wird mir nicht gegönnt. Jeder fährt weg ...' – Die Sehnsucht nach Liebe und das Schicksal als alleinerziehende junge Mutter

Die Anhäufung derart negativer Erfahrungen bestärkte in Marianne Elikan die Nei-
gung zum deprimierten Grübeln. „Einen Menschen" zu haben, „den ich gern hab(e),
wird mir nicht gegönnt", schrieb sie am 1. Juli 1945 in ihr Tagebuch – kurz nach ihrem
abermals unfreiwilligen Abschied von einem befreundeten Theresienstädter Häftling.
In Trier fühlte sie sich weiterhin „einsam und verlassen", wie sie fünf Tage vor ihrem
siebzehnten Geburtstag am 24. Juli 1945 in ihr Tagebuch schrieb: Hier in Deiner
Heimat, da bist du heute wie fremd" [Hervorh. im Orig.]. Trotzdem wollte sie nicht
ernsthaft darüber nachdenken, sich mit ihrem offenkundig werdenden Schicksal einer
heimatlos gewordenen Waise abzufinden und hatte die Hoffnung auf Liebe und
Geborgenheit nicht aufgegeben. „Vielleicht doch", beginnt sie den letzten Satz dieser
Tagebuchnotiz wie eine Frage, die sie jedoch gleich abbricht und in eine Forderung
umwandelt: „Vielleicht doch, es muss jemand kommen" – sei es einer der vermissten
Verwandten oder jemand, den sie wirklich lieben könnte. So allein gelassen sie sich in
Trier auch fühlte – Marianne Elikan hatte die Sehnsucht nach Liebe und Freundschaft
nicht verloren, diese wichtige Fähigkeit zum Überleben, die sie als junges Mädchen
auch in den Jahren der Judenverfolgungen nicht verlernt hatte.

Wo und wann immer sie Freunde und alte Bekannte von früher trifft, was selten
vorkommt, empfindet sie spontan eine „große Freude" – so am 21. Juli 1945 beim
Wiedersehen des Verwandten Max Wolf aus Wawern. Auch wenn diese Freudener-

lebnisse nur von kurzer Dauer waren, reagierte sie niemals nachtragend. Sie hatte aus den Jahren der Verfolgung gelernt: Für das Glück im Leben und in der Liebe gibt es keine Garantie – weder für das eine noch für das andere. Bei ihrem Treffen mit Herbert Süssmann im Sommer 1946, der, wie sie, Theresienstadt überlebt hatte, notierte sie: „[Endlich] einmal ein Mensch, der mich nach langem wieder verstehen konnte". Diese Begegnung war für sie so erfreulich, dass sie ihre Verabredung für die Rückfahrt nach Trier verpasste, und so verbrachte sie bei der Familie Süssmann „wieder seit langem zwei herrliche Tage". Mit der Schilderung dieses Besuches enden ihre Tagebucheintragungen.

Am 22. April 1948 gebar Marianne Elikan eine Tochter. Sie nannte sie Lieselotte in Erinnerung an ihre geliebte Schwester.[85] Der Vater hatte sie längst auf Nimmerwiedersehen verlassen. Ihm auch nur eine Träne nachzuweinen, dazu war ihr gar nicht zumute. Sie hätte auch kaum Zeit dazu gehabt. Mit nicht einmal 20 Jahren war sie alleinerziehende Mutter geworden. Allein dieser Umstand brachte genügend Probleme mit sich in dieser konservativen Zeit, in der die Leute noch hinter vorgehaltener Hand über Lebenspartnerschaften „ohne Trauschein" – noch gar mit einem Kind – tuschelten. Zur Vorbeugung gegen „solch' dummes Geschwätz" ging Marianne Elikan zur Entbindung nicht in ein Trierer Krankenhaus, sondern in ein Wöchnerinnenheim nach Büderich bei Düsseldorf. Sie blieb dort über ein halbes Jahr lang, von Januar

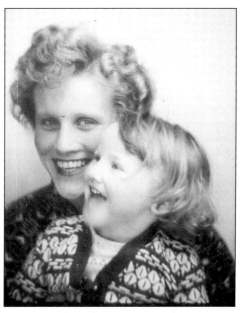

Abb. 15: Marianne Elikan um 1953 mit ihrer Tochter Jeanette

bis August 1948. Da sie sich als alleinerziehende Mutter beim Jugendamt und beim Sozialamt Triers „wie der letzte Dreck" behandelt fühlte, war sie froh, als sie 1949 einen jungen französischen Besatzungssoldaten kennenlernte, mit dem sie sich alsbald verlobte und in einer Offizierswohnung seiner Garnison zusammenwohnte. Am 13. Dezember 1950 bekam sie mit ihm ihre zweite Tochter Jeanette. Im Hochgefühl ihrer Verliebtheit dachten sie jetzt sogar ernsthaft und mit Freude an eine baldige Heirat, auch weil Marianne sich geschworen hatte, „niemals einen Deutschen zu heiraten".

---

[85] Alle folgenden Angaben vgl. Amt für Wiedergutmachung Saarburg (wie Anm. I,17); die Erinnerungszitate stammen, wenn nicht anders angemerkt, aus den erwähnten Gesprächen mit der Autorin.

Doch auch dieser französische Verlobte ließ sie bald sitzen, da er sein Abenteuerleben als Berufssoldat nicht aufgeben wollte für ein beschauliches Familienglück. Und so zog er lieber für Frankreich in den Koreakrieg, während Marianne Elikan in Trier mit den Behörden den bürokratischen Papierkrieg um die existenznotwendige Unterstützung für sich und ihre beiden Kleinkinder führen musste. Als ihr Verlobter ihr im Frühjahr 1951 aus seiner Divisionskaserne in Frankreich mit der Bahnpost einen Kinderwagen für ihre Tochter Jeanette nach Trier schickte, war ihre Liebe längst abgekühlt. Doch Marianne Elikan wollte kämpfen um den Erhalt dieser Beziehung, weniger für sich als vor allem für ihre Kinder, weil sie ihnen ihr eigenes Schicksal, in ungeordneten Familienverhältnissen aufwachsen zu müssen, ersparen wollte.

Im Sommer 1951 besuchte sie ihren Verlobten zusammen mit ihren beiden Kindern in seiner Garnison in Bourges, um ihn zu Rückkehr nach Trier zu überreden. In diesen zwei Wochen wohnte sie auf eigene Kosten in einer kleinen Hotelpension, kehrte aber unverrichteter Dinge wieder zurück. Als sie ihn dann dennoch schließlich knapp fünf Jahre später, am 17. Januar 1955, in der Pfarrkirche von St. Martin heiratet, war dieser Trauungsakt in erster Linie eine Formsache, den sie sich und dem Vater ihrer zweiten Tochter abgerungen hatte, um ihren beiden Kindern endlich ein Aufwachsen „in geordneten Verhältnissen" zu ermöglichen. Der Wunsch schien sich zunächst zu erfüllen, nachdem ihr Ehemann am 15.6.1955 beim Trierer Vormundschaftsgericht den Ehelichkeitsstatus der beiden Kinder Lieselotte und Jeanette anerkannt hatte und sie dann in der Eberhardstraße eine gemeinsame Wohnung bezogen hatten. Wenige Jahre später aber war ihre Ehe zerrüttet und wurde am 16.12.1963 geschieden, nachdem der Ehemann bereits Mitte September 1960 ausgezogen war und wieder in Frankreich lebte. Marianne war wieder allein. Weil sie keine Berufsausbildung hatte, musste sie abermals entwürdigende „Opfergänge" als „Bittstellerin" bei den Behörden auf sich nehmen.

„Wiedergutmachung" konnte es nicht geben – Verliererin im 'Kleinkrieg der Opfer'

Am 2. Februar 1948 stellte Marianne Elikan bei der Wiedergutmachungskammer der Bezirksregierung Trier ihren Entschädigungsantrag als „Opfer des Naziregimes". Sie konnte damals nicht wissen, dass sich dieses Verfahren auf Grundlage des „Bundesentschädigungsgesetzes", das keinen definitiven Rechtsanspruch für KZ-Opfer beinhaltete, und nachträglicher Durchführungsverordnungen über mehrere Jahrzehnte hinziehen würde. Möglicherweise hätte sie den Antrag erst gar nicht eingereicht, hätte sie gewusst, dass sie durch die bürokratische und schikanöse Verfahrensweise zur Dauer-„Bittstellerin" degradiert und dadurch erneut in die soziale Opferrolle hineingedrängt werden würde. Auch dieser Teil ihrer Vita resultierte aus der heute kritisch zu hinterfragenden Aufbaupolitik der Regierung Adenauer, die ihre sogenannte „Wiedergutmachungspolitik" gegenüber den KZ-Opfern primär als eine Prestige-Gegenleistung für das Wirtschafts-Förderprogramm der Westmächte durchführte, den Sinn und die Notwendigkeit eines solchen Programms insgeheim aber bezweifelte.[86] Denn nach der

---

[86]   Vgl. Glossar: „Wiedergutmachung".

oben zitierten Einschätzung des ersten Nachkriegs-Bundeskanzlers hatte sich die große Mehrheit des deutschen Volkes an den NS-Verbrechen „nicht beteiligt". Da dieser Common Sense auch eine umfassende Rehabilitierung ehemaliger Nazigrößen und deren Gefolgschaft in der sogenannten „Entnazifizierung" bedingte, kam es bei der Durchführung der „Wiedergutmachung" und den anhängigen Entschädigungsverfahren immer wieder zu anachronistischen Wiederholungen der historischen Täter-Opfer-Konfrontationen: auf den Behörden, wo ehemalige NS-Amtsleiter mit bürokratischer Spitzfindigkeit Anträge blockierten, verspätet bearbeiteten oder gar nicht annahmen; auf den Sozial- und Jugendämtern, wo ehemalige Altnazis in ähnlicher Weise Vorauszahlungen auf beantragte „Soforthilfen" verwehrten; vor allem aber bei den medizinischen Nachuntersuchungen, bei denen ehemalige „Erbgesundheitsexperten" die gesundheitlichen Folgeschäden KZ-Überlebender, die sie vor nicht allzu langer Zeit noch als „Untermenschen" eingestuft hatten, verharmlosten oder ganz ignorierten.

Marianne Elikan musste im Verlaufe ihrer Entschädigungsverfahren immer wieder äußerst entwürdigende Situationen ertragen. Glücklicherweise konnte sie in den ersten drei Jahren nach ihrer Rückkehr mietkostenfrei bei den Süsskinds in der Saarstraße 47 ein möbliertes Zimmer beziehen. Als sie sich dann nach der Geburt ihrer ersten Tochter Lieselotte ihre erste eigene Wohnung einrichten wollte, beantragte sie für den Kauf eigener Möbel eine „Sofortbeihilfe zur Gründung eines Haushaltes" von 800 DM. Sie konnte sich diese Anschaffung aus ihrem Monatseinkommen nicht leisten, das sie als Haushaltsgehilfin bei der Familie des Kaufmanns Peter Hess in der Valeriusstraße verdiente. Das waren nur 70 Mark, von denen sie 10 Mark Unterhaltungskosten für ihre Tochter an das Annastift in Trier und später an das Vinzenzheim in Speicher abzweigte. Da sie aufgrund ihres fehlenden Schulabschlusses keine höher qualifizierten Berufe ausüben konnte, aufgrund ihrer zeitlichen Beanspruchung als alleinerziehende Mutter auch eine Weiterbildung nicht absolvieren konnte, war sie nach der Geburt ihrer zweiten Tochter neben den monatlichen Rentenvorauszahlungen auf zusätzliche Unterstützungen durch das Jugend- und Sozialamt angewiesen. Diese betrugen aber nur insgesamt 182,55 DM im Monat. Obwohl dem Amt für Wiedergutmachung ihr Ausweis als „Opfer des Naziregimes" mit allen erforderlichen Angaben vorlag, musste sich Marianne Elikan ihre Internierung in Theresienstadt durch zwei Zeuginnen bestätigen lassen. Sie benannte daraufhin Betty Meyer und „Frau Rosalie Salm" in der Paulinstraße. Weil sie vor dem Winter 1949 kein Geld zur Anschaffung eines Wintermantels und warmer Unterwäsche hatte, beantragte sie auch dazu am 20.10.1949 eine weitere „Sofortbeihilfe" von 200 DM. Das Sozial- und das Jugendamt führte genauestens Buch über die Verwendung dieser Beihilfezahlungen. Da diese amtlichen Entschädigungsvorauszahlungen zur Bestreitung ihres Lebensunterhaltes mit ihren beiden Töchtern nicht ausreichten, musste Marianne Elikan immer wieder zusätzlich privat Freunde und Bekannte beleihen. Sie tat dies nur in äußersten Notsituationen, zum Beispiel wenn sie die täglichen Mahlzeiten für ihre beiden Töchter sich nur mehr „vom eigenen Mund absparen" konnte. Weil sie ihr Gewissen dann immer heftig bedrückte, gab sie das geliehene Geld gleich nach Eingang der Beihilfen wieder an ihre Freunde zurück: dem Ehepaar Alwin und Friedel Lauer, die mit ihr im gleichen Haus in der Eberhardstr. 26 wohnten und 1955 auch ihre Trauung mit dem französischen Besatzungssoldaten bezeugten; dem jüdischen Schuhladeninhaber Heinrich

Traub, mit dessen Sohn Walter (1913-2007) sie lebenslang befreundet war. Eines Tages klingelte sie, wieder einmal in großer Geldnot, am Hause des Vorsitzenden der Synagogengemeinde, um ihn um ein kleine Hilfszahlung aus der Sozialkasse für bedürftige Mitglieder zu bitten. Sie traf diesen jedoch nicht an, sondern nur dessen Frau, mit der sie dann in ein aberwitziges Wortgefecht verwickelt wurde, in dessen Folge ihre Bitte bei der Synagogengemeinde gar nicht vorgetragen wurde. Die Frau des Vorsitzenden hatte sich darüber beschwert, dass Marianne Elikan sie nicht – wie in den arrivierten Gesellschaftskreisen jener Jahre üblich – mit dem Doktortitel ihres Mannes angeredet hatte. Die durch diese Arroganz gekränkte Marianne Elikan antwortete wie aus der Pistole geschossen mit einer rhetorischen Gegenfrage, mit der sie die Hausherrin derart provozierte, dass sie ihre Anfrage nicht mehr entgegennahm: „Ich wusste gar nicht, dass sie auch Doktor sind? In welcher Disziplin haben sie ihren Titel denn erworben?"

Die von Marianne Elikan in ihren verschiedenen Entschädigungsverfahren gemachten Erfahrungen können insgesamt als ein Musterbeispiel der gründlich misslungenen Wiedergutmachungspolitik angeführt werden. Am 30. November 1950 beantragte sie beim Bezirksamt für Wiedergutmachung in Trier Haftentschädigung für ihre im KZ Auschwitz umgekommene Mutter Helene Geiger. Die Behörde lehnte den Antrag am 23. Juli 1953 mit der folgenden Begründung ab: „Da die Geschädigte vor ihrem Tode in Karlsruhe und nicht in Rheinland-Pfalz gewohnt hat, sind die Voraussetzungen" für eine Entschädigung „gemäß § 13 EG nicht erfüllt". Ein weiterer Antrag auf Entschädigungsleistungen für die Internierung, Ermordung und Enteignung ihrer Pflegeeltern in Wawern, Melanie und Eduard Wolf, wurde ebenfalls zunächst abgelehnt. In endlosen Korrespondenzen war es ihr nicht gelungen, ihren leiblichen Vater Paul Rotter zu kontaktieren, um dessen Pflegegeldzahlung an das Ehepaar Wolf nachzuweisen. Am 2. Februar 1960 bat sie das Jugendamt in Frankfurt:

> „Ich wäre ihnen sehr dankbar, wenn Sie mir umgehend mitteilen könnten, ob und bis wann mein Vater „Paul Rotter", wohnhaft in Frankfurt, Vilbelstr. 32 (dies ist seine frühere Adresse), Pflegegeld für mich und meine Pflegeeltern, Familie Eduard Wolf in Wawern, Kreis Saarburg, bezahlt hat. Ich war zuletzt im Jahre 1939 zweimal in Frankfurt bei meinem Vater, weiß allerdings nicht, ob die damalige Adresse heute noch richtig ist."

Obwohl Paul Rotter zu diesem Zeitpunkt mit seiner Ehefrau nachweislich immer noch in Frankfurt in der Spohrstraße gewohnt hatte, beantwortete das Amtsgericht Frankfurt die an sie zuständigkeitshalber weitergeleitete Anfrage wie folgt:

> „Auf Ihr Schreiben vom 2.2.1960 wird mitgeteilt, dass sämtliche aus den Jahren 1944 evtl. vorhandenen Unterlagen durch Kriegsereignisse vernichtet wurden. Ab 1944 sind hier keine Akten, die Sie betreffen, vorhanden."[87]

Als sie nach der Scheidung von ihrem Ehemann 1963 wieder alleinerziehende Mutter zweier unmündiger Kinder wurde, stellte sie einen erneuten Entschädigungsantrag für ihren durch die Internierungsjahre „erlittenen Schaden im beruflichen Fortkommen".

---

[87] Zitiert nach Amt für Wiedergutmachung Saarburg (wie Anm. I,17).

Der von dem Verwaltungsinspektor Aloys Zenner abgefasste Ablehnungsbescheid lautete:

> „Die Antragstellerin hatte bisher keinen Berufsschaden geltend gemacht und es liegen auch die Voraussetzungen für die Gewährung eines Berufsschadens nicht vor, da sie keinen Beruf erlernt hat und somit auch nicht in einem Beruf verdrängt wurde. Der Antrag war daher abzulehnen."[88]

1958 wurde Marianne Elikan die Beschädigten-Rentenzahlung von 100 DM monatlich gestrichen, weil der mit ihrem Gesundheitsgutachten beauftragte Dr. Hauth, Chefarzt im Mutterhaus der Borromäerinnen Trier, ihre KZ-Folgeschädigungen nur noch auf 15% und damit deutlich unter die zur Rentenfortzahlung berechtigenden 25% veranschlagt hatte. Daraufhin wechselte sie zu einem nichtjüdischen Rechtsanwalt, weil sie sich von ihrem bisherigen Anwalt in ihren Entschädigungsinteressen nicht hinreichend vertreten fühlte – ohne Erfolg. Da sie offensichtlich bis heute unter einer posttraumatischen Belastungsstörung leidet, die sich unter anderem in Schlafstörungen äußert, wenn sie – beispielsweise durch Fernsehsendungen – an die Kriegsjahre erinnert wird, wagte sie auf Anraten kürzlich einen erneuten Entschädigungsversuch. Am 24. September 2007 beantragte sie beim Bundesministerium der Finanzen eine Zwangsarbeitsentschädigung aus der im Jahre 2000 gegründeten Bundesstiftung „Erinnerung, Verantwortung und Zukunft". Mit dem Hinweis auf die Nichteinhaltung der Antragsfrist vom 31.12.2001 erteilte ihr das Ministerium am 2. Oktober 2007 den folgenden Ablehnungsbescheid:

> „Anträge, die nach diesem Datum bei der Stiftung oder einer Partnerorganisation eingegangen sind, konnten grundsätzlich nicht mehr berücksichtigt werden. Die Stiftungsmittel sind inzwischen vollständig an alle Leistungsberechtigten ausgezahlt worden. Das Auszahlungsprogramm ist beendet. Zusätzliche Mittel stehen nicht zu Verfügung."[89]

'Ich habe niemandem geschadet, niemanden betrogen und bin auch ein bisschen stolz' – Von der zweiten Hochzeit bis zur späten Tagebuch-Veröffentlichung

Knapp zehn Jahre nach ihrer gescheiterten Ehe mit dem französischen Besatzungsoffizier heiratete Marianne Elikan zum zweiten Mal, obwohl sie das eigentlich gar nicht mehr tun wollte. Ihre beiden Töchter waren bereits großjährig und lebten in eigenen Haushalten. Am 3. März 1973 ehelichte sie einen Kaufmann aus Köln, mit dem sie bereits seit sieben Jahren in Trier-Süd einen gemeinsamen Haushalt führte, und den sie auch wirklich „gerne" mochte – das Wort „liebte" wollte ihr nicht mehr von den Lippen. Sie tat diesen Schritt dennoch erst nach „gutem Zureden" ihrer Tochter Jeanette und ihres Schwiegersohnes Werner, die beide wollten, dass sie sich durch diese Hoch-

---

[88] Zitiert nach Amt für Wiedergutmachung Saarburg (wie Anm. I,17).

[89] Zitierter Bescheid des Bundesministeriums der Finanzen an Marianne Elikan vom 2.10.2007 (Privatsammlung Marianne Elikan). Es darf hier nicht unerwähnt bleiben, dass der Leiter des Amtes für Wiedergutmachung, Herr Jürgen Pauly, unmittelbar vor Drucklegung des Buches die sehr begrüßenswerte Initiative zu einer neuerlichen und hoffentlich erfolgreichen Prüfung der Entschädigungsansprüche von Marianne Elikan ergriffen hat.

zeit endlich selbst für ihr restliches Leben absichern sollte. Sie bereute diesen Schritt nicht. Marianne Elikan fasste Vertrauen zu diesem zehn Jahre älteren Mann, auch weil sie ihm gegenüber von ihrer NS-Vergangenheit erzählen konnte, die sie selbst ihren eigenen Kindern lange verschwiegen hatte. Mit ihm zusammen erlebte sie in der „Balduinsklause", einer Wirtschaft in der Kochstraße, noch eine traumatische Begegnung mit einem ihrer ehemaligen Peiniger. Bei einer Karnevalsfeier erkannte sie dort unter den johlenden Jecken den ehemaligen Gestapo-Mann Plichta wieder, der ihr an ihrem Deportationstag auf dem Bahnhof den Suppentopf ihrer Pflegeeltern aus den Händen geschlagen hatte. Sie wurde erst kreidebleich und dann zornesrot, wollte aufspringen, um ihn zur Rede zu stellen, wurde aber im letzten Moment von ihrem Ehemann zurückgehalten. Als die Stadt Trier 1988 zur Erinnerung an die „Reichspogromnacht" erstmals eine Sonderausstellung arrangierte, ermutigte er sie, ihre Tagebücher und Theresienstadt-Erinnerungen zur Verfügung zu stellen. Sie ärgerte sich deshalb umso mehr, als der von ihr angesprochene Vorsitzende der Synagogengemeinde – er war übrigens jener Anwalt, der sie in ihrem Wiedergutmachungsverfahren so schlecht beraten hatte – ihren Vorschlag dem Stadtarchivdirektor nicht zur Weiterverfolgung weitergab. Dieser Vorfall hatte sie so sehr verärgert, dass sie „daraufhin die Synagoge nicht mehr betreten" hat. Mit dem gleichen Befremden nahm sie zur Kenntnis, dass bei den alljährlichen Gedenkveranstaltungen wie dem Reichspogromnacht-Gedenktag prominente Persönlichkeiten wie dieser Vorsitzende und andere Honoratioren der Stadt langatmige Betroffenheitsreden vortrugen, „obwohl sie selbst noch nie ein KZ von innen gesehen hatten". Nach dem Tode ihres Ehemanns verzog Marianne Elikan in eine andere Stadt, wo sie seitdem nahe bei ihrer Tochter Jeanette und deren Familie lebt. Sie ist heute zweifache Großmutter und erfreut sich ihres Lebens, das sie schließlich doch noch in ein „friedliches Fahrwasser" geführt hat.

Der Entschluss, ihre Theresienstädter Tagebuchaufzeichnungen, Gedichte und Briefe zu veröffentlichen, reifte erst allmählich heran. Ende der 1990er Jahre lernte sie den Herausgeber kennen, der damals noch für ein Buch über den Sport in der NS-Zeit recherchierte. Aus mehreren Treffen wurden regelmäßige Verabredungen. Vor zwei Jahren vertraute sie ihm ihre Tagebuchaufzeichnungen mit allen dazugehörigen Erinnerungsstücken an. Durch seine weiteren Recherchen lernte der Herausgeber ihre ehemalige, mittlerweile 80jährige Theresienstädter Zimmerkameradin Hella Wertheim kennen. Dass Hella Wertheim seit Jahrzehnten in Schulen und Bildungseinrichtungen über ihre Vergangenheit gut besuchte Vorträge hält und sogar ein Buch veröffentlicht hat, ermutigte Marianne Elikan ebenfalls. Auch fanden sich durch die Recherchen für eine mögliche Veröffentlichung ihrer Tagebücher Ende 2007 erstmals Fotos ihrer Halbschwester Lieselotte, ihres Vaters Paul Rotter und ihrer Halbschwester Waltraud Ingeborg, von denen sie bis dahin kein einziges Bild besessen hatte. Einen weiteren indirekten Anstoß, die Veröffentlichung ihrer Erinnerungen zu genehmigen, war das NS-Opfergedenkprojekt „Stolpersteine"[90]. Aus den Presseberichten konnte sie erfahren, dass sich die heutige Jugend – anders als die Kriegs- und erste Nachkriegsgeneration – für die Schicksale der NS-Opfer wirklich und ernsthaft interessiert. Ein weiterer mit ausschlaggebender Grund schließlich war der von ihr schon lange gehegte Wunsch,

---

[90] Vgl. www.stolpersteine-trier.de.

ihre eigenen Kinder und Enkelkinder endlich in umfassender Form über ihren Lebensweg aufzuklären. Sie sollten verstehen, warum ihre Oma und Mutter so geworden ist, wie sie ist, und dass sie, trotz alledem und trotz gewisser „Macken", eine liebenswerte Person geworden und geblieben ist.

Marianne Elikan spürt, dass die Zeit der Aussöhnung mit ihrem schicksalhaften Leben als NS-Opfer gekommen ist. Sie hat ein Alter erreicht, in dem sie nicht mehr schweigen muss, zumal sie weiß, dass sie es „trotz alledem soweit gebracht hat". Und was sie auch besonders ermutigt, ist das Bewusstsein, immer an ihren ehernen Lebensgrundsätzen festgehalten zu haben: „Ich habe niemanden betrogen, niemandem geschadet [und] bin [daher] auch ein bisschen stolz".

II Dokumente

1. Tagebuch-Aufzeichnungen aus Theresienstadt und Trier, 1942-1946

Vorbemerkung zur Überlieferung und Textwiedergabe

Von Marianne Elikan sind vier Hefte sowie eine Loseblatt-Sammlung mit Tagebuch-Aufzeichnungen und Notizen erhalten, die sich über einen Zeitraum von frühestens Herbst 1942 bis zum 30.7.1946 erstrecken. Da viele der Aufzeichnungen rückblickend entstanden bzw. nachträglich datiert wurden und in einigen Fällen die Datierung zudem schlecht entzifferbar oder auch falsch ist, wie aufgrund des Abgleichs mit anderweitig dokumentierten Ereignissen festgestellt werden kann, hat es es mitunter Schwierigkeiten bereitet, einzelne Aufzeichnungen und geschilderte Ereignisse oder Bekanntschaften chronologisch einwandfrei zuzuordnen.

Bei der Wiedergabe der Texte wurde die Orthografie und Zeichensetzung der Originale weitgehend gewahrt, da diese oft auch Aufschluss über die Entstehungsumstände und den emotionalen Zustand der Verfasserin bieten können (z.B. bei wiederholt gesetzten Buchstaben, Frage- oder Ausrufezeichen zur Betonung). Lediglich offensichtliche oder wiederkehrende orthografische Fehler und Verschreibungen wurden korrigiert. Ebenso wurden fett geschriebene oder unterstrichene Worte/Daten fett bzw. unterstrichen gesetzt sowie durchgestrichene Sätze/Passagen mit dieser Durchstreichung wiedergegeben. Alle Ergänzungen und Erläuterungen des Herausgebers, die dem Textverständnis oder der Beschreibung des Handschriftenzustands dienen, sind recte in eckigen Klammern gesetzt.

Schwierigkeiten bei der Transkription und Textwiedergabe ergaben sich naturgemäß vor allem bei Namen und Bezeichnungen. Die hier wiederholt vorkommenden Falschschreibungen waren vor allem durch die Sonderumstände des Theresienstädter Ghetto-Lebens verursacht: Zum einen verlief die Alltagskommunikation – sowohl die Privatkommunikation der Internierten untereinander als insbesondere auch die militärische Kommandosprache – überwiegend auf der nichtschriftlichen, verbalen Ebene; zum anderen implementierte die Lagersprache aufgrund der Internationalität der Ghettogesellschaft auch ein Sammelsurium etymologisch heterogener Begriffe, die – je nach Herkunft des bezeichneten Gegenstandes bzw. der bezeichneten Sache – von der einen Nationalitätengruppe besser als von der anderen verstanden wurde. Hier wurde im Einzelfall versucht, in Anmerkungen entsprechende Erläuterungen zu bieten; ergänzend sei auf das Glossar verwiesen (s. u.a. „Lagersprache"). Die Schreibung vieler Namen 'nach Hörensagen' hat die Recherche der Identität der im Text genannten Personen in einigen Fällen erschwert bzw. in Einzelfällen unmöglich gemacht. In solchen Fällen ist dies in den Anmerkungen vermerkt; alle weiteren in den Dokumenten genannten Personen sind im Glossar aufgeführt.

Blätter mit grüner Wollfaden-Heftung
(ca. Herbst 1942 bis Juni 1944)

[ohne Datierung: ab ca. Herbst 1942:
erste Eintragung nach der Ankunft in Theresienstadt am 28.7.1942]
Meine Mutter hat mich mit 1 ½ Jahren zu fremden Leuten auf ein Dorf[1] ge-
schickt. Gleich als ich hinkam gewöhnten sie mich gleich zu sagen Mamma &
Pappa. Ich wurde adoptiert als ihr eigenes Kind.[2] Vor allem fühlte ich mich
sehr wohl dort. In dem Dorf besuchte ich die Schule bis zum 7. Schuljahr. Am
14. November 1938 kam für **mich** *ein grosser* **Umschwung.** *Die Mutti bekam*
einen Brief, den ich nicht lesen durfte. Sonst konnte ich alle Briefe lesen und
diesen durfte ich nicht lesen. Die Mutti war über diesen Brief sehr gedrückt
und so wollte ich natürlich gleich wissen, was in dem Brief stand. Mutti hat mir
es aber nicht gesagt und hat den Brief weg gesteckt und zeigte ihn dann
abends dem Vati. Nach einigen Tagen kam an mich ein Brief. Ich freute mich
so sehr, dass an mich ein Brief kam. Ich habe den Brief nicht geöffnet und
habe ihn der Mutti gegeben zum öffnen und vorlesen. In diesem Brief waren
zwei Bilder von einem Herrn und von seiner Tochter, ich wusste weder noch
[sic] wer das war [noch] hab ich von ihm gehört. Also das war ein Brief von
meinem richtigen Vater, der mich jetzt wieder zurück haben wollte. Meiner
Mutter war das so schwer übers Herz zu bringen, wie sie mir das näher
erklären kann, weil ich doch nie wusste, dass ich nicht bei meinen Eltern war.
Also so erklärte meine Pfl[ege]Mutter mir alles wie sich die ganze Sache
verhält. Ich habe es gar nicht verstanden. Es ist mir damals noch garnicht in
den Kopf hinein gegangen. Dann im Jahre 1939 zogen wir in die Stadt Trier an
der Mosel. Wir bekamen auch dort hin weitere Briefe von ihm bis mir eines
Tages die Pfl[ege]Mutti zu mir sagte: Marianne du wirst in kurzer Zeit von dem
Herrn von dem wir die ganze Zeit Post haben einmal abgeholt für auf 4
Wochen zu ihm. An einem Sonntagnachmittag kam der Herr per Auto zu uns.
Er wohnte in Frankfurt am Main. Er wurde mir vorgestellt als Paul Rotter[3] mein
Vater. Ich musste mich fertig machen und so fuhr ich mit ihm nach Frankfurt.
Seine Frau und seine Tochter standen vor seinem Geschäft und begrüßten
mich sehr freundlich. Ich drückte dem Mädel die Hand wie gewöhnlich und
plötzlich schreit sie. Das Mädel war 12 Jahre alt und seit seinem [ergänze:
ganzen] Leben liegt sie im Krankenhaus. Damals war sie gerade 4-6 Wochen
heraus. Sie hatten einen großen Frisörladen.

---

[1] Wawern im Bezirk Trier.
[2] Melanie und Eduard Wolf, Marianne Elikans Pflegeeltern in Wawern. Ausführlichere In-
     formationen über sie und weitere der im Tagebuch genannten Personen vgl. Glossar.
[3] Paul Rotter (1901-1968), Biografie vgl. Glossar. – Die im folgenden beschriebene Man-
     sardenwohnung mit dem Friseurladen im Erdgeschoss befand sich in der Vilbeler Str. 32,
     einem Eckhaus zur angrenzenden Elefantengasse 1. Im Erdgeschoss waren ein Klavierge-
     schäft (Inhaber A. Atzert) und die „Gaststätte Zillertal" (Inhaber Max Görtler) unterge-
     bracht.

*Am 19. September 1941 kam dann der Stern in Kraft.
Seitdem ich bei meinem Vater in Frankfurt war.[4]
Man ging mit mir in die Wohnung und zeigte mir gleich wo ich schlafen sollte.
Das war in einem Spielzimmer seiner Tochter. Er hatte eine grosse Wohnung
und lebte dort sehr schön. Auf der Fahrt nach Frankfurt sagte er mir sage zu
mir Vater, ich bin dein Vater und ich wusste nicht was ich machen solle. In
Trier habe ich zu meinem Pfl[ege]Vater „Vater" gesagt und jetzt soll ich auch
zu ihm „Vater" sagen, aber ich wusste schon nicht mehr, was ich machen soll.
Auch dort habe ich meine Mutter Helene Elikan[5] kennengelernt und meine
Schwester Lieselotte Elikan.[6] Meine Schwester war bis zu 7 Jahren bei der
Mutter und dann kam sie nach Herrlingen in ein Heim[7] und dann kam sie nach
Neu-Isenburg in die Haushaltungsschule.[8] Wo sie kochen und backen und die
ganzen Schulfächer noch einmal durchlernten. Dann kam sie nach Frankfurt in
ein Krankenhaus[9] als Schwester. Dort lernte sie einen Burschen kennen, den*

---

[4]   Seit dem 1. September 1941 (Datum der polizeilichen Verordnung) bzw. 19. September 1941 (Datum der Inkraftsetzung durch den Reichsinnenminister) war das Tragen des „Judensterns" für die Juden im Deutschen Reich Pflicht. Vgl. Glossar: „Gelber Stern". – Die Tatsache, dass Marianne Elikan hier das Jahr 1941 mit einem Besuch bei ihrem leiblichen Vater in Verbindung bringt, könnte darauf hindeuten, dass sie zweimal in Frankfurt war, nämlich 1940 (als sie auch ihre Mutter kurz vor deren Deportation in Frankfurt traf) und 1941. Eine darauf hindeutende Aussage findet sich auch in einem Schreiben Marianne Elikans von 1960 im Zusammenhang ihres Wiedergutmachungsverfahrens, in dem sie davon berichtet, „zweimal in Frankfurt" bei ihrem Vater gewesen zu sein; allerdings datiert sie diese Besuche hier auf das Jahr 1939 (vgl. auch das Zitat des Schreibens in Teil I: Kommentierte Biografie).

[5]   Helene Geiger (1903-1942 Auschwitz), Biografie vgl. Glossar.

[6]   Lieselotte Margot Elikan (1924-1944), Biografie vgl. Glossar.

[7]   Schachne, Lucie: Das jüdische Landschulheim Herrlingen von 1933-1939. Schachne dipa Verlag Frankfurt (o.J.), und Seemüller, Ulrich: Das jüdische Zwangsaltenheim Herrlingen. Gemeinde Blaustein (o.O., o.J.); vgl. auch Schubert, Angelika/Kröber, Gabriele: Annas Kinder – die Geschichte des Landschulheims Herrlingen. München (o.J.) Schubert-Filmproduktion (= Dokumentarfilm).

[8]   Diese Haushaltsschule gehörte zu dem vom Jüdischen Frauenbund seit 1907 in Neu-Isenburg geführten Erziehungsheim, in dem nicht nur „schulentlassene" Mädchen eine umfassende Hauswirtschaftsbildung (unter Einschluss der Kinder- und Säuglingspflege) erhielten, sondern das auch eine Schutz-Institution für Schwangere, allein erziehende Mütter und eine „Pflegestation für Säuglinge und Kleinkinder (eheliche und uneheliche)" darstellte. 1936 waren dort annähernd 80 weibliche „Zöglinge" untergebracht. Im Jubiläumsjahr 1937 hob die Heimleiterin Hanna Kaminski (1897-1942 Auschwitz) hervor, dass die meisten ihrer Schülerinnen „ausgesprochen zerrütteten Familienverhältnissen" entstammten und vielen der „Vater oder beide Elternteile" fehlten. – Vgl. Heubach, Helga (Hrsg.): Bertha Pappenheim u.a. „Das unsichtbare Neu-Isenburg". Über das Heim des jüdischen Frauenbundes in Neu-Isenburg von 1907 bis 1942. Neu-Isenburg 1994 (aufgrund freundl. Hinweis von Frau Claudia Lack vom Stadtarchiv Neu-Isenburg v. 21.1.2008), zitiert S. 146 und S. 192 (zitiert Kaminski); vgl. auch S. 205-206 eine Auflistung der den Judenverfolgungen zum Opfer gefallenen Schülerinnen, darunter auch Lieselotte Elikan (S. 205).

[9]   Das jüdische Krankenhaus Frankfurt.

sie dann sehr liebte.[10] *Und dann fuhren* [sie] *heim nach Gelsenkirchen wo er wohnte. Und von dort aus kamen sie durch ein*[en] *Transport leider nach Riga und seitdem habe ich nichts mehr von ihnen gehört.*[11] *Vorher stand ich stets mit meiner Schwester im Briefwechsel. Aus ihrem Schreiben konnte man erkennen, dass sie ein sehr kluges und vernünftiges Mädel war. Nach 4 Wochen ging dem Paul Rotter seine Frau und Kind an die Ostsee in Urlaub. Er fragte mich, wo ich hin will, ob ich nach Hause will oder bei seiner Mutter bleiben und ich natürlich sagte ich will nach Hause. Bevor ich aber nach Hause fuhr hielt er mir eine grosse Rede, was noch alles über die Juden kommen wird. Ich habe dann sehr geweint und war froh als ich von ihm draussen war. Meine Sachen was ich mitgebracht habe, hat er mir nicht mitgegeben. Er sagte mir, es würde mir nach*[ge]*schickt. Als ich nach Hause kam, ein jeder wollte wissen was los war. Ich wurde von meinen Pflegeeltern abgeholt. Ich war glücklich, als ich zu Hause war. In diesen 4 Wochen* [ergänze: „in Frankfurt"] *hatte ich nichts anderes zu essen Früh-Mittag-Abend Brötchen oder Brot, Wurst und Tee und nach zwei Tagen habe ich erbrochen weil ich ja was anderes gewöhnt war. Einmal hatten wir ein gutes Mittagessen und das war, als meine Mutter da war*[12]. *Da hatten wir Rindsuppe, Bratkartoffeln und Salat und Fleisch. Das war für mich dort ein königliches Essen. Bis zum 14. November 1940 hatte ich den Nachnamen Wolff so wie meine Pflegeeltern hießen, und dann musste ich den Namen meiner Mutter übernehmen, die Elikan hieß.*

Nach einigen Wochen kam eine Karte von einem Herrn Geiger der schrieb mir, ob ich zu ihm kommen will, er komme mich mit dem Auto abholen. Er sei der erste Mann von Frau Elikan. Diese Sache verhält sich so.[13] *Meine Mutter heiratete einen Mann namens Geiger*[14], *da er NS-Mitglied war, musste er sich von ihr scheiden lassen. Meine Mutter heiratete wieder und zwar diesen Rotter. Auch diese beiden mussten sich scheiden lassen. Mein Vater heiratete eine andere Frau und jetzt haben* [sie] *schon eine fünfzehnjährige Tochter.*[15] *Ich blieb jetzt bis ich nach Theresienstadt kam zu Hause* [ergänze: bei den Pflegeeltern]. *Ich besuchte noch dann zwei Jahre die jüdische Volksschule* [er-

---

[10] Werner de Vries aus Gelsenkirchen, biografische Informationen vgl. Glossar.

[11] Marianne Elikan verwahrt noch das letzte Schreiben ihrer Schwester, das jene unmittelbar vor ihrer Deportation 1942 aus Gelsenkirchen an sie nach Trier geschrieben hatte; vgl. seinen vollständigen Wortlaut im Kapitel „Briefe 1942 bis 1946" (Teil II.2).

[12] Helene Geiger (vgl. Glossar).

[13] Hier vertauscht die vierzehnjährige Tagebuchschreiberin die Reihenfolge der Beziehungen bzw. Eheschließungen ihrer Mutter; vgl. im Glossar unter „Geiger, Helene".

[14] Franz Josef Geiger (1906-1945), zur Biografie vgl. Glossar.

[15] Waltraud Ingeborg Rotter (1929-2005), Marianne Elikans Halbschwester, Tochter von Paul Rotter und Margarethe Anna Rotter geb. Reinemuth. Paul Rotter stellte 1940 einen Aufnahmeantrag bei der NSDAP, der aber nicht genehmigt wurde. (Bundesarchiv Berlin. BDC nach freundlicher Mitteilung von Herrn Meissner v. 31.1.2008). – Weitere biografische Angaben zur Verwandtschaft von Marianne Elikan vgl. Glossar.

gänze: „in Trier"]. *Wie ich damit fertig war, arbeitete ich in der Landwirtschaft.*[16] *Eines Tages holte man mich von der Arbeit ab, weil ich im Transport war.*[17] *Ich kam nach Hause und meine Mutter lag auf der Kautsch* [Couch] *und weinte, weil sie schon wusste was los war. Also so musste ich meine vielen Sachen packen. Man wollte unbedingt haben dass ich mich taufen lassen soll meine Eltern wollten es auch haben. Sie haben immer gesagt wenn wir wegkommen so kannst du uns wenigstens Geld & Pakete schicken und ich habe gesagt wo ihr hingeht gehe ich auch hin so lange war ich bei Euch und jetzt soll ich dableiben dass kommt nicht in frage.* [sic, ohne Interpunktion] *Und so hat man mir gesagt als Mischling kommst Du nach Theresienstadt.*

[Ergänzung][18]
Ich bin in Bauschowitz angekommen am 28. Juli 19[42] [Jahreszahl erschlossen, da im Original unleserlich] *Wir mussten von dem Bahnhof aus bis nach Theresienstadt zu 1/2 Stunde laufen.*[19] *Mit uns gingen sehr viele Gendarme bis in die Schleuse.*[20] *Wir kamen in ein großes Gebäude mit dem Namen* **Aussiger Kaserne**[21]. *Dort wurden wir durchsucht (mit dem Ausdruck gescheusch)* [sic; gescheucht? geschleust?], *ob wir Geld, Gold, Silber und dergleichen hatten, die wir nicht mehr haben durfte*[n] *und nicht mitbringen durfte*[n]. *Um zwei Uhr nachmittag kamen wir in die Schleuse, und die ersten wurden um 6 Uhr gegen Morgen entlassen. Ich war bei dem ersten Schub, der heraus ging, dabei. Einige Gettowachmänner gingen mit uns und brachten uns bis dort hin, wo wir wohnen sollten. Wir kamen nach L 306 in ein leeres Haus was sehr schön war. Wir legten unsere Decken und Mäntel und Taschen das was wir bei uns hatten auf die Erde, und legten uns hin um unsere Glieder ein wenig auszuruhen. Wie mir zumute war, könnt ihr Euch vorstellen. In dem Haus wohnte nur im ersten Stock ein Hausältester der die Verantwortung hatte über die Leute und Sauberkeit des Hauses. Als erstes schlugen wir uns einige*

---

[16]   Die Schreiberin reflektierte hier ihre unmittelbar vorausgegangenen Lebensjahre 1938-1941; vgl. oben Teil I: „Marianne Elikan – Eine kommentierte Biografie".

[17]   Marianne Elikan hatte die Anweisung zur Deportation erhalten. Vgl. Glossar: „Deportation".

[18]   An dieser Stelle sind eine rote eckige Klammer und vier Kreuzchen zur Kennzeichnung einer Ergänzung gesetzt, die auf einem gesonderten Blatt, wieder markiert mit der roten Klammer und vier Kreuzchen, gegeben wird und in der der Bericht mit der Ankunft in Theresienstadt weitergeht.

[19]   Die Strecke vom Bahnhof Bauschowitz (s. Glossar) nach Theresienstadt betrug zweieinhalb Kilometer. Die Deportierten mussten auf ihrem Fußweg ihr gesamtes Gepäck selbst tragen; außerdem kam es unterwegs wegen der Desorientierung vieler Deportierter und der Ungewissheit über den Zielort zu „kaum vorstellbaren drastischen Szenen". Vgl. Theresienstädter Gedenkbuch. Die Opfer der Judentransporte aus Deutschland nach Theresienstadt 1942-1945. Hg. v. Institut Theresienstädter Initiative. Prag/Berlin 2000, S. 21.

[20]   „Schleuse" bezeichnete im Sprachgebrauch der Konzentrationslager den Ort, durch den die Häftlinge das Lager betraten bzw. das Lager verließen. Weitere Informationen auch über die tschechischen Gendarmen vgl. Glossar: „Kommandantur", „Schleuse".

[21]   Lokalisation und Funktion dieser und weiterer Kasernenbauten vgl. Glossar.

*Nägel in die Wand für die Sachen. Bis zum Monat August hatten wir zum Essen 2-3 schlechte Kartoffel und eine Wassersuppe. Das ganze Essen war nicht zum Essen. Meistens hat man es nicht genommen. Man hatte ja noch Lebensmittel bei sich. Ich konnte mich gar nicht an das Essen gewöhnen. Im Januar 1943 bekamen wir Stockbetten ~~zu bauen~~. Glücklich war man als wir die Betten bekamen. Ich wohnte in L 306 bis am **16. August 1943**. Dann kamen wir Kinder in ein Jugendheim L **414**[22]. Ich war dort bis Mitte Februar. Ich wurde krank bekam Typhus und kam in das Typhusspital L 317. Als ich gesund war kam ich in die Sokolowna[23] in Erholung bis Mitte Mai. Von dort am [sic] nach L 216 auch in ein Erholungsheim aber dort waren nur Kinder. Ich wohnte mit 24 Kindern in einem Zimmer alle in meinem Alter. Wir bekamen so viel zu Essen dass wir wirklich nicht wussten wo wir damit hin sollten. Nämlich das Verbessern des Essen begann gegen September. Für die Kinder kam eine extra Küche die nämlich 100% besser war als die Erwachsenen Küche. Man nennt die Küche Kinderküche. Sie kocht viel besser ~~alles~~ viel fetter und geschmackvoller. Für die Kinder sorgt man hier sehr gut. Einen großen Spielplatz hat man uns freigegeben [der] die Bastei genannt wird. Es ist ein großer Spielplatz für die Jugendlichen. In L 216 lernte ich durch Völkerballspielen einen Burschen [kennen] der mehr [lies: mir] sehr gut gefiel und auch umgekehrt war[24] [d.h. dem auch sie gut gefiel].*

[Frühsommer 1944 – s.u. die Datierung „23. Juni 1944" im Text]
Und so bin ich jetzt alleine hier. Am Anfang habe ich Pakete bekommen dann sind meine Eltern leider nach dem Osten wohin weiter weiss ich nicht[25]. Dann hab ich Typhus bekommen so war ich von Mitte Februar bis Ende Mai [ergänze „1943"][26] krank. ~~Und bin nach meiner [Er]Krankung nach L 116 in das Erholungsheim~~. Das Heim musste geräumt werden und so bin ich wieder zurück in das Heim L 414. In das Z [Zimmer] 14. Durch eine große Dummheit bin ich aus Z 14 heraus und in Z 3. Da ich mich dort nicht wohl fühlte und unbedingt heraus wollte so bin ich in Z 4 angelangt wo ich mich jetzt ausserordentlich wohl fühle. Z 3 war mir nicht sympathisch und Z 14 war mir zu zionistisch. Ich habe in Theresienstadt Pflegeeltern bekommen die Mutter habe

---

[22] Knabenheim mit Krankenhaus, vgl. Glossar.

[23] Ehemalige Turnhalle mit Bibliothek, Unterkunft und Gesellschaftsräumen, vgl. Glossar.

[24] Der letzte Satz ist in rote eckige Klammern gesetzt. Da dieses Zeichen auch beim Eintrag zur Bekanntschaft mit Herbert-Heinz Busten (s.u.) gesetzt ist, kann man annehmen, dass es sich bei dem hier nicht namentlich genannten „Burschen" um diesen handelt.

[25] Eduard und Melanie Wolf, die Pflegeeltern Marianne Elikans; am 1.3.1943 nach Kattowitz deportiert und seither verschollen; vgl. Glossar. Vgl. auch ihre auf den Tag der Deportation datierte Postkarte an Marianne Elikan (Abdruck in Teil II.2).

[26] Vgl. weiter unten Teil II.3 („Gedichte und weitere Texte") mit dem von Marianne Elikan während ihrer Typhus-Erkrankung geschriebenen Gedicht „Typhusspital". – Für ausführlichere Informationen über die Typhus-Epidemien im Ghetto Theresienstadt sowie für Erläuterungen über die Ghetto-Topografie u.a. vgl. Glossar: „Typhus", „Topografie".

ich im Typhus[27] kennen gelernt sie war sehr nett zu mir bis sie heraus kam. Durch einen großen Streit sind wir auseinander gegangen. Ich habe am 29. Juli Geburtstag und die Mädels haben mir einen wunderschönen Geburtstag gemacht und versucht es mir so schön als möglich zu machen. Ich habe sehr viele Torten bekommen. Als ich am Abend nach Hause kam sagte diese Pflegemutter zu den Leuten da ist das Geburtstagskind und jeder hat mir gratuliert und die Pflegeeltern auch ich habe von ihr einen Anhänger bekommen. Sie schaut mich gross an und sagt: dass du dich nicht schämst so her zu kommen das ist allerhand so viel Torten und nicht ein Stück bringst du her, gleich darauf sagte ihr Schwager das ist allerhand was du sagst du weißt genau wenn die Marianne einen gesüssten Kaffee hat bringt sie Dir und ich hab natürlich gleich geweint und bin davongelaufen. Sie kommt hinterher und ruft: aber ich habe gar nicht darauf reagiert und bin nach Hause und hab mich niedergelegt. Als am Abend die Torten aufgeschnitten wurden habe ich selbstverständlich von jedem ein Stück hingebracht und hab ihr dabei gesagt bei uns ist es so dass man die Torten bis zum Abend ganz lässt wie es bei Euch ist, weiss ich nicht. Ich habe den Anhänger am andern Tag schon verloren und seitdem bin ich nicht mehr zu ihr hingegangen. Sie hat sich ja so wenig um mich gekümmert, dass es mir ganz einerlei war so oder so. – Sie ist dann mit dem vorletzten Transport nach Birkenau.

Dann [darüber geschrieben, wohl zur genaueren Datierung des Ereignisses: *18.10.1942*] *habe ich seit 1 ½ Jahren einen Burschen kennen gelernt und wir haben uns schrecklich geliebt.[28]*
Er ist denselben Transport nach Birkenau wie meine Pflegeeltern [im Ghetto] *13.5.1944* [? Datum über der Textzeile ergänzt und kaum lesbar]. *Der Herbert hat mit einem Burschen in einem Kummbal[29] gewohnt. Der andere Bursche hat im Bräuhaus[30] eingebrochen und hat es über Tag wie der Herbert weg war in die Erde versteckt und zwar in dem Zimmer wo sie wohnten. Eines Tages kam die Krippo zu ihnen hinauf ich war gerade in die Kinderküche[31] im Nachtmahl als ich herauf kam waren 5-6* [ergänze: „Männer"] *von der Krippo oben und dann ich bin sehr erschrocken, weil ich nicht wusste um was es sich handelt. Einer von der Krippo sagt dann zu mir als mir besser war kommen Sie mit mir in die Magdeburger Ghetto-Wache[32] und bleiben Sie dort bis ich Sie abhole. Nach einer Weile kommt er und sagt die Sache ist erledigt, Sie können*

---

[27] Gemeint ist: Krankenhaus. – Marianne Elikan benutzt hier und an weiteren Stellen in den Tagebucheintragungen die Krankheitsbezeichnung synonym für das Krankenhaus.

[28] Vgl. Anm. II,24: Die rote Klammer bei beiden Einträgen könnte darauf hinweisen, dass es sich bei „Herbert" um den „Burschen" handelte, den Marianne Elikan beim Völkerballspiel kennengelernt hatte.

[29] Tschechische Bezeichnung für Mansarden-Unterkunft (Interview mit der Autorin vom 11.2.2008); vgl. auch Glossar: „Lagersprache".

[30] Vgl. Glossar.

[31] Diese Küche befand sich im Kinderheim, vgl. Glossar.

[32] Vgl. Glossar: „Magdeburger Kaserne".

*nach Hause gehen, und ich fragte ihn kann ich noch hinaufgehn er sagte ja
und rasch rasch lief ich hinauf um zu hören und sehen was los ist.
Ich komme herauf und immer noch sind von der Krippo oben einer steht in der
Erde drin und schmeißt Würfel von Margarine einem anderen zu es waren 8
Kisten je von 20 Würfeln Margarine ein Sack Mehl ein Sack Zucker 84
Stangen harte Wurst und zirka ein Sack geräuchertes. Der Herbert ist im Bett
gelegen und wusste nicht um was es sich handelt und wie das dort hinein
kommt. Man hat den Burschen sofort ins Gefängnis gebracht und den Herbert
mit seinem Vater auch von Mittwoch den 14. November bis 18. N[ovember]
sind sie gesessen. Dann ist der Transport gegangen in dem sie waren, den
Vater wollte man auf die Festung[33] schicken und den Buben von 16 Jahren
alleine fahren lassen. Durch vieles tun und machen habe ich fertig gebracht
den Vater in den Transport zu bekommen. Und einmal habe ich Gott sei dank
Post bekommen. Seine 40 J. Mutter hat er durch eine schwere Gehirn Sache
verloren, sein Bruder ist in Italien seit 1937.
Dann 14.3.43* [? Datum schlecht lesbar; über die Textzeile geschrieben, wohl
zur genaueren Datierung des Ereignisses] *habe ich auch im Typhus eine
Marianne Löbl[34] kennen gelernt sie wird* [meint „hat"] *jetzt am 28. Juli Geburts-
tag und wird 10 Jahre alt, sie hat noch einen siebenjährigen Bruder der am 16.
April Geburtstag hatte. Sie haben die Mutter da[35] und die Grossmutter ihr
Vater ist seit 1940 in England. Ich gehe dort jeden Abend hin – eine meiner
schönsten Stunden. Ich nachtmahle immer mit den Kindern zusammen und es
macht mir recht viel Spaß. Gearbeitet habe ich in Theresienstadt folgendes.
Als erstes war* [ergänze: „ich"] *in L 414 in der Hauswäscherei[36]. Dann kam der
Typhus und nach meiner Krankheit kam ich nach L 216. Dort war ich in Arbeit
bei Frau Dr. Ebstein und Frau Lauer in der Fürsorge.[37] Dann kam ich wieder in
das Heim L 414 dann war ich dort im* [ergänze: „Heim"] *als Putzkolonne dann
kam ich für zwei Dekaden[38] in die Landwirtschaft zu Dr. Eisinger[39] und zum*

---

[33]   Vgl. Glossar: „Kleine Festung".
[34]   Marianne Löbl aus Wien; biografische Angaben vgl. Glossar.
[35]   Der genannte Bruder, an anderen Stellen des Tagebuchs auch als „Hansi" genannt, könnte
       identisch sein mit Hans Wilhelm Löbl (*1937); die Mutter Marianne und Hansi Löbls war
       Emma Löbl. Weitere biografische Informationen zur Familie Löbl vgl. Glossar.
[36]   Darüber hat Marianne Elikan ihren Pflegeltern in Trier offenbar noch berichtet; vgl. die
       Postkarte von Melanie und Eduard Wolf an Marianne Elikan vom 1.3.1943 (Abdruck in
       Teil II.2), in der sie eine diesbezügliche Frage stellten.
[37]   Möglicherweise handelte es sich bei der hier genannten „Frau Dr. Ebstein" um die Frau
       des Judenältesten Dr. Paul Eppstein, Dr. Hedwig Strauß (vgl. auch Anm. II,42). – Zur po-
       tentiellen Falschschreibung von Namen und Bezeichnungen im Tagebuch Marianne Eli-
       kans an dieser Stelle wie auch im Folgenden vgl. auch die „Vorbemerkung zur Überliefe-
       rung und Textwiedergabe". – Vgl. auch Theresienstädter Gedenkbuch 2000, S. 36-39. –
       Topografische Erläuterungen über das Gebäude L 414, bei dem es sich um das Heim der
       tschechischen Mädchen handelte, vgl. Glossar.
[38]   Dekade = 10 Tage, also für etwa 3 Wochen.
[39]   Biografische Angaben nicht bekannt.

Schluss in die Hundertschaft. Ich machte einen Tag Ordonanz im Gs.h.w.[40]
*und dann hatte ich schon genug und die anderen übrigen Tage, wo ich nichts
gemacht habe. Da ich mich jetzt in letzter Zeit wieder einmal sehr schwach
fühle und nicht mehr arbeiten kann so habe ich* [ergänze: „mich"] *mit meiner
Zimmerältesten Frau Dr. Henny Burkart*[41] *darüber unterhalten, mit der wir
allerdings per Du sind.* ~~Die will mir helfen und versuchen eine Arbeit für mich
zu bekommen die ich leisten kann.~~ *Ich bin jetzt einige Tage krank geschrieben
um mich ein wenig auszuruhen. Und so gehe ich schon immer sehr früh nach
Hause. Ich kann mich nämlich mit Frau Löbl so ernst unterhalten als wäre es
meine Mutter. Ich gehe fast um jeden Rat den ich habe zu ihr. Es ist für mich
so eine Erleichterung wenn man einen Menschen hat den man gern hat und
zu dem man Vertrauen haben kann. Und ich mit meinen 15 Jahren brauche
noch sehr oft einen Rat, und brauche noch viel Erziehung oft kommt es vor
dass man sehr schlecht einen Tag gelaunt ist besonders so wie heute? Habe
heute besonders große Sehnsucht nach Hause und an den Freund gehabt.
Am Abend um ½ 10 komme ich nach Hause, man sagte mir gleich, Marianne,
Marianne – Du hast Post. Iiiiich* [sic: Vervielfachung des Vokals zur Betonung]
*habe Post von wem, aber gleich ist mir eingefallen, dass es von Birkenau sein
kann. Und es war wirklich von Herbert. Habe überglücklich vor Freude geweint. Er schrieb mir folgendes*

20. Juni 1944

Liebste Marianne
*Habe Deine Karte erhalten, mich darüber sehr gefreut. Geht mir gut sowie
alle*[n] *andern auch gut. Hoffe es geht Dir gut. Viele tausend Grüsse und
Küsse von mir und alle*[n] *andern Dein Herbert-Heinz*

*Ich konnte natürlich vor Freude fast die ganze Nacht nicht schlafen, konnte
aber bis jetzt noch nicht antworten. Hoffe, dass es aber bald kommen wird.
Seit April* [Monatsangabe über die Zeile geschrieben, wohl zur genaueren Datierung des Ereignisses] *einigen Wochen heißt es, es kommt eine Kommission
ins Getto die das Getto besichtigt. Man baute und malte und hämmerte die
Tage und Nacht* [gemeint: „Nächte"] *hindurch. Mit einem Satz gesagt man ver-
schönerte das Getto. Heute am 23. Juni 1944 kommt die Kontrolle ab 2 Uhr.
Sie gingen nur in besondere Gebäude z.B. Jugendheim, Bank, einige Kasernen, die Post, im* [in den] *Kinderpavillon* [im Stadtpark] *und* [das] *Säuglingsheim und Magdeburger* [Kaserne] *wo alle Burschen des Gettos sind sowie
Raumwirtschaft, Jugendfürsorge, Krippen, Krippo, Elektrotechnische Abteilung
u.s.w. Der Ältestenrat Dr. Ebstein*[42] *ging überall mit. Die Herren die die Kon-*

---

[40] Abkürzung; Bedeutung der Tagebuchschreiberin heute nicht mehr erinnerlich (Interview v. 11.2.2008).

[41] Dr. Henriette Burchardt (*1.10.1902-1944 Auschwitz), genannt „Henny", Betreuerin des Mädchenzimmers von Marianne Elikan von März 1944 bis zum 22.10.1944. Biografische Angaben vgl. Glossar.

[42] Eppstein, Paul (4.3.1902 Ludwigshafen-28.9.1944 Theresienstadt) war vom 30. Januar 1943 bis zum 27. September 1944 „Judenältester" des Lagers Theresienstadt. Er war ein

trolle machten waren aus Schweden. Sie gingen auch in das allgemeine Kran-
kenhaus, dort besuchten sie die Holländer und die Dänen. Sie fragten eine
Dame dort wie es ihr gehe, sie sagte, na es ging einem ja so ganz gut wenn
man nur mehr Pakete bekäm ich bekomme nur jeden Monat eins die wissen ja
nicht dass man schicken darf. Er gab zur Antwort das werden wir jetzt in Ord-
nung bringen. Auf Wiedersehen. Sie haben sie [lies: sich] eigentlich nur für die
Holländer und Dänen interessiert. Die Kontrolle war nicht so schlimm als die
Juden daraus gemacht haben. Um 5 Uhr bin ich mit der Gerty[43] aufgestanden
um das Zimmer zu scheuern weil uns der Heimleiter verrückt gemacht hat
aber sie sind gar nicht zu uns gekommen. Deswegen konnte ich gar nicht zur
Arbeit gehen. Ich arbeite seitdem ich was an der Lunge habe in der Kinder-
bibliothek ist [lies: es] macht mir riesige Freude. Es ist keine anstrengende
Arbeit. Vormittags von 9-11 und nachmittags von ½ 4-6. Dann werden wir
hauptsächlich die Bücher ausgegeben [sic]. Hoffentlich kann ich dort bleiben.
Nicht zu vergessen ist, was wir heute alles zum Essen hatten bei der Kon-
trolle. Man sprach schon Wochen und Wochen davon was für ein Essen wir
bekommen. Zu Mittag: Rindsuppe mit Graupen drin, Kartoffelpürree mit ge-
rösteten Zwiebeln, Gurkensalat und Zunge, also ein fürstliches Essen. Im all-
gemeinen gibt es vor allem jeden Mittag Suppe, Kartoffeln mit verschiedenen
Tunken oder Fleisch, Graupengriess, Graupengriessknödel, Mehlknoedel,
Buchteln[44] mit Crem. Vor allem haben wir sehr wenig Abwechslung, sehr we-
nig ist es auch, wir jungen Menschen hoffen uns durchzuschlagen.

---

bekannter Soziologe und lehrte zuletzt von 1930 bis zu seinem erzwungenen Rücktritt
1933 an der Hochschule für die Wissenschaft des Judentums in Berlin. Weil er Deutschland auch nach der Reichsprogromnacht nicht verlassen wollte, lehnte er eine ihm damals
angetragene Einladung aus England zu einer Vorlesungsreihe ab. Nachdem er mehrmals
von der Gestapo verhaftet worden war, wurde er im Januar 1943 mit seiner Frau, Dr.
Hedwig Strauß (Ende Oktober 1944 ermordet in Auschwitz), nach Theresienstadt deportiert, wo er zum „Judenältesten" gewählt wurde. Als solcher hatte er unter der Oberaufsicht
der NS-Lagerleitung in Kooperation mit dem Judenrat von Theresienstadt die unangenehme Aufgabe der Zusammenstellung der Deportationslisten durchzuführen – eine wahrhaft
„tragische" Aufgabe, die ihm, wie allen „Judenältesten" in den Lagern, gegenüber der
NS-Lagerleitung ein seelisch zermürbendes Taktieren und Abschätzen über den Wert ungezählter Menschenleben abverlangte. Am 27. September 1944 wurde er verhaftet und
einen Tag später von der Lager-SS in der „Kleinen Festung" erschossen. Marianne Elikan
verdankte ihm das Leben, weil er durch die Ausstellung eines Krankenattestes ihre Einberufung in einen der Todestransporte verhinderte (Interview mit der Autorin vom 19.6.
2008); zur Biografie vgl. Murmelstein, Wolf: Theresienstadt – Ein Sonderfall in der Geschichte der Shoah. (Internetressource, 23.9.2006). – Erläuterungen der topografischen
Begriffe (Magdeburger Kaserne, Kinderpavillon usw.) vgl. Glossar.

[43]   Biografische Angaben über Gertrud Leufgen (1926-1980), an die sich Marianne Elikan
neben den Geschwistern Bober als ihre beste Freundin der Ghetto-Jahre erinnerte, vgl.
Glossar; vgl. auch Abb. 18.

[44]   Mit Pflaumenmus oder Marmelade gefüllte süße Hefeknödel oder -taschen, Spezialität
der böhmischen Küche, von der Tagebuchautorin als besonders schmackhafte Speise erinnert (Interview vom 11.2.2008).

Inzwischen habe ich auch wieder einen Burschen kennen gelernt. Er ist aus Berlin und ist 18 Jahre alt. Er heißt Peter Johnas.[45] *Er ist ein intelligenter Bursche, und er will sich mit mir befreunden aber da ich aber so lange mir aber die Hoffnung glaubt [sic] dass ich mit Herbert wieder zusammen komme kann ich mich mit keinem Burschen fest befreunden. Wir haben uns vor seiner Abreise über alles darüber unterhalten. Und hoffe ich auch dass ich bald wieder mit ihm zusammen komm [sic].*

*Am **28.VI.1944** ~~wollte ich mir das Leben nehmen.~~ Man rufte [sic] mich aus einem anderen Zimmer gegen 10 Uhr. Marianne weisst Du dass eine Frau heute Mittag da war ich sagte nein, sie sagte Duuu [sic: Vervielfachung des Vokals im Original] weißt nichts nein wenn ich wüsste das jemand da war warum sollte ich nein sagen. Also die Frau Löbl war da und hat sich mit Henny [Burchardt] wegen Dir unterhalten. Ich sagte ich hab ein reines Gewissen es kann möglich sein das es wahr ist. Aber sie haben sehr schlecht über dich gesprochen dass du charakterlos bist und dass die Frau Löbl froh wäre wenn ich weg gehe ich falle schon zur Last. Dass ich mich nie wasche. Natürlich habe ich mich darüber furchtbar gekränkt, ich versuchte mich ganz zuzudecken und habe mir den Zipfel des Bettbezugs in den Mund gesteckt, ein Mädel kam und ziehte [sic] mir die Decke weg und fragte entsetzt was mit mir los ist. Mit allem drum und dran habe ich es ihr gesagt. Sie lief gleich zu Henny in die Kanzlei gerannt [sic] die gerade in ei[ne]m Appell war. Und sagte ihr was mit mir los ist. Die Rita kam zurück gerannt und sagt: Das[s] das ganze was mir die Mädels gesagt haben nicht von wahr ist [sic] und ich sollte mich nicht aufregen es sei umsonst und ich soll mich beruhigen. Ich schlief natürlich erst gegen 9 Uhr ein vor lauter Aufregung. In der Früh war ich noch ganz verschwollen, die Augen, das ganze Gesicht. Ich traute mich über Mittag garnicht nach Hause bevor ich nicht unsere Henny gesprochen hab. Nach dem Mittagessen rief mich die Henny zu sich und sagte: Marianne also erzähl mir was los gestern Abend war und ich erzählte ihr sie sagte es ist an der ganzen Sache aber auch nicht etwas wahr. Du kannst beruhigt nach Hause gehen und Du kannst mit Frau Löbl auch einmal darüber sprechen wenn du willst. Die Henny sagte mir 10 mal bestimmt dass sie mich gerne hat und dass [ergänze „ich"] gut erzogen bin ich soll mir aus dem Kindergekwatsch [sic] nichts machen. Sie hofft dass ich ihr mehr glaube als den Mädels. Wenn ich Frau Löbl nicht zurückgehalten hätte, so wäre sie zu den Mädel gelaufen und hätte so einen Krach gemacht dass es unangenehm hätte werden können.*

---

[45] Inkorrekte Schreibweise des Namens; vermutlich gemeint war der aus Berlin am 28.1.1943 nach Theresienstadt deportierte Peter Max Jonas (*11.10.1926 Berlin), der am 28. September 1944 nach Auschwitz deportiert wurde. Vgl. Theresienstädter Gedenkbuch 2000, S. 100.

Blaues Heft[46]
(3.7.1944 bis 27.9.1944)

3.7.44 Heute frug man mich ob ich nicht eine andere Arbeit arbeiten will, ich sagte nein, na vor allem muss ich erst wissen, was ich ist [sic, lies: was es ist] *Sie sagte entweder in die Haushaltungsschule oder in das* [den] *Kinderpavillon* [im Stadtpark] *als Hilfsbetreuerin. Ich sagte vor allem will ich mir die Arbeiten anschauen gehn. Bis jetzt ist aber noch nichts daraus geworden, und so gehe ich halt weiter in die Bibliothek.*

7.7.44. Gestern am 6.7. sagte man schon es sei Post da von Litzmannstadt, Polen, Birkenau, ich sagte, Gott, wenn ich nur Post hätte. Heute früh geht ein Mädel aus unserem Zimmer in die Kanzlei die dort als Ordonanz arbeitet. Sie kommt und teilt mir freudig mit, Marianne, Marianne, Du hast Post. Aber Du bekommst erst die Karte, wenn der Appell zu Ende ist. Ich konnte es nicht abwarten und sagte Henny[47] geh und schau ob Du meine Karte bekommst bevor ich zur Arbeit gehe. Sie versucht die Karte zu bekommen sie kommt zurück und hat sie. Es war die Post von Birkenau. Er schrieb folgendes.

15.VI.44

Liebe Marianne.

Bin seit langer Zeit erst in der Lage Dir zu schreiben. Bin gesund, hoffe auch dasselbe von Dir. Denke oft an Dich, und an die zusammen verlebten Stunden. Verbleibe mit vielen Grüssen & Küssen

Dein Herbert-Heinz
Busten.[48]

Habe natürlich gleich geantwortet, und Hoffentlich [sic] *bekommt er die Karte. Heute am*
9.VII.44 hatte die Grossmutti Geburtstag die 61 Jahre alt wurde. Es ist die Grossmutti von der kleinen Marianne[49] wo ich jeden Abend hin gehe. Ich habe eine selbst gestickte Tasche aus Sackleinen gemacht mit der Marianne zusammen und ein grosser Strauss Blumen allerdings waren es nur Feldblumen, aber sie hat sich damit genau so gefreut als mit Rosen oder Nelken, Tulpen und d.g. Ein kleines Kästchen wo dann von der Mutti zwei Eier hinein kamen. Von der Mutti hat sie noch einen Kugelhupf [lies: Guglhupf] *und Plätzchen und ein paar wunderbare Holzschuhe bekommen es war wirklich nett. B.z.w. in Theresn.* [Theresienstadt] *Die Grossmutti war aber mit ihren 61 Alter genau wie eine Frau wie eine Person wie ein mit 50* [sic]. *Sie scheuert und macht und tut alles für uns drei Kinder. Es ist unglaublich, was diese Person noch alles macht.*

---

[46]   Querformatiges Heft mit der tschechischen Aufschrift „Náčrtník" auf dem Umschlag.
[47]   Die „Stubenälteste" Henriette Burchardt, vgl. Glossar.
[48]   Identität nicht geklärt; vgl. auch Glossar.
[49]   Marianne Löbl; zur Familie Löbl vgl. Glossar.

10.VII.44 Heute habe ich schon im Kinderpavillon gearbeitet. Es hat mir recht grosse Freude gemacht. Hoffentlich bleibt es schon dabei. Es macht mir grosse Freude dort zu arbeiten.

14.VII.44. Nach langer Zeit war mal wieder Kontrolle bei uns. Man putzte, scheuerte und wischte alles sauber wie verrückt. Sie haben ja bei uns im Heim noch nichts gefunden sie suchen direkt. Es sind schon zwei Heimleiter geflogen bei der vorigen Kontrolle.

16.VII.44 Heute ist auf der Bastei ein grosses Sportfest. Die Herzlfeier.[50] Fast alle Kinder des Heimes beteiligen sich daran. Es wird sehr schön sein. Es ist ein schönes Wetter. Nicht zu heiss & nicht zu kalt einfach schön. Verschiedene Heime machen mit. Unser Heim soll schon seit einigen Wochen vergast[51] werden, aber bis jetzt ist daraus noch nichts geworden. Jetzt endlich ist es festgesetzt bis zum 5.8.44. Hoffentlich bleibt es schon jetzt dabei. Ich komme wieder auf das Sportfest zurück.

25.VII.44 Es fand am 13.VII. statt es war wunderbares Wetter und es war herrlich. Ich werde Euch erzählen was war. Als erstes war der Aufmarsch von allen Heimen jedes Heim hatte eine andere Svest[52]. Nach dem Abmarsch trat eine Gruppe junger Mädchen zum Turnen auf blau-weiss. Dann kam das grosse Stafettenlaufen erst einmal um die Bastei und dann einmal um die Hannover[53] und zurück. L 414 war Sieger. Und dann das grosse Fussball von den kleineren Burschen. Dann das Spannendste, das Radrennen, ein Künstler balancierte zirka ½ Stunde auf seinem Rad in verschiedenen Arten, dann das wirkliche Radrennen von einem Wiener, Berlin, Leipzig, Prag und Holland, der Wiener war Sieger. Es war einfach wunderbar es war von 3-6-1/2 7. Zum Schluss wurde von den grösseren Burschen von L 215 das grosse Burschenheim noch Fussball gespielt. Die grösste Freude von allem war, dass unser Heim bei allem gewonnen hatte.

4.8.1944. Ein bisschen sehr spät komme ich mit meinem erzählen an, bis jetzt kam ich noch nicht dazu. Aber jetzt werde ich meinen Geburtstag Euch erzählen was sich alles tat & was alles los war. Ich hatte mit Frau Löbl ausgemacht dass ich auf Freitag meinen Geburtstag vorverlege auf Freitag [sic]

---

50 Seit dem 28. Juli 1940 alljährlich begangener Festtag zum Gedenken an den österreichischen Schriftsteller Theodor Herzl (1860-1904), der 1904 das Buch „Der Judenstaat" verfasste. Herzl gilt als Begründer des politischen Zionismus.

51 Gemeint nicht im Sinne der historisch bekannten Vernichtungstechnik der KZ- und Vernichtungslager, sondern hier zur Bezeichnung der Bakterienbekämpfung in den Ghetto-Unterkünften. – An dieser wie an weiteren Passagen des Tagebuches (vgl. weiter unten mit den Anm. II,65, 67-68) tritt sehr deutlich ein spezifisches Sozialisationsmoment des Nationalsozialismus hervor: die zunehmende Brutalisierung des Alltags durch die Versprachlichung seiner autoritärstaatlichen Disziplinierungspraxis. – Vgl. auch im Glossar die Erläuterungen zum Stichwort „Lagersprache".

52 Dänisches oder tschechisches Wort, eventuell im Sinne von Sport-Trikot? (Interview mit der Tagebuchautorin vom 11.2.2008).

53 Bastei, Hannover: Kasernenblocks; vgl. topografische Erläuterung im Glossar.

dass ich mit der Marianne zusammen feiern kann. Aber ich würde erst also zu Hause beschenkt. Ich kam nach dem Mittagessen nach Hause gegen 1 Uhr um 2 Uhr hat man als erstes die beiden Geburtstagskinder auf eine Weile spazieren und die anderen Kinder auch die noch dort waren. Es war Mariannes Bruder und die Susi Braun die auch mit Geburtstag hatte.[54] Sie feierte aus den Grund [sic] Ihre Mutter wohnte dort, aber seit einigen Monaten liegt sie schon in der <u>Hohen-Elbe</u> [Hohenelber Kaserne] im Allgemeinen Krankenhaus.[55] Wir holten ihre Mutter ab sie konnte auf 2-3 Stunden heraus um mit uns zu feiern. Um 3 Uhr müssen wir da sein. So nun war es 3 Uhr und nun marschierten wir nach Hause und zu uns ins Zimmer. Im Gänsemarsch marschierten wir hinein erst die Marianne dann Susi und zum Schluss ich und als letztes unser Negerbabi [sic] der Hansi. Wir schauten uns gegenseitig unsere Tische an. Ich habe bekommen 1 Paar Holzschuhe eine schöne grosse Torte ein Taschenspiegel Taschentücher und für Kamm, Bürsten und s.w. eine Taschen für ans Bett fest zu machen. Ich hatte von einer Zimmerkameradin schon einen Stoff bekommen für einen schottigen Rock[56] den hat man mir aus dem Heim geholt und einen Zettel darauf gelegt. Gutschein für baldiges Nähen. Ich hatte den Rock mit nach Hause genommen, um ihn zu zeigen und ich sagte noch, Gott, wenn ich doch nur jemand hätte, der mir das nähte. Darauf her hat man ihn mir aus dem Heim geholt und den Zettel darauf gelegt ich hatte den Stoff schon vorher zu Hause gesehen und ich sagte noch jaaa [sic] ich hab doch den selben Stoff darauf hin sagt mir noch die Grossmutti es gibt mehr als eine bunte Kuh, und ich hab die Sache einschlafen lassen. Es gab am Nachmittag eine grosse Jause[57] wir hatten 12 Kinder schriftlich eingeladen. Es war einfach herrlich. Also so verbrachte ich den Tag zu Hause. Am 29., Samstag wurde ich von unserm Zimmer beschenkt gegen 11 Uhr hatten wir gerade Marmelade gefasst.[58] Auf einmal sagte man mir <u>bitte bitte</u> gehe um Wasser ich ärgerte mich noch und sagte ich muss gerade ums Wasser gehn. Jaaa [sic] Du. Also so musst ich gehn. Inzwischen hatten mir die Mädels meinen Geburtstagtisch gedeckt. Ich komme herauf und ich schrei vor lauter Freude und ich schaute meinen Geburtstagstisch angeschaut [sic]. Ich hatte soooo [sic] viel bekommen dass ich garnicht wusste, was ich mir zuerst anschauen sollte[59]. Von der Fürsorg bekam ich auch als Waisenkind auch schön und viel von allen Bekannten und Freundinnen u.s.w. Von alten Bekannten mit denen ich als ich im Anfang auf L 306 wohnte [sic] nicht einmal die hatten

---

[54] Die acht Jahre alt gewordene Susanne Braun aus Wien, biografische Angaben vgl. Glossar, dort auch zu Familie Löbl und ihrem siebenjährigen Sohn.

[55] Korrekte Schreibweise „Hohenelber Kaserne"; topografische Erläuterung vgl. Glossar.

[56] Gemeint war ein „schottischer" Rock (d.h. mit Schottenkaro).

[57] Österr. für Zwischenmahlzeit oder auch Kaffeetrinken (so auch die Autorin im Interview vom 11.2.2008).

[58] „Essen fassen", eine typische Aktionsbezeichnung aus dem militärischen Sprachgebrauch; vgl. auch Glossar: „Lagersprache".

[59] An diesem Geburtstag bekam Marianne Elikan auch das Holz-Bild „Mädchen mit Spiegel", Abb. im Teil „Farbtafeln".

mich vergessen. Zu Mittag aßen wir zusammen und wir machten Dummheiten, scherzten sangen & lachten von früh bis spät in die Nacht. Und doch dachte ich heute besonders an zu Hause was jetzt meine Eltern machen und mein Freund Herbert. So war ich schon leider G"ttes den 3. Geburtstag mein[e] Eltern Ihr könnt Euch wohl gut vorstellen wie das ist und wie mir zumute war. Ich hoffe schon meinen 17. Geburtstag schon bei Euch zu sein und zu feiern will hoffen G"tt wir[d] mir und uns hoffentlich bald helfen.[60] *Geschrieben hab ich es erst am Abend um 9 Uhr am Freitag gerade eine Woche nach meinem Geburtstag. Es ist schon 10 Uhr 10 und ich muss aufhören weil unser Licht ausgelöscht wird. Gute Nacht.*

13.8.1944 *Seit einer Woche zirka habe ich durch einen Burschen einen andern Burschen Namen's Horst Baumgarten*[61] *kennen gelernt. Er macht mir einen sehr guten Eindruck und ich versuchte mich mit Ihm näher kennen zu lernen durch ein Rendezvous. Gestern am 12. sagte er zu mir, Marianne ich habe mir in der Zeit was verdient wie ich ums Essen gehen sollte ich habe Dir auch was mitgebracht. Ich wie [ich] nun bin habe mich <u>eine</u> Stunde mit ihm her gestellt, dass ich es nicht nehme. Zum Schluss wurde er ganz zornig und versuchte mich in dieser Weise zu ärgern. Eins von beiden. Entweder nimmst Du es oder ich komme morgen nicht da mir das aber auch nicht recht war so wusste ich nicht recht was ich machen sollte. Ich hielt ein Buch und Tasche an der Brust und so steckte er mir etwas hinter das Buch ich bedankte mich vielmals und er sagte mir lass es Dir gut schmecken und wenn du es isst so denk an mich also als ich hinauf komme war ich doch sehr gespannt zu wissen was es sein kann als ich es aufmache war ein Stück Dänischer Käse drin. Ich wusste vor Freude nicht was ich sagen sollte. Ich bin gespannt was jetzt weiter kommt. Bis jetzt sind wir jeden Abend zusammen gekommen. Eines Tages war ich krank und wir hatten uns für um 8 Uhr im Zimmer ausgemacht, dass er zu mir kommt. Er kam & kam nicht plötzlich kam einer seiner Freunde zu mir und sagte mir dass Horst seit 4 Uhr im Krankenhaus mit Blinddarmreizung liegt. 3 Abende versuchte ich herein zu kommen man hat mich aber nie hinein gelassen. Nach der Operation durfte ich nie zu ihm. Gestern Abend war ich dann das erste Mal bei ihm. Er freute sich sehr dass ich kam. Ich hoffe dass ich jetzt schon jetzt jeden Abend zu Ihm kann.*

21.8.44. *Heute muss ich um 7 Uhr zur ärztlichen Untersuchen [sic] für die <u>Rekv.</u>*[62] *dass ich sie bekomme.*

24.VIII.44 *Seit Wochen zieht es sich schon hindurch dass wir nicht schlafen können vor lauter Wanzen. Bisher war meine Bettnachbarin & ich noch die*

---

60 In dieser Passage wird die Schreibintention Marianne Elikans, die Tagebuch-Aufzeichnungen als Erinnerungsbericht für ihre Eltern (die Pflegeeltern Melanie und Eduard Wolf, vgl. Glossar) zu verfassen, besonders deutlich; die entsprechende Anrede in der 2. Pers. Plural findet sich auch noch an anderen Stellen (vgl. z.B. u., Eintrag vom 13.4.1945: „Und nun könnt ihr Euch den Wirbel vorstellen ...").

61 Aus Dänemark, vgl. Glossar sowie Abb. 22.

62 Abkürzung für „Rekonvaleszenz" laut Interview mit der Tagebuchautorin vom 11.2.2008.

einzigsten aus dem ganzen Zimmer die keine hatten und auch schlafen konnte. Aber jetzt schon einige Wochen sind die Besucher auch schon bei uns. Wir schlafen ganz unten (Parterre). Wir versuchen uns auf Tisch, Bank, Boden, Gang und so weiter zu liegen da wir aber auch dort hin uns die Wanzen trugen so konnten wir auch dort schon nicht mehr schlafen. Wir baten unsere Betreuerin das sie es dem Sigi[63] *melden möchte dass wir nicht schlafen könnten, und trotz allem noch in die Arbeit gehn das hält doch kein Mensch aus. Wir sagten frag ihn was dabei wäre wenn wir im Hofe schlafen konnten. Nein Nein das kommt garnicht in frage es wohnen Burschen im Hause nein das fangen wir erst garnicht an. Wir haben uns dagegen gewehrt und zum Schluss durften wir im Hof schlafen. Die Henny*[64] *sagte sie nimmt jede Verantwortung auf sich dass recht bald ruhe sein wir[d] dass wir um 6 Uhr aufstehen alles geht in schönster ruhe ab. Sigi hat es aber nur für unser Zimmer erlaubt. Gleich darauf haben sich andere Zimmer gewehrt <u>die dürfen unten schlafen</u> und wir <u>nicht</u> wir arbeiten genau wie die. Also es dauerte nich lange und der ganze grosse Hof war besetzt. Wir sollten auch schon seit Wochen und Wochen hindurch vergast*[65] *werden aber nie ist etwas daraus geworden. Jetzt hoffen wir wieder dass wir bald dran kommen jetzt ist L 410 ein anderes Heim das tschechische Mädchenheim [ergänze: an der Reihe] wir hoffen in 3 Wochen an die Reihe zu kommen. Am Tag können wir uns schon nicht mehr im Zimmer aufhalten auf seinen Betten kann man kaum sitzen überall beissen einen die Wanzen fangen tut man Hunderte und aber Hunderte weil wir ja nicht in der Nacht oben sind so müssen sie uns ja am Tage sukieren [sic – für 'saugen'?]. Wo man geht und steht und dran geht sind Wanzen. Ganz gleich ob das Kleiderschrank (Kasten) oder Ess[s]chrank*[66] *ist das ist ganz gleich überall sind sie es ist wirklich kaum zum aushalten. Also wir hoffen also jetzt bald an die Reihe zu kommen. Wir wissen schon gar nicht mehr wie das ist in den Betten zu schlafen oder normal im Zimmer zu leben u.s.w.*

***29.8.44.** Zu lange war Ruhe man spricht schon wieder von Transporten, man räumt schon wieder einmal zwei grosse Häuser und zwar es sind Kinderheime L 318 das kleine Kinderheim wird vorübergehend in die Hamburger Kaserne ziehn und dann in das Schleusenkrankenhaus was die Absicht sein sollte als Schule es wurde vor Monaten schon geräumt. Jetzt wird es entwest*[67] *und dann werden die Kinder dort hinein ziehn und Schule wird halt jetzt keine sein. L 317 das grössere Burschenheim muss auch ausziehen. Man spricht von einem Arbeitertransport von jungen Menschen. Wir möchten alle schon froh sein zu wissen was schon wieder vor geht. Man erzählt nämlich schon wieder so viel dass man nicht weiss was man glauben soll.*

---

[63] Identität nicht geklärt.

[64] Die Zimmerbetreuerin Henriette Burchardt, vgl. Glossar.

[65] S. Anm. II,51.

[66] Der sogenannte „Essschrank" war eine von den Mädchen in ihrem Schlafsaal improvisierte Lebensmittel-Sammelstelle (Auskunft der Autorin beim Interview am 11.2.2008).

[67] Siehe die Erläuterung im Sinne von Anm. II,51.

2.9.1944. *Wieder einmal das tollste was man überhaupt erleben kann.*[68] *Gestern Abend gegen 12 Uhr plötzlich ein Donner Krach und Blitz und schon der Regen. Wir schlafen doch schon seit Wochen in dem Hofe. Fast alle Kinder schliefen schon und wenige merkten was von dem Wetter. Wir lagen aber schon seit Wochen unter dem Dach der Post wegen dem Regen zu schützen. Ich schlafe auf einer Stufe und drauf zwei Deckeln von unserm Müllkasten. 3 Decken und 2 Kissen und mein Federbett. Plötzlich wache ich von dem Donner auf, und fall hinunter und schon steht neben mir zirka 5 cm Wasser (hoch). Es regnet schon eine ganze Weil[e] und gemerkt hatte es noch niemand von dem Regen die unter dem Dach schliefen aufgewacht ist [sic]. Allerdings die Mädels die direkt im Hof schliefen. Ich fing vor lauter Schreck sofort an zu weinen und schon kam ein Mädel aus unserem Zimmer und frug warum ich weine. Sie schlüpfte zu mir ins Bett und es wurde so schlimm dass wir aufstehen müssen und hinauf gehen müssen, jetzt sind wir so wie wir waren durch das Wasser und hinauf. Es waren aber so viele Männer vorm Hause da die den Kranken geholfen haben beim Betten tragen. Auch ich war einer unter denen die Krank war. Ich hatte eine sehr starke Bronchitis und auch Fieber. Wahrscheinlich habe ich auch was an der Lunge muss am Dienstag den 4. um ½ 3 wieder zum Reuntgen [lies: Röntgen] gehn dann werde ich hören was los ist. Also jetzt der Schluss war dass alle dann hinauf gekommen sind mit pitsch nassem Bettzeug und sich selbst ganz nass. Sofort wurde von den Mädels verdunkelt und alle haben frische Schlafanzug angezogen andre Schuhe & s.w. Jetzt eine Frage wo schlafen wir jetzt weiter die einen haben sich entschlossen auf den Boden hinauf und wir 4-5 Mädels wurden von einem Mädel die auf der Post arbeitet mit hinunter genommen in das Zensur Zimmer.*[69] *Ich konnte aber nicht mehr einschlafen es schlug 3-4-5-6. G"tt war ich froh als es schon so spät war ich weckte die Mädels die geweckt werden wollten und so ging ich dann mit den andern Mädels hinauf. Kein Licht, kein Wasser es war einfach furchtbar. Jetzt gingen wir hinunter in den Waschraum um zu schauen ob im Kessel noch Wasser ist. Es war noch Wasser drin und so gingen wir und wir waschten [sic] uns in dem Lavor*[70] *im Zimmer oben. Also es war genau alles wie nach einer Schlacht. Ein jeder war froh als im Zimmer Ordnung war. Es wurde eingeheizt um unser Bettzeug zu trocknen und um uns ein bißchen aufzuwärmen. So sitze ich jetzt schon seit*

---

[68]   In einem ironischen Sinne gemeint, so die Erinnerung der Autorin am 11.2.2008; die Gewohnheit der Verharmlosung persönlicher Unannehmlichkeiten durch derartige Ironisierungen war eine weitere typische Erscheinungsform der in alle sozialen Erfahrungsbereiche eindringenden Versprachlichung gewaltherrschaftlicher Disziplinierungsprozesse; vgl. Anm. II,51.

[69]   Wie in allen Konzentrationslagern unterlag die Briefkorrespondenz der Theresienstadt-Häftlinge der Zensur; vgl. Glossar: „Post- und Nachrichtenkommunikation".

[70]   Lavoir, frz. Waschschüssel, Waschbecken; eine von der Autorin als typisch bezeichnete, d.h. der Internationalität der Lagergesellschaft entspringende Begriffsverwendung (Interview vom 11.2.2008).

heute Morgen beim Ofen und lerne Englisch.[71] Also es ist G"tt sei Dank alles gut überstanden. Nur ich sitz hier beim Ofen wie ein Haufen Unglück ...

***15.9.44.** Seit Tagen spricht man davon dass Zelle[72] geräumt werden soll. Birkenau wurde nämlich schon lange geräumt und alle kommen dort hin. Dann wurden sie weiter verteilt zur Aufräumung-Dienst [sic] nach Hamburg, Frankfurt und Wien angeblich. Also so hoffe ich dass mein Herbert wieder zurück kommt. Ich stelle mir das so schon vor, wie und wo das alles wäre. Aber wer weiß. Ich glaube wenn es wahr wäre, ich möchte ganz verrückt werden. Man weiss aber nicht was her kommt er kann ja genauso in den Städten sein wie man sie verteilt hat. Ich werde abwarten was kommt, ich hoffe das beste.*

***17.9.1944.** Gestern Abend gegen 10 Uhr kommt ein Fräulein. Marianne Elikan bitte Morgen um ½ 2 zur Klimma[73] [lies: Glimmer] Untersuchung. Ein Schreck war wieder da. Aber alle versuchten mir auszureden, dass ich nicht drin bin dass ich wieder heraus komme. Ich sagte so wie mein Glück ist komme ich bestimmt nicht mehr heraus. Ich wurde gleich vom Büro aus zur Ärztestelle geschickt zur Untersuchung. Dort war ich von ½ 2-1/2 6 Uhr Abend ich war zum Röntgen und Untersuchung ich hab momentan eine sehr starke Bronchitis dass ich schon sehr lange nicht in Arbeit bin. Ich habe auch wieder etwas auf der Lunge. Mit allem drum und dran sagte der Arzt sie können gehen. Ich fragte bekomme ich noch näher Bescheid. Nein Fräulein sie sind entlassen, frei. Ich war sehr froh als ich draussen war. Bin sofort in's Heim gegangen und freudig erzählte ich dass ich draussen bin. Jetzt was ist Klimma [lies: Glimmer]. Das sind lauter kleine Blättchen es ist ein Klumpen aus jedem Ballen 25-30 hauch dünne Blättchen auseinander zu nehmen 9-10 Stunden arbeiten sehr viel stark [sic] vor allem sehr ungesund für Lunge und Augen. Jeder ist froh wenn man draussen ist. Heute ist Eintritt für uns in's neue Jahr.[74] Das eine was man sich hier wünscht Gesundheit und ein baldiges nach Hause fahren. Wir hoffen bald. So vergeht die Zeit. Man soll es nicht für möglich halten.*

***21.9.1944.** Seit Wochen hindurch spricht man schon wieder von Transporten und wirklich ist es wahr geworden. Es fahren alle Männer im Alter von 18-58 Jahren 3000 und 2800 sind wir jetzt im Getto. Brüder, Väter, Freunde es ist grauenhaft. Mein Freund mit dem ich jetzt gehe ist Däne und geschützt. Aber so viel bekannte Burschen die ich kenne die mit fahren. Kein Mensch weiß wohin sie kommen, man spricht so viel. Auch Arier die noch da sind müssen in dem Alter fahren von Prag u.s.w. Man spricht, dass sie zu Aufräumungsarbeiten gehen in's Reich. Die Frauen die hier bleiben sind vor den andern Transport[en] nach dem Osten usw. geschützt. Das verspricht man ihnen ob*

---

[71] Zur besonderen Bedeutung der von der Ghetto-Jugend organisierten „Freizeitkultur" vgl. Glossar: „Kultur und Freizeit".

[72] Das KZ Bergen-Belsen bei Celle; vgl. auch u., Anm. II,80.

[73] Im Folgenden Schilderung der Zwangsarbeit in der Glimmerfabrik; weitere Informationen vgl. Glossar: „Arbeit", „Glimmerspalterei" sowie die Abb. im Teil „Farbtafeln".

[74] Das jüdische Neujahrsfest (Rosch ha-Schanah) fiel 1944 auf den 17.9.; vgl. auch den von diesem Tag stammenden Poesiealbum-Eintrag von Rita Rosenberger (vgl. Teil II.4).

es wahr ist weiss man nicht??? [sic] *Auch die Männer sind geschützt deren Frauen in schwanger* [sic] *sind. Unsere ganzen Ärzte Betreuer unser ganzes Haus wird leer. So öd ist es.*

27.9.1944. *Bis jetzt verschob sich die Sache* [ergänze: „bis zum"] *26. und jetzt auf einmal hieß es, es sind keine Züge da es geht der Transport nicht. Es hieß auch es sei Eisenbahnstreik es zog sich hin bis zum 27.9. Am Abend nach 9 kam einer von der Transportleitung. Morgen um 6 Uhr einrücken. Alle sagten dieser Schlag war schlimmer als der ganze Transport. Es hatte sich fast kein Mann von seiner Frau verabschiedet weil man sich sagte Morgen sehn wir uns ja wieder. Es sind fall* [lies: fast] *alle Frauen schon um 5 Uhr dort gestanden man konnte nicht mehr hinein ich war um ½ 6 dort früh gegen 7 sprang ich mit einem Satz durchs Fenster der Gettowachen hinter her aber ich war so rasch drin dass nichts mehr zu machen war, er zog mir aber fast den Schuh aus. Und so kamen alle Frauen hintereinander in die Schleuse. Und gestern am 28.9. musste schon der 2. Transp.[ort] einrücken und ½ 6 Abend und um 1/4 waren schon alle einwaggoniert.*[75] *Es ging alles so rasch. Reklamationen gab es keine. Es sind schwer Kranke mit. Mit der Tragbahre hat man sie von der Marodenstube*[76] *geholt. Der Grund bei wem ich in der Schleuse war, ich war beim Peter Hoffmann*[77] *wir waren eine Zeitlang sehr böse und jetzt in der Schleuse sehe ich ihn und da man das nicht auf bös und gut geschaut hat frag ich ihn, Du bist auch im T.[ransport], ja und so kamen wir wieder zusammen, ich war die ganze Zeit bei ihm bis zur Abfahrt. Er war im ersten Schub und fuhr gegen 10 ab vormittag am 28. Beim Abschied frug er mich, Marianne sehn wir uns noch einmal wieder und so sind ihm nur die Tränen gerollt vor seiner Schwester war er sehr stark. Dr. Epstein unser Judenältester musste als Geisel sitzen.*[78] *Wenn der Transport gut abläuft kommt er heraus läuft der Transport schlecht ab muss er mit also das heisst wenn alle da sind die die Einberufung bekommen und keiner fehlt ist es gut. Seine Frau hatte Ihm schon alles gepackt aber er ist G.s.d. [Gott sei dank] da geblieben. Jetzt spricht man schon von einem Frauen Transport. Man kann nicht wissen was uns der 9. oder 10. November bringt. Die Fahrt dauerte ungefähr 4-5 Stunden. Ein Burschenheim fasste 300 auf* [sic] *von diesem Heim sind alle fort bis auf 26 die unter 16 Jahre alt waren. Heimleiter Betreuer u.s.w. sind alle weg. Jetzt müssen wir weiter abwarten was kommt. Das Getto ist so leer so ruhig ist ist* [sic] *direkt ganz ängstlich. Kaum kaum* [sic] *ein Mann zu sehn. Am 28. eben ging schon der zweite und zwar gingen Leute von den Angehörigen der Männer Frauen mit Kinder. Der dritte ging am 5.10.44. Frauen mit Kindern zum größten Teil auch Familien. Der vierte geht am 6. oder 7. ab genau weiss man*

---

75 Begriff der Lagersprache, der die brutale Logik der Judenvernichtung in den KZ widerspiegelt; vgl. Glossar: „Lagersprache".

76 Französischer Lagersprachen-Begriff für „Krankenstube".

77 Identität nicht geklärt.

78 Paul Eppstein wurde noch an diesem oder am folgenden Tag, also am 27. oder 28.9.1944 durch die Lager-SS hingerichtet, siehe Anm. II,42; zur Funktion der sogenannten „Judenältesten" vgl. Glossar: Selbstverwaltung.

noch nicht. Man spricht jetzt schon davon dass am Montag ein grosser Transport geht. Das Getto wird geräumt. Was mit uns Mischlingen geschieht weiss auch noch keiner. Man muss auf jeden Fall damit jeden Tag rechnen. Bis jetzt sind aus unserem Zimmer erst 2 gefahren. Aber so viele die fahren wohl[79]

---

[79]   Ende blaues Heft; Fortsetzung in den im Folgenden wiedergegebenen Aufzeichnungen.

Loseblatt-Sammlung mit Seitennummerierung (September bis Dezember 1944)

zu Ihren Vätern das kann man ja verstehn. So wartet man von Tag zu Tag was denn so wird. Mischehen sollen angeblich nach Zelle kommen[80] *& auch die Kriegsbeschädigten. Man weiss nicht. Kein Mensch weiss ja was richtiges. Bei dem gestrigen* [ergänze: Transport] *kamen so viele Leute wieder zurück aus der Schleuse und ihr Gepäck war schon weg im Zug, die kamen aber alle heute mit. Die Nummer war schon voll.*

10.9.44 [sic; gemeint ist wohl: 9.10.1944][81] *So nun stehe ich wieder ganz alleine weit & breit. Nun sind mir auch noch Löbls*[82] *weg gefahren. 7. Abend waren wir noch alle schön beisammen die Mutti sagte, kommt lasst uns noch zusammen nachtmahlen wer weiss was heute Nacht oder Morgen kommt. Ich hatte schon ganz das Gefühl dass die Grossmutti im Transport ist. Bei uns im Heim hatte ich die ganze Nacht gepackt in der früh um ½ 6 bin ich einfach Q 604 schauen was los ist war die Grossmutti drin und die Mutter mit den beiden Kindern haben sich natürlich mit gemeldet und jetzt hat die ganze Sache von neuem angefangen zu packen und zu beraten und zu tun. Und um ½ 10 ging die Großmutti mit der Mutti zum helfen in die Schleuse eingerückt* [sic]. *Die Kinder und die Mutti hatten noch nicht die Einberufungen bekommen. Kaum waren sie* [Mutter und Großmutter] *weg kommt der Hausälteste und kam herauf und frag[te:] du kleine Marianne*[83]*, du hast dich nicht zum Transport gemeldet? Es ist nur für die Mutti und den Hansi die Zetteln und sofort ist der Hansi mit der Marianne der Mutti nachgelaufen ihr das sagen und fragen was sie machen soll eine halbe Stunde drauf ist für die Marianne auch schon die Einberufungen* [sic] *da und jetzt bin ich nach und wir trafen uns gerade auf der Strasse und jetzt packten wir fertig und gingen nach dem Mittagessen auch in die Schleuse dort waren sie bis zum 9. Es hieß andern Tag es kommt keine Garnitur weil ein großer Fliegerangriff in Dresden und die ganze Bahn sei zerstört. Und ich sagte noch zu Grossmutti du wirst sehn es kommt der Zug und wirklich der Zug ist um 1/6* [halb sechs?] *nachmittag eingelaufen und um ½ 10 so was mussten wir hinunter und bis 20 vor* [eine unleserliche Zahl] *sind wir bis* [sic] *beim Zug gewesen. Der Abschied war sehr schwer und nun bin ich*

---

[80] Gemeint ist das bei Celle gelegene KZ Bergen-Belsen. Es wurde 1940 errichtet und existierte bis zu seiner Befreiung durch die britischen Streitkräfte am 15. April 1945. – Über das KZ Bergen-Belsen siehe u.a. Bolle, Mirjam: „Ich weiß, dieser Brief wird dich nie erreichen. Tagebuchbriefe aus Amsterdam, Westerbork und Bergen-Belsen. Aus dem Niederländischen von Stefan Häring und Verena Kiefer. Frankfurt 2006, S. 223; zum Begriff „Mischling" vgl. Glossar.

[81] Diese Datierung würde auch durch die Bescheinigung bestätigt, die Emma Löbl zum Betreten der Schleuse „am 4.-7.10.1944" 'berechtigte'; das Dokument hat sich bei Marianne Elikans Erinnerungsstücken aus Theresienstadt erhalten.

[82] Biografische Hinweise vgl. Glossar.

[83] Offenbar ist Marianne Löbl gemeint, die sechs Jahre jünger war als Marianne Elikan; vgl. auch Glossar.

jetzt wieder alleine. In den letzten Tagen hat mir noch die Mutti Löbl noch ein Paar herrliche schic[ke] Schuhe gekauft. Alles was sie mir [ge]geben hat kann ich nicht gut machen. In der Schleuse hatten sie so ein gutes Essen und so viel dass sie das alles nicht schaffen konnten. Inzwischen hiess es dass alle Mischlinge sich um 10 auf der Kommandantur [ergänze: melden] *müssen. Dort hat man mich folgendes gefragt?* [sic; ebenso die folgende Wiedergabe des Fragenkatalogs]

1. Warum sind sie hier? . . . .
2. Wo leben Ihre Eltern . . . .
3. Ihr Vater . . . .
4. Ihre Mutter . . . .
5. Wo lebten sie mit ihren Pflegeltern . . . .
6. Stehen sie mit ihrem Vater in Verbindung . . . .
7. Haben sie Geschwister . . . .
8. Wo lebt die Schwester . . . .
9. Ist die Schwester verheiratet . . . .
10. Wo wohne sie . . . .
11. Was arbeiten sie . . . .

Jetzt gab man mir einen Zettel und schickte mich gegenüber zur Schreibmaschine. Es war ein[e] Registrierung für die Trsp. [abgekürzt für „Transporte"]. *So rechne ich jetzt jeden Tag damit was kommt muss abwarten.*

11.9.44 [sic; gemeint ist wahrscheinlich: 11.10.1944] *Schon wieder geht ein Transport von lauter junge[n] Menschen, der grösste Teil davon sind Kinder die von den Eltern weg müssen freiwillige Meldungen gibt es in diesem Transport nicht also fahren 15-16-17 u.s.w. Kinder weg in die Welt und keiner weiss wo hin und wo man sich jetzt wieder sieht es kann bis Kriegsende dauern.*
Gestern Abend kam eine Dame in's Zimmer und sagt Marianne Elikan kein Transp.[ort] *Zur Rübenernte alle Mischlinge müssen jetzt zur* [ergänze: „Rübenernte"] *„Ich bin wieder einmal sehr erkaltet* [lies: erkältet] *und lag gerade zur Zeit im Bett und war D geschrieben* [krank geschrieben?]. *Ich sagte ich kann nicht kommen ich bin krank bitte zeigen Sie mir den Arbeitsausweis. Geht in Ordnung sagt die Frau. Heute 11 Morgen kommt ein Kontrollarzt von der Ärztestelle und wie er mich sieht sagt er a[h] sie sind das sie können nicht zur Rübenernte sie sind ja körperlich zu schwach also geht auch in Ordnung und so bin ich ich auch jetzt von dieser Arbeit draussen* [gemeint im Sinne von „verschont geblieben"]. *So kommt jeden Tag immer und immer etwas anderes man braucht sich schon gar nicht zu erschrecken oder wundern in der Nacht sowie am Tag. Jetzt sind innerhalb 14 Tagen 1500 Menschen aus dem Getto in Transport weg und keiner weiss wohin man spricht nur so von verschiedenen Plätzen im D.R.* [Deutschen Reich], *Dresden Königsberg Bodenbach keiner weiß wo. Man spricht auch davon dass die Frauen nicht zu den Männern gekommen sind. Man kann sich also vorstellen wenn sich z.B. die Frauen freiwillig gemeldet haben zu Ihren Männern und sind nicht zu ihnen gekommen. Man soll sich nicht früher in's Unglück stürzen als es notwendig ist. Man*

kommt früh genug noch in den Transport. Bevor noch die Transp.[orte] gingen waren wir in Stand 2800000. [?, sic] & jetzt??? Es heißt dass Mischlinge dann geschützt sind in der Rübenernte und was dann geschieht weiß man nicht, auch wieder abwarten.

***14.10.44.** Jetzt sind wir wieder soweit dass morgen ein Transport abgeht. Gestern hat man schon wieder davon gesprochen, & heute wurden die Registrierungen schon ausgetragen. Morgen den 25. müssen alle die den Zettel bekommen haben eingerückt sein. Ob der Transp[ort] wirklich morgen geht weiss man nicht, es kommt alles so überraschend meistens wenn keiner mehr glaubt dass er nachmittag oder heute noch kommt. Gestern den 13. hiess es alle, die nicht ständige Gruppe 100schaft [Hundertschaft] sind müssen morgen 14. in der Hannover Kaserne 1 Hof antreten und werden der Dienststelle vorgeführt im 7 Uhr Antritt. Alles nur Frauen. Als wir hin kamen war schon eine ganze Menge dort und so wurde man dann alphabetisch aufgerufen. Die die vorgelesen wurden mussten dort hin gehen & die, die nicht vorgelesen wurden auf die andere Seite. Mischlinge und Mischehen wurden wieder durch[ge]geben keiner dabei und so konnten wir wieder nach Hause gehn. Was jetzt mit denen ist oder geschieht die vorgelesen wurden weiss noch keiner. Sicher zu Rübenernte.*

***15.10.44.** Heute spricht man davon dass Mischlinge & Mischehen hier bleiben, aus dem D.R. [Deutschen Reich] sollen alle Familien Mischehen auseinander gerissen werden aber nur Familien die keine Kinder haben soll der jüdische Teil herkommen. Es soll jetzt kein Transp.[ort] mehr gehn außer einem Kranken- & Siechen-Transp.[ort]. Und die Juden die noch da bleiben sollen als Punkt der Aufbau Theresienstadt bleiben. Hoffentlich ist dies alles wahr. Wenn es nur keine Märchen sind wie sich es hier nennt – Bonkes[84] –.*

***20.10.44.** Der gestrige Transp.[ort] ist schon wieder weg und der andere ist schon wieder ausgetragen. Leider wird jetzt unsere (Henny) Betreuerin[85] auch fahren und dann sind nur noch wir Mischlinge da. Was geschieht mit uns. Soeben hat Henny die Einberufung bekommen (Freitag 10/5 Uhr Abend) Jetzt sitzt sie bei uns und strickt sie sich einen Übersocken in aller Ruhe. Leider sitzt sie bei uns nicht sehr lange mehr weil sie Sonntag schon einrücken muss.*

Donnerstag den 19.10. Mittag [außer dem Datum keine weitere Eintragung]

***22.10.44.** Soeben 11/5 bin ich aus der Schleuse gekommen weil es heisst es kommt der Transport heute Nacht nicht mehr hoffen wir. Wir sind alle so tod müde das wir uns nicht mehr halten konnten. Auch gar eine Transport-Teilnehmerin ist nach Hause gekommen um sich ihre Glieder ein bischen besser auszuruhen als nur auf bloßen Strohmatratzen. Es heisst es seie dies der letzte*

---

[84] Wort aus dem Häftlingsjargon in der Bedeutung von Gerücht bzw. Informationen aus inoffizieller Quelle. Vgl. Brenner-Wonschick, Hannelore: Die Mädchen von Zimmer 28. Freundschaft, Hoffnung und Überleben in Theresienstadt. München 2004, S. 120; vgl. auch Glossar: „Lagersprache".

[85] Dr. Henriette Burchardt, vgl. Glossar.

Transp.[ort] *der ginge, wer weiss. Auch heisst es die Mischlinge müssen noch einmal alle zur Registrierung wozu, warum weiss auch keiner. Ob es <u>wahr</u> ist das weiss auch noch kein Mensch. So ich werde schlafen und den morgigen Tag abwarten was kommt. Wenn der Transp.*[ort] *noch heute in der Nacht geht so werden wir natürlich aufstehen und unsern Mädels die fahren helfen.*

23.10.44. *Und nun ist es Schluss für jetzt mit den Transporten. So einsam und verlassen sind wir jetzt wir 9 Mädels, da jetzt die Henny ja weg gefahren ist. Jetzt sind wir im Zimmer nur noch die Mischlinge und zwei Volljuden. Und zwar Lotte J, Rita J*[86]*, Ruth, Dora, Hilde, Gerti*[87]*, Lotte W.*[88]*, Giesela*[89]*, Marianne* [Namen im Original als Liste am linken Seitenrand untereinander geschrieben] *Um 12 Uhr bin ich nach Hause gekommen Mittag und um 6 wieder auf* [ergänze: „gestanden"] *wie unsere verladen wurden sind wir sofort alle aus der Schleuse. Wir waren alle so fertig dass wir kaum uns selbst tragen konnten. Als ich in's Zimmer kam war* [ergänze: „da"] *so ein Schweinestall dass ich sofort begann das Zimmer aufzuräumen und zu scheuern und jetzt ist wieder Ordnung da. Es heisst jetzt dass wir von da heraus ziehn müssen weil so wenig Kinder mehr im Heim wohnen. Das Getto soll auch verkleinert werden. Und im Getto sollen nur die Mischlinge bleiben. Heute dies war der 11 Transport. Und jetzt soll angeblich keiner mehr gehn. Müssen wir abwarten was weiter uns der neue Tag bringt.*

28.10.44. *Nun ist heute schon der 11 Transport weg innerhalb von 6 Wochen. EU Transport* [?; sic] *sind sie schon. Jetzt heisst es dass am Mittwoch 300 Mann gehn ein Arbeiter Transp.*[ort] *Wer weiss kann man nur dazu sagen. Bis jetzt bin ich noch nicht drin kann aber noch alles kommen. Wir haben auch jetzt Mädels aus dem Heim jetzt in unser Zimmer bekommen weil überall nur kleine Überreste des Zimmers zurück geblieben sind. Ich bin gespannt ob es wahr ist mit Mittwoch.*

7.11.44. *Also jetzt bin ich in der Glimmer-Spalterei angelangt. 8 Stunden täglich alle drei Tage Schichtwechsel entweder von früh an 6-2 und in der Zwischen Zeit 20 Minuten Pause, oder in der Schicht von 2-10 Abend und nachmittag keine Pause. Ich bin in der D Schicht. Es gibt 4 Schichten A-B-C-D. Es ist sehr schön aber das frühe oder späte Aufstehen und niederlegen macht*

---

[86] Gemeint sind Lieselotte Cohn aus Berlin und Rita Rosenberger, von Marianne Elikan 2008 erinnert als Ghetto-Überlebende aus Freiburg, die nach dem Kriege in die USA auswanderte; biografische Angaben vgl. Glossar. Das nachgesetzte „J" bezeichnete den im Text genannten Status „Volljuden".

[87] Gerti Leufgen aus Emden, vgl. Glossar und Abb. 18.

[88] Lotte W.: Von Marianne Elikan 2008 erinnert als diejenige Zimmermitbewohnerin, die ihr das Holzbild „Mädchen mit Spiegel" (Abb. im Teil „Farbtafeln") als Geburtstagsgeschenk zugeeignet hatte.

[89] Ruth, Dora, Hilde, Giesela [sic]: Der Autorin nicht mehr erinnerlich; Identität nicht geklärt. Möglicherweise handelt es sich bei drei Personen um die auch in Marianne Elikans Gedicht „Ein Kakaozug von Zimmer 4" genannten Mädchen: Hier werden eine „Giesela", eine „Dora" sowie eine „Ruth Spier" genannt; vgl. den Abdruck des Gedichts in Teil II.3.

einen ganz fertig. Jetzt heisst es dass wir auch noch den nachmittag oder vormittag wenn wir nicht in Glimmer arbeiten noch wo anders arb[ei]ten, das wäre sehr schlecht. Ich hoffe dass ich nicht gehn brauch.

9.11.1944. *Eine Kartoffel-Schleuserei im Bahnhof. Ein Mädel kommt ein Mädel* [sic] *man kann Kartoffel schleusen und 4 Mädel sofort angezogen und Taschen mit und Brotbeutel und zum Bahnhof und die Waggon die Männer haben uns die Kartoffeln herunter geschmissen.*

11.11.44. *Heute ist wieder ein Tag der G"tt sei Dank vorbei ist. Hoffentlich bleibt es schon dabei.*

1.10.44. [sic; korrekte Datierung nicht klärbar] *Ein schöner Tag ist heute indem wir eine herrliche T B C Zubusse gefasst haben*[90] *2 Eier, ½* [ergänze: „Pfund"] *Zucker,* [1/2 Pfund] *Erbsen, ¼* [Pfund] *Schmalz, 1 Tüte Gebäck, 2 Äpfel, 2 Käse. Diese Freude, die ich hatte nach langer Zeit wieder einmal.*

18.10.44 [sic; wohl 18.11.] *Heute hatten wir eine kleine Zubusse Keckse* [sic] *und zwei Äpfel, die war kleiner.*

24.11.1944. *Heute ist wieder ein Tag der gut ist. Wieder eine TBC Zubusse ½* [Pfund] *Zucker, ½* [Pfund] *Bohnen, ½* [Pfund] *Butter, 2* [Pfund] *Kartoffeln, 1 Ei, 1 Stückchen gute Hartwurst, 2 Weiss-Käse.*

22.11.44. *Heute war ich beim Reunthgen* [Röntgen] *bin leider noch nicht OB* [ohne Befund]. *Dadurch bekam ich auch noch die Zubusse*

4.12.44 *Ein schöner Abend: War nach langer Zeit wieder eingeladen. Nachdem ich mit meiner Freundin in einer Mansarde war von zwei Burschen. Wir kommen jetzt jeden Abend hinauf und es ist jetzt so weit gekommen, dass ich mich mit einem Burschen befreundet Hans Schömann*[91]. *Es ist sehr hübsch oben und* [wir] *kommen jeden Tag zusammen.*

12.12.44. *Ich sollte heute aus dem Heim heraus übersiedeln. Und jetzt habe ich mir es selbst bei Frau von Stengel*[92] *ausgemacht. Und heute war das selbe und jetzt sind wir noch immer da. Meine Freundinnen ziehn natürlich mit. Muss man abwarten was weiter kommt.*

18.12.44. [Eintrag unleserlich durchgestrichen]

20.12.44. *Gestern war TBC Zubusse ½* [Pfund] *Käse, ½* [Pfund] *Zucker, ½* [Pfund] *Erbsen, ¼* [Pfund] *Schmalz, 1 Apfel, 2* [Pfund] *Kartoffeln, 20 Dk* [Dekagramm = 10 Gramm] *Wurst.*

---

[90]   Zubusse: Extra-Essensportion. Dieser und die folgenden Einträge lassen darauf schließen, dass Marianne Elikan zu dieser Zeit lungenkrank war („TBC"); vgl. auch o. den Eintrag vom [11.10.1944], in dem sie davon berichtete, „wieder einmal sehr erkältet" zu sein.

[91]   Identität nicht geklärt.

[92]   Identisch mit (?) Elisabeth von Stengel (*9.6.1900 Berlin, von dort deportiert am 10.9.1942 nach Theresienstadt), überlebte die Befreiung des Lagers (5.5.1945). Vgl. Theresienstädter Gedenkbuch 2000, S. 265.

Heft mit blauen Umschlagdeckeln[93]
(24.12.1944 bis 5.5.1945)

24.12.44. Ein schöner Abend wie ich ihn erwartet habe war heute. Meine Freundin Rachel Kayan[94] und ich wurden von unseren Burschen eingeladen hinauf in die Mansarde. Wir hatten für beide Burschen eine bunte Schüssel gemacht. Mit Keks, Bonbons und Äpfel und Nüsse. Als wir hinauf kamen die Tür öffnen stand auf dem Tisch ein kleiner brennender Weihnachtsbaum & Kerzen. Sonst brannte kein Licht nur rückwärts ein Adventskalender dahinter eine Birne das sah so herrlich aus als wie es zu Hause nicht schöner sein konnte. Die Rachel und ich bekamen wir beide eine Handtasche. Ich bekam eine wunderschöne dunkelblaue Tasche mit Spiegel und Portmonnaie.

1.I.1945 Silvester war weniger schön ein sehr grosser Schmerz lag auf mir und das war meine Eltern, mein zu Hause. Niemand konnte mich trösten es war mir alles so schwer und gedrückt dass der Abend schwer für mich herum ging.

9.I.1945. Heute bin ich wieder im alten Heim. Es ist alles beim alten ich wohne wieder in meinem alten Bett und alles geht so zu wie es früher war.

16.I.1945 Unangenehme Tage zwischen Hans und mir. Die grosse Liebe wie zuvor ist es nicht mehr. Hans hat sich ganz verändert. Ich kam zurück eine grosse Ansprache hat nicht geholfen. Wollte schon einigemale mit ihm aus-einander gehn ist bis her aber noch nicht gelungen. Gehe schon seit ein paar Tagen nicht mehr herauf um ihn auf die Probe zu stellen und dann wird sich alles entscheiden. Seit 5.II.45 gehe ich schon nicht mehr herauf. Er hat schon nach mir gefragt macht nichts. Ich muss abwarten was weiter kommt.

15.II.1945 Inzwischen war ich schon auch einigemal oben und wieder ist es zu einer großen Aussprache gekommen und sind wir genauso weit wie zuvor.

13.II.14.II.15.II. [ergänze: „1945"] *War ein großer Angriff in der Brüse Boden-bach Dresden.[95] Alles ist hier in grösster Aufregung für uns gibt es kein Keller wir müssen ruhig in den Betten bleiben. Ob wir davon gekommen Fenster und Türen flogen bei uns nur so hin und her. Kein Wasser kein Licht war gestern. Heute ist wieder Licht und Wasser. Jeder Tag ist spannender als der andere.*

---

[93] Von dem zeitlich älteren blauen Tagebuchheft unterscheidet sich dieses, ebenfalls quer-formatige Heft durch folgende typografische Auffälligkeiten: eine größere Schrift, die Verwendung von Tinte zur Fettmarkierung besonderer Daten und Zahlen sowie durch die Verwendung eines blauen Bleistiftes. Auch hier die Aufschrift „Náčrtník" auf dem Um-schlag.

[94] Der Autorin nicht mehr erinnerliche Person (Interview vom 11.2.2008); Identität nicht geklärt.

[95] „Brüse": der Autorin nicht mehr erinnerbarer Begriff (Interview vom 11.2.2008); Erläute-rung der Kasernenbezeichnungen vgl. Glossar.

15.II.1945 Heute war der Tag wo ich den Entschluss gefunden habe, Schluss zu machen. Mit einigen Worten habe ich Ihm gesagt dass das keinen Sinn mehr hätt. Also jetzt ist es soweit.

18.II.1945. Inzwischen hätte ich schon wieder mit einem Burschen gehen können. Ich hab jetzt aber so genug von dem ganzen dass mir das alles zum Hals heraus wächst.

2.III.1945. Heute in der Nacht kam um ½ 11 Uhr in der Nacht [sic; ergänze „die Meldung" bzw. „der Befehl"], dass wir Morgen übersiedeln müssen in **L 315**. Warum weshalb wissen wir nicht. Nichts mitnehmen ausser Eure Lebensmittel. Die Bettrollen müssen bis 10 Uhr in der früh auf dem Gang fertig gepackt liegen. Wir in der früh recht zeitig aus dem Bett um unsere Bettrollen zu packen. Inzwischen kam schon jemand und sagt etwas Wäsche mitnehmen und alles andre schön zusammen packen und weg stellen. Ein Mädel aus dem Zimmer fragt kommen wir wieder [hier]her zurück. Ich glaube daran kaum Keine wusste um was es sich handelt, auf jeden Fall alles hopp la hopp [sic]. Wir kommen mit unserem bisschen Gepäck was wir hatten in L 315 an in einen fürchterlichen Zustand so schmutzig und so viel Wanzen dass die Wanzen nur so von der Decke runter fallen. Wir waren ganz, ganz unglücklich darüber wir hatten von einem mal ankommen in Theresienstadt genug. Das war an diesem Tag genau so wie damals so schlimm war der Zustand in dem Hause **L 315**. Wir haben uns ein paar Betten hergestellt um dass wir alle zusammen schliefen, schlafen zwei auf einer [Wort unleserlich]. Was kann man dagegen machen.

13.III.1945. Inzwischen waren wir wieder oben im Heim und durften wir uns etwas zu wechseln holen Wäsche und Schuhe und dergleichen. Und jetzt haben wir schon soviel wieder da und doch haben wir nichts hier. Mit Getto Wache wurde unser Heim bewacht dass G"tt behüte niemand in's Haus geht und was weg trägt. Es sollte gemalt werden und umgebaut werden es ist alles ins Wasser gefallen und es hiess schon dass wir Montag übersiedeln dürfen. Und was zu unserm Glück wird doch gemalt & gebaut. Es soll doch schon seit zwei Wochen ein[e] Rote Kreuz Kommission kommen und man malt und baut schon wieder im Getto. Mit einem Wort wieder einmal Stadtverschönerung.

18.III.1945. Heute konnten wir wieder ins Heim und durften uns wieder das heraus nehmen was wir brauchten und das was wir nicht brauchen sollen wir auf den Boden herauf bringen damit die Sachen nicht wegkommen. Das ganze was sich also mit und [lies: uns] abgespielt [ergänze: hat] ist alles nur für die Kommission. Es muss alles in bester Ordnung sein, angeblich soll das Getto von der Kommission übernommen werden. Es tut sich was, Es [sic] tut sich was bei uns in Teresien.

18.III.1945. *Heute mussten wir um 3/4 5 in der Glimmer[96] antreten statt um 6. Wir mussten Strafarbeit machen. Ich bin für heute vollkommen erledigt. Morgen in normaler Reglung antreten.*

15.III.1945. [achronologische Datierung – wohl zur zeitlichen Einordnung des im Folgenden geschilderten Vorfalls] *Inzwischen hat sich noch was bei mir und einer guten Zimmerkameradin abgespielt, was ich vergessen habe einzuschreiben. Ich bin mit der Gerti[97] um ½ 9 Uhr zu Burschen auf die Mansarden gegangen und wie das eben mal so ist bleibt man mal länger aus und wir sind statt um 9 um ½ 10 gekommen und unsere gute Heimleiterin hat uns in der Magdeburger als Fluchtversuch angegeben. Als wir nach Hause kamen mussten wir sofort zu Frau Meyer kommen und keiner ist von uns gegangen. Inzwischen kam ein Mädel unser[er] richtig[en] Heimleiterin und wir ihr dass erzählt und wir wurden ganz abgelenkt. Gleich war auch schon die Krippo im Hause und hat nach uns gefragt ob wir **da** sind, ja wir waren **da**. Die Gerti fragt was weiter kommt nichts sagte sie uns, ihr werdet nur eine Vorladung zum Dr. Grabober[98] vorgeladen werden* [sic]. *Heute haben wir schon die Vorladung bekommen. Wir sind schon sehr gespannt was draus wird. Abwarten. Zeit bringt Rat. Jeden Tag ist hier in diesem Hause etwas neues.*

19.III.1945 *Also heute war ich bei Herr Dr. Grabober und die Sache wurde für fertig erklärt von seiner Seite. Aber weil ich noch Jugendliche bin musste ich noch zum Jugendgericht gehen. Als ich dort hin kam sass dort ein ganz scharfer Mensch und frug mich hin und her und wollte unbedingt mich Irren führen* [sic], *und es ist ihm leider nicht gelungen. Meiner Freundin ist es gut abgegangen man hat ihr nur ein **1/8** Brot entzogen und wir hoffen dass die Sache damit fertig ist. In mir ist so eine Aufregung als wenn G"tt weiss was geschehen wäre. Mit mir ist noch immer nicht fertig und ich muss noch auf eine Vorladung vom Gericht abwarten. Meine Freundin Gerti muss noch mal mit mir gehn, ich glaube aber nur als Zeugin. Wir hoffen dass nicht noch mehr daraus geschieht als schon in uns steckt. Aufregung steckt genug in uns. Schwere*

---

96   Vgl. o. mit Anm. II,73 und Glossar: „Glimmerfabrik".
97   Gerti Leufgen, vgl. Glossar sowie Abb. 18.
98   Name dieser Schreibweise in den Quellenschriften nicht bekannt (vgl. auch die „Vorbemerkung zur Überlieferung und Textwiedergabe"). Allerdings ist ein aus München/Nürnberg am 21.9.1942 nach Theresienstadt deportierter Dr. Rolf Grabower (*21.11.1883) bekannt, der die Ghetto-Befreiung 1945 überlebte. Vgl. Theresienstädter Gedenkbuch 2000, S. 321. Nach den Tagebucherinnerungen des Theresienstädter Häftlings Philipp Manes gehörte dieser Dr. Grabower zu der Gruppe von Häftlingen, die sich um die kulturellen 'Freizeitangebote' der Internierten in besonderer Weise bemüht haben. Grabower spielte als Laienschauspieler in klassischen Theaterstücken, hielt Vorträge über die Klassiker der Dichtkunst und organisierte mit Philipp Manes einen Literaturwettbewerb, an dem sich 200 Häftlinge beteiligten, unter anderem die später als Dichterin bekannt gewordene Gerty Spies (1897-1997) aus Trier; vgl. Manes, Philipp: Als ob's ein Leben wär. Tatsachenbericht Theresienstadt 1942-1944. Hg. v. Ben Barkow und Klaus Leist. Berlin ²2005, S. 310, 371 und 408-409; biografische Informationen über Philipp Manes (1875-1944) und Gerty Spies vgl. Glossar.

Tage hat man auch wenn man allein in der Welt ist. Man sagt nämlich wenn man allein ist hat man keine Sorgen. Ja ja.

20.III.1945. *Heute sollen wir bis 12 Uhr in der Nacht in der Glimmer arbeiten. Wir haben wieder einmal Strafarbeit.*[99] *Jetzt überlegen wir noch ob wir gehn sollen es ist doch wirklich ein bisschen sehr viel von uns Kindern verlangt. Aber wenn wir gehn so hoffen wir dass wir wie normal nach Hause gehen dürfen um ¾ 10 Uhr. Gestern haben wir den In. Neuberger*[100] *gefragt ob das nicht für Jahrgang 29-28 zu machen sei. Er wollte es versuchen. Wir hoffen dass es und [lies: uns] gelingen wird nur bis ¾ 10 Uhr zu arbeiten.*

20.III.1945 *Ich bin heute schon um ½ 5 nach Hause gekommen ich hatte nämlich 37/8 Temp[eratu]r und deswegen bin ich auf heute 22 [bis 22. März] krankgeschrieben und muss jetzt schön zu Bette liegen.*

21.III.1945. *Heute sind wir wieder einmal umgezogen und zwar nach L 407 in das Heim wo die Dänen wohnen oben auf dem Boden leider sehr kalt wir haben uns 3 Mädels mit Decken so eine kleine Ecke abgeteilt es ist an und für sich sehr schön. Wir möchten so gerne auf dem Boden bleiben statt ins Heim zurück gehn. Aber es wird leider nicht gehn.*

30.III.1945. *Heute sind wir in unser Heim zurück übersiedelt alles ist ganz neu gebaut und vergast*[101] *und angemalt. Und wir wohnen jetzt genau wie in einem Kloster. Zu bestimmten Zeiten darf man zu uns kommen. Es ist hoffentlich nur so lange wie die Kommission ist. Wir haben auch alle Getto-Insassen jetzt eine Zubusse gefasst*[102] *von 2 Käschen, 1 Rolle Kecks [sic], 1 [Pfund] Zucker, 1 Hasenpastete das haben aber nur Glimmerspalterinnen bekommen die Dose ist aber so klein dass man gerade zwei Brote streichen kann. Was in den Tagen wieder vorgeht das ist kaum beschreiblich alles ist in grösster Aufregung es wird wie immer gewaschen die Türen sogar die Trottoires werden mit Eimer und Lappen geputzt. Und deswegen fassen wir auch so viel damit es so ausschaut als ob es uns so gut geht. Aber alles ist Lüge & Betrug. Dass war am 2.III.1945. Und jetzt fassen wir angeblich schon wied[er] etwas. Wir haben wirklich wieder etwas gefasst und zwar wieder 1 [Pfund] Zucker und 15 dkg [Dekagramm] Reis. Ist das nicht herrlich. Aber mit allem freut man sich doch, auch wenn alles Betrug und Lüge ist. Habe mir für den Reis ein paar*

---

[99]   Der Autorin nicht mehr erinnerbarer Vorfall (Interview vom 11.2.2008).

[100]   Der Autorin nicht mehr erinnerbare Person (Interview vom 11.2.2008); Identität nicht geklärt. Bei den hier und im Eintrag vom 13.4.1945 verwendeten Kürzel „In." vor dem Namen könnte es sich um die Verkürzung von „Ing." (Ingenieur?) handeln, ein Titel, den leitende Arbeiter oder Aufseher in der Glimmerspalterei getragen haben könnten; vgl. auch den in Teil II.3 abgedruckten Text „Ruhe, meine Damen (Glimmer-Stücke)".

[101]   Zur Funktion und Bedeutung des Begriffes „vergasen" hier vgl. Anm. II,51.

[102]   „Zubusse" (vgl. auch o., Einträge vom Nov./Dez. 1944): vermutlich aus dem umgangssprachlichen Tschechisch stammender Begriff für Extra-Essensportion (Interview mit der Tagebuch-Autorin vom 11.2.2008); zur Funktion militärsprachlicher Begriffe wie „Essen fassen" vgl. auch Anm. II,58 sowie Glossar: Lagersprache.

sehr schöne Strümpfe gekauf[t] *nach dem man mir alles gestohlen hat.*[103] *Das war am* **6.***III.****1945** *in der Glimmer vormittag. Auch heute war schon die Vorbesichtigung von den Deutschen sie waren mit uns sehr zufrieden. Und jetzt müssen wir abwarten was die andern dazu sagen. Alles geht hier nur mit Geduld. Was sich doch die Deutschen vor dem Roten Kreuz fürchten. Alles machen sie im Schwindel z.B. der Küchenplan von den ganzen Tagen an wen* [denen] *die Kommission sehen kommen soll. Damit wenn sie fragen was es die ganze Woche zum Essen gab dass es alles gut ausschaut.*[104]

7.[**IV**].**1945.**[105] *Heute ist die Kommission schon wieder weg und es gab schon wieder Kartoffeln mit Hache*[106] *ein ganz gewöhnlich*[es] *Mittagessen und Abend für Kinder Suppe & Buchtel*[n][107] *mit Marmelade gefüllt. Ich muss heute noch mal wieder auf ein paar Tage zurückkommen, weil ich es noch nicht nach geholt habe. Bei der Übersiedlung von* **L 407** *nach* **L 414** *hab ich leider sehr viel verloren gegangen* [sic]. *Ich hatte meine Koffer auf dem Boden in* **L 414** *stehn lassen* <u>müssen</u> *wegen der Entwesung und so haben wir alle mit ruhigem Gewissen die Koffer auf den Boden gebracht. Der Boden war mit einem Schloss abgesperrt so dass wir es ruhig hinauf stellen konnten. Als wir ins Heim kamen und ich als erstes nach dem Schlüssel nach dem Boden gefragt habe war ich also die erste mit unsern Mädels aus dem Zimmer die hinauf ging. Als ich zur Tür wollte stand ein Schrank davor und die Türe offen. Das genügte mir. Unsere Sachen waren so durcheinander geworfen und geschmissen das man weder noch das eine oder das andre finden konnte* [sic]. *Suchen musste man. Und nun??????? Wir gingen sofort auf die Krippo und gaben unsern Verlust an. Wir wurden für den andern Tag in der früh um 9 Uhr bestellt und nun ging ich mit einem Herrn und einer Frau auf Hausdurchsuchung und haben aber leider nichts gefunden. So gingen wir drei Tage und jedes Mal Pech gehabt. Aber ich habe noch immer mit der Hoffnung was zu finden* [sic]. *Bisher hat man gestern nur meinen Rucksack gefunden es war noch alles so drin wie es gepackt war. Und nun hoff ich auch noch meine Sachen zu finden. Mir fehlen noch ein paar neue Schuhe – eine stand Uhr* [sic][108] *–* **9** *paar Seidenstrümpfe und ein*[e] *kleine Tasche eine neue Zahnbürste, und leider habe ich noch nichts gefunden, so G"tt will???*

8.[**IV**].**1945.** *Man spricht wieder einmal von Transporten und bis jetzt sollen nur* **75** *Männer zum Barackenbau fahren aber keiner weiss noch was be-*

---

103   Vgl. dazu u.

104   „Daran kann ich mich erinnern, das war ein Terror", so die Autorin bei der erneuten Lektüre dieser Tagebuchpassage am 11.2.2008.

105   Hier und im Folgenden (bis 17./18.4.1945) liegt in den Tagebuchaufzeichnungen offenbar eine falsche Datierung vor; der erwähnte Besuch der IRK-Kommission (vgl. Glossar: Rotes Kreuz) fand am 6.4.1945 statt; vgl. auch u., Anm. II,113.

106   Hâché, Haschee (frz.): Hackfleisch.

107   Vgl. Anm. II,44; vgl. auch die „Vorbemerkung zur Überlieferung und Textwiedergabe".

108   Der Tagebuchautorin nicht mehr erinnerbare Uhr, vielleicht ein Wecker (Interview vom 18.2.2008).

*stimmtes. Dazu gehört auch dass angeblich **1300** Leuten [sic] draußen in Lobowitz[109] [sic] halten sollen und die ins Getto zurück kommen. Dass sollen welche sein die in den letzten Transporten weggefahren sind. Aber keiner kann es glauben und für wahr nehmen. Es ist ja auch kaum fassbar. Also wir müssen wie bisher abwarten was kommt.*

***10.[IV].1945.** Heute sind die Burschen zum Barackenbau weggefahren schwer und übel. Wer weiss was jetzt weiter kommt. Und bis heute haben wir noch nichts gehört. Wie es ihnen geht. Hoffentlich kommt bald Post.*

***13.[IV].1945,** Na was heute geschehn ist geschieht nur einmal in der Welt. Der **13.4.1945** noch ein Freitag und obendrauf im März [sic]. Also ich werde Euch erzählen was geschehn ist. Es ist nachmittag Glimmer-Schicht. Und kein Mensch wusste was vorgeht. Plötzlich kommt ein Schrei wir fahren wir fahren nach Hause wie was wo wer fährt nach Hause die Dänen fahren nach Hause. Und nach einer Weile kommt unser In. Lider-Kolben[110] mit einem Zettel in der Hand alle Dänen können nach Hause fahren und wir wünschen ihnen alle[n] eine gute Reise und ein glückliches ankommen. Und nun könnt ihr Euch den Wirbel vorstellen der in der Baracke fast von **200** Frauen war alles hat ge-h[eult] und keiner hat es fassen können was vorgeht. Und nun hatte keiner mehr Lust hatte zu arbeiten [sic]. Und ich wie ich bin bin ich zum Arzt gegangen und hatte zum Glück hatte ich 37/6 Fieber und konnte nach Hause gehn und ich gleich bin ich zu den Burschen und habe ihnen geholfen Packen und nähn usw geweint und gelacht wurde man wusste nicht wie einem zumute war, soll man froh [ergänze: sein] oder soll man weinen. Der **13.** ist vorbei und der **12.** kommt heran [sic]. Und sie mussten noch am **13**ten bis **10** Uhr in die Schleuse einrücken und dort warten bis heute **15.4/1945** in einer sehr kalten Witterung es war sehr sehr kalt in der Nacht alle fast sind krank geworden sind [sic]. Am **15.** in der früh sind sie in die Autos verladen worden. Es dauerte etwas 1 Stunde und auf einmal hiess es die Stadtkapelle spielt vor der Kommandantur als Abschiedsfeier alles lief selbstverständlich alles dort hinge-laufen [sic]. Und nun kamen **24** Autos vorbei. Als erstes ein Benzin Auto und nun ein Motorad und nun die Autos. Sie fuhren langsam hintereinander an und so konnten wir noch gut mit ihnen sprechen. Jetzt gab es Tr[ä]nen und ein Ge-schrei und ein Jubel Hallo. Die Schwedische Schoföhre [Chauffeure] waren so rührend sie winkten uns so schwermütig zu und sprachen mit den Leuten. Die Deutschen dagegen waren kleiner heut zu Tage als unsereiner.[111] Und nun fuhren sie langsam nach und nach ab. Ja Ja Ja –.*

---

[109]   Die nordböhmische Stadt Lobositz (Lovosice) liegt 70 km nördlich von Theresienstadt und dürfte wohl kaum gemeint sein; eher der Bahnhof Bauschowitz (vgl. Glossar).

[110]   Der Autorin nicht mehr erinnerbare Person (Interview vom 18.2.2008); Identität nicht geklärt; vgl. auch o., Anm. II,100.

[111]   Ironisierende Beschreibung der für die junge Tagebuchschreiberin kaum begreiflichen Beobachtung, dass die ehemalige SS-Wachmannschaft wenige Wochen vor der Befreiung des Lagers bereits ihre Befehlsgewalt verloren hatte. (Interview vom 18.2.2008).

*16.[IV].1945. Auch heute war wieder ein Tag der sel[t]en erscheint. Es musste
alles in bester Ordnung sein. Um ¾ 6 mussten wir im ganzen Hause aufstehn
und um 7 musste tadellose Ordnung sein. Seit 5 Uhr war die Putzkolonne im
Hause. Die Kommission kam heute 2 mal ins Haus und sie waren sehr zufrieden mit unserm Haus. Plötzlich schaute alles auf den Himmel hinauf und wir
dachten uns ach ja sicher feindliche Flieger es war nämlich ausserhalb Alarm.
Aber nein das war es es [sic] nicht es waren einige Russische Flieger die ganz
tief geflogen sind und Bomben fallen haben lassen und ein Flieger flog auf den
Flugplatz und nach einer Weile war er wieder oben. Na jetzt könnt ihr Euch
diesen Jubel vorstellen. Alles rief Friede – Friede – Friede –. So war alles
heute in der grössten Aufregung ein jeder ist jetzt schon gespannt was der
Morgige [sic] Tag bringen wird.*

*17.4.1945. Und heute hat sich wieder was getan. Punkt 2 Uhr gab es Gross-
Alarm wir waren G"tt sei Dank schon gerade zu Hause auf einmal fliegen je
10-140 [sic] Flieger vorbei, alle 10 liessen sie einen Streifen herunter welche
Richtung sie fahren werden.*[112] *Jetzt waren alle weg. Plötzlich ein schreckli-
ches Surren in der Luft ganz tief dass man fast geglaubt hätte sie nehmen
alles mit. Es waren 7 Stück die noch übrig blieben. Die haben jetzt erst den
Angriff gemacht. Die Bomben sind nur so wie Schneeflocken gefallen. Auf und
nieder auf und nieder flogen sie zirka 1 Stunde lang dann hat es gebrannt an
allen Ecken. Die ganze Stadt rings herum wurde ganz und gar vernebelt, so
dass man kaum was sehen konnte. Die Russen sind jetzt bereits 200 km von
uns entfernt. Also wir sind Kriegsgebiet. Und wir haben uns alle soooo gefreut.*

17.-18.[IV].1945[113] *In der Nacht um 2 Uhr kam ein lautes Geschrei herum.
Das Schwedische Rote Kreuz hat uns übernommen. Wir sind frei. Wir wachten
sofort auf und liefen herum ob das alles wahr ist. Alle sagten ja und sehr beruhigt schliefen wir alle ein. In der frühe eine sehr traurige Nachricht, es ist von
dem ganzen nichts wahr. Aber Dr. Murmelstein*[114] *und Rahm*[115] *hielten heute
Morgen in der Sokolowna*[116] *einen Appell gehalten [sic] in dem auch Rahm
selbst gesprochen hat. Er sagt Ihr habt Euch etwas zu früh gefreut. Es wird
schon alles kommen. Benehmt Euch so wie Ihr Euch bisher benommen habt
dann wird schon alles so kommen wie es kommen soll oder wird. In der Nacht
wurden alle Schweine und Kleinvieh geschlachtet und in Holzkisten verpackt.*

---

[112] Bei diesen auch in anderen Theresienstadt-Tagebüchern geschilderten Mänovern und
        Luftangriffen warfen russische Fliegerverbände „Streifen aus Staniolpapier" ab, auf de-
        nen die Ghettoinsassen über das Vorrücken der antihitlerschen Kriegsfront informiert
        werden sollten. Das Aufheben der Häftlingen strengstens verboten; zitiert Brenner-
        Wonschick, Hannelore: Mädchen 2004, S. 330-331.

[113] Falsche Datumsangabe im Original (17.-18.3.). Der Beginn der Interimsverwaltung des
        Roten Kreuzes erfolgte am 15. April 1945; vgl. Glossar: „Rotes Kreuz".

[114] Dr. Benjamin Murmelstein, letzter „Judenälteste" in Theresienstadt, vgl. Glossar: „Selbst-
        verwaltung".

[115] Karl Rahm, letzter Kommandant des Ghettos Theresienstadt, vgl. Glossar: „Kommandan-
        tur".

[116] Vgl. Glossar.

Dies alles ist für die Deutschen. Langsam aber sicher verlassen sie das Getto.[117] Vor kurzem hat ein Soldat einem jüdischen Burschen gesagt der draussen beim Lazarett arbeitet gesagt. Ihr seid unsere Rettung. Wenn Ihr nicht hier wäret so wären wir längst alle an der Front?? Da kann man sehn wie alles ist. So wartet man und wartet man von einem Tag auf den andern Tag was kommt.

18.4.1945. *Heute haben wir den ersten freien Tag in der Glimmer für mich nach 5 Monate. Ausser den Tagen die ich krank war????*

20.4.1945. *Jeden Tag etwas andres. Wieder einmal in der Glimmer kurz vor dem nach Hause gehn hiess es plötzlich es geht ein Transport von lauter Prominente.* **600** *St.[ück] Was eigentlich unter den 600 noch ist weiß man noch nicht. Es sind gar keine 600 Prominente mehr da. Morgen wird man es schon wissen. Langsam nach und nach schafft man uns fort. Hoffentlich kommen wir auch bald an die Reihe. G"tt gebe es. Also wir müssen gespannt sein was Morgen kommt. Sonst gibt es eigentlich nichts neues. Die Deutschen sind leider noch immer da. Es war auch heute wieder so ein grosser Alarm dass man sehen konnte wo es brannte. Es brannte in Bodenbach. Immer näher und näher kommen uns die Freunde entgegen. Wir sind langsam schon umzingelt. Ein Transport aus Budapest sollte herkommen aber sie wurden gleich weiter transportiert nach der Schweiz man hat sie ins Getto nicht gelassen. Die hatten Glück.[118]*

20.4.1945.[119] *Und nun welch ein Unglück hat uns getroffen ein Jammer und Graun. Das G"tt das zulassen kann? Es hiess schon vor einigen Tagen es kommen Transporte und zwar die kommen zurück die im Dezember usw. gefahren sind. Es kam nichts und man hörte auch weiter nichts man sprach nur von dem Schweizer Transport. Und heute ist das Elend gekommen. Frauen und Männer sind gekommen aus Buchenwald, Warschau, Litzmannstadt Birkenau u.s.w. in geschlossenen Vieh Wag[g]on[s]. Die Burschen haben vor Hunger schon die Decke durchgeschlagen. Aus den Menschen sind direkte Hyänen geworden aus aus [sic] Hunger und Verzweiflung. Alle gezeichnet und Sträflingskleider blau weiss ganz schrecklich. Wer das nicht gesehn hat kann das nicht glauben. So ein Anblick das kann man sich nicht vorstellen. Sie kamen dann in die Schleuse bekamen gleich Essen. Sie waren ganz voller Läuse und schrecklich viele Kranke. Von einem Transport waren* **78** *Tote. Schrecklich. Und so kam in der Nacht noch einer, am Tage auch wieder. Und so kommen am laufenden Band seit* **3** *Tagen solche Transporte. Zu Fuss sind die Frauen gekommen aus Dresden 8 Tage lang, halbe Schuh, ganze Schuhe*

---

[117] „Aber bis zum Schluss haben die uns gegängelt“: Spontane Reaktion der Autorin bei der erneuten Tagebuchlektüre am 18.2.2008.

[118] „Überlegen Sie mal, da waren die anderen schon frei“. Kommentar der Autorin bei der wiederholten Lektüre ihres Tagebuches am 18.2.2008; zu den „Prominenten“ vgl. Glossar.

[119] In der folgenden Passage realisierte die Tagebuchschreiberin erstmals den systematischen Massenmord in den Konzentrationslagern.

oder gar keine, barfuss ohne Strümpfe abgelaufene und geschwollene Füsse. Blutig, zerkratzt zerschlagen. Die Männer hat man auf die Bastei gebracht und wie man Ihnen das Essen gebracht hat mit Stöcken haben sie sich gegenseitig geschlagen wenn einer ein Stück Brot hatte oder einen Schluck schwarzen Kaffee und ein andrer nicht[120]. Das kann man sich nicht vorstellen. Wenn man das nicht gesehn hat kann man das nicht glauben. Wenn man das sieht denkt man an keine Schweiz oder Freiheit mehr. In Birkenau hat man die Kinder bis zu 14 Jahren verbrannt, vergast oder erschossen aber mit den Müttern. Auch mit erwachsenen Männern hat man das gemacht. Man hat lebende Menschen in eine Grube geschmissen und zugemacht. Alles dieses Elend hat man den Leuten geholt. Und doch fast ein jeder Mensch hat jemand dabei. Ein jeder ist so aufgeregt. Das kann man sich ja vorstellen, was das bedeutet. Inzwischen hat man die Menschen in Kasernen eingeteilt und wohnen jetzt schon ganz schön und menschlich. Alle haben schon Zivil-Kleider und Essgeschirre u.s.w. Alles geht schon in bester Ordnung, ab und zu versuchen sie in die Stadt durch zu brennen was ihnen aber bis her nicht gelungen ist. Mit Schläuchen[121] ist man dazwischen gegangen um diese Bande zu b[ä]ndigen.

4.5.1945. *Was sich in dieser Woche wieder abspielt, dass ist Märchentraum.* Der Herr Duno *aus der Schweiz[122] ist seit ein paar Tagen hier im Getto mit einer französischen Schwester und wohnt jetzt hier im Getto und ist bei jeder Sitzung dabei die mit dem Ältesten-Rat besprochen wird. Wenn er durch das Getto fährt laufen alle da [sic].*
Seit gestern den 3. kommen die Arier ein & aus ins Getto und holen ihre Frauen und Männer nach Hause[123] wenn man das nicht sieht kann man es nicht für wahr nehmen. Jeder Arier fällt einem doch auf an ihrem Aussehen. Mit Koffer und Tasche gehn die Frauen aus dem Getto heraus. Natürlich strahlend. Und gestern war genau dasselbe wie die ganzen Tage. Es ist unglaublich.

5.V.1945. *Gestern zum Beispiel war die freudige Nachricht dass die Festung geräumt wird und* [die bisher dort Internierten] *her ins Ghetto kommen. Wieder sooo viel Bekannte und Verwandte. Sie haben zwar sehr viel Typhus mitgebracht und Läuse aber das lässt sich alles vertreiben. Es sind in den 3 Tagen über 800 Frauen in ihre Heimat zurück gegangen auch Männer nach Prag.*

---

[120] „Das war wirklich schlimm". Spontaner Kommentar der Autorin bei der Tagebuchlektüre am 18. Februar 2008 mit dem erklärenden Zusatz, dass von der Wachmannschaft nur noch sehr wenige Leute zugegen waren, die hätten eingreifen können, so dass die „Restinternierten" einschreiten mussten.

[121] Nach Erinnerung der Autorin (18.2.2008) eine Art Gummiknüppel.

[122] Gemeint ist der Schweizer Paul Dunant, Leiter der Theresienstadt-Delegation des Internationalen Roten Kreuzes (IRK), der nach dem IRK-Besuch vom 6. April 1945 mit dem Schutz der Interessen des Ghettos beauftragt worden war und seinen Amtssitz entsprechend dieser Tagebuchaufzeichnungen am 3. Mai 1945 von Prag nach Theresienstadt verlegt hatte. Vgl. Murmelstein: Theresienstadt; vgl. auch Glossar: Rotes Kreuz.

[123] Gemeint waren die tschechischen Bewacher, „das waren alles angenehme Leute" (Kommentar der Autorin am 18.2.2008).

Das muss eine Freude sein. Unsere Schandarme [Gendarme] sagten uns es muss jeden Tag und Stund die Amerikaner und Engländer herein kommen.[124]

***5.V.45** Unsere Heimleiterin*[125] *kommt gestern in der früh und sagt: Mädels packt Eure Koffer und richtet Euch ein bisschen her weil ihr die Ersten seid die jetzt weg fahren. Mischlinge und Vollwaisen. Montag oder Dienstag ist es voraus zu sehn. Gepackt haben wir noch nicht aber sortiert haben wir ich auch schon. Nun sind wir gespannt was weiter kommt. Unsere Packete sind schon da die wir mitnehmen werden Schweizer Packete [sic]. Jetzt müssen wir abwarten was wirklich weiter kommt. Bisher war noch nichts und man weiss ja nicht was von einem Tag auf den andern kommt. Bis her wissen wir noch nichts und wissen auch nicht was kommen wir[d] für uns und die andern. Es sind um das Getto herum so viele Kämpfe noch mit der SS die noch keine Ruhe gibt, dass man nicht sicher ist wie man am besten fährt. Nicht einmal das Rote Kreuz nützt was?*

[Auf der letzten Seite folgende Adressen[126]]

Egon Schor
c/o Jolianne Jörgensen
Kosilde Höfgaar
Lamdrup St.
Tyren
Dänemark

Sax Leopold
Go Ch Christensen
Elkbekgaard Landrup St.
Tyn
Dänemark

Ernst Lewinsohn
Hjallexgade 33
Hjallex
Tyn
Dänemark

---

[124] „Unsere Pakete waren schon da, die wir mitnehmen werden" (Interview mit der Autorin am 18.2.2008).

[125] Der Autorin nicht mehr erinnerbare Person (Interview vom 18.2.2008).

[126] „Wenn ich die Adressen aufgeschrieben habe, dann habe ich gewusst, um wen es sich handelte" (Kommentar der Autorin bei der Tagebuchlektüre vom 18.2.2008).

Befreundete Mitinternierte im Ghetto Theresienstadt

Abb. 16: Inge Bober aus Berlin (um 1947)

Abb. 17: Ilse Bober aus Berlin (1947)

Abb. 18: Gerty Leufgen aus Emden (um 1936)

Abb. 19: Marianne Löbl aus Wien

Abb. 21: Egon Schor aus Dänemark

Abb. 20: Herbert-Heinz Busten (auf der Rückseite die Widmung: „Terezin August 1943")

Abb. 22: Horst Baumgarten aus Dänemark

Abb. 23: Alexander aus Dänemark

Notizheft in braunem Lederetui
(6.5.1945 bis 30.7.1946)

[Aufschrift vordere Einbandseite: Theresienstadt 6.V.1945]

[Einlegezettel:]

Für einen schönen Reisebericht; zur Erinnerung an gemeinsam in Theresienstadt verbrachte Stunden von Deiner Rita Rosenberger.[127]

[Eingeklebte Adressen:]

Paula Kahn[128]
Praca Marechal
Deodora 236
2 and app 206
Sao Paulo
Brasil

Elma Götzel[129]
Landgut Breibach b/Kürten
(O[ber]bergisches Land)

Rita Rosenberger
Freiburg i/Brg. [im Breisgau]
Falkensteinstr. 6
b. Zimmermann

---

[127] Eigenhändig geschrieben von Rita Rosenberger, vgl. auch den Eintrag ihrer Adresse weiter unten auf der Seite sowie Glossar.

[128] Der Autorin nicht mehr erinnerbare Person (Interview am 18.2.2008).

[129] „Sie war bedeutend älter als ich" (Interview mit der Autorin v. 18.2.2008); vgl. Glossar.

7.V.1945. *In diesem Heft werde ich den Anfang mit Tinte machen, und mit Platz nicht so viel sparen nämlich heute steht es dafür?? Und zwar?? Um 7 Uhr haben die Deutschen die Waffen niedergelegt na diese Freude muss man sich vorstellen. Dieser Trummel [sic; Taumel, Rummel] auf der Strasse keiner trägt mehr Sterne. Einer hat dem andern die Sterne abgerissen und weggeschmissen. Dieses* <u>*Tohu*</u> *habohu [sic] was hier sich ab 7 Uhr abgespielt hat*[130]*, kann man sich gar nicht vorstellen. Ein Küssen und Freuen und andererseits das Weinen. Alle spannen auf den morgigen Tag???????*

8.V.1945. *Ein neues Ereignis kommt. Wir sind noch alle in den Betten und auf einmal kam ein Bursch zu uns und sagt: Mädels ein Transport ist da der und der ist da. Marianne, der Heinz ist auch da. Also ich so schnell war ich schon lange nicht mehr aus dem Bett und gleich zur Schleuse. Ein freudiges Wiedersehn und viel zu erzählen. G"tt sei dank ich hab auch von Herbert Nachricht, dass es ihm gut geht. G"tt sei d[ank.] So sehn wir uns jetzt jeden Tag er schaut schon gut aus er hat sich sehr gut erholt ganz zufrieden. Unter anderem sprach man heute von den Russen und Engländern dass die heute ins Getto kommen müssen. Auf einmal am Abend 9 Uhr fahren Russische Tanks vorbei und ins Getto kamen zirka 7-800 Mann herein. Jetzt muss man sich das vorstellen was sich da getan hat. Dieser Jubel und Verkehr??? Und heute kamen sie schon alle ins Getto und natürlich unser einer gleich Bekanntschaft. Ich habe durch eine Freundin einen Franzosen kennen gelernt der sehr nett zu uns ist. Er gab uns gleich Zigaretten und war sehr gut mit uns. Alle Schranken sind gefallen man kann ein und aus. Aber doch nur bis dort hin wo ein Schandarm [gemeint ist „Gendarm"] steht, aber das macht schon sehr viel aus. Man ist jetzt doch schon endlich frei man fühlt sich gleich ganz anders aber man kann es kaum glauben oder fassen weder noch richtig freuen. Es will noch nicht in den Kopf so richtig herein wie es soll. Jetzt gehn die neuen Sorgen los?* <u>*Wo sind die Angehörigen??*</u> *Zu Essen ist es es [sic] auch schon besser und dass erhöht die Menschen sehr für die Abreise nach Hause.*

10.V.1945. *Grosse Erlebnisse hatten wir in der Nacht die Russen wollten im Heim übernachten aber sie durften nicht.*[131] *Dann kamen zwei Burschen, denen halfen wir doch dann indem wir sie von oben bis unten bewirten. Sie waren uns in der früh so dankbar dass wir so nett zu ihnen waren.*

13.V.1945. *Heute fahren die Slowaken nach Hause aber mit dem Zug. Die Zugverbindung geht schon. Wir Reichsdeutsche*[132] *Frage Bögen ausfüllen müs-*

---

[130] „Das war wirklich grausam" (Kommentar der Autorin am 18.2.2008).

[131] Die Autorin erinnert sich an Übergriffe und kommentierte dies bei der erneuten Tagebuchlektüre am 18.2.2008: „Viele von ihnen sind über Frauen hergefallen mit den Worten: 'Frau, komm!'". Ein Russe habe ihr den russischen Judenstern aus ihrem Tagebuch herausgerissen.

[132] „Habe ich mich als Häftling so bezeichnet? Da kann man sehen, was für ein Kauderwelsch damals herrschte" (Kommentar der Autorin bei der erneuten Lektüre ihres Tagebuches am 18.2.2008).

sen [sic]. *Jetzt spricht man davon dass die Reichsdeutschen nächste Woche an die Reihe kommen. Hoffen wir dass es wahr ist. Bei uns aus dem Heim sind alle tschechischen Mädels weg. Es ist schon Post gekommen. Wir sollen schaun noch dort zu bleiben so lange es geht nicht frei willig melden. Wir haben Hunger und es ist kaum etwas zu haben weder zu Essen noch zu Kleiden.*

15.V.1945 *Leider hatt sich seit ein paar Tagen eine große Krankheit hier ausgebrochen* [sic] *und zwar Flecktyphus. Und was sich da tut das*

[Doppelseite mit Adressen wie folgt:]

Helene Geiger[133]
I Lot K.
Baraque 19
Camp de Gurs
Basses Pyrenees
France

Juray Kohn[134]
Nitra
Tarske 34.
od. Handlova. 204.

Lieselotte Cohn.[135] *Bei Chotzen Elsa*
Berlin-Wilmersdorf
Johannisbergerstr. 3

Traute Lebensbaum[136]
Korbach Bez. Kassel
Hagenstr. 12[137]

Gerti Leufgen[138]
Emden
Boltentorst[r]. 57

---

[133] Helene Geiger, Marianne Elikans Mutter. Sie war zu diesem Zeitpunkt bereits in Auschwitz umgekommen; biografische Angaben vgl. Glossar.
[134] Der Autorin nicht mehr erinnerbare Person (Interview v. 18.2.2008).
[135] Biografische Angaben über Lieselotte Cohn aus Berlin vgl. Glossar.
[136] Biografische Informationen über Gertrud (Traute) Lebensbaum aus Korbach vgl. Glossar.
[137] Adresse von der Autorin nachträglich mit Bleistift durchgestrichen.
[138] Vgl. Glossar und Abb. 18. Neben den Geschwistern Inge und Ilse Bober (vgl. Glossar) ist sie die einzige Zimmernkameradin, an die sich die Autorin noch heute gut erinnert (Interview v. 18.2.2008).

Inge Hein[139]
Kochem/Mosel
Bernstr. 541

Karla Ganser[140]
Hamburg
Kurzestrasse 8 III/.

IRO-Lager
29.25
M. v. Ozwidoff

[Textfortsetzung]
brauch ich wohl nicht schreiben. Gestern 14. [Zahl klein über der Zeile ergänzt] *sind hier ins Haus in den 2 St. Siechen gezogen. Auch allgemeine Quarantäne. Um 10 Uhr muss alles zu Hause sein. Die Russen übernehmen jetzt alles was an Betriebe anbelangt. Besonders den Typhus. Man hat eine Kaserne ausgeräumt dort kommen die Kranken herein die Russen pflegen selbst. Schwestern & Ärzte. Nur sie wissen wie man damit umgeht weil sie schon öfters damit zu tun hatten. Die Slowaken sind auch noch nicht weg. Sie müssen erst in Quarantäne gehn. Aber der Zug war schon da und dann der Schreck sie fahren noch nicht nach Hause. Aber dieser Tage fahren sie aber ab.*

15.V.1945 *Ein Russe war heute da und wird unser Heim übernehmen wir alle wieder voller Freude. Jetzt sind wir schon gespannt was Morgen sein wird?? Wir warten?? Bis jetzt ist noch alles beim Alten. Er ist täglich bei uns in der Kanzlei und beratet* [sic] *hin und her. Wie und was und wo.*

18.V.1945 *Ich komme etwas sehr spät mit dem schreiben an aber dafür jetzt. Kurz bevor der Duno*[141] *ins Getto kam wurde von unsern Juden eine grosse hohe Mauer gebaut keiner aber wusste für was oder für wen. Alles wurde so still hingebaut dass keiner wusste für was das sein soll. Dann hielt Dr. Murmelstein*[142] *eine Rede indem er sagte: Wir können G"tt danken dass der Dun*[ant] *hier ist. Wir sind mit einem Haarstreif mit dem Leben davon gekom-*

---

[139] Inge Hein, am 6.10.1927 in Cochem geborene Tochter eines Metzgers, deportiert am 27. Juli 1942 nach Theresienstadt, nach der Befreiung wieder zurückgekehrt nach Cochem und seit dem 28. Juli 1950 (in Trier) verheiratet mit Dr. Heinz Kahn, dem ersten Vorsitzenden der Trierer Synagogengemeinde bei deren Wiederbegründung 1945-1947. Vgl. Kahn, Heinz: Erlebnisse eines jungen deutschen Juden in Hermeskeil, Trier, Auschwitz und Buchenwald in den Jahren 1933 bis 1945. In: Ein Eifler für Rheinland-Pfalz. Festschrift für Franz-Josef Heyen zum 75. Geburtstag am 2. Mai 2003. Mainz 2003, S. 641-642.

[140] Karla Ganser aus Hamburg, biografische Angaben vgl. Glossar.

[141] Paul Dunant, Leiter der Theresienstadt-Delegation des Roten Kreuzes, siehe Anm. II,122.

[142] Vgl. Anm. II,114.

men. Man wollte für uns eine Gaskammer bauen[143]. *Was das für eine Aufre-gung noch dann war das könnt Ihr Euch wohl vorstellen?*

24.V.1945 *G"tt sei Dank sind wir wieder einmal umgezogen. Nach Q 304 und wohnen in einem Schloss 6 Mädels wunderbar so schön habe ich & wir noch nicht gewohnt. So ruhig und sauber es ist märchenhaft. Kaum zu glauben. Noch kurz vor der Fahrt nach Hause. Frau Meyer*[144] *war noch soeben da und sagte uns wir Deutsche sollen das Gepäck nicht auspacken es seien zwei Autos da die einige Deutsche weg fahren werden & sie werden versuchen die Waisenkinder weg zu bekommen. Was wird kommen?? Ja es waren schon die Auto[s] da und zwar aus Leipzig und es sind schon die Leipziger alle weg.*

6.VI.1945 *Natürlich die Autos sind nicht gekommen. Aber dafür wieder einmal für die Schweiz vorgemerkt* <u>auch</u> *abgesagt. Heute sind alle Ungarn gefahren. Auch von mir 2 Kameradinnen. I und I. Bober.*[145] *Die andere fährt Morgen* [ein unleserliches Wort] *Inzwischen ist und war nichts neues* **6.VI.** [Datum über der Zeile ergänzt] *Für die restlichen Trierer*[146] *war jemand gestern da und sagte es kann bis Ende nächster Woche dauern und wir fahren in Omnibussen nach Hause. Ich bin schon ganz ratlos denn ich weiss nicht was ich machen soll wenn man so viel zur Wahl hat. Hoffentlich ist das wahr dann fahr ich natürlich nach Hause? Endlich aber doch?*

28.VI.1945. *Gar nichts ist noch bisher los gewesen. Mit unserem nach Hause fahren ist bis jetzt auch noch nichts, aber Kopf hoch es wird kommen: „Zeit bringt Rat". Von allen Städten kommen die Autos & holen ihre Leute ab. Aber hoffentlich wird es mit uns auch noch werden. Das eine hat sich inzwischen wieder einmal verändert dass ich umgezogen bin nur in dem Unterschied ich bin alleine gezogen. Und zwar strafweise. Weil wir nach 10 Uhr tanzen waren. Das eine Mädel welches auch umziehen sollte hatte bei Zufall 38. Fieber & war dadurch behindert umzuziehen. So sitze ich alleine in einem grossen & schmutzigen Zimmer. Vor Wanzen kann man nicht schlafen es war so schlimm dass ich um 3 Uhr in unser Heim schlafen ging. Dann in der früh auf die Jugendfürsorge und Raumwirtschaft. – Aber habe mir bis jetzt noch nichts erledigen können. Ich hoffe dass es noch kommt. Habe privat gesprochen es wird hoffentlich gehen.*

28.VI. 1945 *Eine Nacht in Theresienstadt. Mit meinem Freund stand ich nach 10 vor dem Hause bis etwa 11 Uhr. Als ich hinauf kam war zu die Zimmertür* [sic]. *Die alten Bales*[147] *hatten zugesperrt. Und ich stand vor der Tür was sollte*

---

[143] Weitere Informationen vgl. Glossar: Gaskammer Theresienstadt.

[144] Der Autorin nicht mehr erinnerbare Person (Interview v. 18.2.2008).

[145] Biografische Angaben über die Berliner Geschwister Ingeborg und Ilse Bober aus Berlin vgl. Glossar; vgl. auch Abb. 16 und 17.

[146] Die Autorin gebraucht hier erstmals diese Sammelbezeichnung „die Trierer", ein Hin-weis, dass sie während der Internierung keine bewussten Kontakte mit den von Trier nach Theresienstadt deportierten Ghetto-Internierten unterhalten hatte.

[147] Der Autorin nicht mehr erinnerbare(r) Ausdruck bzw. Personen (Interview v. 18.2.2008).

ich jetzt machen. Ich ging bis 1 herum begann zu weinen aber es konnte mir niemand helfen. Unten wohnt ein bekannter Bursche. Voller Verzweiflung musste ich ihn wecken was ich machen soll. Er: das ist ausgeschlossen dass du jetzt in der Nacht herumgehst. Du schläfst da. Ich: nein nein das geht nicht ich kann nicht. Ja wenn nur hier auf der Erde, ich nahm mir eine Decke Polster und eine Decke zum zudecken und so lag ich auf der Erde bis um 6 Uhr in der früh. Dann war oben schon offen ich legte mich angezogen aufs Bett und schlief bis um 8 Uhr. Dann hinüber zu unseren Mädels & wieder auf Bett und geschlafen. So schaut gewöhnlich eine Nacht in Theresienstadt aus weil alles gesperrt ist wo es nur geht alles was geht wird abgesperrt.

I.VII.1945. *Einen Menschen den ich gerne hab wird mir nicht gegönnt. Jeder fährt weg. Ich war jetzt befreundet mit einem Arier ein Tscheche aus Pilsen.[148] Auch er ist heute weg und so sitze ich wieder da alleine und warte was kommt. Jetzt ist es mit allem auf jeden Fall Schluss und genug besonders für Theresienstadt. Wir hatten uns beide sehr gern und so fiel uns der Abschied doppelt so schwer auseinander zu gehn. Ich weinte durch mein weinen begann auch er. Ich war mit bis zum Bahnhof nach Bauschowitz.[149] Wie mir war als der Zug anfing zu rollen kann ich gar nicht schreiben. Tränen kamen, ein langes Winken mit Händen & Taschentuch. Und nun ist er weg.*

6.VII.1945. *Was glaubt ihr was war, heute früh kommt mein Robertel rein wie ich mich gefreut habe. Er ist wieder zurückgekommen & geht jetzt nicht eher weg bis ich nach Hause fahr. Dann fährt er auch. Jetzt ist er schon den **4.** Tag da.*

9.VII.1945. *Ein herrlich schöner Tag war heute. Ich war seid 3 Jahren im Kino in Bauschowitz 3 Mädels & 3 Burschen es war so schön. Ein schöner Tag bringt meistens kein gutes Ende. Und zwar. Nach 10 Uhr kam ich mit meinem Freund aus dem Hannover[150] aber gegen 11 Uhr. Und hier im Getto darf man nur bis 10 Uhr auf der Strasse sein. Es halten uns die Russen auf der Strasse an und fragen nach dem Durchlass-Schein. Unser Pech war das mein Freund die Brieftasche vergessen hatte. Also so mussten wir mit auf die Kommandantur. Dort wurden uns Gürtel Messer und so weiter abgenommen und wurden eingesperrt. Plötzlich kam ein Russe und fragt warum ich weine? aber in welch einem Ton? Er fragte mich ob ich haften kann dass die Brieftasche bei mir zu Hause ist, wenn nicht so muss einer von uns büssen ich ward entlassen, musste aber mit dem Russen nach Hause gehn, also die Tasche war da und ich konnte zu Hause bleiben. Aber auch noch mit einer grossen Hilfe? Und zwar ich kenne einen Russen vom Tanzen aus und [dieser] ist in mich schrecklich verliebt. Und schon einige Male lässt er mir durch ein Mädel sagen dass er mit mir sprechen muss. Aber ich konnte mich an ihn gar nicht mehr erinnern. Eines Tages treffe ich ihn in der Magdeburger und er sprach Deutsch.*

---

[148] Der Autorin nicht mehr erinnerbare Person (Interview vom 18.2.2008); wohl der in der nächsten Eintragung v. 6.7. erwähnte „Robertel".

[149] Vgl. Glossar.

[150] Kasernengebäude, vgl. Glossar.

Ach „Du meine Braut, Du schön" usw. Also er war derjenige welcher mir und dem Robert half dass wir nach einer ½ Stunde beide draussen waren. Also das war der schöne Tag in Bauschowitz, so ist es immer erst das schöne und dann das unangenehme. Das war wieder ein Schreck wie ich es lange nicht hatte. Aber man wird immer versorgt. Ob man will oder nicht (Noch zum guten Tag ich war auf einem Rummel auch in Bauschowitz. Besonders habe ich die Schiffschaukel benützt. Ich weiss gar nicht wie mir zu Mute war es war aber sehr schön. Der Rummel ist zwar sehr klein und armselig aber für's Dorf sehr gut. Von dort kann man nichts anderes verlangen.

11.VII.1945. *Also Ruhe hatte ich noch immer nicht die Russen kamen jetzt zu mir bis in's Haus. Jetzt war ein Zustand der ging über alle Grenzen. Ich konnte nicht mehr alleine auf der Strasse gehn weil ich Angst hatte sie würden mich wieder mit nehmen. Es war ungefähr so. Plötzlich kam es so weit dass ich es zur Magdeburger melden musste und von dort kam es zur Kommandantur. Es ist auf jedenfall alles in bester Ordnung. Ich gehe jetzt schon <u>wieder</u> alleine auf die Strasse.*

17.VII. *Endlich kam unsere Erlösung dass wir nach Hause fuhren. Wir fuhren aber nicht mit dem Auto was uns abholen wollte sondern mit den Autos nach Frankfurt. Wir fuhren um 5. Uhr von Th.[eresienstadt] ab. Es ist kaum zu glauben dass es wahr ist. So lang man noch im Getto ist geht es noch. Nun sind wir hinter den Schranken Tränen kommen man fährt. Man weiss nicht wohin. Wo man ankommt in welche Trümmer. Wir kamen am 18.VII. um 19 Uhr in Frankfurt an. Wir wurden mit Blumen und Essen empfangen. Es ist kaum zu glauben wie nett und freundlich man dort zu uns war. In Bayern wurden wir ebenf.[alls] mit Blumen beschmissen als sie hörten das wir aus dem K.Z.L. [Konzentrationslager] kommen. Zu Essen bekamen wir auch. Die Fahrt war überhaupt wunderschön. Wir mussten [uns] in Frankfurt 2 Tage aufhalten bis wir ein Auto bekamen. Wir rechneten aber schon vor Montag nicht mehr mit einem Auto, aber ganz unverhofft kam ein Auto, wir mussten in zirka einer ½ Stunde fertig sein und nun ging die Reise nach Hause. Je näher das Ziel je schwerer wurde einem. Wir fuhren um 10 Uhr ab und waren um 8 Uhr zu Hause in Trier. Wir versuchten als erstes die Jüdische Gemeinde zu erreichen. Aber so etwas gab es noch nicht. Unterwegs hörten wir schon dass die Schwester einer unserer Mädels da sei also war der Weg dorthin (Engelstr. 45). So kamen wir dort [an] 5 Mann hoch.*[151] *Wie uns das unangenehm ist*

---

[151] Ihre Namen waren: Betty Süsskind geb. Meyer aus Wawern und deren Mutter Henriette Meyer geb. Lazarus, Else Levy aus Könen und Edith Ermann geb. Joseph aus Aach. Entgegen der zitierten Tagebuchbeschreibung war der Ankunftstag in Trier nicht der 20. Juli 1945, sondern der 22. Juli 1945. Dieses Datum hatte der bereits am 31. Mai 1945 aus Buchenwald zurückgekehrte Heinz Kahn, der seitdem die Reorganisation der Jüdischen Gemeinde betreute, verzeichnet. Vgl. Bohlen, Reinhold/Botmann, Benz (Hrsg.): Neue Adresse: Kaiserstraße. 50 Jahre Synagoge Trier. Festschrift. Trier 2007, S. 57: Tagebucheintragung Heinz Kahns sowie freundliche Mitteilung Dr. Heinz Kahn (Schreiben vom 29.2.2008); zu den Biografien der genannten Heimkehrerinnen vgl. Glossar; Nennungen

kann ich gar nicht schreiben. Wir wurden und werden sehr freundlich und lieb empfangen. Aber trotzdem ist es ganz schrecklich. Wir hoffen bald unsere eign. Wohnung zu bekommen? Alle Papiere haben wir schon. Trier ist in einem ganz fürchterlichen Zustand. Wir waren alle ganz enttäuscht.

24.VII.1945. *Die Zeit vergeht, und immer bist Du noch alleine. Von keinem Menschen hörst Du etwas. Einsam und alleine verlassen bist Du jetzt. Kein Mensch kennt Dich, d[er] sich Deiner annehmen möchte. Alles machst Du Dir alleine und denkst stets daran[:] Ach wäre das schön, wenn Deine Eltern da wären. Wenigstens der Vater – oder Mutter. Nein keinen hast Du. Noch ich alleine bin da. Hier in Deiner* <u>Heimat,</u> *da bist du heute wie fremd? Trümmer & Trümmer siehst Du, keiner erkennt Dich oder will Dich erkennen? Wozu nur all dieses Elend. Keine Eltern. Kummer Sorgen von einem Tag zum andern. Hier ist man zu viel, Wohnung bekommst du nicht. Und „ich" als Kind schon garnicht. Was mach ich. Ich alleine hab die Sorgen kann niemand fragen um Rat und Tat. Wo sind & bleiben die Eltern? Keiner weiss. O, ja, man weiss, will es aber nicht glauben nicht sagen. Vielleicht doch, es muss jemand kommen.*

29.VII.1945 *Solch ein Geburtstag wie dieses Jahr hatte ich auch schon lange nicht mehr. So schwer. Ich dachte und hatte auch die Hoffnung, dass ich dieses Jahr bei den Eltern sein werde oder dass sie da wären. Jetzt bin ich schon seit 42 alleine ohne meine Eltern. Damals war ich noch nicht 14 Jahre und heut bin ich 17 geworden. Wie doch die Zeit verläuft. Es [ergänze: ist] traurig aber wahr. Man sagt das Schicksal muss sich wenden es wird und wird aber nicht wahr. Der Kummer und die Sorgen bleiben gleich wie zuvor. Nur dass man ein freier Mensch ist. Diesen Kummer den ich hier habe, hatte ich nicht einmal in Theresienstadt. Aber die Juden sind das die helfen noch dazu. Was soll man machen?*

18.VIII.1945 *Alles nachträglich zum einschreiben meines Kästchen [? sic]. Inzwischen hab ich mit anderer Hilfe soweit gebracht mir ein Schlafzimmer zu bekommen & wohne jetzt seit am 10.VIII. hier und zwar Saarstrasse 47. Habe auch meinen Herd auf dem ich mir G"tt sei Dank kochen kann was ich will. Habe 2 Zimmer und grosse Terrasse und nun geht es mir schon viel besser mit Arbeit bin ich für den ganzen Tag versehn. Aber es macht Spass, hier weiss ich wenigstens für wen & für was. Ich brauch mich nicht [nach] andern zu richten. Was schon viel wert ist. Heute ist Jom Kippur[152] gewesen und hab mich jetzt bis 2 Uhr gut amüsiert. Getanzt und gelacht & gut gegessen. Aber ja alles wär doppelt so schön gewesen wenn ich jemand meiner Angehörigen da hätte. Jetzt gute Nacht bis ich jetzt wieder regelmässig schreiben wär [werde]. Ich komme ja jetzt besser dazu weil ich hab ja jetzt schon alles ausgepackt und an Ort und Stelle liegen.*

---

der 14 Überlebenden siehe auch Nolden, Reiner/Roos, Stefan: Über das Schicksal der Juden aus dem Altkreis Trier im „Dritten Reich". In: Jahrbuch Kreis Trier-Saarburg 2008, S. 250.

[152] Versöhnungstag; wichtigster jährlicher Festtag im Judentum.

21.VIII.1945. *Heute hatte ich auch einmal ein grosses Glück ich traf auf der Strasse Herrn Max Wolf aus Wawern[153] ein sehr guter alter Bekannte[r] als ein Ami Soldat. Na das war eine grosse Freude. Er kam mich einige Male hier besuchen. Und nun ist er versetzt worden und nun kann er leider nicht mehr kommen.*

31.VIII.1945. *Meine erste Reise nach meiner Befreiung war Wawern. Meine alte Heimat. Wie mir da zu Mute war brauch ich wohl keinem zu sagen. Meine Eltern wohnten in dem Hause direkt gegenüber wo ich war. Jetzt war ich schon öfters da. Sie sind alle heute sehr nett zu einem. Aber die Nazis sind noch immer da. Aber jetzt hat man schon gesorgt dass die schlimmsten weg gekommen sind. Aber was haben wir von dem. Unsere l[ie]b[en] Angehörigen haben wir noch damit noch immer nicht zurück.*

30.VII.194[6].[154] *Da ich nun mein Buch wieder hab so will ich meine Pflicht wieder ergreifen. Sonntag fuhren wir nach Koblenz zu der Gedenkfeier für unsere Angehörigen für das Opfer in KZ. Dort traf ich auch unter anderem Herbert Süssmann[155], den ich im Lager 43 kennen lernte. Ich fuhr mit ihm nach Hause da ich das Auto in dem ich kam verloren hab. Dort verbrachte ich wieder seit langem zwei herrliche Tage. Einmal ein Mensch der mich nach langem wieder verstehen konnte.*

---

[153] Der Kaufmann Max Wolf (*8.5.1909 in Wawern). Freundliche Mitteilung von Frau Dr. Pascale Eberhard (Wawern) vom 20.6.2008.

[154] Das im Original notierte Jahresdatum (1947) ist wohl nicht korrekt; der beschriebene Besuch in Koblenz erfolgte 1946 (vgl. Teil I: Kommentierte Biografie).

[155] Biografische Angaben über Herbert Süssmann aus Ochtendung (bei Mayen) vgl. Glossar.

2. Briefe 1942 bis 1946

Werner de Vries[156] und Lieselotte Elikan an Marianne Elikan (26.1.1942)

Gelsenkirchen, 26. Januar 1942

Fräulein Marianne Elikan
Trier (Feyen)
Pellingerstr. 33[157]

Liebe Marianne!
Ein letztes Lebewohl von der Ausstellungshalle aus, wo wir gesammelt wurden, senden Dir Werner und Lilo. Morgen, Donnerstag 27ten geht's vom Bahnhof ab. Wahrscheinlich nach Riga. Vielleicht sehen wir uns dort wieder, sonst sind wir gesund und munter. Viele Grüße noch mal Werner[158]
Schwesterchen, [sei] nicht böse, dass ich [vorher][159] keinen Bescheid gab. Sei glücklich daß Du noch zu Hause bist. Ich kann doch nicht in Riga die Verantwortung übernehmen wenn Du dabei bist. Dazu bin ich zu jung. Lebe wohl, laß es Dir gut gehen. Innige Küsse Lilo

---

[156] Freund ihrer Halbschwester Lieselotte Elikan, vgl. Glossar; in seiner Handschrift der erste Teil dieses Briefes.

[157] Bei der angegebenen Adresse handelt es sich um ein sogenanntes „Judenhaus" (vgl. Glossar), in dem Marianne Elikan die letzten Monate vor ihrer Deportation nach Theresienstadt gelebt hat.

[158] An dieser Stelle beginnt der folgende handschriftlicher Zusatz von Lieselotte Elikan.

[159] Die Postkarte ist beschnitten, wahrscheinlich zwecks Entfernung der Briefmarke; die mutmaßlich an den entsprechenden Stellen unvollständigen oder fehlenden Worte wurden in eckigen Klammern ergänzt.

Melanie und Eduard Wolf[160] an Marianne Elikan (1.2.1943)

Trier den 1. Februar 1943

Fräulein Marianne Sara Elikan
Theresienstadt
Protektorat

Liebe Marianne.
Wir haben Deine Karte erhalten, uns sehr gefreut, etwas von Dir zu hören,
waren sehr froh zu lesen, dass es Dir gut geht, Du gesund bist, Dich wohl
fühlst. Es ist schön für Dich, dass Du mit jungen Mädchen zusammen bist auf
einem Zimmer. Hast Du keine Bekannte von hier bei Dir. Wir sind auch noch
soweit gesund. Papa arbeitet noch auf seiner alten Stelle.[161] Ich glaube Dir,
dass Du froh warst, als Du Martha Josef u. Eltern getroffen hast. Wie geht es
denn J. Ester.[162] Bestelle ihnen viele Grüße auch von Tante Alice.[163] Sie sollen
ihr schreiben. T. Alice ihre Adresse ist jetzt Metzelstr. 26[164], wo Kahns
Jenny[165] gewohnt hat. Onkel Hugo[166] sagt, ich soll Dich fragen, ob Du seine
Eltern noch nicht gesehen hast, also Silves Großeltern u. ob es ihnen gut ging.
Gruß von Silve, Deli u. T. Hedwig.[167] Ich wundere mich, dass Du im Trainings-
anzug aus gehst, wo Du doch so viele Kleider hast. Ich schicke Dir heute auch
noch ein Päckchen ab. Schreibe so oft Du kannst, auch ich werde das ma-
chen. Ich habe doch schon viel an Dich gedacht u. Pappa auch. Kannst Du die
Arbeit gut vertragen u. bist Du jetzt gesünder, als Du warst? Was arbeitest Du
denn in der Wäscherei? Siehst Du, I.[iebe] Marianne, ich habe mich geübt u.
so geschrieben, Du hast Dir schreiben lassen. Mit innigen Grüssen u. Küssen
verbleibe ich Deine Mama Gruss Papa

---

[160] Melanie und Eduard Wolf, Pflegeeltern Marianne Elikans, vgl. Glossar; die Wolfs wohnten zu diesem Zeitpunkt noch im sog. „Judenhaus" (vgl. Glossar) Pellinger Str. 33.
[161] D.h. in Zwangsarbeit; vgl. dazu Glossar zu Wolf, Eduard.
[162] Der Autorin nicht mehr erinnerbare Person (Interview vom 18.2.2008).
[163] Alice Wolf, *1.2.1907 Freudenburg, verheiratet mit Leo Wolf, Bruder von Hugo Wolf,
deportiert 1.3.1943 nach unbekannt. Vgl. Wilke, Angelika: Jüdinnen und Juden in Trier
1933-1945 (aktualisierte elektronische Datenbank) 2008.
[164] Sog. „Judenhaus", vgl. Glossar.
[165] Biografische Angaben nicht bekannt.
[166] Hugo Wolf, *26.5.1899 Beurig, Viehhändler, verheiratet mit Hedwig Wolf geb. Jakob,
deportiert 1.3.1943 nach unbekannt, für tot erklärt 31.12.1943. Vgl. Wilke, Datenbank
2008.
[167] Biografische Daten nicht bekannt.

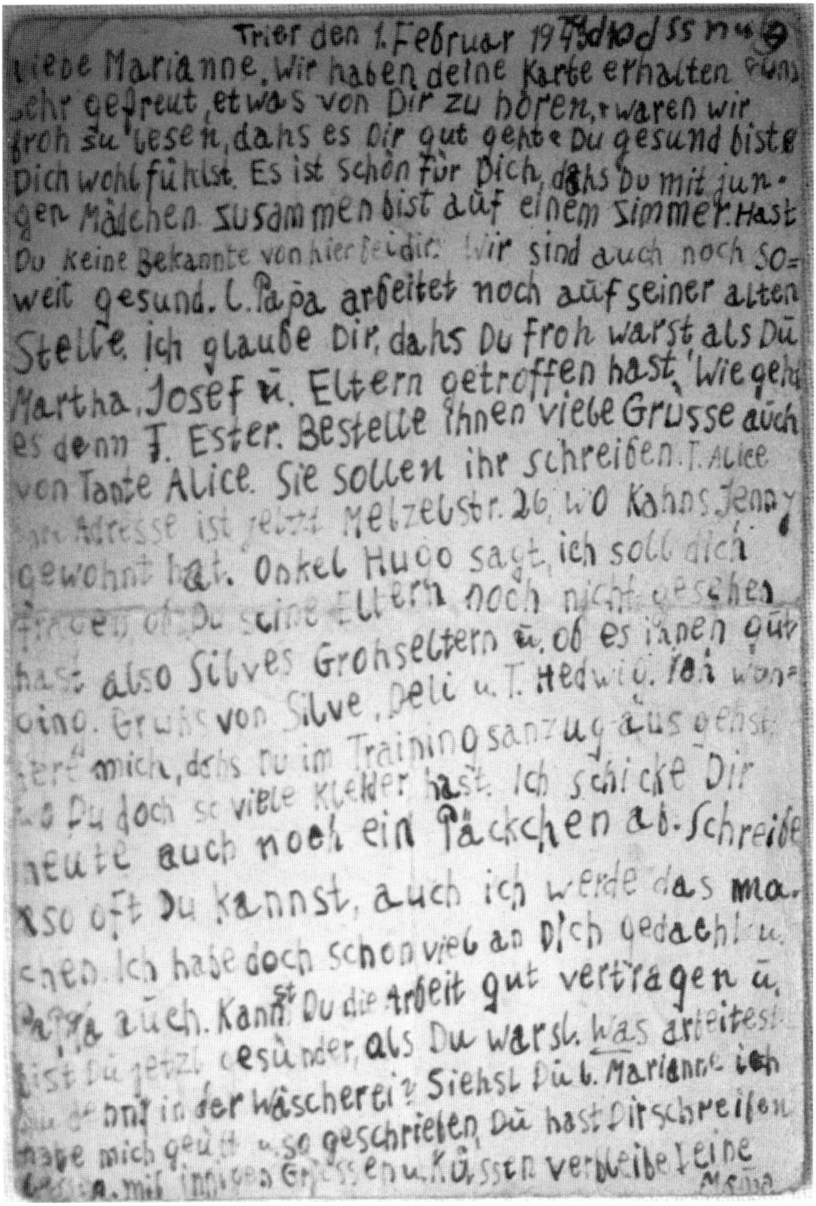

Abb. 24: Postkarte Melanie und Eduard Wolf an Marianne Elikan, 1. Februar 1943

Werner de Vries an Marianne Elikan (8.7.1946)

Gelsenkirchen 8.VII.46

Liebe Marianne,

Heute am 8ten Juli kam mein Gelsenkirchener Schulkamerad Ippel Joseph zu mir und zeigte mir Deinen lb. [lieben] Brief. Ich war sehr überrascht, denn ich hatte nicht geglaubt, dass Du, lb. Marianne, noch lebst. Ich bin sehr, sehr froh, von Dir ein Lebenszeichen zu bekommen; leider, leider habe [ich] von Lilo[168] seit fast 2 Jahren nichts mehr gehört. Wir kamen am 20ten Januar 1942 nach Riga, wo Lilo und ich im Truppenwirtschaftslager der Waffen SS kaserniert wurden. Lilo kam in die Marketenderei, wo sie es sehr gut hatte, und ich in die Autoschlosserei, als Autoschlosser und Uhrmacher. Wir hatten es beide verhältnismässig gut, waren nie krank und hatten immer zu essen. Im Oktober 44 wurde Riga von den Russen bedroht und geräumt. Mit dem letzten Schiff verliessen wir Riga und kamen nach Danzig-Stutthof, wo wir zum ersten Mal getrennt wurden. Es war ein großes Lager von 40000 Menschen.[169] Ich schmuggelte noch ein Briefchen ins Frauenlager, worin ich Lilo riet, sich möglich[st] schnell kasernieren zu lassen, sehen konnten wir uns ganz selten und dann nur von weitem. Ich wurde dann nach Danzig in eine grosse U-Boot Werft abkommandiert.

Als die Russen dann Danzig stürmten, trieb man uns nach Lauenburg in Pommern, wo wir dann am 10ten März 1945 von den Russen befreit wurden. Leider lebten nicht mehr viel[e] von uns. Ich hoffte immer noch mal Lilo irgendwo zu treffen oder irgendeine Bekannte von ihr, aber es war vergebens. Es war keine Frau von Danzig-Stutthof zu treffen. 3 Monate wartete ich in Lauenburg, da dort fast alles von Danzig kam, aber es war keine bekannte Frau dabei. Dann fuhr ich nach Gelsenkirchen, da ich mit Lilo ausgemacht hatte, wenn wir getrennt werden und leben bleiben, treffen wir uns in Gelsenkirchen wieder, aber nach so langer Zeit, habe [ich] alle Hoffnung auf ein Wiedersehen aufgegeben. Auch meine Eltern, meine Brüder mit Frauen sind nicht mehr zurück gekehrt. Wo bist Du während der Jahre gewesen? Hast Du noch ein Bild von Lilo? Es wäre mir eine große Freude, wenn ich wenigstens ein Bild von ihr hätte.[170] Was treibst Du jetzt, schreibe mir bitte sofort, vielleicht

---

[168] Marianne Elikans Schwester Lieselotte Elikan, vgl. Glossar.

[169] Das KZ Stutthoff bei Danzig, 1940 errichtet als Polizeihaftlager, im weiteren Kriegsverlauf umfunktioniert zu einem KZ, seit Sommer 1944 auch für die Judentransporte aus dem Baltikum. Die hier von de Vries datierte Räumung durch russische Truppen erfolgte erst Anfang 1945. Vgl. Gottwaldt, Alfred/Schulle, Diana: Die „Judendeportationen" aus dem Deutschen Reich 1941-1945. Eine kommentierte Chronologie. Wiesbaden 2005, S. 120-121.

[170] Dies war nicht der Fall, auch Marianne Elikan besaß zum damaligen Zeitpunkt kein einziges Foto von ihrer Schwester. Ein 1939 aufgenommenes Foto konnte erst Ende 2007 bei den Recherchen für diese Tagebuchedition gefunden und zur Freude der Tagebuchautorin übersandt werden. – Biografische Angaben über Werner de Vries vgl. Glossar.

kann ich Dir in irgend einer Weise helfen. Meine Adresse ist: Werner de Vries,
Gelsenkirchen
Bahnhofstr. 66.

Also Marianne, recht viele Grüße

Werner de Vries

3. Gedichte und weitere Texte 1943-ca. 1948 – geschrieben und gesammelt während der Internierung in Theresienstadt und in der frühen Nachkriegszeit

Vorbemerkung zur Überlieferung und Textwiedergabe

Von den insgesamt 17 hier abgedruckten Texten hat Marianne Elikan nur die beiden Gedichte „Typhusspital" und „Ein Kakaozug von Zimmer 4" selbst verfasst.[171] Die übrigen 15 Texte stammen von unbekannten Verfassern oder – mit Ausnahme des Textes von Walter Lindenbaum – von namentlich bezeichneten Autoren, deren Schaffen bisher nicht in der Theresienstadt-Forschung erwähnt wurde und deren Namen auch nicht in den Häftlingslisten des Theresienstädter Gedenkbuchs erscheinen. Es ist anzunehmen, dass Marianne Elikan diese Autorennamen wie viele andere Häftlingsnamen in ihrem Tagebuch allein aufgrund mündlicher Mitteilungen aufgeschrieben hat; eine Fehlerquelle, auf die eingangs bereits verwiesen wurde und die auch erklären könnte, warum zu fünf der genannten Autoren – Paul Abedes, Walter Dehmel, Herbert Kain, Otto Kalno und Rudolf Winkler – keine weiterführenden biografischen Angaben gefunden werden konnten.

Viele der ursprünglichen Niederschriften der Texte hatte Marianne Elikan während ihrer Internierung bzw. unmittelbar nach der Befreiung des Ghettos auf diverse Unterlagen, etwa einzelnen Papierstücken, -streifen und -schnipseln oder auf abgerissene Notizzettel, vorgenommen und so versteckt bzw. aufbewahrt. Marianne Elikan übertrug diese Urschriften – mit wenigen Ausnahmen, unter denen u.a. ihre beiden eigenen Theresienstadt-Gedichte sind – nach dem Krieg in eine zweite, höchst akkurat ausgeführte Niederschrift, wozu sie sich eigens ein großformatiges Schreibheft mit grauem Kartoneinband besorgte. Dieser Umstand gibt einmal mehr zu erkennen, welch großen Wert Marianne Elikan auf die Erhaltung ihrer Erinnerungen aus ihrer Häftlingszeit gelegt hat. Auch trug sie in der frühen Nachkriegszeit im Zuge ihrer Auseinandersetzung mit ihren Erfahrungen als NS-Internierte weitere Texte zum Thema in ihr Buch ein.

Einige der in Theresienstadt gesammelten Gedichte waren Abschiedsgeschenke, die unter den Häftlingen in der Euphorie über ihre Befreiung ausgetauscht worden waren (vgl. die entsprechenden Datierungen bei einigen der Gedichte). Aufgrund der an anderer Stelle noch darzulegenden Ausnahmesituation der KZ-Kultur im Ghetto Theresienstadt[172] mussten bei der Edition dieser Textsammlung Marianne Elikans von vorneherein auch die verschiedenen Praktiken mündlicher Textrezitationen – vor allem bei Theaterproben, -aufführungen, Poesiewettbewerben oder Kabaretts – als eine alter-

---

[171] Zur Literatur aus Theresienstadt vgl. u.a.: Alfers, Sandra: Vergessene Verse. Untersuchungen zur deutschsprachigen Lyrik aus Theresienstadt. In: Theresienstädter Studien und Dokumente 11 (2004), S. 136-158.

[172] Dazu vgl. Glossar: Kultur und „Freizeit" in Theresienstadt; vgl. auch die ausführliche Einführung zum Thema „'Freizeitgestaltung' in Theresienstadt" in: Migdal, Ulrike (Hg.): Und die Musik spielt dazu. Chansons und Satiren aus dem KZ Theresienstadt. Herausgegeben und mit einem Vorwort von Ulrike Migdal. München 1986, S. 11-55.

native Überlieferungsmöglichkeit in Betracht gezogen werden. In einem Fall hat sich sogar ein Typoskript, das wohl für eine solche Kabarett-Aufführung entstanden ist, unter Marianne Elikans Erinnerungsstücken erhalten (s. den Text „Ruhe, meine Damen").

Das in Marianne Elikans Abschrift ohne Autorenangabe zitierte „Lied von Theresienstadt" stammt von dem Wiener Komponisten und Autor Walter Lindenbaum (1907-1945) und war eines der populärsten Lieder im Ghetto Theresienstadt. Sein Autor leitete die nach ihm benannte „Lindenbaum-Kabarett-Gruppe" bei ungezählten Auftritten[173]. Die Aufführungen der Gruppe erfolgten bei allen möglichen Gelegenheiten – „eigentlich überall", heißt es in den Erinnerungen überlebender Internierter – und immer erhielt die Kabarett-Gruppe positive Rückmeldungen, so unter anderem auch im Lagerkrankenhaus und in den Krankenstationen. Da das Lied immer wieder gesungen wurde, brauchte die Gruppe keine Texte mehr zu verteilen, wenn sie das Publikum zum Mitsingen animieren wollte. Die große Popularität des Komponisten Lindenbaum bezeugt das von einem Häftling gezeichnete Porträtbild, auf dem die ersten sechs Zeilen seines Liedes hinzugeschrieben worden waren. Weil sie die erkrankten Häftlinge besonders erfreuten, erhielten die Mitglieder der Kabarett-Gruppe Lindenbaum von ihnen und sogar von den Krankenschwestern Essensspenden. Marianne Elikan könnte „Das Lied von Theresienstadt" von Walter Lindenbaum erstmals im Frühjahr 1943 gehört haben. Sie befand sich damals mit ihrer Typhusinfektion gerade auf der Krankenstation – just zu jener Zeit, als Lindenbaum den Aufbau seiner Kabarettformation initiierte.

Insgesamt spiegeln die von Marianne Elikan aus Theresienstadt mitgebrachten Gedichte und Prosatexte die sowohl formal wie inhaltlich keineswegs homogene Überlieferungssituation der KZ-Literatur wider. In der Literaturgeschichte wurde die in den Konzentrationslagern entstandene „Lagerliteratur" lange wenig beachtet. Erst in der jüngeren Zeit nimmt die Forschung Abstand von dem einseitigen und inzwischen widerlegten Vorurteil, dass die grauenhafte und furchtbare Realität an den Exekutionsstätten der „Endlösung" keinen geeigneten Nährboden für die Entstehung eines qualifizierten literarischen Schaffens hätte abgeben können. Dergleichen Vorurteile beruhten auch auf den verengten Ästhetikklischees der traditionellen Kulturkritik, die formale Schwerfälligkeiten, holprige Reime und ein unrhythmisches Erzählen einzig und allein als Indikatoren literarischer Minderwertigkeit zu deuten wussten. Dass diese Interpretation den historischen Quellenwert der Lagerliteratur komplett ignoriere, haben neuere Studien zu Recht hervorgehoben. Denn gerade auch die nach literatur-ästhetischen Kriterien vielleicht weniger anspruchsvollen Texte, wie sie in den Lagern von ungezählten Kindern aufgrund von autodidaktischen Schreibübungen verfasst wurden, stellen einzigartige Quellendokumente dar, anhand derer sich weitere Hintergrundmomente der viel zu lange für „unvorstellbar" gehaltenen Geschichte der Judenvernichtung rekonstruieren lassen. Denn wie das Poesiealbum, das im folgenden Abschnitt noch vorgestellt und abgedruckt werden soll (II.4), bewahrte dieses literarische Schaffen den Häftlingen ein Restrefugium persönlicher Entfaltung; eine Bestätigung

---

[173] Vgl. Exenberger, Herbert: Vom „Cabaret ABC im Regenbogen" zur „Lindenbaum Gruppe" in Theresienstadt. In: Theresienstädter Studien und Dokumente 3 (1996), S. 233-244.

ihrer persönlichen Identität und Menschenwürde. Während sie auf ihren Lagerbetten in der Nacht gegen ihre Müdigkeit Tagebuch schrieben oder bei stundenlangen Appellen auf dem Lagerhof klassische Gedichte rezitierten, befolgten die Internierten zugleich ein zweites wichtiges humanitäres Antriebsmoment: die Verpflichtung zum Erinnern an die Gräueltaten der Gewaltherrschaft. In dieser Funktion ist die Theresienstädter Ghettolyrik vergleichbar mit den raren Zeugnissen fotografischer Dokumentation aus Auschwitz, die den unvorstellbaren Schrecken trotz aller widrigen Umstände für die Nachwelt im Bilde festzuhalten versuchten[174].

Von daher können die hier zitierten Gedichte und Prosatexte eine Ergänzung der bisherigen Editionen von Lagerliteratur bieten. Aus Theresienstadt sind annähernd 400 Einzelgedichte überliefert[175]. Die meisten von ihnen reflektieren die zentralen Themen des Lageralltags: die Transporte, Hunger und Tod, Arbeit, die Ungezieferplage, die Freizeitgestaltung und die Lagerbürokratie. Der zweite wichtige Aspekt ist das emotionale Befinden der Häftlinge, ihre Traurigkeit nach oder bei bevorstehenden Trennungen, Heimweh, Resignation und Hoffnung. Des Weiteren beinhalten die Gedichte religiöse Themen, Naturbeschreibungen und vielfach auch erinnernde Widmungen an bestimmte Personen – befreundete Internierte oder Zimmerkameraden. Von den hier abgedruckten Texten fallen die meisten unter die erstgenannte Kategorie (z.B. „Theresienstadt", „Kleine Festung!", „Glimmer-Marsch Theresienstadt"). Eine Anzahl humoristischer Texte reflektiert vorwiegend die physische und psychische Verfassung bzw. die emotionalen Erlebnisse der Häftlinge (z.B. „Zehn kleine Kalorien", „Mit Dir in einem Kumball").

Zwei wohl aus der frühen Nachkriegszeit stammende Gedichte („Lasst Sie nicht untertauchen", „Wir ..."), die Marianne Elikan in ihre Niederschrift mit Theresienstadt-Texten aufgenommen hat, wurden hier ebenfalls abgedruckt, wird in ihnen doch – mit stark ironischem Unterton – Kritik an der beginnenden gesellschaftlichen Reintegration ehemaliger Nazis und Parteigenossen formuliert.

Bei der Wiedergabe der hier aus Marianne Elikans Sammlung edierten literarischen Texte wurde, wie auch bei der Edition der Tagebuch-Aufzeichnungen, die Orthografie der Originale gewahrt – unter Korrektur lediglich einiger offensichtlicher Fehler und Verschreibungen. Ebenso wurden alle Hervorhebungen gemäß dem Original wiedergegeben; alle Ergänzungen und Erläuterungen des Herausgebers sind recte in eckigen Klammern gesetzt.

---

[174] Zur Bedeutung fotografischer Dokumentationen aus den Lagern siehe Didi-Hubermann, Georges: Bilder trotz allem. Aus dem Französischen von Peter Geimer. München 2007.
[175] Vgl. dazu v.a. Alfers, Vergessene Verse 2004.

Theresienstadt

(Autor unbekannt)

1. *Wir leben in Theresienstadt*
   wo man nichts zu Essen hat.
   Es gibt viele Krankheiten dort
   daher ist Theresienstadt kein beliebter Ort.

2. *Es steht Kaserne an Kaserne*
   und drinnen wohnt man gar zu gerne.
   Der Tag macht jedem große Müh
   man stellt sich an schon in der Früh
   dass einem tun [die] Füße weh
   um so ein wenig Dreck Kaffee.

3. *Dann geht man schnell zur Arbeit hin*
   mit schlechtem Mut und schlechtem Sinn.
   Von Eifer sieht man keine Spur
   man freut sich wenn die Kirchenuhr
   auf zwölf Uhr steht dann ist es aus
   dann hat man endlich seine Mittagspaus.

4. *Jetzt steht die Kirchenuhr kurz vor zwei*
   die Mittagspaus ist bald vorbei.
   Man geht zur Arbeit dann zurück
   mit schwerem Kopf und ganz gebückt
   so plagt man sich tagein tagaus
   des Abends kommt man müd nach Haus
   und isst sein wenig Abendbrot
   Theresienstadt hat große Not.

Kleine Festung!

Herbert Kain
5. Mai 1945 (Entlassung)

Mich freut nicht der Frühling
der lauen Lüfte Wehn,
denn mich umfängt
des Kerkers Nacht,
kann hören nicht und sehn.
Bin hinter Mauern feucht und kahl
in Dunkelhaft gefangen
kein Laut kann durch die Tür
von Stein zu mir gelangen.
Ein kleiner Riss nur in der Wand
wohl schwerlich zu verschließen,
lässt, wenn die Sonne hoch im Land,
ein Lichtlein zu mir fließen.
Und dieses Lichtlein mich umkost,
als wollt es traurig sagen,
verzage nicht und sei getrost,
ich künd von besseren Tagen.
Da füllt mit Hoffnung sich die Brust,
dass alle Qual wird enden
erfüllet neue Lebenslust,
das Schicksal muss sich wenden!
Denn wie das Lichtlein durch Mauern bricht
und heimlich Trost mir spendet,
so heimlich der Tag die Nacht zerbricht
und mir den Frühling sendet.

Das Lied von Theresienstadt
Walter Lindenbaum[176]

I

Wir sind hier 40 000 Juden, wir waren viel mehr an diesem Ort,
und die wir nicht nach Polen verluden, die trugen wir in Särgen fort.
Und in den Höfen der Kasernen, da stehn wir abends sehnsuchtsbang
und blicken zu den ewigen Sternen, und fühlen wir den Zwang.
Die Freiheit wohnt im Sternenraume und nicht in dem Kasernenloch
und nachts da flüstern wir wie im Träume, wie lange noch, wie lange noch.
Und merk Dir's Bruder Kamerad das Lied von Theresienstadt!

II

Wir kämpfen um das nackte Leben und jeder Tag bringt neue Not,
den Stolz, den darf es hier nicht geben, man bettelt um ein Stückchen Brot.
Früher hat man das nicht machen dürfen,
das Essen im Blechgeschirr und ohne Löffel gierig schlürfen,
hier heißt es: friss oder krepier. Und demaskiert zeigt sich das Elend i[m]
    Antlitz jeder Kreatur
verfehlend, qu[ä]lend, manchmal stehlend, denn hier regiert die: „Ich Natur".
Oh, merk Dir's Bruder Kamerad das Lied von Theresienstadt.

III

Und wo wir wohnen ist's nicht helle, eine Hoffnung leuchtet uns voran,
hier hatten Pferde ihre Ställe, dort schlafen heute 60 Mann.
Die Wangen eingefallen, mager, von Sehnsucht wird man hier nicht fett,
so liegt man nachts auf seinem Lager und träumt vom Bett im Kavalett.[177]
Den Schmerz, den tapfer man verbissen, bei Tag, wenn grell die Sonne scheint,
der hat uns oft das Herz zerrissen, in Nächten, wenn man einsam weint.
Oh merk Dir's Bruder Kamerad, das Liedchen von Theresienstadt.

IV

Die Stadt der Juden und der Greise, die einen unser Hoffnungsschein,
die Andern entschlafen leise und kehren zu den Vätern heim.
Es holt der Tod, der schwarze Ritter, ein Kind, es ist ihm einerlei.
Dann geht durch alle andre[n] Mütter ein langgedehnter Schmerzensschrei,
und Männer, die sonst nicht bedauern und noch abgehärtet sind,

---

[176]   Der Gedichteintrag in Marianne Elikans Buch ist mit dem Datum „23.5.1945" versehen. Ihrer Erinnerung zufolge erhielt Marianne Elikan an diesem Tag die Abschrift des Gedichts von einem Häftling, den sie damals, also gegen Ende der dritten Woche nach der Befreiung des Ghettos, kennengelernt hatte (Interview vom 13.6.2008).

[177]   Österr. Soldatensprache, veraltet: einfaches Bettgestell.

sie fühlen im Herzen ein Erschauern beim Schrei der Mutter nach dem Kind.
Oh merk Dir's Bruder Kamerad das Liedchen von Theresienstadt.

V

So leben wir im Ghetto hausend, ein Schicksal hält uns alle fest.
Wir Juden hier 40 000 sind von Millionen noch der Rest.
Wir haben Kummer, haben Sorgen, und viele Schmerzen haben wir.
Wir leben hier von heut auf morgen, aber wir leben schließlich doch.
Man konnte hier uns alles rauben, hat uns gepeinigt, schikaniert,
doch eines behielten wir: den Glauben ... dass es noch einmal anders wird.
Oh merk Dir's Bruder Kamerad das Liedchen von Theresienstadt.

VI

Und wird es einmal anders werden, und kommen wir von hier heraus,
sind wir ein freies Volk auf Erden, dann singe ich mein Lied zu Haus.
Doch will's das Schicksal anders haben, erlebe ich die Freiheit nicht
und werde ich auch hier begraben, wird weiter leben mein Gedicht.
Und wenn die Jahre dann besinnen [sic], und denk an jene Zeit zurück
dann singe Bruder, Kamerad das Liedchen von Theresienstadt.

Wir fahren aus Theresienstadt

Otto Kalno, Wien

5000 Mann sitzen zusammen gedrängt im Zug.

Bauschowitz versinkt hinter ihnen. Der Traum, mit der Familie zusammenbleiben zu können, ist aus. Es geht, so fühlen es alle, in's Ungewisse. Hineingequetscht zwischen Rucksäcken, Koffern und allen möglichen Gepäckstücken beginnen sie die immer wiederkehrende Debatte: Wohin? Nach Dresden in ein Arbeitslager. Oder nach Mitteldeutschland. Keiner weiß etwas. Wie so oft hat man sie über die wahren Absichten der SS im Dunkeln gelassen. Zwischen Wachsein und Schlafen im eintönigen Waggonrhythmus klingt der Abschied vom Teuersten, das sie in Theresienstadt ließen, nach. Ja, die Mutter hat sich brav gehalten, hat tapfer mit den aufsteigenden Tränen gekämpft und fest fest daran geglaubt, dass alles gut geht. Die Männer wissen es: Das Teuerste, das sie bisher behütete, das für sie litt, es ist nun im Ungewissen. Alle, die im Zug, die in Theresienstadt – tappen im Dunkeln. Stationen geistern vorüber, gerade noch erkennbar im verdunkelten Licht. Dresden; das Ziel? Da sollten wir doch aussteigen? – Doch wie so oft ist wieder kein wahres Wort an allem gewesen. Weiter geht die Fahrt. SS-Posten auf jeder Plattform. Wer irgendein Papier aus dem Fenster wirft, wird erschossen. (Sie dürfen nicht die Wahrheit nach Theresienstadt schicken). Die Männer sitzen ernst im Zug. Rauchen. Wohin geht die Fahrt? Pessimisten melden sich schon: In ein Konzentrationslager. Aber nein: Man sagte uns doch, dass ... Ja, man sagte uns. Wann hat schon die SS den Juden gegenüber Wort gehalten?

... Weiter geht die Fahrt. Bautzen, Görlitz, Neisse ...

Einer denkt wieder an seine Frau. Was mag sie wohl jetzt machen? Bemerkt auf seinem Platz den Rest eines Margarinenpapiers und wirft es aus dem Fenster. Die Tür springt auf, im Rahmen das wilde Gesicht des Untersturmführers, Transportbegleiters. Schreit: „Wer hat das Papier aus dem Fenster geworfen?" Stille. „Na, wird's?" Furcht kriecht hoch. Der nimmt den Revolver, entsichert ihn. „In einer Minute weiß ich, wer das Papier rausgeworfen hat, sonst leg' ich den ganzen Waggon um!" Schaut auf seine Armbanduhr. Bleich steht einer auf, meldet sich: „Es war nur ein Margarinenpapier, ich hab' es hinausgeworfen." „Du weißt, dass das verboten ist." „Jawohl." Noch bleicher wird er. Der Untersturmführer legt an, zielt – die da sitzen, fassen es noch nicht – schießt, der andere sinkt blutüberströmt nieder, lebt noch. Der Grüne tritt auf ihn zu, schießt ihm in den Kopf, dann stößt er den leblosen Körper mit dem Fuß in einen Winkel, geht hinaus. Das Blut strömt. Bedeckt den Boden. Die Männer sind erstarrt. Es hat sie tiefinnerst erschüttert. War das möglich? Ein Margarinenpapier. Ein Mensch. Nicht hinsehen, wie das Blut fließt. Wo einer tot liegt, der noch vor Minuten ihr Kamerad, ihr Leidensgenosse war, mit allen Hoffnungen und Wünschen, die sie selbst hatten. Nun wissen sie es: Man zählt sie nicht mehr als Menschen. Jetzt sind sie ganz und gar in den Händen der SS.

Weiter geht die Fahrt unberührt von dem Geschehen in dem Waggon. Einer von vielen hat schon ausgelitten. Je weiter der Zug rollt, Myskowitz, Gleiwitz, desto sicherer das Ziel: Auschwitz. Ein Arbeitslager? Was wissen wir darüber? Alles und nichts. Und nun noch ein paar Stationen und der Zug hält, wird auf ein anderes Geleis geschoben und bleibt stehen. Die 5000 sehen hinaus: Stacheldraht mit den weißen Isolierknöpfen. Für die, die schon einmal in einem Lager waren, das bekannte Bild: das DEUTSCHE KONZENTRATIONS-LAGER. Schon springen weiß-blau gestreifte Sträflinge in die Waggons: Raus, raus. Alles Gepäck im Waggon liegen lassen. „Mitnehmen verboten." Eine schmerzliche Überraschung folgt der andern: „Aufstellen zu zehnt." Und da steht die Schlange der 5000 andern schon willenlos. Eine Herde. Schaut und schaut. Sie wissen nicht was mit ihnen geschieht. Das letzte, was sie an Kleidung und Lebensmitteln besaßen, bleibt zurück. Zur Verfügung der SS. Gutgenährte Sträflinge räumen schon die Waggons aus. Kreaturen der SS. Versorgen die mit Zigaretten, Armbanduhren, Gold. Die 5000 schließen auf. Sie sind in einem Wachturm. Ist das alles wahr? Ist das möglich? Um sie herum der Stacheldraht elektrisch geladen: Verbrecher. Ja, zu Verbrechern wurden sie gestempelt, weil sie Juden sind. Nun wissen sie es, was sie befürchten. Vorbei der Traum von all dem Schönen das sie noch besaßen. Nur jetzt nicht denken an die Mutter, nur weg, weit weg, weg mit den Gedanken. Sie fühlen wie es ihnen die Kehle zuschnürt, vor Augen das Gesicht ihrer Lieben, die sie in Theresienstadt ließen. Sie denken nur: Gott schütze sie vor diesem Elend.

Dann stehen sie vor dem SS-Mann: „Alter 26." Gesund? Ja. Kurzer forschender Blick, eine Handbewegung nach rechts. „Alter 52". Gesund? Kriegsverletzung am Arm. Der Daumen des SS-Mannes deutet nach links. Und so weiter. Der Sohn wird von dem Vater gerissen. Bruder von Bruder. Kann mein Vater mit mir gehen? Nein. Sadistisch blickt der SS-Mann und pflügt sich durch die Massen. Dann Abmarsch in die Blocks. Verstummt sind 3000. Wo sind die andern? Keiner fragt laut. Eine ungeheure Spannung herrscht. Der Sohn – ich hab ihm noch etwas Dringendes zu sagen vergessen, ich muss doch zu ihm kommen!!! Bald, bald ... Plötzlich Kommandos. „In die Sauna!" Die Schlange bewegt sich zur Sauna. „Ausziehen!" Nackt. „Nichts darf mitgenommen werden!"

Willenlos werfen sie alles hin. Dokumente, das Bild des Vaters, der Mutter, alles auf den Boden. In den Schmutz. Jetzt gehen sie in den Baderaum. Dutzende Brausen. Handtuch und Seife werden verteilt. Sie trippeln herum, warten auf Wasser. Ein Sträflingsgesicht schaut durchs gummiabgedichtete Fenster. „Fertig?" Jawohl. Die Türen schließen sich. Eng wird's im Raum. Die da drinnen schauen auf die Brausen. Noch kein Wasser? Die Luft wird schlecht, sie drückt so. Luft! Luft! Die Augen quellen hervor. Menschen wollen schrein. Können nicht schreien. Die Brust zerspringt ... Gas! ... Gas! Ich muss dem noch etwas Wichtiges sagen, ich seh ihn schon. Ja ich sehe dich. Du bist es, aber so undeutlich, meine Augen, ja, was ist denn mit den Augen? Die Mutter, ich wollte sie noch streicheln, und sie geht weg von mir, immer weiter weg, ich ... ich wollt ... ich sehe dich nicht mehr ...

So starben 3000! Wir, der kümmerliche Rest von sechs Millionen Juden, denken an sie und an die andern, die vor und nach ihnen starben. Das Grauen hat uns gezeichnet. Wir wissen um Leben und Tod. Wir sprechen nur noch selten darüber. Und das Wort Familie ist uns nur ein Schein aus weiter, ferner Zeit geworden.

Wir lächeln wieder, weil wir leben. Wir sehn den Frühling und die Sonne, doch einsam bleiben wir. Wir sehen die Menschen an, die staunen über uns und machen mit uns Reklame, sie verstehen uns nicht ...

Einsam bleiben wir.

Das Feuer von Auschwitz

(Autor unbekannt)

Die Vollstrecker des Willens eines Wahnsinnigen.

Millionen von Juden in den Kamin zu schicken ... doch bist Du müde. Willst schlafen und nie mehr erwachen. Ein Signal reißt Dich auf. Geblendet, schwach vor Hunger gehst Du wieder arbeiten. Für wen? Für den, der Deine Mutter, Frau und Kind verbrennen ließ. Du weißt es, fühlst es immer in Dir, doch was nützt es alles. Es beschwert Dich nur in diesem Kampf um Leben und Tod. Es ist schon zuviel. Willst Du in letzter, stumpfer Verzweiflung in den Elektrischen Draht[178] rennen? Vielleicht Morgen übermorgen. Und weiter arbeitest Du, Hunger und Schlaf plagen Dich. Noch nicht 3 Uhr? Immer noch ein Waggon bis zum letzten pressen sie Dich aus, die verlogenen Hunde und faseln von Kultur. Treten, peitschen, töten, verbrennen, vergasen, erschlagen Tausende ... und sprechen von Kultur ... Aber Du bist müde, denkst noch selten daran. Apathisch bist Du. Sollen sie. Denkst nur noch an das kommende Essen und den Schlaf. Aber wann? Nie weißt Du ob Du Dich nicht noch vorher stundenlang im Dreck wälzen musst oder laufen, dass Dir das Herz zerspringt. Ist das Bett in Ordnung gebracht, wird man uns heute noch untersuchen, bevor wir uns todmüde auf den Strohsack hauen dürfen? Wie lang wird's dauern? Wilde Sehnsucht nach Brot und Schlaf ... Und endlich Gong. Den Schmutz von den Händen notdürftig weg gewischt – „Antreten!" Gehst Du zu langsam, saust die Peitsche. Menschen rennen. Nein nur Juden. Stoßen, Schreie, dann Stille. Wieder Kommandos. Immer dasselbe. Ewig dauerts. Der Kopf sinkt. Im Halbschlaf auf der Brust. Der Peitschenhieb lässt Dich auffahren. „Im Gleichschritt marsch." Morgen. Stolperst vor Übermüdung. Doch weiter, der Kolbenhieb sitzt. „Aufstehen, verfluchte Bande!" Der selbe Weg, der selbe Himmel. Schwarz wie unsere Hoffnung. Auf geht das Tor. Es birgt wieder die grauen, stumpfen Todgeweihten.

APPELL:
Zahl stimmt. Dann endlich schlafen oder nicht? ... Hat der Sadist noch etwas mit Dir vor? Lässt Dich noch um den Appellplatz hüpfen, dass Dir die Sinne vergehen, oder steckt er Dich bald ins Bad unter den eisigen Wasserstrahl? Was kommt ist egal. Überlebst Du es, ist gut, wenn nicht ... auch gut ENDE! – Nur schon ein Ende mit allem! „Blöcke abrücken!" Die Erlösung für heute. Du denkst nicht mehr, haust Dich auf den Strohsack, Decke über den Kopf und schlafen ... nichts mehr wissen vom grausigen Morgen und der Zukunft.

Du schläfst.

Die großen Peiniger lassen Dich in Ruh bis? bis ...

---

[178] Die unter Stromspannung stehende Stacheldraht-Umzäunung der Lager.

Arbeitsantritt im K.Z. Gleiwitz I

(Autor unbekannt)

Gong.

Die Blocks entleeren sich ihres Inhalts. Juden treten an. Ein Elendshaufen hohlwangiger Gestalten. Stellen sich in die Reihe. Das Kommando ertönt. Heute, morgen, übermorgen. Wir lange wirst Du das noch hören? Automatische Bewegungen; müde und hoffnungslos der Blick. Furcht vor der kommenden Nacht: Kälte, Hunger, Schlaf. Die drei Peiniger immer vor rot geränderten Augen. „Arbeitskommando formieren!!!" Wankende Gestalten reihen sich zum Abmarsch in die Kolonnen ein. Werden gezählt, gezählt. O Ende! Befrei mich von dieser Qual! Erlöse mich. Noch immer kein Abmarsch. Warten. Worauf? Auf Schläge, auf Tod. Noch stehen sie auf dem Appellplatz. Die Kolonne steht noch immer. Wartet. Endlich. „Das Ganze stillgestanden! Im Gleichschritt marsch." Die Grauen marschieren. Musik lärmt auf. „Kopf hoch! Vordermann Seitenrichtung!" Durchs Tor vorbei an den Peinigern. „Mützen auf! Mützen ab!" Die ewigen Worte. Das Einmaleins des Häftlings. Und wieder geht es über den Feldweg zur Straße, die zur Fabrik führt. „Angehen!" Müde, unendlich müde. Weiter. Anschließen an die vor Dir. Nicht nachgeben, sonst saust Dir der Gewehrkolben in den Rücken. Stolperst Du, bleibst Du liegen, gehen [sie] über Dich hinweg. Hast du Glück, heben sie Dich auf.

Das Fabriktor öffnet sich. Hinein drängt sich die graue Masse, angetrieben und gepeitscht, bis zur letzten Anspannung der Kräfte. Aufstellung, Abzählen, – ewig gleichbleibende Phrasen des Obercapos. Disziplin, Reinlichkeit, Arbeit. O Ekel: Und kein Ende. Stumpf das Hirn, leer der Magen. Wann hast Du Dich das letzte Mal sattgegessen? Wann, ich weiß nicht mehr. Dann Gedränge, Gestoße, Treten, Schlagen – und Du stehst vor dem Waggon. Und beginnst die schwere Arbeit wieder. Fürchtest, dass Du dabei langsam zugrunde gehst. Der Hammer wird von Tag zu Tag schwerer, die Hand zittert, der Meister schlägt, versteht Deine Schwäche nicht, will es nicht verstehn. Und Du arbeitest bis zum letzten. Nur manchmal denkst Du: „Wofür?" Du weißt, wenn Du verbraucht bist, ausgesogen bis zum letzten Bluttropfen, wirst Du ausgestrichen aus der Liste der Lebenden. Sie schicken Dich in den Kamin. Angst? Nein. Sollen sie einen weniger ... Nacht ist. Es friert Dich. Die Fetzen schützen Dich nicht. Eisen ist kalt. Überall Kälte. Waggons. Menschen. Alles kalt. Egoismus bis zum letzten Exzess. Fällt einer um, denkst Du an seine letzte Essration. Nimmst sie. Der Mensch rührt sich nicht mehr. Du frisst nur ein wenig Kraft mehr. Erbarmen. Nein. Heute er, morgen Du, es heult Dir keiner nach. Schlaf hält Dich an, weiter arbeiten. Überall belauern Dich Spitzel, in und ohne Uniform. Zeigen Dich an beim Obercapo: Du weißt schon: Schläge, Schläge ...

Endlich: Gong. 0.30 Uhr. Wieder abzählen. Dann für eine Viertelstunde an den wärmsten Platz. Hingekauert an die Dampfröhren und schlafen. Deine Nachtration ist längst verzehrt, obwohl Du Dir gerade diesmal vornahmst bis jetzt zu sparen. Schlaf. Eine Vision dämmert auf. Mutter, Vater, Kinder, Essen, Ruhe,

Leben. Alles das war. Nun ist es ausgelöscht. Und Du siehst wieder das Fanal das Dich verfolgt wo Du gehst, und wo Du stehst. Ewig unauslöschlich. Es weicht nicht.

Glimmer-Marsch Theresienstadt

(Paul Abedes)

*1. Draußen in den Südbaracken macht man nebst Soldatenjacken
Kleider, Wäsche, Ledertaschen, richtet Schuhe und Gamaschen.
In der größten Zahl der Buden beschäftigt man 3000 Juden in der Glimmerspalterei,
schöne Frauen und Mädchen sind dabei.*

*Refrain:
Das sind vom Glimmer die Mädchen und Fraun,
die Glimmer spalten und Blöcke zerhaun
Messer und Brettchen und Material
sind aller Glimmerfraun höchstes Ideal.
Nur wer für Ausbeute und Leistung Interesse hat
ist ein echter Insasse von Theresienstadt.
Drum lasst erschallen den Glimmerfraun
und Mädchen ein dreifaches
Hurrah, hurrah, hurrah!*

*2. Jeden Tag am frühen Morgen beginnen schon die Glimmersorgen,
wie und wann sich wecken lassen, Schichtanfang nicht zu verpassen.
Nur beim Ofen nicht verkühlen, Prototypen oft anfühlen,
wer von Euch leiht mit den Schleifstein, hört man die Glimmermädchen
schrein.*

*Refrain:
Das sind vom Glimmer ...*

*3. Wäre ein Nährbetrieb der Glimmer, hätten wir zu essen immer,
denken oft die Glimmerfrauen, Glimmer lässt sich nicht verdauen.
Auch zum Heizen nicht zu brauchen, nicht einmal zum Pfeife rauchen.
Nur zur Arbeit Schicht um Schicht, bis er spaltet oder bricht.*

*Refrain:
Das sind vom Glimmer ...*

Ruhe, meine Damen! *(Glimmer-Stücke)*
(Autor unbekannt)[179]

Wir bringen Ihnen jetzt ein Potpourri, zusammengestellt aus alten Melodien und vermischt mit modernen Glimmerstücken, genannt:

Ruhe, meine Damen!

Es ist punkt 1/4 3 Uhr
Wir stehen im Schnee und warten auf Schichtanfang,
die Putzkolonne staubt aber noch immer im Mittelgang.
Wir stehen im Schnee und fragen: „Was hast Du gemacht?"
„Gestern wenig, ich glaube es war noch nicht einmal acht!"
Aber gehe, was bildest Du Dir nun wieder mal ein,
Du hattest bestimmt mehr als ich in den Kasten hinein.

„Material bitte!" „Was, schon wieder?" „Das ist doch der Mustertisch!"

Ich bin von Kopf bis Fuss auf Glimmer eingestellt
und das ist meine Welt und sonst gar nichts.
Das ist was soll ich machen, meine Natur,
ich will halt glimmern und sonst gar nichts.
Frauen, die schauen und sie verstehen es nicht,
doch wir gehen ruhig weiter mit beiden Augen dicht. Ich bin ...

„Paní Jokšová ich kann das schlechte Material wirklich nicht spalten!" „Ja es gibt auch eine schlechte Gruppe!"

Und wir glimmern immer weiter, immer, immer langsam,
Vorsicht auf den Glimmerleiter, immer, immer langsam.
Wir verwenden Verdunklungspapier immer als Closettpapier,
Und wir glimmern immer langsam, langsam
und wir gehen ganz vorsicht an die Straf' entlang.

„Ja, denn auch Strafe kann es geben." „Margot, nicht reissen, nicht reissen!"

---

[179] Quelle ist ein Typoskript, das sich in Marianne Elikans Sammlung erhalten hat. Möglicherweise handelte es sich um eine Textvorlage für einen Liederabend oder eine Kabarett-Aufführung in Theresienstadt; man erkennt bekannte zeitgenössische Lieder, die die Text- bzw. Melodievorlage geliefert haben, z.B.: „Ich bin von Kopf bis Fuß auf Liebe eingestellt", „Kann denn Liebe Sünde sein", „Regentropfen, die an mein Fenster klopfen". – Vgl. auch die Vorbemerkung zur Überlieferung und Textwiedergabe.

Kann es eine Sünde sein, wenn mans Material in den Abfall hinein
Kann es eine Sünde sein, ach wo.
Kann es eine Sünde sein, wenn man's Material in die Zehner
zerreisst und es in den Abfall schmeisst, ach wo.

Doch einmal werde ich es bereuen
was ich tat und was aus Faulheit geschah
der Ing. wird's nicht verzeihen, denn wir sind nun mal zum glimmern da.
Kann es eine Sünde sein und wenn es so wär', wärs mir doch egal,
lieber möcht ich reissen mal, als ohne Sünde sein.

„Wenn jetzt mein Messer nicht geschliffen wird, werfe ich alles am Boden!"

Glimmertropfen, die auf den Boden klopfen
Bodenabfall, schaut aus wie'n Schweinestall
Meine Damen, wenn Sie ein Tuch sich nehmen
auf Ihren Schoss wär der Verlust nicht so gross
Meine Damen denken Sie sich das mal ein,
diese Sachen können sehr gefährlich sein! Glimmertropfen ...

„Ich bitte die Partieführerinnen!" „Aber ich brauche Material!"

Wir brauchen keine Millionen, wir brauchen nur Mat'rial
aber schaue das mal an, das ist doch wirklich ein Skandal!
Paní hm hmová, was bringen Sie mir da,
aber jetzt hör ich auf – ach nein, ich versuche es noch einmal.

„Ich bin schon so müde!" „Na dann stell dich zum Ofen!"

Es ist so schön nun an dem Ofen zu stehen
Und immer wieder nur das Brot umzudrehen.
Da kommt auch schon die Frau „Wemene"
Sie schaut aus wie 'ne Heroine. Es ist so schön ...

„Ich kann nicht mehr sitzen, nicht mehr stehen, ist es noch immer nicht Zeit ..."

Warte, warte noch ein Weilchen, einmal wird der Gong erklingen,
und zart wie ein kleines Veilchen, wird der Ing. dann singen:
„Ruhe, Ruhe, meine Damen, Moment noch auf den Plätzen bleiben,
sonst notiere ich Euere Namen und werd' alle ruhig anzeigen!"
Doch wir pressen durch die Türe und treten in den Schnee hinaus,
schmarotzend an einer Laterne gehen wir ganz vergnügt nach Haus.

Die Thermosflasche in Theresienstadt
(Autor unbekannt)

1. *Kennen Sie denn die Geschichte*
   von der Thermosflasche schon
   die ich wahrlich nicht erdichte
   von Frau Sara Lewinsohn.[180]
   Diese Frau kam aus der Ostmark her
   mit dem Transport aus Wien
   und sie kam an schwer beladen
   gleich zu uns nach Theresien.
   Links den Korb, rechts die [T]asch
   in der Mitt die Thermosflasch.
   Oben blau unten rot so wie in Wien grad war die Mod
   In der Mitt war, ich bitt, kakergelber Bakelit[181]
   Wunderschön wie Sie sehn war die Flasche anzusehn.

2. *Und sie trägt sich ihr[e] Koffer*
   Selbst herein von Bauschowitz[182]
   und sie schwitzt dabei entsetzlich
   denn es herrschte große Hitz.
   Darauf meldet sich ein Jüngling
   ein tip-toper Kavalier
   Sie sind sicher schon zu müde
   ich werd tragen etwas Ihnen.
   Darauf reicht sie ihre Tasche mitsamt
   der schönen Thermosflasch
   doch der Schreck ihr Gepäck
   ist mitsamt dem Jüngling weg.
   Sie sucht hier, sie sucht dort
   doch der Jüngling der ist fort
   Sie sucht dort, sie sucht hier,
   es verschwand der Kavalier
   Fort der Korb, fort die Tasch, fort die schöne Thermosflasch.

3. *Doch die Kripo fängt den Jüngling*
   nahm die Beute gleich ihm ab
   und Frau Lewinsohn die Sachen

---

[180] Mit diesem Namen ist wohl keine reale Person gemeint, sondern es handelt sich um eine Namensprägung, die als 'typisch jüdisch' erkennbar sein sollte.

[181] Kunststoff-Material, benannt nach seinem Erfinder Leo Hendrik Bakelit (1863-1944), einem flämischen USA-Einwanderer, der 1907 seine auf Ätznatron basierende Kunststoffverbindung hatte patentieren lassen. Als das Gedicht geschrieben wurde, gab es bereits eine weltweite Serienproduktion ungezählter Bakelit-Gebrauchs- und Konsumartikel. Vgl. www.bakelitmuseum.de/d/bakges-d.htm.

[182] Ankunftsbahnhof, vgl. Glossar: „Bahnhof", „Bauschowitz".

man sofort zurück dann gab.
Und sie stürzt sich wie eine Löwin
sich sofort auf ihre Tasch
Hauptsach war zu finden
ihre schöne Thermosflasch
Sie war glücklich als sie sah
dass die Thermosflasch noch da
unten rot, oben blau, G"tt wie glücklich war die Frau
Oben blau, unten rot, sie freut sich darüb halb tot.
Ist auch leer meine Tasch, die Hauptsach ist mein Thermosflasch

4. *Und sie kam in die Schleuse*[183]
wo man sie gleich visitiert
und als erstes hat man dort
ihre Flasche konfisziert.
Doch sie traut sich nichts zu sagen
das war höhere Gewalt
und so saß sie leise weinend
und hat vor sich her gelallt.
Woher nehm ich wieder rasch
so ne schöne Thermosflasch
oben blau, unten rot,
diese Flasche ist mein Tod
unten rot, oben blau
bin vor Sorgen schon ganz grau
In der Mitt' Bakelit und der Korb ist leer ich bitt
In der Tasch ka Menage und fort ist die Thermosflasch.

5. *Als sie kriegte ihre Punkte*[184]
lief sie gleich in's Eisen-Geschäft
im Geschäft glaubt sie ganz plötzlich
dass ein böser Traum sie äfft.
Denn es stand still und bescheiden
mitten drin in der Stellage
ihre zweimal schon geschleuste
wunderschöne Thermosflasch
Und sie rief sofort: „Mein Herr,
diese Flasche bitte sehr
oben blau, unten rot, bleibt mir treu bis in den Tod
schneiden's her bitte sehr[185]. *40 Punkte und nicht mehr*
nicht nen Punkt ich vernasch, krieg ich meine Thermosflasch'"

---

[183] Eingangsbereich des Ghettos mit der im folgenden paraphrasierten Aktion des „Schleusens", vgl. das Folgende sowie die ausführliche Begriffserläuterung im Glossar.

[184] Bewertungspunkte für geleistete Zwangsarbeit (vgl. Glossar: „Arbeit").

[185] Die karteiformartige Bewertungskarte hatte abreiß- bzw. -schneidbare Abschnitte. Vgl. die Abb. einer Arbeitskarte Marianne Elikans im Teil „Farbtafeln".

6. *Und sie nahm sie mit nach Hause*
legt sie in des Bettes Mitt
leider war in der Kaserne
gerad an diesem Tag Visit.
Der Gendarm mit den drei Frauen
die verließen bald den Ort
leider war mit diesen auch
die Thermosflasche fort.
Sie lief nach B.V[186] herein
holt für's Geschäft nen neuen Schein
Sie kommt rein mit dem Schein
fängt im Geschäft gleich an zu schrein.
Ihr Bagage – meine Flasche –
steht frisch drin in der Stellage.
Doch ein Mann tritt heran
sagt zu ihr: „Hören Sie mich an:
Diese Flasche kauf ich hier auf die 40 Punkte mir"
Sie schreit „nein 's kann nicht sein, denn die Flasche die ist mein.
Denn ich bracht sie aus Wien her mit direkt nach Theresien."

7. *Und da schreit sie und er*
ziehn die Flasche hin und her
links der Mann rechts die Frau
diese Flasche gelb, rot, blau.
Sie ziehn her, sie ziehn hin
diese Thermosflasch aus Wien.
Er reißt hin, sie reißt her
einmal sie und einmal er
s'kommt O.W. und O.D.[187]
Feuerwehr ist in der Näh.
Plötzlich hört man einen Schrei
alle Leute laufen herbei.
Denn die Flasch – ist unerhört –
liegt zerbrochen auf der Erd'
oben rot, unten blau
ist die Flasche von der Frau.
Unten blau, oben rot, und jetzt liegt sie hier im Kot.
Das was blieb ist, ich bitt', kakagelber Bakelit.
Hat den Dreck und den Schreck und die Thermosflasche ist weg.

---

[186] Abgekürzte Ortsbezeichnung, der Autorin heute nicht mehr erinnerlich (Interview 13.6.2008).
[187] Oberwachhaber und Oberwachdienst.

Zehn Kleine Kalorien. Tragödie

(Rudolf Winkler)

Zehn kleine Kalorien –
Die sollten uns erfreu'n!
Doch eine ward nicht aufgerufen,
Da waren's nur noch neun.

Neun kleine Kalorien –
Wer hätte das gedacht!
Doch eine ward nicht abgeliefert,
So waren's nur noch acht.

Acht kleine Kalorien –
So hat man jetzt geschrieben!
Da ist das Schiff nicht angekommen,
Nun waren's nur noch sieben.

Sieben kleine Kalorien –
Die waren unterwegs!
Doch eine ward dabei gestohlen
Da waren's nur noch sechs.

Sechs kleine Kalorien –
die waren gut wie Trümpf!
Nur eine ward als Schwund gerechnet,
Da waren's nur noch fünf.

Fünf kleine Kalorien –
Was will man schon damit? –
Sie sind auf den schwarzen Markt verschoben,
Nun sind wir's [sic] wieder quitt!

Floh-Idyll in Theresienstadt.
Parodie auf das Lied „Kommt ein Vogel geflogen"
(Autor unbekannt)

1. Kommt ein Flöhlein geflogen
   setzt sich nieder auf mein Bauch.
   Und es ist nicht mal geflogen
   auf dem Podex sitzt es auch.

2. Liebes Flöhlein fliege weiter
   fliege hin zur Nachbarin.
   Denn sie ist recht froh und heiter
   setz dich auch mal zu ihr hin.

3. Auch ein Künstler ist das Flöhlein
   denn es bemalt recht bunt und nett.
   Unser Nachthemd mit viel Blümlein
   und unser ganzes Bett.

4. Und einer fürchtet sich vorm anderen
   wenn er auf die Terrasse geht.
   Wenn wir mit dem Bettzeug wandern
   das von Flohbesuch übersät.

5. Und ich kann's Euch nicht verhehlen
   ziehn wir einmal von hier fort.
   Dass uns die lieben Flöhlein fehlen
   wenn wir sind am andern Ort.

6. Drum mögen sie uns auch quälen
   denn die Prüfungszeit ist bald vorbei.
   Und wir können dann schön erzählen
   von Theresienstadt so mancherlei.

Mit Dir in einem Kumball (Mansarde)
Ghetto Theresienstadt
(Autor unbekannt)[188]

Er: Mein Schatz wenn ich Dich sehe
      tut es mir furchtbar leid
      Tags bist Du in der Nähe
      doch nachts bist Du so weit.

Sie: Mein Lieber ich vermisste
      Dich auch schon öfters sehr.

Er: Mein süßes Kind ich wüsste
      wie das zu ändern wär
      man hat es mir versprochen
      durch hohe Protektion
      bekomme in zwei Wochen
      ich einen Kumball schon.

Beide: Mit Dir in einem Kumball
      wie wäre das bequem
      Mit Dir in einem Kumball
      das wäre angenehm
      Mit Dir in einem Kumball
      das ist mein schönster Traum
      Mit Dir in einem Kumball
      zwei Herzen und ein Raum

Sie: Gleich in der Früh mein Lieber
      bist Du so lieb und nett
      holst den Kaffee herüber
      und bringst ihn mir ans Bett

Er: Ich tue es für ein Küsschen
      wenn ich Dich bei mir weiß.

Sie: Dann wärmst Du ihn ein bisschen
      ich trink nur gerne heiß
      und wenn Du holst die Kohlen
      und die Matratzen klopfst
      dann darfst Du Dich erholen

---

[188] Möglicherweise handelte es sich bei diesem Dialog um ein Stück zur Aufführung für einen Liederabend oder ein Kabarett in Theresienstadt; vgl. „Vorbemerkung zur Überlieferung und Textwiedergabe".

indem Du Strümpfe stopfst.
Mit Dir in einem Kumball
wie wäre das bequem
Mit Dir in einem Kumball
das wäre angenehm.

Beide: Mit Dir in einem Kumball
  das ist mein schönster Traum
  Mit Dir in einem Kumball
  zwei Herzen und ein Raum.

Sie: Und zweimal in der Woche
  da machst Du gründlich rein.

Er: Hast Du Dich nicht versprochen
  muss es denn zweimal sein?

Sie: Du wäschst die Bettgestelle
  mit Seife und Lysol
  den Boden und die Schwelle
  denn Reinlichkeit tut wohl.
  Du fegst die Zimmerdecken
  und reinigst das Regal
  dort könnt sich Schmutz verstecken ...

Er: Jetzt höre auf einmal
  mit Dir in einem Kumball
  geht über meine Kraft
  Du brauchst für Deinen Kumball
  ja eine Hundertschaft.

Sie: Mein Liebling wozu streiten
  mach nicht so ein Gesicht
  wir haben ja bei weitem
  noch unsern Kumball nicht.

Er: Mit Dir in einem Kumball
  das wär ein schöner Traum
  doch hat für unsern Kumball
  die Wirtschaft keinen Raum.

Typhusspital, 30.3.1943[189]
(Marianne Elikan)

1. Frau Dr. Wärmer[190] *die Schwester der Station*
hat nen ungeheueren Ton.
Schau Dir einmal an Dein Bett
heute sieht es aus? Nicht nett.
Jetzt musst Du Dir Ordnung machen
auf Deinem Bett und in den Sachen
Was ist denn das für Lärm o – o –
Warum gehst Du nicht auf's Zimmer-Klo.
Und Du geh raus Dein Geschirr abwaschen.

2. Jetzt ist es auf der Uhr schon 4.
und ich stell mich vor die Tür
um die Pakete Bücher zu empfangen
für die bitter bösen Rangen.

3. Herr Dr. Wolf sehr nett und gut[191]
ist gut gelaunt bei frohem Mut

---

[189] Aufgeschrieben also im Anschluss an die im Tagebuch mehrfach erwähnte Typhuserkrankung der Autorin, vgl. auch o. mit Anm. II,26 sowie Glossar. Das Gedicht wurde nach dem Krieg von der Urschrift auf mehrere linierte Blätter abgeschrieben.

[190] Identität dieser und aller weiteren im Gedicht genannten Personen nicht geklärt.

[191] Es mag durchaus sein, dass die Autorin bei der folgenden Schilderung unterschwellig bereits die besonderen Ängste verarbeitet hatte, denen die Kinder bei diesen ärztlichen Untersuchungen in den Ghettos und den KZs ausgesetzt waren, da diese Untersuchungen im Extremfall über Leben und Tod entscheiden konnten, im günstigsten „Normalfall" eine temporäre Befreiung von der Zwangsarbeit auf der Grundlage einer Krankenaufenthalts-Verordnung zur Folge hatten. – Ende Mai 1943 begann Josef Mengele, der als „Dr. Auschwitz" oder „Todesarzt von Auschwitz" berüchtigte Lagerarzt, mit einem groß angelegten Forschungsprojekt, bei dem er im Auftrag seines Doktorvaters Ottmar von Verschuer, dem bekannten Vererbungsforscher (Kaiser-Wilhelm-Institut Berlin), Serienuntersuchungen an hunderten Zwillingskindern durchführte. Zu diesem Zwecke verschickte Mengele nicht nur Blutproben, sondern sogar ganze Organteile an das Berliner Institut, die er den Kindern – lebend oder kurz nach ihrer Tötung durch Verabreichung von Chloroform-Injektionen ins Herz – entnommen hatte. Zur Optimierung dieses Forschungsprojektes sollte die Untersuchungsergebnisse „am lebenden Objekt" möglichst schnell mit den pathologischen Sektionsbefunden abgeglichen werden. Bei der Realisierung dieses „kriegswichtigen" Projektes, das mit Fördermitteln des „SS-Ahnenerbes" ausgestattet war, war die Liquidierung der Kinderhäftlinge vorneherein einkalkuliert. Aus Sicht der „gewissenlos gewissenhaften" NS-Mediziner bot sich in den Krankenlagern der Konzentrationslager eine gegenüber den Friedenszeiten unverhältnismäßig vorteilhaftere Forschungssituation dar, nämlich ein sowohl quantitativ hinsichtlich der Probandenzahlen wie qualitativ wegen ihrer multiethnischen und -geografischen Herkunft geradezu ideales „Menschenlabor", in dem sie sich in kürzester Zeit bahnbrechende Erfolge erhofften. Dass nicht wenige dieser Rassenforscher nach dem Kriege ihre Karrieren fortsetzen konn-

er macht mit uns Kinder[n] viele Witze
und wenn man schlimm ist
droht er immer gleich „Die Spritze".
Er kommt des Morgens schnell herein
Guten Morgen. Wie geht's Euch Kinderlein?
Er kommt und nimmt uns ab das Blut [192]
und wenn wer weint sagt er „hab großen Mut"
Und wenn man dann zum Fenster geht
Unser Dr. gleich dahinter steht.

Die Tür geht auf es tritt herein
Unser liebes Schwester Gretelein
Wir schreien alle laut Hurra
Unsere Schwester Grete ist schon da.
Sie ist zu uns sehr lieb und nett
und setzt sich gern zu uns auf's Bett.
Kaum sitzt sie dort kaum steht sie hier
ruft sie der Dr. „Schwester Grete kommen Sie zu mir."

4. *Auch Schwester Singer die ist da*
   und bringt uns wenig Honig dar.
   Sie setzt sich oft zu den Kleinen
   und tröstet sie beim Weinen.
   Sie ist sehr streng und schimpft aus [lies: auch] sehr
   von Tag zu Tag wirds immer mehr.

5. *Es kommt herein am frühen Morgen*
   den Kopf gebückt mit schweren Sorgen
   Es scheint zu sein ein starker Esser
   Er kommt nur dann wenn er braucht den Urinmesser
   Dr. Bennisch ist sein Name
   Und wenn er von uns draußen ist
   Sagen alle – Amen –

6. *Herr Dr. Schimkowitz kommt oft herein*
   doch will er nicht alleine sein.
   Schwester Edith kommt ihm nach
   dann beginnt ein großer Krach.

---

ten, ist ein bis heute vieldiskutiertes Thema der NS-Forschung. Vgl. Ley, Astrid/Wirth, Kerstin: Die Zwillingsforschung von Auschwitz. In: Ruisinger, Marion/Ley, Astrid: Gewissenlos – gewissenhaft: Menschenversuche im Konzentrationslager. Erlangen 2001, S. 100-111; siehe auch Müller-Hill, Benno: Das Blut von Auschwitz und das Schweigen der Gelehrten. In: Kaufmann, Doris (Hrsg.). Geschichte der Kaiser-Wilhelm-Gesellschaft im Nationalsozialismus. Bestandsaufnahme und Perspektiven der Forschung. Bd. 1. Göttingen 2000, S. 189-230. Vgl. auch Glossar: „Krankheit und tödliche Medizin".

[192]   Zur besondern Bewandtnis der Häftlings-Blutproben in den Konzentrationslagern vgl. die vorige Anm.

Sie unterhalten sich sehr laut.
der Herr Dr. hält im Arm seine Braut.
Sie geben die Unterhaltung auf.
und begeben sich in den ersten Stock hinauf.

7. Herr Dr. Lohr nicht zu vergessen.
   Er kommt meist nach dem Mittagessen.
   Um die Ruhe herbei zu schaffen.
   Denn Herr Dr. Salus der will schlafen.
   Dann entfernt er sich und sagt
   dass Ihr mir ja kein[en] Krach mehr macht.

8. Die Oberschwester kommt des mittags in die Zimmer
   Und fragt „Wie schmeckt Euch dann das Essen immer?"
   Es ist nicht gut es ist nicht schlecht
   doch nur das Maß das ist nicht recht
   Wir könnten noch etwas vertragen.
   Noch nicht ganz satt ist unser Magen.
   Dann geht sie weg und sagt Lebt wohl.
   Heute Abend gibt es Wurst und Kohl.

9. Auch hier ist ein gewisser Herr Pick
   in Witzen hat er viel Geschick
   Er kam nicht oft zu und [lies: uns] gehn
   Doch ist er immer gern gesehn.
   Und wenn er kommt wollen wir die Stimme nicht schonen
   und rufen laut Herr Pick wann gibt's Zitronen?
   Herr Pick wann kommen Sie uns wiegen
   Ich glaube mein Gewicht ist etwas gestiegen.

10. Dr. Zuckerhandel der Chefarzt vom Spital
    ist im Haus beliebt überall
    Des abends wenn Herr Dr. nach Hause geht
    Er durch alle Zimmer späht.
    Ist was neues da und hier
    und mein Kind wie geht es Dir.
    Und er geht sagt gute Nacht
    Kinder bald wird Ruh gemacht.

11. Um 11 Uhr kommt herein ganz gross
    Sein Name ist Herr Dr. Salus
    Er geht mit Dr. Wolf ganz nett
    Von einem Bett zum andern Bett
    Dann geben sie sich die Hände
    Und für heut hat die Visite ein Ende.
    Auf Wiedersehn.

Ein Kakaozug von Zimmer 4
5.-6. Februar 1945[193]

(Marianne Elikan)

Giesela[194]: Nathan der Weise spricht:
nasse Betten schaden nicht
Doch wenn man nicht schlafen kann
zieht man sich Tuch und Mantel an
und man wird ein Zwock[195] im Nu –
schmeißt die Türe wütend zu.
Und sie geht in's 8 Zimmer
um den Mädels vorzuwimmern
schaut Euch mal meine Bette an
so nass dass man drin schwimmen kann
Ich werde jetzt zur Frau Meyer[196] gehn
Und Morgen werden wir weiter sehen.

Dora[197]: Wenn die Uhre schon 5 schlägt
Die Dora aus dem Bette fegt.
Kaum gewaschen kaum frisiert
mit bösem Blick auf die andern stiert.
Kaum ist es dann ½ 6
stürzt aus der Tür die rote Hex.
Bis wir in die Glimmer[198] kommen
Hat die Hexe schon zu glimmern begonnen.

Ruth Spier[199] gerne Märchen liest
was die andern sehr verdrießt.
Sie liest gern von Hänsel und Gretel
und hat oft Ideen ganz verdrehte.

---

[193] Das Gedicht ist in einem Schreibheft, geschrieben mit blauer Tinte, überliefert; einzelne Formulierungen sind mit blauem Kugelschreiber überschrieben. Da sowohl der Stift als auch das Schreibmaterial von schlechter Qualität waren und Marianne Elikan wohl auch das Schreiben mit Tintenstift/Füller nicht gewohnt war, ist die Tinte mehrfach bei einzelnen Buchstaben und sogar bei ganzen Zeilen verlaufen (vgl. die Abb. der letzten Manuskriptseite im Teil „Farbtafeln").

[194] Sic; der Autorin nicht mehr erinnerbare Person (Interview vom 13.6.2008); Identität nicht klärbar.

[195] Tschechisch: Idiot (Interview mit der Autorin, 13.6.2008).

[196] Der Autorin nicht mehr erinnerbare Person (Interview vom 18.2.2008); Identität nicht geklärt.

[197] Der Autorin nicht mehr erinnerbare Person (Interview vom 13.6.2008); Identität nicht klärbar.

[198] Kurzbezeichnung für „Glimmerfabrik", vgl. Glossar.

[199] Der Autorin nicht mehr erinnerbare Person (Interview vom 13.6.2008); Identität nicht geklärt.

Spiegel Lippenstift und Kamm
ist etwas was sie am Besten kann.
große Freundschaft mit der Dorli[200]
und vertragen tun sie sich gar nie.

Bella und Rudi ein schönes Paar[201]
gehn beide bald zum Traualtar.
Die große Liebe hin und wieder
fällt vom Rudi oft auf die andre[n] Mädchen nieder.
Sie näht sich gerne Blusen und Faltenrock.
Im ganzen ist sie aber ein großer Zwock.[202]

Inge Bober[203] im Moment sehr traurig ist
weil sie ihren Harry nicht so leicht vergisst.
In der Politschko[204] lag ein Stück Papier
und weiter wollen wir es nicht erzählen hier.
Drum prüfet sich wer sich ewig bindet
ob sich doch nicht noch etwas bessres findet.

Friedel[205] unsere Jüngste in Zimmer 4
lernt zweimal in der Woch' Klavier.
Schimpft über Frau Klinke[206] sehr
weil sie ihr gibt die Noten nicht her.
Fromm ist die Friedel neben bei
wenn sie in der Woche hat einmal frei
sie dann in die Kirche[207] rennt
und betet was sie beten nennt.

---

[200] Gemeint war möglicherweise Cordelia Edvardson geb. Langgässer, Tochter der bekannten Schriftstellerin Elisabeth Langgässer, nach dem Kriege mit einem Schweden verheiratet und bekannte Journalistin, die für ihre Reportagen über den Jom-Kippur Krieg 1973 ausgezeichnet wurde. Vgl. die Hinweise der Zimmerkameradin Hella Wertheim: Wertheim Hella/Rockel, Manfred: Immer alles geduldig getragen. Als Mädchen in Theresienstadt, Auschwitz und Lenzing. Seit 1945 in der Grafschaft Bentheim. Bielefeld 2004⁴, S. 33.

[201] Der Autorin nicht mehr erinnerbare Personen (Interview vom 13.6.2008).

[202] Wie Anm. II,195.

[203] Inge Bober überlebte die Internierung und war nach dem Kriege befreundet mit Marianne Elikan. Biografische Angaben vgl. Glossar.

[204] Tschechisches Wort, vom Hörensagen aufgeschrieben, dessen Bedeutung der Autorin aber nicht mehr erinnerlich ist (Interview vom 13.6.2008).

[205] Der Autorin nicht mehr erinnerbare Person (Interview vom 18.2.2008).

[206] Der Autorin nicht mehr erinnerbare Person (Interview vom 18.2.2008).

[207] „Wo die Synagoge gewesen ist, das weiß ich nicht, da ich da nicht gewesen bin" (Interview mit der Autorin vom 13.6.2008).

Carla[208] man hier Anna nennt.
Sie jeden Mittag um's Essen rennt.
Im Zimmer ist sie sehr beliebt
weil's nicht noch mal so ein[en] Neger gibt.
Sie gibt uns manchen guten Rat.
Aber sie freut sich jetzt schon auf die Schweizer Fahrt.[209]
In der Arbeit hatte sie nicht viel Fleiß.
die Hauptsache ist für sie jetzt die Schweiz.

Ilse[210] unsere Kugelrunde
nimmt oft ein[en] Fluch der Wäscherei in den Munde
Jeschesch Maria und Hele-hilf[211], ah
diese Worte sind bei ihr nicht rar.
Sie wäscht für uns oft ohne Geld
weil ihr das Waschen sehr gefällt.

Wilma Poculla[212] ist unser Phlegma.
doch ist sie nur in den Abendstunden da.
Mit Schlafen sich die Zeit vertreibt
und Morgens um 7 am liebsten im Bette bleibt.
Sie arbeitet in der Kleiderkammer
und schleust[213] Hosen und Büstenhalter es ist ein Jammer

Ilse Bober aus Berlin[214]
zieht es jetzt zur Proviantur[215] hin
Marmelade Margarine Brot
davon hat sie keine Not.
Reden kann sie zu jeder Stund
sie hat nämlich einen echten Berliner Mund.
Sie ist zu allen sehr behilflich
doch wiederum bei allem sehr vorsichtig.

---

[208] Der Autorin nicht mehr erinnerliche Person (Interview 13.6.2008), eventuell Carla (Karla) Ganser, vgl. Glossar.

[209] Den Transport durch das Rote Kreuz in die Heimat, vgl. Glossar: „Rotes Kreuz", „Häftlinge".

[210] Der Autorin nicht mehr erinnerbare Person (Interview vom 18.2.2008).

[211] Wohl Fluch-Ausdrücke.

[212] Wilma Poculla aus Berlin (geb. 1928) überlebte die Befreiung des Ghettos im Mai 1945; vgl. Glossar.

[213] Abweichend von der im Glossar erläuterten Bedeutung des Wortes „schleusen" hier im Sinne von „stehlen". Die Genannte soll laut Erinnerung der Tagebuchautorin in der Kleiderkammer für sich selbst und andere Häftlinge Kleidungsstücke gestohlen haben, indem sie diese unter ihrer Häftlingskleidung versteckte und mitnahm (Interview v. 13.6.2008).

[214] Biografische Angaben über Ilse Bober vgl. Glossar.

[215] Lebensmittellager, vgl. Glossar

Rachel unser Dänen Mädel[216]
hat sehr oft einen dicken Schädel.
Walter Karpels[217] ist ihr bester Freund
der es am besten mit ihr meint.
Er in die Schweiz gern fahren wollt
der Rachel aber bleibt er nicht hold.
Flöten tut sie gerne
das ist für sie das Größte jetzt.

Gerti[218] wie ein kleine[s] Kind
Zum Marschieren breit wie der Wind
und sie singt aus voller Brust
Lore, Lore mit grösster Lust.
Ist aber Alles müde dann
sie keines Weges ohne brrr[219] Schluss machen kann.

Marianne, unser bestes Tier
wohnt ebenfalls in Zimmer vier
wenn sie in die Glimmer geht
sie erst um viertel sechs aufsteht
doch dann geht's schnelle wie im Nu
und sie springt aus dem Bett wie im Flug
wir hoffen dass Theresienstadt
für sie und uns bald ein Ende gefunden hat.

---

[216] Der Autorin nicht mehr erinnerliche Person (Interview 13.6.2008); eventuell identisch mit der im Tagebuch vom Dezember 1944 erwähnten Rachel Kayan, deren Biografie jedoch nicht geklärt werden konnte.

[217] Der Autorin nicht mehr erinnerliche Person (Interview 13.6.2008).

[218] Gerti Leufgen aus Emden, Freundin von Marianne Elikan, vgl. Glossar.

[219] Die umschriebenen Geräusche soll Gerti unter übergeschlagener Decke aus lauter Unruhe getan haben. Interview mit der Autorin v. 13.6.2008.

Todesanzeige für ein Kaffeeböhnchen[220]
(Autor unbekannt)

Todesanzeige:

Du warst so jung und starbst so früh
Wer Dich gekannt vergisst Dich nie.

Schmerzerfüllt allen Freunden und Verwandten die
traurige Nachricht, dass unser hochgeschätztes liebes letztes

Kaffeeböhnchen

nach kurzem Aufenthalt in einer Blechdose in die Ewigkeit abgerufen wurde.
Fein gemahlen, braun gebrannt von köstlichem Duft versehen [sic],
mit gehamstertem[221] Zucker und Dänischer Milch fand es 4 Uhr 15
durch eine alte Kaffeeschwester und vier alte Schwiegermütter sein frühes Ende.
Wer es gekannt, unser altes Kaffeeböhnchen, wie es bemüht war,
unsern Magen zu erwärmen und die Gemütlichkeit der Familie zu fördern,
wird unsern Verlust begreifen können.

In tiefer Trauer
Javaceylonböhnchen.
Frau Mokka mit 6 Tassen.
Das Mittwochskaffeekränzchen.
Geschwister Voll- und Magermilch.
Der Hamsterklub „Schlepp viel heim"

Die Überreste wurden in aller Stille beigesetzt.

---

[220] Hierbei könnte es sich um eine Parodie nicht allein auf die Mangelernährung in den Konzentrationslagern und Ghettos, sondern auch auf die mittels sogenannter „Kaffeekränzchen" improvisierte Freizeit der Häftlinge handeln.

[221] „Hamstern": in der Kriegs- und Nachkriegszeit gebräuchlicher Begriff; bezeichnet die bargeldlose Beschaffung von Lebensmitteln durch private Tauschhändel.

Lasst sie nicht untertauchen ...[222]

(Walter Dehmel)

1. *Zwölf Jahre haben sie sich keck hervorgedrängt,*
   das braune Mäntelchen in den Wind gehängt.
   Mit vollen Segeln sind sie stets an uns vorbeigeschossen –
   Wir waren nur ein Dreck – sie waren die Parteigenossen.

2. *Sie haben uns von unserm Arbeitsplatz gehetzt,*
   sie haben sich in unsere Wohnungen gesetzt.
   Was wir mit Schweiß geschaffen, achtlos haben's sie genossen,
   wir hungerten ..., sie waren frei, die sauberen Parteigenossen.

3. *Sie trampelten in hohen Stiefeln rum, mit ihrer braunen Tracht,*
   sie haben jeden Rummel freudig mitgemacht,
   und wo ein Vorteil irgendwann dabei herausgeflossen,
   in ihre Taschen ging's, sie waren ja Parteigenossen.

4. *Kurzum, sie waren stets und überall dabei,*
   sie waren mehr als wir, denn sie vertraten die Partei.
   Wir brauchten nur zu opfern, endlos, unverdrossen,
   sie blähten sich wie Frösche auf der Leiter, die Parteigenossen.

5. *Doch eines Tages drehte sich der Wind,*
   ihr glaubt nicht, wie sie plötzlich ganz verwandelt sind ...
   ihr Stolz, ihr Hochmut, alles wie in Nichts zerflossen,
   so harmlos wurden sie, die früheren Parteigenossen.

6. *Sie haben alles hinter sich geworfen und verbrannt,*
   wozu sie früher laut und lärmend sich bekannt.
   Jetzt sagen sie: „Uns hat das alles auch wie Euch verdrossen,
   wir waren ja auch nur gezwungene Parteigenossen."

7. *Glaubt's Ihnen nicht! Nun wollen sie sich drücken,*
   die Angst beugt ihnen jetzt den so steifen Rücken.
   Und kommen sie auch an, von Unschuld übergossen,
   sie sind und bleiben Hitlers Wort- und Tatgenossen.

8. *Denkt an die vielen Opfer, an das Meer von Blut,*
   an das verbrannte und zerstörte Hab und Gut,
   an die zwölf Jahre, die so sinnlos uns zerflossen –
   Lasst Sie nicht untertauchen, die Parteigenossen!!!

---

[222] Parodie auf die Re-Integration ehemaliger NS-Funktionäre in die deutsche Nachkriegsgesellschaft. Zum historischen Hintergrund vgl. u.a. Aly, Götz: Hitlers Volksstaat. Raub,
Rassenkrieg und nationaler Sozialismus. Frankfurt/Maim 2005, S. 49-76 (Kapitel „Die
Gefälligkeitsdiktatur"), S. 209 f. (Kapitel „Das Prinzip Staatsraub"); sowie Frei, Norbert:
1945 und Wir. Das Dritte Reich im Bewusstsein der Deutschen. München 2005, S. 28-34
(über den misslungenen Prozess der „Entnazifzierung" und die beruflicher Wiedereinglie-
derung sogenannter „Mitläufer"). Vgl. auch den im Folgenden abgedruckten Text „Wir ...".

Wir ...

(Autor unbekannt)

Wir
drängen uns in die Partei
Wir
waren überall dabei
Wir
waren gierige Profitler
Wir
schrien oft und laut „Heil Hitler"
Wir
nannten ihn ein höheres Wesen
Doch
Nazi sind wir nie gewesen

4. Poesiealbum
(März 1941/Trier bis Mai 1945/Theresienstadt)

Vorbemerkung zur Überlieferung und Textwiedergabe

Ein oktavgroßes Heft in braunem Ledereinband: Es enthält 35 persönliche Widmungen in Reim- und Gedichtform aus den Jahren der Judenverfolgung (1941-1945). Marianne Elikan hat es als zwölfjähriges Mädchen im März 1941 in Trier angelegt und in Theresienstadt bis kurz nach der Befreiung des Ghettos im Mai 1945 fortgeführt. Bei den ausschließlich weiblichen Autorinnen handelt es sich um befreundete Mädchen und Frauen, denen Marianne Elikan in jenen Jahren begegnete: Marga Levy aus Butzweiler und Lore Ermann aus Osann, die wie sie selbst damals als Zwangsarbeiterinnen in der Traubenlese beschäftigt waren, die jungen Schülerinnen Berthilde Kaufmann, Adele Kallmann, Lucie Kahn und wahrscheinlich auch Elsa Meier aus Schweich, die wie Marianne Elikan von Else Huth und der Handarbeitslehrerin Adele Elsbach unterrichtet wurden.

Nach der Einführung des „Judensterns" im Spätherbst 1941 standen diese Privattreffen unter den verschärften Bedingungen der permanenten Kontrolle durch die Gestapo. Von den aus dem öffentlichen Leben weitestgehend ausgegrenzten jüdischen Bürgern konnten damals selbst private Briefe und Postkarten an Angehörige nicht mehr unbeaufsichtigt verschickt werden. Bereits beim Schreiben blickte ihnen die Gestapo sozusagen über die Schulter, so dass sich die Schreiberinnen strikt an die stereotypen Inhaltsvorgaben halten mussten. Das Verfassen persönlicher Widmungen in Poesiealben wie dem von Marianne Elikan bekam dadurch einen subversiven Charakter, besonders wenn die Autorinnen die tragischen Umstände ihrer Verfolgungen in mehr oder weniger versteckten Formulierungen ansprachen. Überaus bezeichnend erscheint hier der Spruch, den Therese Lorig ihr am 25. Juli 1942 in das Poesiealbum schrieb – an Marianne Elikans letztem Tag im „Judenhaus" Trier-Feyen: „Das Leben ist ein Kampf. Siege!" Die Verfasserin war die Schwiegertochter der verstorbenen Hauseigentümerin Rosalie Lorig; der 26. Juli 1942 ist der Tag, auf den Marianne Elikans „polizeiliche Abmeldung" für ihre Deportation datiert ist. Mit dem zitierten Poesiealbum-Spruch hatte sich Therese Lorig also gewiss bei Marianne Elikan verabschiedet.

Es ist davon auszugehen, dass die privaten Treffen unter den zum baldigen Abtransport bestimmten Trierer Juden nur nach geheimen Verabredungen stattgefunden haben. Treffpunkt waren die jeweiligen „Judenhäuser", in denen die Mädchen und Frauen seit der Zwangsentmietung bzw. Umsiedlung aus ihren gewohnten Wohnungen ab Mai/Juni 1939 mit ihren Familien wohnen mussten. Aufschlussreich ist hier der vorletzte Poesie-Albumeintrag vor Marianne Elikans Deportation, derjenige von Hedwig Wolf, datiert auf den 2.2.1942. Sie war zu diesem Zeitpunkt in jenem „Judenhaus" in der Brückenstr. 82 einquartiert, in dem Marianne Elikan vor ihrer Umsiedlung in das „Judenhaus" in der Pellinger Str. 33 gewohnt hatte.

In Anbetracht der vielfachen persönlichen Erniedrigungen erlebten sich die verfolgten Menschen durch ihren fortgesetzten freundschaftlichen Umgang miteinander als eine solidarische Schicksalsgemeinschaft. Der Austausch von Briefen und persönlichen

Nachrichten wurde zu einem wichtigen Identitätsverstärker der im „Judenghetto" von der „arischen" Bevölkerung Ausgegrenzten. Aus den Tagebüchern anderer Theresienstadt-Überlebender ist bekannt, dass damals viele junge Mädchen wie Marianne Elikan damit begonnen haben, in einem „Poesiealbum" persönliche Widmungen ihrer Freundinnen zu sammeln. Für Marianne Elikan war die Begegnung mit diesen Mädchen und Frauen, die oftmals aus dem akademisch gebildeten Bürgertum stammten und Klassiker der Deutschen Literatur und Kultur wie Johann Wolfgang von Goethe (Elise Haas), Immanuel Kant (Edith Klein) oder Friedrich Rückert (Else Huth; letzte Lehrerin der Jüdischen Volksschule am Zuckerberg) gelesen hatten, eine Inspiration, sich selbst weiter literarisch zu betätigen. Eine besonders interessante Bekanntschaft machte die damals 13jährige Marianne in der bereits 53jährigen Hobbyschriftstellerin Elise Haas (1878-1960), einer Lehrerin, deren Gedichte in den akademisch gebildeten Kreisen der Stadt Trier gelesen wurden. In dieser Hinsicht war Mariannes Ghetto-Leben in den Trierer „Judenhäusern" eine Vorwegnahme der kulturellen Bildungseinflüsse, die sie während ihrer anschließenden knapp dreijährigen Internierung in Theresienstadt durch ihre Kontakte mit Frauen und Mädchen aus dem großstädtischen Bürgertum erhalten hat.

Bei der Wiedergabe der Poesiealbum-Einträge wurde, wie auch bei der Edition der Tagebuch-Aufzeichnungen, die Orthografie der Originale gewahrt. Ebenso werden Unterstreichungen usw. gemäß dem Original wiedergegeben. Alle Ergänzungen und Erläuterungen des Herausgebers sind recte in eckigen Klammern gesetzt.

Die Eintragungen

Edith Klein[223] (März 1941, Trier)
[mit handschriftl. Vermerk Marianne Elikans]

Ein Hauptzug in der Gründung des Charakters der Kinder
ist Wahrhaftigkeit. Sie ist der Grundzug und das Wesentliche
eines Charakters. Ein Mensch, der lügt, hat gar keinen Charakter.
(Kant.)

Zum Gedenken an Edith Klein.

Trier, im März 1941

Erna Bähr[224] (6.4.1941, Trier)

Im Reden wahr,
Im Denken klar,
Im Handeln sinnig,
Im Fühlen innig,
Im Glück bescheiden,
In Schmerz und Leiden,
Still Gott ergeben
So sei Dein Leben!

Alles Gute auf Deinen [sic] *ferneren Lebensweg wünscht Dir*
Erna Bähr

Trier, den 6. April 1941

---

[223] Zum Zeitpunkt der Niederschrift wohnte Edith Klein in dem „Judenhaus" (vgl. Glossar) in der Brückenstr. 82; zuvor in der Weberbach. Dort befand sich eine Bäckerei, an die sich die Autorin noch erinnert (Interview v. 19.6.2008). Edith Klein überlebte die Judenverfolgungen nicht, vgl. biografische Angaben im Glossar.

[224] Erna Bähr, Mutter von Mariannes Freundin und Mitbewohnerin Ruth Bähr. Sie wohnte in der Brückenstr. 82 und überlebte die Judenverfolgungen nicht; vgl. Glossar.

Lore Ermann[225] **(7.4.1941, Trier)**
[mit handschriftl. Vermerk Marianne Elikans]

Liebe Marianne.

Glück und Zufriedenheit
Freude und Scherz mögen
auf immer beglücken
Dein Herz!

Zur steten Erinnerung
an Dein[e] Mitschülerin
Lore Ermann.

Trier, den 7.4.1941

[Eintrag auf der gegenüberliegenden Seite]
Blaue Augen
roter Mund
liebe Marianne bleib gesund

Marga Levy[226] **(7.4.1941, Trier)**
[mit handschriftl. Vermerk Marianne Elikans]

Zur Erinnerung

Wenn Dich die Lästerzunge sticht
so lass zum Trost Dir sagen,
die schlechtesten Früchte sind es nicht,
woran die Wespen nagen.

Zum Andenken an Deine Mitschülerin
Marga Levy

Trier den 7.4.1941

---

[225] Zur Zeit der Niederschrift war Lore Ermann wie Marianne Elikan Zwangsarbeiterin in einem Weinberg (vgl. Glossar: Zwangsarbeiterinnen). Die nachträgliche Randeintragung Marianne Elikans bestätigt, dass sie nach ihrer Deportation 1943 umgekommen ist. Zur Biografie vgl. Glossar.
[226] Aus Butzweiler, verschollen nach Deportation, s. Glossar.

Elise Haas[227] **(7.4.1941, Trier)**
[mit handschriftl. Vermerk Marianne Elikans]

„Liegt Dir gestern klar und offen,
wirkst Du heute kräftig frei,
kannst auch auf ein Morgen hoffen,
das nicht minder glücklich sei."
                                        (Goethe.)

Zur freundlichen Erinnerung
an die Zeit Deines Aufenthaltes
in Trier und
an
Elise Haas.

Trier, 7. April 1941.

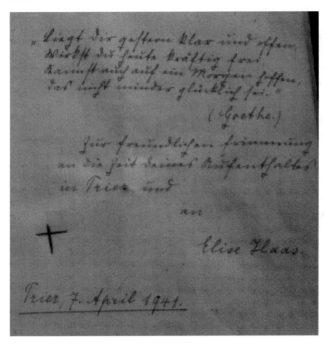

Abb. 25: Poesiealbum-Eintrag von Elise Haas
und [unzutreffender] handschriftlicher Vermerk Marianne Elikans

---

[227] Elise Haas (1878-1960) war eine in den bürgerlichen Kreisen Triers bekannte Schriftstellerin. Sie war zum Zeitpunkt der Niederschrift dieses Eintrags im „Judenhaus" Brückenstr. 82 einquartiert. Auch sie wurde nach Theresienstadt deportiert. Abweichend von der Randnotiz Marianne Elikans überlebte sie die Judenverfolgungen; vgl. Glossar.

Else Huth[228] (8.4.1941, Trier)

[mit handschriftl. Vermerk Marianne Elikans]

„Nie stille steht die Zeit,
der Augenblick entschwebt,
Und den Du nicht benutzt,
den hast Du nicht gelebt.
Und Du auch stehst nie still,
der Gleiche bist Du nimmer,
Und wer nicht besser wird,
ist schon geworden schlimmer."

(Rückert)

Mit allen guten Wünschen
für jetzt und die Zukunft

Deine Lehrerin
Frau Else Huth

Trier, 8.IV.41.

Lucie Kahn[229] (28.5.1941, Trier)

[mit handschriftl. Vermerk Marianne Elikans]

Liebe Marianne

Ein Häuschen von Zucker,
von Zimmt die Tür
aus Bratwurst der Riegel
das wünsche ich dir.

Dieses schrieb dir zum
Andenken an die Schulzeit
deine Freundin
Lucie Kahn.

Trier den 28.519.41 [sic]

[Eintrag auf der gegenüberliegenden Seite]
In allen vier Ecken
soll Freundschaft stecken

---

[228] Lehrerin der jüdischen Volksschule, biografische Angaben vgl. Glossar.
[229] Vgl. Glossar.

Adele Elsbach[230] (28.5.1941, Trier)

[mit handschriftl. Vermerk Marianne Elikans]

Nur das Echte ist wahr
Und das Wahre echt.

Alles Gute wünscht Dir
Adele Elsbach

Trier, 28. Mai 1941

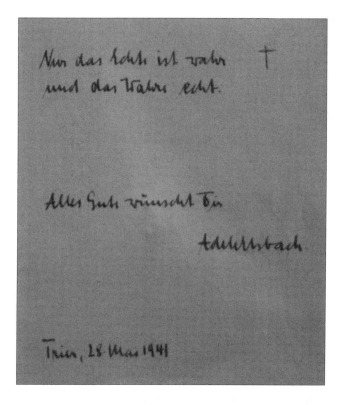

Abb. 26: Poesiealbum-Eintrag von Adele Elsbach und handschriftlicher Vermerk Marianne Elikans

---

[230] Marianne Elikans Handarbeitslehrerin (Interview vom 19.6.2008), biografische Angaben vgl. Glossar.

Adele Kallmann[231] **(3.11.1941, Trier)**
[mit handschriftl. Vermerk Marianne Elikans]

Liebe Marianne.

Wer mit dem Leben spielt
Kommt nie zurecht;
Wer sich nicht selbst befiehlt
Bleibt immer Knecht.

Zur steten Erinnerung
an Deine Mitschülerin
Adele Kallmann.

Trier den 3.11.1941.

Berthilde Kaufmann[232] **(3.11.1941, Trier)**
[mit handschriftl. Vermerk Marianne Elikans]

Liebe Marianne

Wer lust'gen Mut und Arbeit trägt.
Und rach [sic; lies: rasch] *die Arme stets bewegt.*
Sich durch die Welt noch immer schlägt.
Der träge sitz [sic; lies: sitzt's] *weissnichtwo* [sic] *aus.*
Und über ihn [sic] *stürzt ein das Haus.*
Mit frohen Segeln Munter [sic].
Fährt der fröhe dass [sic] *Leben hinunter*

Erinnerung an die Schulzeit
Deine Freundin
Berthilde Kaufmann

3.11.1941.

---

[231] Wohnte damals in der Neustraße 92; Informationen zur Biografie vgl. Glossar.
[232] Junge Mitschülerin Marianne Elikans, wohnte in der Brückenstraße 75; zur Biografie vgl. Glossar.

Elsa Meier[233] (21.12.1941, Trier)
[mit handschriftl. Vermerk Marianne Elikans]

Trifft Dich des Lebens Sturmgebrauss [sic]
halt aus
Trinkst Du des Lebens Freudenwein
halt ein.

Zum steten Gedenken
Elsa Meier

Trier den, 21.12.41 [sic]

Elsa Meier (o. D.)
[mit handschriftl. Vermerk Marianne Elikans]

Es gibt keine Heimat
Es wechselt der Ort
Wie Schicksal Verhängnis und Zeiten
Geschick und Bestimmung die reissen uns fort,
Wir kommen wir weilen und scheiden
Nun kommen die entschwundenen Stunden nicht mehr
Erinnerung bringt die Vergangenheit her.

Zur freundlichen Erinnerung an Deine
Elsa Meier

Hedwig Wolf[234] (2.2.1942, Trier)
[mit handschriftl. Vermerk Marianne Elikans]

Sei wie das Veilchen im Moose
Einfach, bescheiden und rein
Nicht wie die stolze Rose
Die immer bewundert will sein.

Alles Gute für jetzt und die
Zukunft wünscht Dir
Hedwig Wolf

Trier, den 2.2.1942

---

[233] Biografie nicht überliefert. Vgl. auch den im Folgenden abgedruckten zweiten, diesmal undatierten Eintrag Elsa Meiers auf einer anderen Albumseite.

[234] Wohnte im Hinterhof des „Judenhauses" (vgl. Glossar) Brückenstr. 82, in dem Marianne Elikan und ihre Pflegeeltern 1939 gewohnt hatten. Zur Biografie vgl. Glossar.

Frau [Therese] Lorig[235] (25.7.1942, Trier-Feyen)
[mit handschriftl. Vermerk Marianne Elikans]

Das Leben ist ein
Kampf
Siege.

Zum Andenken
Frau Lorig

Feyen den 25.7.42

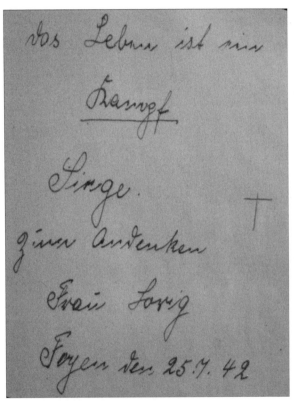

Abb. 27: Poesiealbum-Eintrag von Therese Lorig und handschriftlicher Vermerk Marianne Elikans

---

235 Die Schreiberin war Therese Lorig, Pellinger Str. 33, Trier-Feyen, die Schwägerin der verstorbenen Hauseigentümerin Rosalie Lorig, in deren Haus Marianne Elikan bis zu ihrer Deportation am 26.7.1942 mit ihren Pflegeltern gewohnt hat. Der zitierte Andenkenspruch war also eine persönliche Verabschiedung. Zur Biografie der Familie Lorig vgl. Glossar.

Elma Goetzel[236] (21.8.1942, Theresienstadt)
[zwei Einträge gleichen Datums auf zwei unterschiedlichen Seiten des Albums]

Was vergangen kehrt nicht wieder
Aber ging es leuchtend nieder
Leuchtets lange noch zurück.

Zur Erinnerung an unsere trotzdem oft fröhliche Stunden im Exil.
Deine Elma Goetzel

Theresienstadt, 21.8.1942.

Hunde, Mäuse, Katzen
Mögen Dich zerkratzen
Wenn Du die vergisst,
Die hier eingetragen ist

Hoffentlich bleiben wir nicht lange hier beisammen,
liebes Mariannerl. Vergiss mich nicht.

Elma Goetzel

Teres.Stadt [sic], *21.8.42*

Alice Götzel[237] (22.8.1942, Theresienstadt)

Dein Leben sei fröhlich und heiter,
Kein Leiden betrübe Dein Herz,
Das Glück sei stets Dein Begleiter,
Nie treffe dich Kummer und Schmerz.

Dies schrieb Dir, liebe Marianne,
zum Andenken an unseren Aufenthalt in Theresienstadt
Deine Dich lieb habende
Alice Götzel

22/8.1942.

---

[236] Biografie nicht gesichert.
[237] Biografie nicht gesichert.

Liesel Roos[238] (August 1942, Theresienstadt)
[mit handschriftl. Vermerk Marianne Elikans]

Edel sei der Mensch,
hilfreich & gut. –
Zur steten Erinnerung an unseren gemeinsamen, hoffentlich nur kurzen
Aufenthalt in Theresienstadt.
August 1942. –
Deine Frau Liesel Roos

Bertel Bähr[239] (August 1942, Theresienstadt)
[mit handschriftl. Vermerk Marianne Elikans]

Zur Erinnerung!

Viel betrachten, wenig sagen.
Seine Not nicht Jedem klagen.
Viel anhören, nicht antworten,
Bescheiden sein, an allen Orten.
Sich in Glück u. Unglück schicken –
Ist eins der größten Meisterstücken.

Zum Andenken an unsern gemeinsamen Aufenthalt
Bertel Bähr
in Theresienstadt
im August 1942.

Hella Sass[240] (5.1.1943, Theresienstadt)
[mit handschriftl. Vermerk Marianne Elikans]

Genieße des Lebens Freude,
Ertrage des Lebens Schmerz,
Bewahre in Freud' und Leide
Ein reines, zufriedenes Herz.

Beherzige, liebe Marianne, diesen Spruch
und denke auch noch in späteren Jahren
an Deine Zimmerkameradin
Hella Sass.

Theresienstadt, d. 5.I.43

[Eintrag auf der gegenüberliegenden Seite]
Viel Glück

---

[238] Biografie nicht gesichert; weitere Informationen vgl. Glossar.
[239] Biografie nicht gesichert.
[240] Hella Wertheim, vgl. Glossar; überlebte abweichend vom handschriftlichen Vermerk Marianne Elikans.

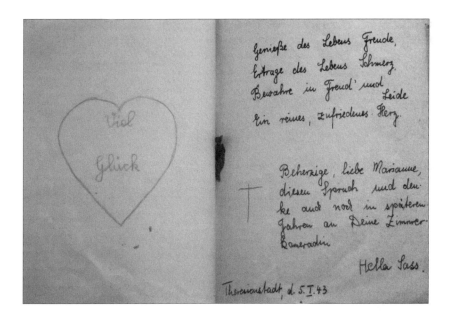

Abb. 28: Poesiealbum-Eintrag von Hella Sass
und [unzutreffender] handschriftlicher Vermerk Marianne Elikans

Herta Gerstl[241] (22.1.1943, Theresienstadt)
[mit handschriftl. Vermerk Marianne Elikans]

Mag auch heiß das Scheiden brennen
Treuer Mut hat Trost und Licht
Mag auch Hand von Hand sich trennen
Liebe lässt von Liebe nicht.

Zur Erinnerung an gemeinsam verbrachte Zeit in Theresienstadt,
vor meiner Abreise
Herta Gerstl
Wien [sic], 22.I.1943

---

[241] Biografie nicht gesichert, vgl. Glossar.

Carla Cohn[242] **(3.2.1943, Theresienstadt)**
[mit handschriftl. Vermerk Marianne Elikans]

Hell Gesicht bei frohen Dingen,
und bei bösen still und ernst,
denn gar viel wird Dir gelingen,
wenn Du dies beizeiten lernst.

Erinnere Dich noch manchmal
an unsere „Eva-Zeit"[243] *und an Deine Bettnachbarin*
Carla Cohn.

Theresienstadt, den 3.2.1943

Norma Bick[244] **(7.6.1943, Threresienstadt)**
[mit handschriftl. Vermerk Marianne Elikans]

Liebe Marianne kein langes Gedicht
Nur die drei Worte
                    „Gott schütze dich"

Zur Erinnerung an
Norma Bick

7.6.43 Theresien. *[sic]*

Inge Sternfeld[245] **(12.6.1943, Theresienstadt)**
[mit handschriftl. Vermerk Marianne Elikans]

Es ist was Wunderbares um eine Mutter.
Andere mögen Dir gut sein, aber nur Deine Mutter kennt Dich.
Sie führt Dich in's Leben, sie sorgt sich um Dich,
Geht auf für Dich in Liebe und hat für alles ein Verzeihn,
Ein Unrecht, nur ein einziges begeht sie,
Wenn sie zum letzten Schlaf die Augen schließt,
Um Dich in dieser Welt alleinzulassen.

Dir, lb. [liebe] Marianne zum Andenken
an Deine Zimmergenossin
Inge Sternfeld.

Theresienstadt 12.6.1943

---

[242] Biografie nicht gesichert, vgl. Glossar.
[243] Hierbei könnte es sich um eine Anspielung auf das Buchstabenkürzel EVa handeln, das laut Theresienstadt-Plan das Mädchenheim L 410 bezeichnete; vgl. Glossar: Mädchenheime.
[244] Norma Bick (geb. 1927) aus Berlin; biografische Angaben vgl. Glossar.
[245] Ingeborg Sternfeld (geb. 1926), zur Biografie vgl. Glossar.

Lilo Friedmann[246] (12.6.1943, Theresienstadt)
[mit handschriftl. Vermerk Marianne Elikans]

Alles tu G--[o]ttes Ehre
heilig halte sein Gebot
Folge Deiner Eltern Lehre
Ehre sie bis in den Tod.

Zum Andenken an L 216[247]
Lilo Friedmann

Theresin 12.6.1943

Margot Rybak[248] (31.1.1944, Theresienstadt)
[mit handschriftl. Vermerk Marianne Elikans]

Hast Du einen Menschen gern,
Sollst Du ihn versteh'n.
Und nicht hier und dort und da,
Immer Fehler seh'n.
Schau mit Liebe und verzeih',
Du bist auch nicht fehlerfrei.
Denk' daran wie oft im Leben,
Wurde Dir wohl schon vergeben.

Zum Andenken an
Margot Rybak.

Theresienstadt, den 31.1.1944.

Inge Grünebaum[249] (28.3.1944, Theresienstadt)
[mit handschriftl. Vermerk Marianne Elikans]

Edel sei der Mensch,
hilfreich und gut.

Zur steten Erinnerung
an den Aufenthalt in Theresienstadt
Inge Grünebaum

28. März 1944.

---

[246] Evtl. identisch mit Liselotte Friedemann aus Berlin; vgl. Glossar.
[247] L 216 war laut Theresienstadt-Plan das Kürzel für die Kinder- und Jugendbibliothek; vgl. Glossar: Bibliothek.
[248] Margot Rybak (geb. 1929) aus Berlin; zur Biografie vgl. Glossar.
[249] Inge Grünebaum (geb. 1929) aus Köln; zur Biografie vgl. Glossar.

Marianne Löbl[250] (21.5.1944, Theresienstadt)
[mit handschriftl. Vermerk Marianne Elikans]

Kopf hoch!
Komme was kommen mag,
Nicht ewig währet der Sommertag,
Nicht ewig währet die Winterzeit
Nicht ewig Glück, nicht ewig Leid
Kopf hoch!

Zum ewigen Andenken
an Deine kleine Freundin
Marianne Löbl

Theresienstadt 21. Mai 1944

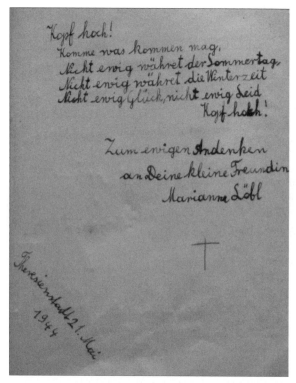

Abb. 29: Poesiealbum-Eintrag von Marianne Löbl und handschriftlicher Vermerk Marianne Elikans

---

[250] Tochter einer befreundeten Familie aus Wien, zur Biografie vgl. Glossar.

Rita Rosenberger[251] (17.9.1944, Theresienstadt)

Die Zeitenuhr läuft laut und schnell,
Die wilde Unrast stürmt umher,
Und harte Hämmer fallen schwer,
Das Leben leuchtet zuckend grell.

Und rings um ein Stöhnen und Geklirr –
Der Hochmut seine Backen bläht
Und kein Gebot, daß aufrecht steht
Der Menschen Sinn denkt wüst und wirr.

Die falschen Götter sind so groß –
Wer weiß, wann uns die Stunde schlägt,
Die wieder mit Geduld im Schoß
Ein Korn zur stillen Reife trägt?

In Erinnerung an Deine Zimmerkameradin und wirkliche Freundin
Rita Rosenberger

Theresienstadt, Rosch haschanah 5705[252]
17. September 1944.

Gerti [Leufgen][253] (4.1.1945, Theresienstadt)

Es ist ein Leben manches
hässlich eingerichtet
doch neben den Rosen gleich
die Dornen stehen
Drum, lerne weinen ohne zu klagen.

Erinnere Dich an frohe, und traurige Stunden in Theresienstadt
und vergiss nicht Deine
Gerti

Theresienstadt den 4.I.45.

---

[251] Zur Biografie von Rita Rosenberger aus Freiburg vgl. Glossar.
[252] Jüdisches Neujahrsfest und Jahreszahl nach dem jüdischen Kalender.
[253] Marianne Elikans Zimmerfreundin aus Emden, die auch in ihrem Gedicht „Ein Kakaozug von Zimmer 4" erwähnt wird; zur Biografie vgl. Glossar.

Bella[254] (4.1.1945, Theresienstadt)

Hab Sonne im Herzen, ob's stürmt oder schneit,
Ob der Himmel voll Wolken die Erde bestreut;
Hab ein Lied auf den Lippen,
Verlier nie den Mut,
Hab Sonne im Herzen
Und alles wird gut.

Denke manchmal an die traurige
und manchmal doch ganz schöne Zeit
die wir zusammen hier verbracht haben.
Deine Bella

Theresienstadt, 4.I.1945

Wilma [Poculla[255]] (28.2.1945, Theresienstadt)

Stunden der Not vergiss,
doch was sie dich lehren nie.

Erinnere Dich später an die
zusammen verbrachten Stunden in Theresienst. [sic]
Wilma

Theresienstadt den 28.2.45

Karla Ganser[256] (31.5.1945, Theresienstadt)

Auf drei Seulen [sic] ruht die Welt;
Auf G"[o]tt [sic] Segen,
Arbeit und Menschenhand.

Zur Erinnerung an Deine Zimmerkameradin
Karla Ganser

Theresienstadt. 31.5.45.

---

[254] Die Biografie dieser Zimmer-Mitbewohnerin, die auch in Marianne Elikans Gedicht „Kakaozug von Zimmer 4" erwähnt wird, konnte nicht ermittelt werden.
[255] Wahrscheinlich die in Marianne Elikans Gedicht „Kakaozug von Zimmer 4" genannte Wilma Poculla; Biografie vgl. Glossar.
[256] Zimmernachbarin aus Hamburg, überlebte, zur Biografie vgl. Glossar.

Ilse (Bober)[257] (31.5.1945, Theresienstadt)

Die alten ehre steht's [lies: stets]
Sie waren was Du bist
Und du wirst was sie sind.

Zum Ewigen Andenken an
Deine Zimmerkammeradin [sic]
Ilse

31.5.1945

Lotti (Lieselotte) Cohn[258] (12.6.1945, Theresienstadt)
[mit handschriftl. Vermerk Marianne Elikans, nachträglich wieder durchgestrichen]

Zufrieden sein ist eine Kunst
Zufrieden scheinen bloßer Dunst
Zufrieden werden großes Glück
Zufrieden bleiben Meisterstück.

Liebe Marianne, ich wünsche Dir von Herzen
alles Gute und vor allem eine gute Zukunft.
Denke zuweilen an die letzten Tage, die wir
beide so gemütlich in Zimmer 4 verbracht haben.

Nochmals viel Glück
Lotti Cohn.

Theresienstadt den, 12.6.45 [sic]

Helga Zickrick[259] (26.6.1945, Theresienstadt)

Theresienstadt, 26.6.45.

Liebe Marianne!
Denke oft und gerne an die schönen Stunden im 9ᵃ Zimmer, die wir
zusammen verbracht haben u. an Deine Zimmerkameradin

Helga Zickrick

---

[257] Ilse Bober aus Berlin, zur Biografie vgl. Glossar.
[258] Zimmernachbarin aus Berlin, zur Biografie vgl. Glossar.
[259] Helga Zickrick aus Berlin (geb. 1927); zur Biografie vgl. Glossar.

III Glossar

**Erläuterungen zum historischen Kontext[1] –
Begriffe, Namen und Orte, Personen und Ereignisse**

Verwendete Abkürzungen:

TB = Tagebucheintragung von Marianne Elikan
LP = Von Marianne Elikan 1942 bis 1945 benutzter Lageplan des Ghettos Theresienstadt; die ihr zugänglichen Plätze und Gebäude sind mit rotem Stift markiert (s. Topografie, historische sowie Farbtafel 2 im Anhang)

Abgänge
Synonym für Transporte, s. dort.

Alexander – befreundeter Ghetto-Häftling aus Dänemark
Nachname ist nicht bekannt, auch nicht erwähnt im Tagebuch. Marianne Elikan hatte ihn wahrscheinlich kurz vor oder nach der Befreiung des Ghettos (s. Häftlinge) kennengelernt und zum Abschied ein Erinnerungsfoto erhalten. Dieses ist erhalten und trägt auf der Rückseite diese persönliche Widmung: „Ernst sind die Zeiten – Ernst ist der Blick! – doch denk ich gern an Dich zurück! Dein Alexander". Marianne Elikans kommentierende Angabe daneben lautet: „1945 Theresienstadt K.Z." (vgl. Abb. 23).

„Arbeit macht frei"
Dieser Spruch steht heute noch über dem Eingangstor der Kleinen Festung Theresienstadt, wo sich das Gefängnis des Ghettos befand. Seine Aussage deutete die tatsächliche Praxis der „Vernichtung durch Arbeit", die menschenverachtende Logik der KZ- und Vernichtungslager (s. Arbeit, Vernichtung), auf eine zynische Weise um. Durch diese Lagertorbeschriftung demonstrierte die SS ihre unumschränkte sprachliche Definitionsmacht, die die absichtliche Vortäuschung einer nicht existenten Realität einschloss und damit die gezielte Verunsicherung der Häftlinge bezweckte. Infolgedessen verbinden die Überlebenden in ihren Erinnerungen mit dieser „Begrüßungsformel", die sie auch bei den Gängen zu den Außenkommandos lesen mussten, ein unauslöschliches Erinne-

---

[1] Angaben zu Topografie und lokaler Geschichte vgl. Theresienstädter Gedenkbuch 2000 sowie: Benešová, M./Blodig, V./Poloncarz, M.: Die Kleine Festung Theresienstadt. Herausgegeben von der Gedenkstätte Theresienstadt 1996; Gedenkstätte Theresienstadt (Hrsg.): Das Ghettomuseum in Theresienstadt. Übersetzung P. Zieschang (o.O., o.J.) mit einem kommentierten Lageplan des Theresienstädter Ghettos; Chládlková, L.: Ghetto Theresienstadt. Dokumente. Übersetzung Dagmar Lieblová. Prag. 2. Aufl. 1995, S. 18-25 mit kommentiertem Lageplan, sowie Huppert/Drori: Wegweiser 2005; zur Geschichte der Judenverfolgung und nationalsozialistischen Vernichtungspolitik vgl. Gottwaldt/Schulle: Judendeportationen 2005, Herbert, U. (Hrsg.): Nationalsozialistische Vernichtungspolitik 1939-1945. Neue Forschungen und Kontroversen. Frankfurt/M. [4]2001; Friedländer, S.: Das Dritte Reich und die Juden. 1: Die Jahre der Verfolgung 1933-1939; 2: Die Jahre der Vernichtung 1939-1945. Aus dem Englischen übersetzt von M. Peiffer. München 1998 bzw. 2006.

rungssymbol all jener traumatischen Konfliktsituationen, denen sie als Zwangsarbeiter in den NS-Lagern ausgesetzt worden waren. Das mit dieser Inschrift versehene Eingangstor zum Stammlager Auschwitz-Birkenau, dem größten KZ- und Vernichtungslager, wurde nach dem Kriege durch zahlreiche Fotoveröffentlichungen zum weltweit bekanntesten Symbol des organisierten Massenmordes der Nazi-Herrschaft.

Arbeit / Zwangsarbeit[2]

Dass das Arbeiten gemäß dieser zynischen Devise ein erbarmungsloses Ausschlachten humaner Ressourcen bedeutete, hatten viele Deportierte lange vor ihrer „Einwaggonierung" (s. Lagersprache) in die Transportzüge als Zwangsbewohner sogenannter „Judenhäuser" (s. dort) bereits erfahren müssen. Ihre Entwürdigung und materielle Ausbeutung setzte sich unmittelbar nach dem Passieren der Lagertore fort. Bei dem anschließenden „Schleusen" (s. dort), der sogenannten Ankunftsregistrierung, musste Marianne Elikan nicht nur ihr Gepäck in der „Zentralen Kleiderkammer" abgeben, wo alsdann die besten Stücke zum Verschicken an „deutsche Volksgenossen" aussortiert wurden; sie musste auch ihren Namen gegen eine Häftlingsnummer (III/2-470) eintauschen, die ihr sichtbar in die Arbeitsjacke eingenäht und auf allen Dienstanweisungen eingetragen wurde. Zwar erhielten die Theresienstädter Häftlinge diese Nummer nicht wie die Häftlinge in Auschwitz in den linken Unterarm eintätowiert. Doch war das Grundprinzip dieser abgeschwächten Form der Eingangs-Erfassung das gleiche: Im Ghetto zählten die Häftlinge nicht mehr als menschliche Individuen, sondern nur noch als billige Arbeitsware, die man nach Verlust ihrer Leistungsfähigkeit wie kaputt gegangene Gegenstände zur Ausschlachtung wegschaffte, bei der man die nicht mehr benötigten Teile in den Abfall entsorgte (s. Gaskammer, Vernichtung). Von diesem „Vernichten durch Arbeit" erfuhren die Auschwitz-Häftlinge gleich nach ihrer Ankunft. Als Heinz Kahn aus Hermeskeil bei seiner Tätowierung in Auschwitz einen Wärter nach dem Zweck dieser Behandlung fragte, antwortete dieser ihm, dass „man die Nummern brauche, um die Toten identifizieren zu können". Als er sich wenig später bei einem älteren Häftling nach der Ursache des süßlichen Geruchs erkundigte, erhielt er die Antwort: „Das sind die Leiber unserer Angehörigen, die man [ergänze: bei der Verbrennung] nach der Vergasung bei entsprechenden Windverhältnissen auch bei uns riechen" könne. Zum Herausbrechen des Zahngoldes mussten Häftlinge mit Zangen auf die Leichenberge steigen. Karl Mayer, ein Bruder von Marianne Elikans Freundin Liesel, berichtete über diese besonders entsetzliche Zwangsarbeit. Zur Vereinfachung der Zahngoldextraktion an den ermordeten Häftlingen starteten die Krematoriumsingenieure in Theresienstadt Versuche mit Leichenverbrennungen auf unterschiedlichen Temperaturstufen, die das Wegschmelzen des Zahngoldes verhindern sollten.

In Theresienstadt waren für Zwangsarbeiten vorgesehen alle Häftlinge ab dem 14. Lebensjahr – männliche wie weibliche. Gemäß dem zitierten Leitspruch „Arbeit macht

---

2   Manes: Leben 2005, S. 275-277, 304 und 356-357; Kahn: Erlebnisse 2003, zitiert S. 651, und Stadtmuseum Simeonstift Trier: Trier-Kino Nr. 69: Shoah Visual History Foundation: Interviews mit Karl Mayer; Verbrennungsversuche zur Zahngoldgewinnung s. Huppert/Drori: Wegweiser 2005, S. 104. Spezielle Erläuterungen der Torinschrift „Arbeit macht frei" bei Hoffmann, D. (Hrsg.): Das Gedächtnis der Dinge. KZ-Relikte und KZ-Denkmäler 1945-1995. Frankfurt/Main 1997, S. 258-260.

frei" konnten sie sich durch die Ausführung gewisse Vorteile verschaffen, etwa Berechtigungsscheine für Extra-Essensportionen. Auch versprachen sich viele Häftlinge von dem anhaltenden Nachweis ihrer Arbeitsfähigkeit, dass man sie nicht auf die Transportlisten in die Konzentrationslager setzte – eine trügerische Hoffnung (s. Transporte). Die schwersten Arbeitskommandos waren außerhalb des Ghettos, zum Beispiel die Gleisarbeiten für die Schienenanbindung an den Zubringerbahnhof Bauschowitz (s. dort), sowie Feld- und Erntearbeiten. Die Zwangsarbeiten innerhalb des Ghettos umfassten: Holzverarbeitung (u.a. Herstellung kistenartiger Särge zur Bestattung der Ghetto-Toten); Arbeiten im Krematorium; Reparaturen an Militärfahrzeugen, Uniformen, Bekleidungen und anderen Dingen des täglichen Bedarfs sowie verschiedene Dienstleistungen wie Backen, Kochen, Waschen, sanitäre und medizinische Versorgungs- und Pflegearbeiten (Bibliothek, Kinderheim/-stationen, Krankenhaus). Marianne arbeitete in der „Glimmerspalterei" (s. dort), in der ausschließlich Mädchen und Frauen eingesetzt waren. Weil Heinrich Himmler die jüdischen Arbeitshäftlinge auch als „Geiseln" für das im Frühjahr 1944 mit den Kriegsgegnern geplante Tauschgeschäft „Ware für Blut – Blut für Ware" einsetzen wollte, wobei er auf Waffenlieferungen spekulierte, mussten die Theresienstädter Häftlingsmädchen und -frauen diese anstrengende Zwangsarbeit bis zum Frühjahr 1945 fortsetzen.

Aussiger Kaserne (Theresienstadt-Plan J IV)
In der Aussiger Kaserne befanden sich die „Schleuse" und die „Zentrale Kleiderkammer", in der die konfiszierten Gepäckstücke und Besitztümer der Häftlinge zur weiteren „Verwertung" deponiert wurden. Wertvolle Gegenstände wurden ins Reich geschickt. Die übrig gebliebenen Sachen, insbesondere Kleidungsstücke und einfache Gebrauchsgegenstände, wurden gegen Bezugsscheine, Arbeitsnachweise (in Form von Wertungspunkten) und „Ghetto-Kronen" (s. Währung) an Häftlinge abgegeben. Während der „Verschönerungsaktion" (s. dort) erfolgte dieser Tauschvorgang in besonderen Läden. Dabei konnte es vorkommen, dass Häftlinge Dinge, die ihnen bei der Ankunft abgenommen wurden, in den Auslagen wiederfanden (s. Gedicht „Die Thermosflasch"). Im Frühjahr (Jan.-Feb.) 1942 waren im Hinterhof dieser Kaserne 16 Häftlinge des Aufbaukommandos erhängt worden, weil bei einem von ihnen geschmuggelte Briefe gefunden worden waren. Marianne Elikans Internierung begann am 28.7.1942 mit der Ankunft in dieser Kaserne (s. Judendeportation, Schleuse).
TB Anfang/Mitte 1943 und LP mit roter Markierung

Bachrach, Olga (14.8.1869-14.11.1942 Theresienstadt)[3]
In Marianne Elikans Erinnerungsmappe befindet sich eine am 15.11.1942 für Olga Bachrach ausgestellte Paket-Abholbenachrichtigung der Theresienstädter Postverteilerstelle. Nach dem Wortlaut der „Vorladung" war die Absenderin eine „Elsa Perlsee". Die zu benachrichtigende betagte Olga Bachrach war jedoch tags zuvor im Ghetto verstorben. Vermutlich hatte Marianne Elikan sich die Zustellungsbenachrichtigung zur Erinnerung aufgehoben, nachdem sie vom Tode der Empfängerin erfahren hatte.

---

[3]   Theresienstädter Gedenkbuch 2000, S. 9.

Bäckerei-Block (Theresienstadt-Plan, Block A IV)
Beherbergte die Bäckerei und das Hauptmagazin für Lebensmittel. In ihrem Anfang
Februar 1945 geschriebenen Spottgedicht „Ein Kakaozug von Zimmer 4" verballhornte
Marianne Elikan ihre dort zum Arbeitseinsatz eingeteilte Zimmerkameradin Ilse Bober.
LP mit Rotmarkierung

Bähr, Bertel – befreundete Mitinternierte
Herkunft und biografische Daten nicht ermittelt; verfasste im August 1942 eine persönliche Widmung in Marianne Elikans Poesiealbum (s.o., Teil II.4); evtl. identisch
mit Berta Bähr (*12.8.1903), die am 28.7.1942, am gleichen Tag wie Marianne Elikan,
nach Theresienstadt deportiert wurde. Sie überlebte die Befreiung des Ghettos.[4]

Bähr, Ruth Selma (7.1.1922-28.6.1942 Chelmno)[5]
Tochter des jüdischen Textilkaufmanns Albert Bähr (1882-1942 Lodz) und Erna Bähr
(1891-31.12.1944, für tot erklärt) in der Brückenstraße 82 in Trier. Marianne Elikan
lernte sie in den Sommermonaten 1939 kennen, unmittelbar nach ihrer Zwangsabschiebung aus Wawern, gleich nachdem sie zusammen mit ihren Pflegeeltern, Eduard und
Melanie Wolf, in das zum „Judenhaus" (s. dort) umfunktionierte Haus eingezogen war.

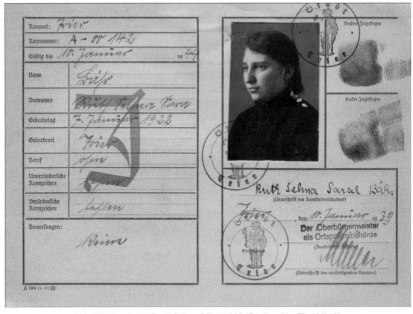

Abb. 30: Kennkarte Ruth Selma Bähr, 1939 (Stadtarchiv, Tb 19/948)

---

4   Theresienstädter Gedenkbuch 2000, S. 367.
5   Interview mit Marianne Elikan am 4.6.2008; biografische Angaben nach Wilke: Daten-
     bank 2008.

Marianne Elikan erinnert sich noch an sie als ein „freundliches Mädchen mit braunen Haaren". Am 20.8.1939 verzog Ruth-Selma nach Köln in eines der dortigen „Judenhäuser" (Hardefusstr. 2). Am 10. Januar 1939 hatte sie bei der Trierer Behörde den Empfang ihrer Juden-„Kennkarte" mit ihrer Unterschrift bestätigen müssen. Sie wurde mit dem gleichen Zug wie ihre Eltern am 16.10.1941 deportiert und starb am 28.6.1942 in dem Vernichtungslager Chelmno.

Marianne Elikan war eine häufige Besucherin bei den Bährs. Sie sieht noch das dortige Klavier vor sich und wie sie bei den Bährs zum ersten Mal in ihrem Leben Wassermelone gegessen hat. Erna Bähr widmete ihr am 6.4.1941 ein Erinnerungsgedicht in ihrem Poesiealbum, in dem sie ihr „alles Gute auf Deinem ferneren Lebensweg" wünschte.

Bahnhof
s. Bahnhofstraße, Bauschowitz

Bahnhofstraße mit Anschlussgleis zum Bahnhof Bauschowitz
Am 1.6.1943 wurde das von den Häftlingen in anstrengender zehnmonatiger Zwangsarbeit gebaute Anschlussgleis in Betrieb genommen, das vom Bahnhof Bauschowitz (Bohušovice, s. Bauschowitz), dem Zielbahnhof der Juden-Transporte von und nach Theresienstadt, zur Hamburger Kaserne führte, in der sich seitdem die sogenannte „Schleuse" (s. dort) befand, durch die alle Häftlinge in den Ghetto-Bezirk gelangten. Seit der Inbetriebnahme dieser Gleisverbindung konnten die Transporte (s. dort) rascher abgefertigt und vor der Öffentlichkeit besser verborgen werden.
TB Anfang/Mitte 1943

Bastei (Theresienstadt-Plan III)
Auf dem Südberg vor dem Lager gelegener Kasernenblock (eigentlich Mehrzahl: Basteien), der ab Juli 1943 auf Anordnung der SS-Kommandantur den Gefangenen zugänglich gemacht und um einen Sportplatz erweitert wurde, zu dem mehrere Spielfelder für Volleyball, Korb- und Fußball gehörten. In ihrem Tagebuch beschreibt Marianne Elikan die Durchführung eines großen Lagersportfests Mitte Juli 1944. Anfang Mai 1945 wurden die Basteien zur provisorischen Unterkunft für die aus den evakuierten Vernichtungslagern zurückkehrenden Häftlinge.
TB Mitte 1943, 16.7.1944 und 20.4.1944

Bauhof (Theresienstadt-Plan Block H II)
Der Bauhof mit den Werkstätten verschiedener Handwerker.
LP mit roter Markierung

Baumgarten, Horst – befreundeter Ghetto-Häftling aus Dänemark[6]
Marianne Elikan lernte ihn Mitte August 1944 kennen. Ihre Tagebucheintragungen beschreiben mehrere „Rendezvous"; bei einem dieser Treffen schenkte ihr Horst Baumgarten ein von ihm „organisiertes" Stück dänischen Käse. Nach der Befreiung emigrierte Horst Baumgarten in die USA; Marianne Elikan und er führten in den Nach-

---

[6]   Privatsammlung Marianne Elikan und Interview am 4.6.2008; s. auch: „Häftlinge".

kriegsjahren einen intensiven Briefwechsel, der aber nicht mehr erhalten ist. Ein an
Marianne Elikan geschicktes Porträtfoto trägt auf der Bildseite die Widmung „Love
Horst" und auf der Rückseite die Bemerkung: „Dies ist nur ein schlechtes Bild. Mach
bitte keine Reklame. Herry" (?) – Daneben die Notiz Marianne Elikans: „war mit mir
im KZ. Däne".
TB 13.8.1944

Bauschowitz[7]
65 km nordwestlich von Prag gelegener Ort in unmittelbarer Nähe der damaligen
Grenze zwischen dem Protektorat Böhmen/Mähren und dem Deutschen Reich (Reichsgau Sudetenland). Hier befand sich anfangs der Zielbahnhof der Judentransporte nach
Theresienstadt. Zur Tarnung der Häftlingsüberführung, die bis dahin über einen knapp
drei Kilometer langen Fußweg in den Ghettobezirk abging, ließ die SS-Kommandantur
von Ghetto-Häftlingen ein Anschlussgleis verlegen, nach dessen Inbetriebnahme (1.
Juni 1943) die Judentransporte direkt in das Ghetto gebracht wurden. Dies erleichterte
die reibungslose Organisation der Transporte (s. dort und Judendeportationen) und
deren Tarnung gegenüber der nichtjüdischen Bevölkerung insbesondere auch im an-
grenzenden Reichsgau Sudetenland.
TB Anfang/Mitte 1943, 1.7. und 9.7.1945

Bella – befreundete Mitinternierte
Ihr Nachname ist nicht bekannt, weshalb keine biografischen Daten ermittelt werden
konnten. Sie schrieb am 4.1.1945 als Zimmerkameradin von Marianne Elikan eine
persönliche Freundschaftswidmung in ihr Poesiealbum (s.o., Teil II.4).

Bibliothek (Jugendbibliothek, Kinderbibliothek)
Im Tagebuch mehrfach beschriebene Räumlichkeit (mit dem Kürzel „L 216"). Ma-
rianne Elikan war hier im Sommer 1943 und 1944 im Arbeitseinsatz.
TB Anfang/Mitte 1943, 23.6.1944, 3.7.1944

Bick, Norma (*16.11.1927)[8] – befreundete Mitinternierte
Norma Bick kam am 30.10.1942 aus Berlin mit dem Transport Nr. 1/74 nach Theresienstadt. Am 7.6.1943 schrieb sie eine Widmung in Marianne Elikans Poesiealbum
(s.o., Teil II.4). Marianne Elikan erinnert sich noch, dass Norma bei der Verschönerungsaktion (s. dort) als Schauspielerin zur Theatergruppe eingeteilt wurde. Am
16.10.1944 wurde sie nach Auschwitz deportiert; ihr weiteres Schicksal ist unbekannt.

Block D VI (Theresienstadt-Plan)
Dieser Block befand sich in der ehemaligen Brauerei. Dort wurden eine Desinfek-
tionsanlage, Duschen und die Wäscherei eingerichtet. Ein Gebäudeteil diente als Häftlingsunterkunft. – Von Marianne Elikan erwähnt in ihrem Spottgedicht „Ein Kakaozug
von Zimmer 4".

---

[7]   Theresienstädter Gedenkbuch 2000, S. 24 und Gottwaldt/Schulle: Judendeportationen
      2005, S. 261.
[8]   Theresienstädter Gedenkbuch 2000, S. 237 und Interview vom 19.6.2008.

Block G VI (Theresienstadt-Plan)
Ein nahe bei der Dresdener Kaserne befindlicher Gebäudekomplex, in dem einige
Häuser zur Unterbringung von Säuglingen und Kleinkindern ausgewiesen waren. In
einem der Häuser (Haus L 514) war eine Bibliothek mit Leseraum, Konzert- und
Theatersaal eingerichtet. Alle diese Häuser brannten gegen Ende des Krieges aus.
LP mit Rotschraffierung

Bober, Ingeborg und Ilse – befreundete Mitinternierte[9]
Ingeborg (Inge) Bober (*16.5.1927 Berlin), am 19.4.1944 deportiert von Berlin nach
Theresienstadt, überlebte das Ghetto wie ihre Schwester Ilse Bober (*9.6.1928 Berlin),
deportiert am 27.10.1944 von Berlin nach Theresienstadt.

Die Schwestern Bober bewohnten in der Endphase des Ghettos, nachweislich von
Februar bis Mai 1945, mit Marianne Elikan das Zimmer 4 im deutschen Mädchenheim
neben der ehemaligen Garnisonskirche. In ihrem Spottgedicht „Ein Kakaozug von
Zimmer 4" (s.o., Teil II.3) bezieht sich Marianne Elikan auf Ilse Bobers Arbeitseinsatz
in der „Proviantur" (s. Bäckerei). Bei der Korrekturlektüre ihres Tagebuchtextes
(Frühjahr 2008) bezeichnete Marianne Elikan die Geschwister Bober zusammen mit
Gerti Leufgen „als meine besten Theresienstadt-Freundinnen". In ihrer Fotosammlung
ehemaliger Mithäftlinge verwahrt sie Fotos der Geschwister, die sie wohl in der Nachkriegszeit erhalten hatte. Auf die Rückseite ihres Fotos hat Inge Bober folgende
Widmung geschrieben: „Denke Du an mich – ich denke an dich – so vergessen wir uns
beide nicht – Inge Bober" (vgl. Abb. 16 und 17).
TB Adresseintragung ohne Datum (Mai/Juni 1945).

Bodenbacher Kaserne (Theresienstadt-Plan H IV)[10]
Das ehemalige Zeughaus befand sich in der Egergasse, diente zuerst als „Schleuse"
und Häftlingsunterkunft. Im Juli 1943 wurde der Bau geräumt und als Archivlager
benutzt. Marianne Elikan berichtete in ihrem Tagebuch am 20.4.1945, dass dieser Bau
bei einem Luftangriff von einer Brandbombe getroffen wurde.
TB 11.9.1944, 13.-15.2.1945 und 20.4.1945

Böhm, Ernst (*26.12.1912 Beuthen/Oberschlesien) – befreundeter Ghetto-Häftling[11]
Kurzfristig befreundeter Theresienstadt-Häftling, der Marianne Elikan um 1947 ein
Porträtfoto schenkte. Er kam mit dem Transport vom 29.10.1941 nach Lodz und später
(Datum nicht genannt) nach Theresienstadt.

---

[9]   Biografische Informationen vgl. Theresienstädter Gedenkbuch 2000, S. 238 und Be-
      stätigung der Geburtsdaten durch Brandenburgisches Landeshauptarchiv Rep. 36 A Ober-
      finanzpräsidium Berlin-Brandenburg II (Karteikarte Inge Bober, nach freundl. Mitteilung
      durch Herrn Thomas Ulbrich v. 7.3.2008).
[10] Chládlková: Ghetto 1995, S. 22 und Privatsammlung Marianne Elikan, Postkartenfoto der
      Kaserne vor 1939.
[11] Theresienstädter Gedenkbuch 2000, S. 530.

Brauerei
Alte Brauerei, umfunktioniert zu einer Häftlingsunterkunft mit Wäscherei u.a., s.
Block D VI.
TB Frühsommer 1944 („Bräuhaus")

Braun, Susanne – befreundete Ghetto-Internierte aus Wien[12]
Susanne Braun wurde am 28.7.1935 in Wien geboren. Sie wohnte dort zuletzt unter
der Adresse Wien 2, Ferdinandstr. 31, und wurde am 1.10.1942 nach Theresienstadt
deportiert. Weitere Lebensdaten nicht bekannt.
TB vom 4.8.1944

Burchardt, Henriette (1.10.1902-1944, Auschwitz), genannt „Henny"[13]
Nach den Angaben der Gedenkstätte Yad Vashem wurde Dr. Henriette Burchardt am
25. September 1942 mit dem Transport IV/11 von Wien nach Theresienstadt
deportiert. In dieser Transportliste wurde sie mit dem akademischen Titel „Dr." –
allerdings ohne weitere Zusätze – geführt. Ihr Geburtsort und ihre Eltern sind nicht
vermerkt. In der Rubrik „Wohnort während des Krieges" ist „Wien" angegeben.

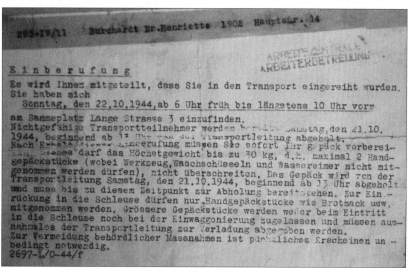

Abb. 31: Transportbefehl für Dr. Henriette Burchardt für den 22.10.1944

---

12   Magistrat der Stadt Wien (Mitteilung von Direktor Prof. Dr. Ferdinand Opll v.
     10.3.2008).
13   Biografische Eckdaten vgl. Yad Vashem: The Central Database of Shoah Victims; Anga-
     ben über den Trasport von Theresienstadt nach Auschwitz vgl. Gottwaldt/Schulle: Juden-
     deportationen 2005, S. 439-440 und 461; Erinnerungen zitiert nach Gespräch mit
     Marianne Elikan vom 19.6.2008.

Dr. Henriette Burchardt war laut Tagebucheintragungen von Mitte März 1944 bis zum 22.10.1944 Marianne Elikans „Zimmerälteste", d.h. sie war eine der Stubenältesten im Heim L 414. Marianne Elikan bezeichnete sie in ihrem Tagebuch ebenfalls mit dem Titel „Dr.", jedoch ohne Angaben, in welchem Studiengang Henriette Burchardt promoviert hatte. Marianne mochte ihre Zimmerälteste sehr, auch weil sie ihr in einem Streitfall Mut zugesprochen und sie auch an jenem 28.6.1944 aufgemuntert hatte, als sie sich das Leben nehmen wollte. Sie erinnert sich noch heute daran, dass ihr Bett an der Wand zur Straße hin unter dem Fenster gestanden hat und dass sie eine „blonde, korpulente, schwere" Frau gewesen ist.

Marianne Elikan erwähnt in ihrem Tagebuch auch den Tag, an dem Henriette Burchardt ihre Einberufung zu einem der Todestransporte nach Auschwitz erhalten hat (20.10.1944). Sie begleitete sie am 22.10.1944 in die Schleuse (s. dort) und bekam dort von ihr ein besonderes Andenken geschenkt, worin sich die besondere gegenseitige Sympathie der beiden ausdrückte. Marianne Elikan hat dieses Dokument in ihrer Theresienstädter Erinnerungsmappe aufbewahrt. Die blaue Stempeleintragung „Arbeiterzentrale/Arbeiterbetreuung" verschleierte das tatsächliche Ziel und den Zweck dieses Transportes, der am folgenden Tag, dem 23.10.1944 abfuhr: Mit ihm wurden insgesamt 1715 Personen von Theresienstadt nach Auschwitz befördert. Nach der Ankunft wurden bei der gefürchteten „Selektion" an der Bahn-„Rampe" 219 Männer zur Zwangsarbeit in mehrere Nebenlager eingewiesen und 215 Frauen in den Durchgangslagern von Birkenau festgehalten. Alle übrigen wurden sofort in die Gaskammern geschickt. 210 Insassen dieses Transportes überlebten den Krieg.
TB vom Frühsommer 1944, 28.6., 7.7., 24.8., 20.10. und 23.10.1944

Busten, Herbert-Heinz (Heinz-Herbert?) – befreundeter Ghetto-Häftling[14]
Die persönlichen Kontakte mit diesem Überlebenden des Ghettos Theresienstadt, dessen späterer Lebensweg im Dunkeln liegt, wurden von der Tagebuchautorin in einer Art und Weise beschrieben, die keinen anderen Schluss zulässt, als dass Marianne Elikan in dem Jahresabschnitt zwischen August 1943 und August 1944 mit Herbert-Heinz Busten ihre erste ernsthafte Liebesbeziehung erlebte. Besonders aussagekräftig erscheinen die beiden zitierten Briefe vom 15. und 20. April 1944 („viele tausend Grüße und Küsse"), die ihr Herbert-Heinz aus dem Lager Auschwitz-Birkenau nach Theresienstadt geschrieben hatte. Die von ihr gleich nach dem Empfang und Lesen der Briefe notierten Tagebuchausführungen wirken so, als ob sich Marianne durch die Niederschrift diesen aufregenden biografischen Moment, der ihre beiderseitige Verliebtheit bestätigte, für ihr Leben lang hatte festhalten wollen. Vor der brutalen Realität des Durchgangslagers Theresienstadt jedoch hatte diese Illusion keinen Bestand. Bereits im Monat August des gleichen Jahres 1944 war Marianne mit dem dänischen Häftling Horst Baumgarten (s. dort) befreundet. Am Ende der Lagerzeit jedenfalls war Mariannes einstige Idealvorstellung über die „große Liebe" merklich desillusioniert. Anfang Februar 1945 rezitierte sie in ihrem Spottgedicht „Ein Kakaozug von Zimmer

---

[14] Marianne Elikan hat zwei Porträtfotos von ihm aufbewahrt; seine Biografie war aber nicht recherchierbar.

4" den altbekannten ironischen Ausspruch: „Drum prüfe sich, wer sich ewig bindet, ob sich doch nicht noch etwas bessres findet".

Das Marianne Elikan von Herbert-Heinz Busten geschenkte Porträtfoto (vgl. Abb. 20) stammte aus der Vorkriegszeit (etwa 1939) und trägt auf der Rückseite die eigenhändig notierte Widmung: „Vergiss nicht Deinen Heinz. Terezin August 43". Der Stempelaufdruck daneben bezeichnete den Aufnahmeort, das „Foto-Atelier Adolf Grega, Wien II, Flossgasse 1 a". Die von Marianne Elikan nachträglich unbekannten Datums nach Kriegsende vorgenommene Ergänzung lautet: „Umgekommen in Auschwitz". Diese Angabe ist aber nach den überlieferten Sterbelisten aus Auschwitz sowie aufgrund der Tagebuch-Eintragung vom 8.5.1945, nach der Herbert-Heinz unter den bei Kriegsende aus den befreiten Konzentrationslagern nach Theresienstadt gebrachten Häftlingen war, zweifelhaft.
TB Frühsommer 1944, 15.6., 20.6.1944 (Zitate Brief / Postkarte), 23.6., 9.7.1944 8.5.1945

Café / Kaffeehaus (Theresienstadt-Plan D IV)
Das in der Neuen Gasse am Stadtpark gelegene und während der Ghetto-„Verschönerungsaktion" (s. dort) errichtete Kaffeehaus wurde am 8.12.1942 eröffnet. Es hatte 1000 Sitzplätze, da auch Konzertaufführungen stattfanden. Serviert wurden Ersatzkaffee und -tee. Eine Eintrittskarte war für zwei Stunden gültig. Marianne Elikan besitzt noch eine Einlasskarte in dieses Café (vgl. Abbildung im Teil „Farbtafeln") und erinnert sich, dass sie dort „einem älteren Herrn, einem erprobten Pianisten" beim Klavierspielen zugehört hatte. Außer klassischen Musikdarbietungen gab es sogar Jazzkonzerte (s. Kultur und „Freizeit" in Theresienstadt). Hinter dem Kaffeehaus befand sich ein zweckmäßig eingerichteter Spielplatz für Kinder mit Sitzbänken.[15]

Cohn, Carla – befreundete Mitinternierte
Herkunft und biografische Daten nicht sicher ermittelt; verfasste am 3.2.1943 eine persönliche Widmung in Marianne Elikans Poesiealbum (s.o., Teil II.4); eventuell identisch mit Carola Cohn (*13.6.1927), die am 25.6.1942 von Berlin nach Theresienstadt deportiert wurde und von dort am 19.10.1944 nach Auschwitz.[16]

Cohn, Lieselotte (*1.3.1909 Berlin)[17] – befreundete Mitinternierte aus Berlin
Lieselotte Cohn wurde am 13.1.1943 von Berlin nach Theresienstadt deportiert; sie verfasste am 12.6.1945 eine Widmung in Marianne Elikans Poesiealbum (s.o., Teil II.4) und schenkte Marianne nach dem Krieg ein Porträtfoto mit der Aufschrift „Berlin, den 13.9.1946".
TB nach der Befreiung Mai 1945 Eintragung der Adresse

---

[15] Gespräch mit Marianne Elikan am 19.6.2008; vgl. auch Manes: Leben 2005, S. 217; zur Ausstattung s.: Kultur und „Freizeit" in Theresienstadt.
[16] Theresienstädter Gedenkbuch 2000, S. 33.
[17] Theresienstädter Gedenkbuch 2000, S. 36.

De Vries, Werner (*1.3.1908 Gelsenkirchen) – Bekannter von Marianne Elikan und Geliebter ihrer Halbschwester Lieselotte[18]

Werner de Vries war der älteste Sohn des jüdischen Ehepaares Meyer de Vries (*21.5.1884 Burgsteinfurth, verschollen in Riga um 1942/43) und dessen Frau Emilie de Vries (geb. Hirsch, *9.2.1878 Burgsteinfurth, verstorben, verschollen oder ermordet in Riga). Auf einer Grußkarte von Anfang Februar 1942 berichteten er und seine Geliebte, Marianne Elikans Halbschwester Lieselotte, von ihrer am 27. Januar 1942 aus Gelsenkirchen erfolgten Deportation nach Riga. Mitdeportiert wurden damals auch Werner de Vries' Eltern, sein Bruder Gustav (*1.10.1913 Gelsenkirchen, verschollen in Riga), dessen Ehefrau Rosa de Vries (geb. Federgrün, 26.11.1909-11.11.1943 Riga bzw. nach abweichenden Angaben im Sommer 1943 dort erschossen). Allein Werner de Vries überlebte die Internierung und die Zwangsarbeiten und kehrte aus dem KZ Stutthof bei Danzig am 25.7.1945 zurück nach Gelsenkirchen.

Die von Werner de Vries Anfang Februar 1942 (mit Lieselotte Elikan) und am 8. Juli 1946 an Marianne Elikan nach Trier geschriebenen Briefe enthalten wertvolle Informationen über die letzte Lebensphase von Lieselotte Elikan. Demnach lernte Werner de Vries die 16 Jahre jüngere Lieselotte zwischen Juli 1941 und Anfang Dezember 1941 im jüdischen Krankenhaus in Frankfurt am Main kennen. Lieselotte arbeitete dort als Krankenschwester. Möglicherweise war Werner de Vries als Patient dort untergebracht und als Zwangsarbeiter im Raum Frankfurt eingesetzt. Nach dem zitierten Brief vom Februar 1942 wohnte er spätestens ab Frühjahr 1942 wieder in Gelsenkirchen im Haus seiner Familie. Werner de Vries heiratete nach dem Krieg und verzog in eine andere Stadt. Über seinen Verbleib ist nichts bekannt.

Dobeck, Lotti[19]

Überlebende des Ghettos Theresienstadt, die Marianne Elikan nach der Befreiung des Ghettos kennenlernte und die ihr ein Erinnerungsfoto von sich schenkte mit der Aufschrift „Deggen 8.6.1946".

Dreißigacker, Franz Jakob[20] **– Halbbruder von Marianne Elikan**

Am 4.7.1928 in Neustadt/Weinstraße geborener Sohn von Franz Geiger (s. dort). Marianne Elikan nicht mehr erinnerlich. Franz Jakob Dreißigacker war verheiratet mit Juliana Irmgard Dreißigacker (geb. Wendel, 8.2.1928-25.9.2005 Neustadt/Weinstraße). Er starb am 2. Februar 2002 in Hauenstein.

---

[18] Institut für Stadtgeschichte Gelsenkirchen: Einwohnermeldekarteien und Überlieferungen der Jüdischen Gemeinde Gelsenkirchen (aufgrund freundlicher Mitteilung durch Prof. Dr. Stefan Goch vom 22.1.2008); Deportationsdatum vgl. Gottwaldt/Schulle: Judendeportationen 2005, S. 135.

[19] Biografie nicht ermittelt.

[20] Stadtverwaltung Neustadt/Weinstr. Erweiterte Melderegisterauskunft vom 20.2.2008.

Dresdener Kaserne (Theresienstadt-Plan H V)
Ursprünglich eine große Infanteriekaserne für mehr als 1000 Soldaten, seit Ende 1941 Häftlingsunterkunft für Frauen mit jüngeren Kindern. Einzelne Räume dienten für Theateraufführungen und für andere Kulturveranstaltungen. Auf dem geräumigen Kasernenhof wurden Fußballspiele, sogar Turniere ausgetragen. Im Keller befand sich das Ghettogefängnis (s. Kasernen).
TB 13.-15.2.1945

Einwaggonieren
In der Lagersprache (s. dort) geprägter Begriff, der den Vorgang bezeichnet, bei dem die deportierten Juden unter Aufsicht der SS die bereitgestellten Transportzüge in die Konzentrations- oder Vernichtungslager besteigen. Durch den Gebrauch dieser verbalsubstantivischen Bezeichnung wurde der Vorgang der Judendeportationen, bei denen 1000 und mehr Menschen befehlsgemäß zur Zwangsarbeit oder in den Tod geschickt wurden (s. Judendeportationen), zu einem anonymen Verwaltungsakt umgedeutet, der den fabrikmäßig organisierten Massenmord verschleierte.
TB 27.9.1944

Elikan, Lieselotte[21] (*7.5.1924 Heidelberg, umgekommen 1944 im KZ Stutthof) – Marianne Elikans Halbschwester
Lieselotte Margot Elikan war die erste Tochter von Helene Elikan. Ihr Vater, der in ihrer Geburtsurkunde genannte Willi Lichtenwalder (+ Dezember 1938), war nicht mit ihrer Mutter verheiratet. Ihre ersten Lebensjahre bis zur frühen Schulzeit lebte sie im Haushalt ihrer Mutter in Karlsruhe und Grötzingen (von ihren ersten beiden Schuljahren in Grötzingen existiert noch ein Klassenfoto). Nach dem Tode ihrer Großmutter Johannetta Traub (Ende 1931) verzog sie mit ihrer Mutter Helene nach Ettlingen, die dort nach der Eheschließung mit ihrem Stiefvater Paul Geiger ab Frühjahr 1932 zusammen wohnte. Von 1932 bis Frühjahr 1939 war sie Schülerin im jüdischen Kinderheim in Herrlingen. Um die Jahreswende 1938/39 half sie ihrer Mutter Helene, deren 1939 geschiedene Ehe mit Franz Josef Geiger bereits kriselte, beim Umzug von Grötzingen nach Karlsruhe. Mit ihrer Mutter bezog sie dort eine Wohnung in der Durlacher Str. 39 (heute Ecke Brunnenstr./Am Künstlerhaus). Von hier meldete sie sich am 26. Mai 1939 im Wohnheim des Jüdischen Frauenbundes in Neu-Isenburg an, einem Stadtteil von Frankfurt am Main. Dieses Heim war 1907 eingerichtet worden

---

[21]   Bundesarchiv Koblenz (Hrsg.): Gedenkbuch der Verfolgung der Juden und der nationalsozialistischen Gewaltherrschaft in Deutschland. 2., wesentlich erweiterte Auflage, bearbeitet vom Bundesarchiv Koblenz. Koblenz 2006 (hier auch die Angabe des Sterbeorts KZ Stutthof; vgl. auch den in Teil II.2 abgedruckten Brief von W. de Vries vom 8. Juli 1946) und Interviews mit Marianne Elikan Februar-Juni 2008; s. auch Butendeich, R./ Steinhardt-Stauch, U.: Lieselotte Margot Elikan. In: Gedenkbuch für die Karlsruher Juden 2007; ergänzende Informationen zum Heimaufenthalt in Neu-Isenburg dank freundlicher e-mail-Mitteilung von Frau Dr. Heidi Fogel in Neu-Isenburg (14.7.2008) und Fogel, H./Staszewski, N.: Zum Leben und Wirken Bertha Papenheims. Neu-Isenburg 2006. – Zum Vater Lieselotte Elikans, Willi Lichtenwalder, liegen im Stadtarchiv Heidelberg keine weiteren Hinweise vor (gemäß Mitteilung Frau Diana Weber vom 25.1.2008).

für unverheiratete Schwangere, für alleinerziehende Mütter und deren Kinder und für Waisenmädchen. Zeitweise wohnten hier über 100 Personen. Möglicherweise absolvierte sie dort ein Praktikum als Säuglings- oder Kinderschwester. Nach der Tagebucherinnerung ihrer Schwester „lernte sie" dort „kochen und backen" und die dazugehörigen theoretischen Grundkenntnisse („die ganzen Schulfächer"). Wegen der Judenverfolgungen jedoch trug sie sich bereits mit Auswanderungsgedanken. Während des Novemberpogroms im Vorjahr 1938 (s. Reichspogromnacht) war das Haupthaus niedergebrannt und ein weiteres Haus beschädigt worden. Die Heimbewohnerinnen lebten also bereits bei der Ankunft Lieselotte Elikans in ständiger Angst vor weiteren Übergriffen. Sicher wusste sie davon, als sie sich im Mai 1939 in dem Heim anmeldete, denn bereits im Dezember 1938 stellte sie bei der „Gemeinnützigen Auswanderer-Beratungsstelle" in Karlsruhe einen Passantrag für eine mögliche Auslandsunterbringung in England. Zu diesem Zeitpunkt war sie in Karlsruhe gemeldet in einer Wohnung in der Waldhornstr. 39, möglicherweise war das die erste Umzugswohnung ihrer Mutter, deren Scheidung am 1. September 1939 erfolgte. Aus dem erwähnten Ausreiseantrag, der im Stadtarchiv Karlsruhe überliefert ist, stammt das einzige von ihr erhaltene Porträtfoto (vgl. Abb. 2). Lieselotte Elikan hat sich aber dann doch anders entschieden, da sie ihren Pass nie abgeholt hat und auch nicht von ihrer Mutter hatte abholen lassen, die am 22.10.1940 von Karlsruhe in das KZ Gurs nach Frankreich deportiert wurde und später in Auschwitz ermordet wurde (s. Helene Geiger). Wahrscheinlich besuchte Lieselotte ihre Mutter vor deren Deportation noch in dem Karlsruher „Judenhaus" im Nassauer Hof in der Kriegsstr. 88, wo sie zuletzt als Zwangsmieterin hatte wohnen müssen. Im Oktober oder November 1940 kam es in Frankfurt zu der letzten Begegnung mit ihrer Halbschwester Marianne, mit der sie daraufhin aber anscheinend einen regen Briefwechsel geführt hat.

Nach der Deportation ihrer Mutter aus Karlsruhe (22.10.1940) bekam Lieselotte in dem Jüdischen Wohnheim Neu-Isenburg übergangsweise eine feste Wohnunterkunft. Sie verließ das Heim aber vor dessen Zwangsauflösung am 31.3.1942, da sie Ende Mai 1941 im jüdischen Krankenhaus Frankfurt eine Arbeit als Krankenschwester und eine kleine Einzimmerwohnung erhalten hatte. Hier lernte sie auch den 16 Jahre älteren Werner de Vries aus Gelsenkirchen kennen. Sie verliebte sich in ihn und zog mit ihm am 5.12.1941 in dessen Heimatstadt Gelsenkirchen, wo sie wahrscheinlich mit ihm in dessen Wohnung in der Kurt-Laforde Str. 3 lebte. Ihre letzte Wohnadresse in Gelsenkirchen war laut Einwohnermeldeamt die Arnimstraße 3a. Am 26. Januar 1942, dem Tage vor ihrer Deportation von Gelsenkirchen nach Riga, schrieb sie im Sammellager mit ihrem Freund Werner eine letzte Grußkarte an Marianne nach Trier. Sie nennt darin das Deportationsziel Riga und gibt an, dass auch die Familie ihres Freundes dorthin deportiert werden sollte. In den wenigen Zeilen kommt zum Ausdruck, dass sie durch ihre Briefkorrespondenz ein sehr herzliches, inniges Verhältnis zu Marianne entwickelt hatte und dass sie sich – wohl wegen der zwischenzeitlich erfolgten Deportation ihrer Mutter – bereits Gedanken über ihre zukünftige Mitverantwortung für ihre jüngere Schwester gemacht hatte. Sie „freut sich" darüber, dass Marianne „noch zu Hause" ist (wegen der Zensur durfte sie nicht schreiben „dass Du noch nicht deportiert worden bist"). Im anschließenden Gedankengang erwägt sie die Möglichkeit, „die Verantwortung" zu „übernehmen, wenn Du dabei bist", revidiert diesen Vorschlag aber sogleich wieder: „Dazu bin ich [ergänze: „noch"] zu jung." Ihr Abschiedsgruß „Innige Küsse" beweist noch einmal die emotionale Intensität, die ihre Schwesternliebe in der kurzen Zeit ihrer persönlichen Bekanntschaft erreicht hatte.

Der Transportzug hatte die Nummer „4.19" und beförderte 938 Menschen nach Riga (Ankunft 1.2.1942). Über ihre letzten Erlebnisse dort und ihr Lebensende im KZ Stutthof berichtete Werner de Vries, der überlebte, in seinem Brief an Marianne Elikan vom 8. Juli 1946 (s.o., Teil II.2). Demnach arbeitete Lieselotte nach der Ankunft in Riga zuerst in der „Marketenderei". Nach der Räumung des Lagers vor der heranrückenden Roten Armee kamen Lieselotte Elikan und Werner de Vries im Oktober 1944 in das KZ Stutthof. Als Lieselotte bereits im Frauengefängnis interniert war, gelang es Werner de Vries, ihr noch heimlich einen Brief zuzuschmuggeln.

Da dem Amtsgericht in Gelsenkirchen diese Informationen fehlten, setzte es das Todesdatum am 7.11.1951 rückwirkend fest auf den 31.12.1945 unter Angabe des Todesortes „KZ Stutthof". Nach dem zitierten Brief von Werner de Vries starb sie aber in den Monaten Oktober-Dezember 1944.

In ihren mündlichen Erinnerungen nennt Marianne Elikan heute ihre Halbschwester mit ihren Pflegeeltern als ihre liebste Verwandte. Sie besitzt von ihr außer der zitierten Abschiedskarte noch einen undatierten Geburtstagsbrief, auf den Lieselotte einen Blumenstrauß zur Verzierung gemalt hat (s. Abb. in Teil I: Kommentierte Biografie). Ihrer ersten Tochter gab Marianne Elikan 1948 den Namen Lieselotte – in Erinnerung an ihre geliebte Schwester.

Elsbach, Adele (*28.2.1908-Okt. 1944 Auschwitz)[22] – befreundete Judenhaus-Bewohnerin und Lehrerin Marianne Elikans 1941/42 in Trier
Schrieb am 28.5.1941 eine persönliche Widmung in Marianne Elikans Poesiealbum (s.o., Teil II.4). Zum damaligen Zeitpunkt wohnte sie in dem „Judenhaus" in der Balduinstr. 12, das der Holzhändlerfamilie Isay gehörte (s. Reichspogromnacht). Von Mitte Juli 1940 bis Mitte Oktober 1940 wohnte sie – ebenfalls als Zwangsmieterin – in der Maximinstr. 31, im gleichen Haus, in dem Marianne Elikan in den Nachkriegsjahren 1950 bis 1954 mit ihrem Ehemann und ihren beiden Kindern eine gemeinsame Mietwohnung bezogen hatte. Adele Elsbach unterrichtet damals privat die Schüler der jüdischen Volksschule. Nach ihrer Deportation aus Trier vom 17.6.1943 kam sie (von Berlin aus) am 29.6.1943 nach Theresienstadt und wurde von dort am 6.10.1944 nach Auschwitz deportiert, wo sie man sie wahrscheinlich gleich nach der Ankunft zum Gang in die Gaskammern selektierte.

---

22   Zur Biografie vgl. Wilke: Datenbank 2008, Nolden, R.: Vorläufiges Gedenkbuch für die Juden von Trier 1938-1943. Zusammengestellt von R. Nolden. 2., überarb. u. korr. Aufl. Trier 1998, S. 14 und Theresienstädter Gedenkbuch 2000, S. 46.

Abb. 32: Kennkarte Adele Elsbach, 1939

Endlösung[23]

Der Begriff „Endlösung" wurde geprägt anlässlich der Wannseekonferenz vom 20. Januar 1942, als der Chef der Sicherheitspolizei, Reinhard Heydrich, vor führenden Vertretern der NS-Staatsverwaltung das Programm zur Ausrottung der jüdischen Bevölkerung Europas darlegte. Im Verlaufe der planmäßigen Durchführung dieser „Endlösung" sollten auf Grundlage der Nürnberger Gesetze 11 Millionen Menschen zunächst „Zug um Zug in sogenannte Durchgangsghettos verbracht, um von dort aus weiter in den Osten transportiert zu werden". Täglich sollten mehrere Züge mit je 1000 Personen abgehen. Für die Aufnahme der etwa 280.000 Juden über 65 Jahre aus dem Altreich und der Ostmark sollten sogenannte „Altersghettos" eingerichtet werden, in denen sich die „Endlösung" durch die sogenannte natürliche Sterblichkeit würde bewerkstelligen lassen, wobei man Selbstmorde bzw. Sterben aufgrund mangelnder Hygiene und Krankheit von vornherein einkalkulierte. Der Umbau der ehemaligen Festungsstadt Theresienstadt zu einem „Vorzeige-Ghetto" erfolgte in diesem Zusammenhang. Die soziale Struktur der Internierten von Theresienstadt und ihr Alltagsleben unterschieden sich allerdings sehr deutlich von der NS-Propagandavision eines Vorzeige-Altersghettos für evakuierte Juden (s. Häftlinge, Verschönerungsaktion).

---

23 Pohl, D.: „Rassenpolitik", Judenverfolgung, Völkermord. In: Möller, H. (u.a., Hrsg.). Die tödliche Utopie. Bilder. Texte. Dokumente. Daten zum Dritten Reich. München [4]2002, S. 218-222.

Erinnerungskultur[24]
Das gedenkende und mahnende Erinnern an die NS-Gewaltherrschaft ist heute ein wichtiger Bestandteil des Kulturschaffens geworden. Nicht nur in Deutschland, sondern auch in den Staaten der ehemaligen deutschen Besatzungsgebiete erfährt die NS-Erinnerungskultur eine steigende Wertschätzung. In der „Kleinen Festung" Theresienstadt gibt es seit 1991 ein Ghettomuseum mit einer Dauerausstellung, Tagungsveranstaltungen und seit 1997 auch Begegnungen internationaler Touristengruppen, unter denen sich viele ehemalige Häftlinge bzw. deren Familien einfinden (s. auch Vergangenheitsbewältigung).

Ermann, Edith geb. Joseph (19.5.1928 Aach-13.12.2006 Richmond-Hill/USA) – Zwangs-Weinbergsarbeiterin 1941/1942[25]
Auf einem Erinnerungsfoto, das Marianne Elikan aus der Zeit ihrer Zwangsarbeit im Weinberg der Landeslehr- und Versuchsanstalt für Weinbau, Obstbau und Landwirtschaft aufbewahrt hat, ist auch Edith Ermann abgebildet (s. Zwangsarbeiterinnen). Sie stammte aus Aach und wurde am 16.3.1943 zusammen mit ihren Eltern, dem Gastwirt und Kolonialwarenhändler Salomon Joseph und seiner Ehefrau Emma, über Berlin nach Theresienstadt deportiert. Sie überlebte Theresienstadt. Ihre Eltern wurden von Theresienstadt nach Auschwitz transportiert und dort gleich nach der Ankunft vergast. Edith heiratete nach dem Kriege einen Juden namens Ermann, emigrierte in die USA und wohnte zuletzt in Richmond-Hill (US-Bundesstaat New York).

Ermann, Lore (*2.2.1927 Osann)[26] **– befreundete Judenhaus-Bewohnerin 1941/1942 in Trier**
Schrieb am 3.4.1941 eine persönliche Widmung in Marianne Elikans Poesiealbum (s.o., Teil II.4); am 14.4.1939 von Osann nach Trier umquartiert in das Judenhaus in der Dampfschiffstraße 6, von wo sie 1941/42 täglich mit einer Sonder-Fahrkarte der Reichsbahn zu Zwangsarbeiten nach Serrig im Weingut der Staatsdomäne Serrig gefahren ist. Sie blieb verschollen nach ihrer Deportation aus Trier vom 1.3.1943.

Familie – Angehörige von Marianne Elikan
Erläuternde biografische Daten zu den im Tagebuch von Marianne Elikan genannten Angehörigen sind aus Gründen der besseren Übersichtlichkeit in diesem Glossar aufgeführt. Es handelt sich um folgende Personen (vgl. auch die jeweiligen Einträge):

---

[24] Köser, H.: Kultur im Vorhof zur Hölle (= Elektronische Ressource): http://www.brueckemost-stiftung.de/?id=280.

[25] Zur Biografie vgl. Nolden/Roos: Schicksal 2008, S. 249 und Todesdatum durch Mitteilung von Herrn Manfred Turbing (Wiedergutmachungsamt Saarburg) vom 5.3.2008; interessante Hinweise auch auf ihr Wiedergutmachungsverfahren vgl. Heidt, G. (Tutor), Bortz, B. und elf weitere Mitschüler (1984): Kriegsgefangene und Zwangsarbeiter im ehemaligen Kreis Saarburg von 1939 bis 1945. Schülerwettbewerb deutsche Geschichte. Alltag im Nationalsozialismus. Die Kriegsjahre in Deutschland. Saarburg (= Projekt des Gymnasiums Saarburg), S. 231.

[26] Zur Biografie vgl. Wilke: Datenbank 2008 und Nolden: Gedenkbuch 1998, S. 15; betr. Zwangsarbeit vgl. Stadtarchiv Trier TB 15/949.

- Lieselotte Elikan (Halbschwester)
- Franz Jakob Dreißigacker (Stiefbruder)
- Helene Geiger (Mutter)
- Franz Josef Geiger (Stiefvater)
- Anna Rotter (Stiefmutter)
- Paul Rotter (Vater)
- Waltraud Ingeborg Rotter (Halbschwester)
- Eduard Wolf (Pflegevater)
- Melanie Wolf (Pflegemutter)

Durch die Judenverfolgungen verlor Marianne Elikan fast alle ihre Angehörigen: Ihre Mutter Helene und ihre Halbschwester Lieselotte kamen beide in Konzentrationslagern um. Ihre Pflegeeltern Eduard und Melanie Wolf gelten seit ihrer Deportation als vermisst (amtliches Todesdatum: 31.12.1943). Obwohl ihr leiblicher Vater Paul Rotter und ihre Halbschwester Waltraud Ingeborg Rotter als Nichtjuden den Krieg überlebt hatten, war es Marianne Elikan trotz wiederholter Versuche nicht möglich, sie noch einmal zu kontaktieren.

Freunde und Bekannte
Quellen für die Benennung der Freunde und Bekannten, die Marianne Elikan in den Jahren ihrer Gefangenschaft von 1941 bis 1945 in den Trierer Judenhäusern (s. dort) und im Ghetto Theresienstadt kennenlernte, sind neben ihrem Tagebuch, ihren Gedichten und Erinnerungsfotos insbesondere auch ihr Poesiealbum. Die dort eingetragenen persönlichen Gedichte und Widmungen sind authentischer Ausdruck jener besonders starken emotionalen Affinität, in der sich die durch die Judenverfolgungen ausgegrenzten Menschen als Zugehörige einer tragischen Schicksalsgemeinschaft miteinander verbunden fühlten.

- Alexander (Nachname nicht bekannt; in Theresienstadt)
- Bachrach, Olga (in Theresienstadt)
- Bähr, Ruth-Selma und deren Eltern (in Trier)
- Bähr, Bertel (in Theresienstadt)
- Baumgarten, Horst (in Theresienstadt)
- Bella (Nachname nicht bekannt, in Theresienstadt)
- Bick, Norma (in Theresienstadt)
- Bober, Geschwister Inge und Ilse (in Theresienstadt)
- Böhm, Ernst (in Theresienstadt)
- Braun, Susanne (in Theresienstadt)
- Burchardt, Dr. Henriette (in Theresienstadt)
- Busten, Heinz-Herbert (in Theresienstadt)
- Cohn, Carla (in Theresienstadt)
- Cohn, Lieselotte (in Theresienstadt)
- Dobeck, Lotti (in Theresienstadt)
- De Vries, Werner (Freund ihrer Schwester Lieselotte Elikan; briefl. Kontakt)
- Ermann, Lore (in Trier)
- Friedmann, Liselotte (in Theresienstadt)
- Fröhlich, Rita (in Theresienstadt)

- Ganser, Karla (in Theresienstadt)
- Gerstl, Herta (in Theresienstadt)
- Götzel, Alice (in Theresienstadt)
- Goetzel, Elma (in Theresienstadt)
- Groll, Frieda (in Theresienstadt)
- Grünebaum, Inge (in Theresienstadt)
- Haas, Elise (in Trier)
- Huth, Else (in Trier)
- Kahn, Lucie (in Trier)
- Kallmann, Adele und deren Eltern (in Trier)
- Kaufmann, Berthilde (in Trier)
- Klein, Edith (in Trier)
- Lebensbaum, Gertrud (Traute) (in Theresienstadt)
- Leufgen, Gertrud (in Theresienstadt)
- Levy, Marga (in Trier)
- Löbl, Marianne und deren Familie (in Theresienstadt)
- Lorig, Therese (in Trier)
- Mayer, Liesel (in Trier)
- Meier, Else (in Trier)
- Meyer, Henriette geb. Lazarus (Theresienstadt/Trier)
- Poculla, Wilma (in Theresienstadt)
- Roos, Liesel (in Theresienstadt)
- Rosenberger, Rita (in Theresienstadt)
- Rybak, Margot (in Theresienstadt)
- Schor, Egon (in Theresienstadt)
- Sternfeld, Ingeborg (in Theresienstadt)
- Süsskind, Betty (Theresienstadt/Trier)
- Süssmann, Herbert (in Theresienstadt)
- Wertheim, Hella geb. Sass (in Theresienstadt)
- Wolf, Hedwig geb. Jakob mit Ehemann Hugo und Sohn Silva (in Trier)
- Zickrick, Helga (in Theresienstadt)

Friedmann, Lilo (Liselotte)[27] – befreundete Mitinternierte
Verfasste am 12.6.1943 in Marianne Elikans Poesiealbum eine persönliche Widmung, nach deren Wortlaut sie diese in der Kinderbibliothek (L 216) kennengelernt hat.

Fröhlich, Rita[28] – befreundete Überlebende des Ghettos Theresienstadt
Freundin von Marianne Elikan, die ihr nach dem Kriege noch ein eigenhändig mit ihrem Namen beschriftetes Porträtfoto schenkte, wahrscheinlich in einem heute nicht mehr erhaltenen Schreiben aus der Emigration (auf der Rückseite ist die Auswanderungsadresse angegeben: 1705 Andrews Avenue Apt. 4 M, Bronx 53 NY, USA).

---

[27] Biografie nicht ermittelt; bei der Genannten kann es sich nicht um Lilo Friedemann aus Berlin (geb. 28.12.1916) handeln, die bereits am 13.6.1942 im Vernichtungslager Sobibor ermordet wurde; vgl. Bundesarchiv: Gedenkbuch 2006.

[28] Biografie nicht ermittelt.

Ganser, Karla (*17.8.1927)[29] – befreundete Mitinternierte
Karla Ganser aus Hamburg wurde am 24.2.1943 nach Theresienstadt deportiert. Sie überlebte den Krieg und hieß nach ihrer Heirat Karla Odenthal. Am 22.9.1954 wanderte sie nach Haifa aus. Nach der Befreiung des Lagers gab sie Marianne Elikan, mit der sie in der Endphase des Lagers auf einem Zimmer wohnte, ihre Hamburger Anschrift. Marianne Elikan erwähnte sie evtl. in ihrem Gedicht „Ein Kakaozug von Zimmer 4" (s.o., Teil II.3).
TB Adresseneintragung nach der Befreiung im Mai 1945.

Gaskammer[30]
Der fabrikmäßige Judenmord mittels Gas begann im Dezember 1941 im Generalgouvernement Polen. In dem Dorf Chelmno (Kulmhof) errichteten SS-Spezialisten das erste Vernichtungslager. Bei der Abwicklung des Judenmords folgten die SS-Spezialisten dem Rat von Medizinern, die bei der Euthanasie-Aktion T 4 im gleichen Jahr die Ermordung von 100.000 Heilanstaltspatienten in getarnten Duschkabinen mitorganisiert hatten. Die Massentötungen, deren Durchführung die Behörden mit dem Verwaltungsbegriff „Judenaktionen" kaschierten, erfolgte zunächst in umgebauten Lastwagen, in denen die unter einem Vorwand hineingelockten Gefangenen durch Hineinleiten der Dieselabgase getötet wurden. Um die gleiche Zeit begannen bereits in Auschwitz an sowjetischen Kriegsgefangenen die ersten Tötungsexperimente mit dem Blausäuregas Zyklon B, das bisher zur Entwesung der Häftlingsunterkünfte verwendet worden war. Die ersten Massenvergasungen erfolgten zwischen November 1941 und Juni 1942 in Belzec, Sobibor und Treblinka. In den dort zu diesem Zweck mit festen Gaskammern ausgestatteten Vernichtungslagern kamen bereits in der genannten kurzen Zeitspanne die meisten polnischen Juden ums Leben. Unmittelbar nach der Fertigstellung eines vierten Vernichtungslagers in Majdanek begannen im Juli 1942 in Auschwitz die Bauarbeiten großer Gaskammern, neben denen bis zum Sommer 1943 die technisch modernsten Krematorien errichtet wurden. Der fabrikmäßige Massenmord in Auschwitz erreichte jetzt seinen ersten Höhepunkt, ein zweiter folgte im Sommer 1944, als 400.000 Juden aus Ungarn innerhalb weniger Wochen ermordet wurden. Die Vernichtungstechnik war jetzt soweit perfektioniert, dass bei einem ca. 20 Minuten dauernden Vergasungsvorgang maximal 1500 Häftlinge getötet bzw. in manchen Vernichtungslagern an einem Tage 10000 Häftlinge umgebracht wurden (s. auch den folgenden Eintrag: Gaskammer Theresienstadt).

---

[29] Staatsarchiv Hamburg, Mitteilung Dr. Jessica von Seggern 5.2.2008 und Bezirksamt Harburg. Fachamt Einwohnerwesen, Mitteilung vom 18.2.2008.

[30] Zur Entwicklung der Gaskammern und Vernichtungslager Frei: Bewusstsein 2005, S. 168-169 und Pohl, D.: Die Ermordung der Juden im Generalgouvernement. In: Herbert, U. (Hrsg.): Nationalsozialistische Vernichtungspolitik 1939-1945. Neue Forschungen und Kontroversen. Frankfurt/Main 1998, S. 103-106.

Gaskammer Theresienstadt[31]

Im Februar 1945 errichtete die Lagerkommandantur in einem unterirdischen Gang beim Leitmeritzer Tor eine getarnte Gaskammer, die aber nicht mehr in Betrieb genommen wurde. Unter den Theresienstädter Häftlingen blieb dieser Vorgang bis zur Befreiung des Ghettos unbemerkt, obwohl der Judenälteste Murmelstein (s. Selbstverwaltung) vom zuständigen Chefingenieur von dem Bauvorhaben erfahren hatte. Wäre die Gaskammer in Betrieb genommen worden, wäre das Durchgangsghetto Theresienstadt noch kurz vor seiner Befreiung zu einem Funktionsglied des fabrikmäßigen Massenmordes (s. Gaskammer, Vernichtung) geworden. Nach den Tagebuchaufzeichnungen von Marianne Elikan haben die Ghetto-Häftlinge von der Existenz dieser Gaskammer erst nach ihrer Befreiung erfahren.
TB 18.5.1945

Geiger, Franz-Josef (13.6.1906 Malsch-22.6.1945 Ettlingen)[32] –
Marianne Elikans Stiefvater
Er war ein gelernter Ofensetzer und verheiratet in erster Ehe am 20.2.1929 mit Rosine Benkler aus Oberflockenbach/Bergstr. Aus dieser Ehe hatte er einen Sohn namens Franz (*4.7.1928 Neustadt/Weinstraße; s. Dreißigacker, Franz Jakob). Nach der Scheidung (Datum nicht bekannt) heiratete er am 6.1.1932 in Ettlingen Helene Elikan, mit der und dessen Tochter Lieselotte Margot er in Ettlingen, Leopoldstr. 12 einen gemeinsamen Haushalt führte bis zur abermaligen Ehescheidung am 1.9.1939 (Urteil der Zivilkammer des Landesgerichts Karlsruhe). Scheidungsgrund könnte die politische Betätigung Geigers in der NSDAP bzw. einer NS-Organisation gewesen sein, mit der eine Ehe mit einer Jüdin nicht vereinbar war. – Am 6.1.1945 hielt sich Geiger als Wehrmachtsoldat in Neustadt auf und soll sich dann unerlaubt von der Truppe entfernt haben und unter dem Falschnamen „Gamber" untergetaucht sein. Er wurde von der Feldgendarmerie gesucht. Er starb am 22. Juni 1945 in Ettlingen.

Geiger, Helene (31.3.1903 Heidelberg-August 1942 Auschwitz)[33] –
Marianne Elikans Mutter
Helene Geiger wurde am 31.3.1903 in Heidelberg geboren als uneheliche Tochter von Antonie Johannetta Traub geb. Elikan (16.7.1886 Hagenbach-30.12.1931 Grötzingen), jüd. Konfession, und Franz Berg (Karlsruhe). Sie lebte 1924 bis 1931 im gemeinsamen Haushalt mit ihrer Mutter und ihrem Stiefvater Leopold Traub (23.11.1871 Karlsruhe-Grötzingen-17.9.1941 Gurs nach Deportation am 22.10.1940 aus Karlsruhe, zuvor bereits KZ Dachau 11.11.-2.12.1938), dem Synagogengemeindendiener, in der Synagogenstraße. In diesen Jahren gebar sie zwei Töchter, 1924 Lieselotte (s. Lieselotte Elikan) und 1928 Marianne Elikan. Nach den vorliegenden Angaben war sie in jenen Jahren weder mit dem Vater ihrer ersten Tochter Lieselotte, Willi Lichtenwalder (aus Heidelberg, verstorben um 1938/39), noch mit Paul Rotter verheiratet, den Marianne Elikan 1942 in ihrem Tagebuch als ihren „richtigen" Vater bezeichnete. Nach dem Tod

---

[31] Murmelstein, Wolf.: Theresienstadt – einige wichtige Tatsachen. (Internetressource: www.shoa.de/content/view/454/46/)

[32] Mitteilung Stadtarchiv Ettlingen durch Frau Dorothee Le Maire vom 18. und 20.1.2008.

[33] Vgl. Butendeich/Steinhardt-Stauch: Juden 2007.

ihrer Mutter meldete sich Helene Geiger am 30.12.1931 aus Grötzingen ab und verzog mit ihrer Tochter Lieselotte, die in Grötzingen eingeschult worden war, nach Ettlingen, wo sie am 6.1.1932 den Ofensetzer Franz-Josef Geiger (13.6.1906 Malsch- 22.6.1945 Ettlingen) heiratete, mit dem sie anschließend in der Leopoldstr. 12 wohnte. Franz-Josef Geiger hatte noch einen 1928 geborenen Sohn (s. Dreißigacker, Franz Jakob).

Etwa zur Zeit ihrer Übersiedlung nach Grötzingen 1932 übergab Helene Geiger ihre zweite Tochter Marianne Elikan nach Wawern in die Obhut des Ehepaares Melanie und Eduard Wolf. Bereits kurz vor ihrer Scheidung von Franz-Josef Geiger (Standesamt Ettlingen, 1. Sept. 1939) zog Helene Geiger mit ihrer Tochter Lieselotte nach Karlsruhe. Sie wohnte erst in der Durlacher Str. 59 (heute Brunnenstr. 59, Am Künstlerhaus) und zuletzt im Nassauer Hof in der Kriegsstr. 88, einem „Judenhaus". Von dort wurde Helene Geiger am 22.10.1940 nach Frankreich in das KZ Gurs deportiert. Am 11. Juni 1942 wurde sie von Rivesaltes in das Sammellager Drancy eingewiesen und von dort am 14. August 1942 nach Auschwitz deportiert. Sie starb dort nach der vom Sonderstandesamt Arolsen ausgestellten Sterbeurkunde am 26.3.1942 [sic].

Gelber Stern („Judenstern")[34]
Das Tragen des sog. „Judensterns", auch „Gelber Stern" genannt (Abb. vgl. Anhang: Farbtafel 1), wurde ab dem 1. bzw. 19. September 1941 (Datum der polizeilichen Verordnung bzw. der Inkraftsetzung durch den Reichsinnenminister) zur Pflicht für die Juden im Deutschen Reich vom sechsten Lebensjahr an, ab dem 1. Juni 1942 auch für Juden in den besetzten Ländern Frankreich und Holland. Dieses stigmatisierende Kennzeichen, das die Durchführung weiterer öffentlicher Ausgrenzungsaktionen wie die Betretungsverbote von Straßenbahnen und Badeanstalten und ein äußerliches Beschauen erleichtern sollte, musste von den Juden auf der linken Brustseite der Kleidung für jedermann gut erkennbar getragen werden. Der aus zwei ineinander geschobenen Dreiecken bestehende sechszackige Stern war eine Imitation des Davidsterns. Darauf geschrieben stand in hebraisierter Schrift das Wort „Jude".

Wie die Ausgrenzung mittels „Judenstern" im öffentlichen Leben funktionierte, erfuhr Marianne Elikan vor ihrer Deportation in Trier, als sie zusammen mit einer jüdischen Freundin von der Gestapo bei einer Straßenbahnfahrt verhaftet wurde (s. Teil I: Biografie).

Gendarmerie-Wache (Theresienstadt-Plan G II)
Gebäude im ehemaligen Offizierskasino. Das ca. 100 Mann starke Wachpersonal wurde von einer Einheit der Protektoratsgendarmerie gestellt, deren Männer sich im Unterschied zu den SS-Angehörigen den Häftlingen gegenüber meistens anständig verhalten haben sollen. Marianne Elikans Tagebucheintragungen bestätigen diese Einschätzung.

Geniekaserne (Theresienstadt-Plan E IIIa)
An der Langen Straße befand sich die Geniekaserne mit einem Altersheim und einem provisorischen Krankenhaus mit einer Abteilung für Herzerkrankungen und Tuberku-

---

[34] Juden in Trier 1988, S. 120-121; s. auch Pohl: Judenverfolgung 2002, S. 219.

lose. Auf dem Dachboden wurde ein Bettentrakt eingerichtet. Auch hier fanden Kulturveranstaltungen und Vorträge statt. Wahrscheinlich handelte es sich hier um das von Marianne Elikan in einem Gedicht beschriebene „Typhusspital".

Gerstl, Herta (aus Wien)[35] – befreundete Mitinternierte
Sie schrieb Marianne Elikan am 22. Januar 1943 einen Erinnerungsspruch ins Poesiealbum mit der Angabe „Herta Gerstl, Wien".

Ghetto-Wache (Theresienstadt-Plan E IIIb)
An der Langen Straße befindliche Ghetto-Wache, die aus jungen Internierten auf Anweisung der Lagerverwaltung gebildet wurde, aber wegen Furcht vor einem Ghettoaufstand im Juni 1943 aufgelöst, kurze Zeit später aber wieder erneuert wurde. Es gab hier ebenfalls einen Saal, in dem Kulturveranstaltungen stattfanden.

Glimmerfabrik / Glimmerspalterei[36]
Das Spalten großer kunststoffhaltiger Glimmerschiefer-Klötze zu kleinen, pflastergroßen Plättchen war eine Sparte Zwangsarbeit, die im Ghetto Theresienstadt ausschließlich von weiblichen Häftlingen verrichtet wurde. Die von Marianne Elikan zur Erinnerung aufbewahrten Kunststoffplättchen, das Endprodukt (vgl. die Abbildungen im Teil „Farbtafeln"), wurden als Rohstoff in der Rüstungsproduktion weiterverwendet, unter anderem für den Bau von Flugzeugen. Durchschnittlich waren 842 Frauen im Einsatz. Allein im Jahre 1943 verrichteten die Frauen und Mädchen 331.000 Arbeitsstunden. Im Februar 1945 bekamen sie 6288 kg Rohstoff, aus dem sie 2226 kg gespaltenen Glimmer herstellten. Gegen Ende 1943 wurde die Produktion eingestellt, ab September 1944 aber wieder im Akkordrhythmus bis zum Ende des Krieges fortgesetzt.

Die Arbeiten wurden in einer bzw. mehreren großen Baracken durchgeführt, deren Standort Marianne Elikan in ihrem Tagebuch nicht genannt hat. Nach den Erinnerungen von Gerty Spies begannen die Arbeiten im August 1942 in einer großen Baracke innerhalb des Lagers und wurden später in zwei noch größere Baracken außerhalb des Festungsringes verlegt. Die von Marianne Elikan aufbewahrten Arbeitsnachweise und -befehle dokumentieren den Zwangscharakter dieses von den Rüstungsexperten als besonders kriegswichtig eingeschätzten Produktionszweiges. Wer die Arbeitsauflagen nicht erfüllte, „lief Gefahr", so Gerty Spies, „dem nächsten Transport zum Opfer zu fallen." Marianne Elikan wurde wegen Nichterscheinens einmal zum Rapport vorgeladen. In ihren Tagebuchaufzeichnungen und in den Memoiren weiterer überlebender Häftlinge wie Gerty Spies aus Trier tritt der fabrikmäßige Charakter dieser anstrengenden und krankmachenden Zwangsarbeit deutlich hervor.
TB 17.9., 7.11.1944, 18., 20., 30.3. und 13., 18.4.1945[37]

---

[35] Biografie nicht geklärt.
[36] Zusammenfassende Informationen vgl. Theresienstädter Gedenkbuch 2000, S. 28.
[37] Vergleichbare Häftlingserinnerungen vgl. Wertheim: Theresienstadt 2004, S. 37, Spies, G.: Drei Jahre Theresienstadt. München 1984, S. 37-38 und 100-101 und Rohan, E./ Rohan, G.: „Erst wollten wir nicht erzählen, aber man muss ja ...". Interview vom 30. Juli 2002 in Kriftel. In: Studienkreis Deutscher Widerstand 1933-1945 (Hrsg.): Kinder in

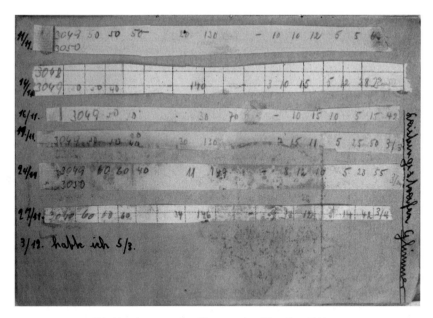

Abb. 33: Leistungsstreifen Glimmerspalterei Nov.-Dez. 1944

Götzel, Alice
Befreundete Mitinternierte Marianne Elikans; Verfasserin einer Widmung in Mariannes Poesiealbum vom 22.8.1942 (s.o., Teil II.4); Lebensdaten nicht bekannt.

Goetzel, Elma – befreundete Mitinternierte
Befreundete Mitinternierte Marianne Elikans, die nach der Befreiung Theresienstadts ihre Adresse in Mariannes Tagebuch notierte; sie kam demnach aus den Oberbergischen Land. Verfasserin zweier Widmungen in Mariannes Poesiealbum vom 21.8.1942 (s.o., Teil II.4); weitere Lebensdaten nicht bekannt.
TB Mai 1945 (Adresseintrag)

Groll, Frieda (*30.5.1892 Köln) – bekannte Mitinternierte[38]
Offensichtlich arbeitete Frieda Groll zeitweise als Funktionshäftling für die Jüdische Selbstverwaltung, da sich unter den Theresienstädter Dokumenten Marianne Elikans auch eine Vorladung befindet, nach der sich Marianne Elikan „sofort vor oder nach der Arbeit" bei ihr einfinden solle. Frieda Groll überlebte die Internierung.

Theresienstadt – Zeichnungen, Gedichte, Texte. Katalog einer Ausstellung. Redaktion: U. Krause-Schmit/B. Leissing/G. Schmidt (o.O.) 2003, S. 51-52; ergänzende Informationen durch Marianne Elikan (Gespräch) vom 12.6.2008.
[38] Theresienstädter Gedenkbuch 2000, S. 368 und Vorladung in Privatsammlung M. Elikan.

Grünebaum, Inge (*27.3.1929)[39] **– befreundete Mitinternierte**
Sie verfasste am 28.3.1944 eine Widmung in Marianne Elikans Poesiealbum (s.o., Teil
II.4). – Sie kam mit dem gleichen Deportationszug wie Marianne Elikan am 28.7.1942
aus Köln nach Theresienstadt und wurde von dort am 23.10.1944 nach Auschwitz
deportiert. Sie überlebte die Verfolgungen nicht.

Haas, Elise geb. Bähr (14.7.1878 Tholey-1960 Mainz)[40] **–
befreundete Judenhausbewohnerin 1941/42 in Trier**
Schrieb am 7.4.1941 eine persönliche Widmung in Marianne Elikans Poesiealbum
(s.o., Teil II.4); zum Zeitpunkt der Eintragung lebte sie in dem „Judenhaus" (s. dort)
Brückenstr. 82, in dem zuvor Marianne Elikan mit ihren Pflegeeltern gewohnt hatte.
Elise Haas war verheiratet mit dem Kaufmann Wilhelm Haas (1877-1944). Sie verlor
ihren Mann nach ihrer gemeinsamen Deportation von Berlin nach Theresienstadt
(29.6.1943) im dortigen Ghetto und überlebte den Krieg. Elise Haas war eine in den
bürgerlichen Kreisen Triers bekannte Schriftstellerin. Sie starb in Mainz.

Häftlinge im Ghetto Theresienstadt[41]
Abweichend von den geheimen Vorplanungen über die Durchführung der „Endlö-
sung" (s. dort) wurde die ehemalige Festungsstadt Theresienstadt unter der deutschen
Besatzung kein „Altersghetto", in dem Juden fortgeschrittenen Alters auf friedliche
Weise – „Der Führer schenkt den Juden eine Stadt", so die vielzitierte Propagandafor-
mel – einen geruhsamen Lebensabend verbrachten. Im erweiterten Funktionskreislauf
der organisierten Judenvernichtung war das Ghetto Theresienstadt (in dieser Funktion
Januar 1942 bis 20. April 1945) eine Zwischenstation für den Weitertransport in die
Arbeits- und Vernichtungslager (s. Transporte, Vernichtung).

Ein geruhsames oder friedliches Dasein verhinderten allein die zeitweise extrem hohen
Häftlingszahlen. Die höchsten Interniertenquoten verzeichnete die Kommandantur in
der zweiten Jahreshälfte 1942, also kurze Zeit nach der Ankunft von Marianne Elikan
(28.7.1942, s. Judendeportationen, Privatsphäre). Der höchste Häftlingsstand datierte
am 18. September 1942 (58491). In den folgenden Jahren 1942/43 pendelte die Häft-
lingszahl zwischen 43009 und ca. 48000. Nach der letzten großen Transportwelle zwischen Ende September und Ende Oktober 1944 (s. Transporte) blieben etwa 11000
Häftlinge in Theresienstadt zurück, davon 819 Kinder unter 15 Jahren. Von diesen war
ein Großteil „Mischlinge" (s. dort). Deren Anzahl erhöhte sich schließlich leicht durch
die zwischen Oktober 1944 und Februar 1945 aus dem Altreich abgehende letzte

---

[39] Theresienstädter Gedenkbuch 2000, S. 336 und Bundesarchiv: Gedenkbuch 2006.
[40] Zur Biografie vgl. Nolden: Gedenkbuch 1998, S. 21-22 und Theresienstädter Gedenkbuch
      2000, S. 75 und 246; vgl. neuerdings auch: Körtels, W.: Elise Haas. Eine Lyrikerin aus
      Trier. Konz 2008.
[41] Theresienstädter Gedenkbuch 2000, S. 27 und 31; leider war es vor Redaktionsschluss
      nicht möglich, weiterführende Angaben über die im Tagebuch genannten dänischen
      Häftlinge zu erhalten: Horst Baumgarten (Tagebucheintrag 13.8.1944, s.o.), Egon Schor,
      Leopold Sax und Ernst Levisohn (Adresseneintrag in Mariannes Tagebuch im Mai 1945).
      – Nicht erwähnt im Tagebuch ist ein Alexander (Vorname nicht bekannt), der Marianne
      Elikan bei der Befreiung des Ghettos ein Erinnerungsfoto geschenkt hat, s.o.

Phase der Theresienstadt-Transporte, bei denen das Regime vermehrt die wegen der Zwangsarbeit oder wegen des Todes eines oder beider Elternteile schutzlos gewordenen „Mischlings"-Kinder (s. z.B.: Gertrud Leufgen) evakuierte.

Insgesamt wurden 140937 Häftlinge nach Theresienstadt deportiert (s. auch Judendeportationen, Kinder). Die Heterogenität ihrer Herkunft – die Deportierten kamen aus Böhmen und Mähren (76661), Deutschland (41900), Österreich (15266), Holland (4894), Ungarn (1150), Dänemark (476), Luxemburg (310) und Frankreich (3) – bedingte ein häufig beschriebenes Charakteristikum der Theresienstädter Ghettohäftlinge: ihre Internationalität, die besonders deutliche Spuren in der breit gefächerten Memorialkultur überlebender Häftlinge hinterließ (s. Erinnerungskultur, Kultur, Literatur, Überlebende).

Auch das Altersprofil der Theresienstädter Häftlinge entsprach keineswegs der Propagandaversion eines geruhsamen Alterdomizils. Von den 46735 internierten Juden des Monats Januar 1943 waren nur 21005 Personen älter als 60 Jahre. Aus dem Protektorat Böhmen und Mähren waren ganze Familien nach Theresienstadt gekommen mit einem Durchschnittsalter von nur 46 Jahren. Das Durchschnittsalter der deportierten Reichsdeutschen hingegen lag wesentlich höher, ungefähr zwischen 65 und 70 Jahren. Dergleichen Informationen könnten erklären, warum Marianne Elikan wiederholt freundschaftlichen Anschluss bei Angehörigen der deutschsprachigen Protektoratsfamilien – besonders aus Österreich – gesucht und gefunden hat.

Abb. 34: Stoff-Etikett mit der Häftlingsnummer Marianne Elikans

Als gerade erst 14jähriges Mädchen (bei der Ankunft 1942) gehörte Marianne Elikan zu der vielzitierten Häftlings-Sondergruppe der „Theresienstädter Kinder" (s. Kinder). In dieser Gruppe war Marianne Elikan eine der wenigen Reichsdeutschen. Bedenkt man weiterhin ihren Privilegiertenstatus als sogenannter Rassen-„Mischling" (s. dort), der ihr in den extremen Stress-Situationen der „Schleusen"-Selektions-Kommandos (s. Schleuse) gegenüber den „volljüdischen" Stubenkameradinnen – vielfach im letzten Moment – immer wieder den lebenswichtigen Vorteil der Nichtnominierung für die Transporte in die Todeslager sicherte, dann ergibt sich ein differenziertes Bild der Außenseiterposition, die Marianne Elikan als Häftling in Theresienstadt eingenommen hat: unter den relativ alten deutschen Deportierten gehörte sie zu der Minderheit der Jugendlichen; unter den befreundeten deutschsprachigen Häftlingsfamilien aus dem Protektorat Böhmen/Mähren war sie eines der wenigen Kinder ohne Familienanhang. Sie gehörte zu der absoluten Minderheit der Häftlinge (4%), die den Tag der Befreiung des Ghettos (5.5.1945) erlebten und die Judenverfolgungen überlebt hatten. Und außerdem war sie eine von den völlig untypischen Theresienstadt-Internierten, die das Lager nicht als eine kurzeitig befristete Zwischenstation auf dem Weg in ein anderes KZ, sondern für eine relativ lange Zeitdauer (nämlich 2 Jahre und 10 Monate) erlebt hatten. Aufgrund dessen erscheint es auch verständlich, dass sich Marianne Elikan mit ihrer Häftlingszeit in Theresienstadt, zumal jene die Hauptjahre ihrer Jugend ausmachte, in einer ganz besonderen Weise identifiziert hat.

Aufgrund ihrer wiederholten Erwähnung in Marianne Elikans Tagebuch ist hier noch besonders über die beinahe 500 Häftlinge aus Dänemark zu informieren: Sie kamen in drei Transporten zwischen dem 5. und 14. Oktober 1943 nach Theresienstadt, nachdem es ihnen in ihrer Heimat nicht gelungen war, vor einer Razzia der deutschen Besatzer nach Schweden zu fliehen. Ihre Befreiung durch das Schwedische Rote Kreuz erfolgte am 15. April 1945, also bereits knapp drei Wochen vor der definitiven Befreiung des Lagers. Gegen Ende ihrer Häftlingszeit knüpfte Marianne Elikan zu mehreren von ihnen freundschaftliche Kontakte (s. Freunde und Bekannte).

Hamburger Kaserne (Theresienstadt-Plan C III)[42]
Die ehemalige Infanteriekaserne an der Bahnhofstraße diente im Ghetto zunächst als Unterkunft für Frauen, später auch für niederländische Häftlinge. In der Erinnerung der Häftlinge ist diese Kaserne vor allem als „Schleuse" (s. dort) bekannt geworden. Nach der Inbetriebnahme des Gleisanschlusses zum Bahnhof Bauschowitz (s. Bahnhof/Bahnhofstr.) wurden hier die Eingangs- und Abgangskontrollen der Transporte abgewickelt.
TB 29.8.1944 und LP mit Rotschraffierung

Hannover-Kaserne (Theresienstadt-Plan B IV)
Kasernenblock zur Unterbringung der arbeitsfähigen Männer, in dem sich auch eine Küchen-Abteilung befand.
TB 14.10.1944, 9.7.1945

Hausältester
Von der Selbstverwaltung in Absprache mit der Kommandantur eingesetzter Funktionshäftling, verantwortlich für die Betreuung der Häftlings-Unterkünfte („Ubikationen"). Für die Häftlinge waren die Hausältesten oder „Stubenältesten" die ersten Ansprechpersonen in der Befehlshierarchie des Lagers (s. auch Henriette Burchardt).
TB Anfang/Mitte 1943

Hohenelber Kaserne / Krankenhaus (Theresienstadt-Plan E VI)
Das ursprüngliche Militärkrankenhaus hatte seine Funktion in der Ghettozeit beibehalten unter dem Namen „Zentrales Krankenhaus", zu dem eine neue Badeanstalt mit Duschen, Schwimmbecken und einer Krankenhausküche gehörten. Marianne Elikan besitzt noch zwei Einlasskarten für die Badeanstalt, die den Häftlingen von Zeit zu Zeit ausgegeben wurden, damit sie ein warmes Bad nehmen konnten. Das Gebäude ist

---

[42] Privatsammlung Marianne Elikan: Postkartenfoto der Kaserne vor 1939.

noch heute erhalten; im Tagebuch von Marianne Elikan (Eintragung vom April 1943) bezeichnet als „Allgemeines Krankenhaus". In der autobiografischen Erinnerungsliteratur wurde es auch – in Anspielung auf die dortige Behandlung typhusinfizierter Häftlinge – als „Typhusspital" bezeichnet.

Während ihrer Typhuserkrankung (Mitte Februar bis Mai 1943) erhielt Marianne hier die letzte, am 1.3.1943 in Trier (Judenhaus, Pellinger Str. 33) abgeschickte Grußkarte ihrer Pflegeeltern. Eduard Wolf wusste die exakte Anschrift des deutschen Mädchenheims „L 414" anzugeben, in das Marianne vor ihrer Überweisung in den Krankenstand eingezogen war. Mariannes Pflegeeltern in Trier hatten also wenigstens einen Brief von ihr aus Theresienstadt erhalten. Unter den herrschenden Zensurbedingungen durfte Marianne in ihren Briefen nach Hause aber keinesfalls ihre Überweisung in das Krankenhaus und schon gar nicht den Ausbruch einer Typhusepidemie mitteilen, also auch nicht die Anschrift des Krankenhauses benennen. Die von Eduard Wolf infolgedessen an die Mädchenunterkunft L 414 adressierte Postkarte erhielt daher den Eingangsvermerk „Spital L 317"; die Adressenangabe „L 414" war einfach durchgestrichen.
TB Anfang/Mitte 1943, 4.8.1944[43]

Hundertschaft
Bereitschaftsgruppe für die Verrichtung verschiedener Arbeiten im Ghetto wie u.a. Hausdienst oder Feldarbeiten.
TB Anfang/Mitte 1943

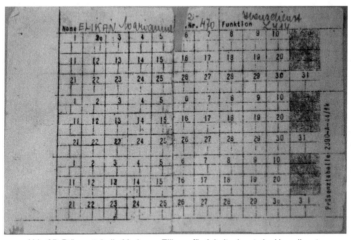

Abb. 35: Präsenztabelle Marianne Elikans für Arbeitseinsatz im Hausdienst

---

[43] Weitere autobiografische Erinnerungen vgl. auch Wertheim: Theresienstadt 2004, S. 25; s. auch Marianne Elikans oben zitiertes Gedicht „Typhusspital" vom 30.3.1943.

Hunger[44]

Hunger und auch mangelnde Hygiene waren die Ursache für zahlreiche Todesfälle im Ghetto Theresienstadt (nach Schätzungen allein im Monat September 1943 3941 Sterbefälle).

In ihren Tagebucheinträgen beschreibt Marianne Elikan mehrfach die Zusammensetzung des Speiseplanes einschließlich der im Rahmen der Propaganda-„Verschönerungsaktionen" (s. dort) erhöhten Essensrationen (s. auch Verpflegung).
TB Anfang/Mitte 1943, Frühsommer 1944, 13.8.1944, div. Eintr. Okt.-Dez. 1944

Huth, Else (21.5.1878-9.6.1942 Chelmno)[45] **– befreundete Judenhaus-Bewohnerin und Lehrerin Marianne Elikans 1941/42 in Trier**
Die Sprachlehrerin schrieb am 8.4.1941 eine persönliche Widmung in Marianne Elikans Poesiealbum (s.o., Teil II.4). Else Huth unterrichtete an der Jüdischen Volksschule. Sie war verheiratet mit dem zum Zeitpunkt der Widmung längst verstorbenen Theodor Huth. Else Huth wurde am 16.10.1941 von Trier nach Lodz deportiert und wurde am 9.6.1942 im Vernichtungslager Chelmno ermordet.

Jägerkaserne (Theresienstadt-Plan A II)
Quartier für Häftlinge mit einer Quarantänestation für die Desinfizierung von Gegenständen (Kleidung, Bettwäsche etc.)
LP mit roter Schraffierung

Joseph, Therese (*16.12.1922 Edingen), Zwangsarbeiterin im Weinberg 1941/42[46]
Auf einem Erinnerungsfoto, das Marianne Elikan aus der Zeit ihrer Zwangsarbeit im Weinberg der Landeslehr- und Versuchsanstalt für Weinbau, Obstbau und Landwirtschaft aufbewahrt hat, ist auch Therese Joseph abgebildet (s. Zwangsarbeiterinnen). Sie stammte aus dem Ort Edingen (Gemeinde Ralingen) an der Sauer. Von dort kam sie als „Hausangestellte" am 27. Juli 1939 in das „Judenhaus" in der Eberhardstr. 1. Dieses Haus gehörte der vermögenden Lederfabrikantenfamilie Schneider, die aber nachfolgend enteignet wurde, und von der fünf Angehörige in Konzentrations- und Vernichtungslagern umkamen. Von hier aus wurde Therese Joseph 1941 zu den erwähnten Zwangsarbeiten im nahe gelegenen Weinberg nach Olewig gefahren. Nach den Angaben des Einwohnermeldeamtes kehrte sie Mitte März 1943 in ihren Heimatort Edingen zurück, sicherlich zur Verrichtung einer anderweitigen Zwangsarbeit. Über ihr weiteres Schicksal ist nichts bekannt.

Judenältester, Judenrat, Jüdische Selbstverwaltung
s. Selbstverwaltung

---

[44] Chládlková: Ghetto 1995, S. 27.
[45] Zur Biografie vgl. Nolden: Gedenkbuch 1998, S. 34 und Wilke: Datenbank 2008.
[46] Gruppenfoto in Privatsammlung Marianne Elikan. Biografische Informationen vgl. Nolden: Gedenkbuch 1998, S. 38, Nolden/Roos: Schicksal 2008, S. 250, Bohlen/Botmann 2007, S. 53 und Telefonat mit Pascal Eberhard (Wawern). S. auch www.stolpersteine-trier.de, Eintragungen unter Eberhardstr. u. Familie Wolf.

Judenaktion (auch „Sonderbehandlung")
Im Rahmen der bürokratischen Abwicklung der „Endlösung" (s. dort) entstandene Verwaltungsbegriffe, die den organisierten Massenmord verschleierten und seine mögliche spätere Aufdeckung verhindern sollten – eine sehr effektive Strategie, wie man auch daran erkennt, dass Begriffe wie „Judenhaus" oder „Judenaktion" in der Kommunikation der Verwaltungsbehörden nach dem Krieg – und dies nicht selten in Unkenntnis ihrer Bedeutung (!) – weiter verwendet wurden. Es ist hier kritisch anzumerken, dass diese sprachliche Verschleierungsstrategie der NS-Schreibtischtäter die schulische Aufklärungsarbeit über den Nationalsozialismus offenbar immer noch behindert. So zeigte sich jetzt bei den jüngsten Stolperstein-Führungen durch die Stadt Trier, dass jugendliche Teilnehmer, sogar Gymnasiasten, mit dergleichen Begriffen (einschließlich „Judendeportation") keine konkreten Vorstellungen verbinden können.[47]

Judendeportation[48]
Auf Grundlage seiner Planungsvorgaben für die Durchführung der sogenannten „Endlösung" (s. dort) organisierte das NS-Regime die Evakuierung der Juden in die Ostgebiete des „Großdeutschen Reiches", die sogenannten „Judendeportationen", mit Hilfe der Eisenbahn. Die Zusammenstellung der Deportationslisten erfolgte vor den Abfahrtterminen in Kooperation der Gestapostellen und den NS-Verwaltungsbehörden. Den letzten Tag – nicht selten auch mehrere Tage – vor ihrem Abtransport mussten sich die evakuierten Juden in Sammellagern einfinden und ihre eigene Vermögensenteignung deklarieren. Auf die Reise durften sie höchstens 25 kg Gepäck mitnehmen.

---

[47]   Telefonische Mitteilung von Thomas Zuche nach dem ersten Stolpersteine-Rundgang der AG Frieden im Januar 2008, an dem eine Anzahl Gymnasiasten und Hauptschüler teilnahm.

[48]   Beste Informationen zur Organisation der Judendeportationen vgl. Gottwaldt/Schulle: Judendeportationen 2005, S. 451 (Transport-Informationen 28.7.1942) und Nolden: Gedenkbuch 1998, S. 119-127, Wilke: Datenbank 2008 und Interview mit Marianne Elikan v. 4.6.2008; die Deportation von Marianne Elikan bezeugt auch die amtliche Abmeldungs-Bescheinigung, die Marianne Elikan am 26.7.1942 unterschrieben hat mit Angabe ihres letzten Wohnsitzes Trier, Pellinger Str. 33; zitierte Zeitzeugenbeobachtung s. Christoffel, E.: Der Weg durch die Nacht. Verfolgung und Widerstand im Trierer Land während der Zeit des Nationalsozialismus. Verfolgte aus Trier und dem Trierer Land durchlebten die Konzentrationslager und Zuchthäuser des „Dritten Reiches." Trier 1983, S. 119-120; erwähnt als eindrucksvolle Zeitzeugenerinnerung über die Verhältnisse im Frauengefängnis Bischof-Korum-Haus bei Rummel, W./Rath, J. (Bearb.): „Dem Reich verfallen" – „den Berechtigten zurückzuerstatten". Enteignung und Rückerstattung jüdischen Vermögens im Gebiet des heutigen Rheinland-Pfalz 1938-1953. Bearbeitet von Walter Rummel und Jochen Rath. Koblenz 2001 (= Veröffentlichungen der Landesarchivverwaltung Rheinland-Pfalz Bd. 96), S. 125; autobiografische Schilderungen über den Ablauf der Deportationen s. Jacobs, J.: Existenz und Untergang der alten Judengemeinde der Stadt Trier. Trier 1984, S. 97-99, Wertheim: Theresienstadt 2004, S. 19 und Bär, Edith: „Wir mussten schon als Kinder erwachsen sein." Erinnerungen von Edith Erbrich geb. Bär an ihre Kindheit in Frankfurt/Main und im KZ Theresienstadt. Studienkreis Deutscher Widerstand 1933-1945: Kinder 2003, S. 43. Weitere Informationen s. „Judenverfolgungen".

Die Abfahrt- und Zusteigetermine bei der anschließenden Fahrt durch das „Großdeutsche Reich" waren so koordiniert, dass am Deportationsziel mindestens 1000 Personen ankamen, eine Maßgabe, die Züge mit mindestens 50 Waggons erforderte. Aus dem Altreich (Grenzen vor Kriegsbeginn 1939) gingen insgesamt 329 Judendeportationen mit 42124 Personen nach Theresienstadt. Diese Massendeportation jüdischer Bürger begann im Oktober 1941 und war im Juni 1943 weitgehend abgeschlossen.

Von der Stadt Trier aus gingen nach unterschiedlichen Angaben sechs bis sieben Deportationszüge mit insgesamt über 400 Personen ab. Marianne Elikan musste sich am 26.7.1942 von ihrer letzten Unterkunft, dem „Judenhaus" in der Pellinger Str. 33 (s. Judenhaus), in die Sammelstelle im Frauengefängnis im Bischof-Korum-Haus (Rindertanzstraße) begeben. Sie verabschiedete sich zuvor von ihrer Freundin Therese Lorig, die ihr einen passenden Andenkenspruch in ihrem Poesiealbum („Das Leben ist ein Kampf. Siege!") auf die Reise mitgab (s. Familie Lorig). Von der Übernachtung im Bischof-Korum-Haus weiß sie noch: „Wir schliefen auf dem Fußboden zusammengedrängt wie die Bienen."

Die weiteren Umstände hat der Trierer Geistliche Alois Thomas im Frühjahr des gleichen Jahres 1942 beobachtet, als er der konvertierten Jüdin Else Hanau einen Tag vor deren Deportation (23.4.1942) die letzte Beichte abnahm. Er sah an langen Tischen SS-Männer beim Ausfüllen der Enteignungslisten und die überall „im weiten Raum des Saales eng beieinander" stehenden oder liegenden Deportierten.

Am 27.7.1942 verließ Marianne Elikan Trier mit dem Transport Nr. 8.65. In diesem Zug saßen bei der Abfahrt insgesamt 98 Juden aus dem Regierungsbezirk Trier. Marianne Elikan kann sich noch daran erinnern, wie der Gestapo-Mann Wilhelm Plichta ihr beim Besteigen des Lastwagens, der sie vom Bischof-Korum-Haus zu dem Zug am Güterbahnhof brachte, mit einer hastigen Bewegung einen Topf Einmachsuppe aus der Hand riss, den ihr ihre Pflegeeltern als Reiseproviant hatten mitgeben wollen.

An die Fahrt selbst hat sie keine Erinnerungen mehr. Aufgrund der hohen Anzahl Deportierter ist anzunehmen, dass bereits unterwegs einige von ihnen verstarben, da in den Waggons katastrophale Hygienezustände herrschten. So gab es für die 25 Insassen eines Waggons zur Verrichtung der Notdurft nur einen einzigen offenen Eimer, den die NS-Zugbegleiter nach Belieben mehr oder weniger regelmäßig entleerten.

Nach der Ankunft des Transportzuges am Bahnhof Bauschowitz (s. dort) entstiegen dem Zug 1165 Deportierte. Kaum hatten sie ihr Gepäck abgeladen, ertönte der Marschbefehl „Rucksäcke aufpacken". Ein beschwerlicher, fast 3 Kilometer langer Weg zu Fuß lag noch vor ihnen. Es war noch taghell, als sie das große Eingangstor mit der Aufschrift „Arbeit macht frei!" passierten und in die Aussiger Kaserne (s. dort) zum sogenannten „Schleusen" (s. dort) eintraten. Hier wurden ihnen alle Gepäckstücke abgenommen. Es folgte die Ankunftsvisitation. Ihre Gepäckstücke wurden mit Schildern versehen, auf denen die Nummer des Transportzuges stand, und anschließend in Beschlag genommen. Die Angekommenen erhielten ebenfalls Kenn-Nummern nach der Registriernummer ihres Transportzuges. Marianne bekam die Nummer III/2-470. Dann mussten sie duschen, und bevor es zur Entlausung ging, wurden ihre Haare kurz geschnitten.

Je nach der Größe der Transporte dauerten diese Eingangskontrolle mehrere Tage lang. Marianne hatte „Glück". Sie verließ die „Schleuse mit dem ersten Schwung" (TB Anfang/Mitte 1943) bereits am nächsten Morgen um 6 Uhr, nachdem sie in einem Sammelraum auf dem Fußboden übernachtet hatte. Als Kopfkissen benutzte sie ihren Rucksack und zum Zudecken eine Decke, die sie von einem SS-Mann erhalten hatte.

Unterdessen liefen die Deportationen in Trier weiter. Mit bürokratischer Akribie aktualisierten die Sachbearbeiter der Meldeämter in den Einwohnerstatistiken die fortlaufende „Verringerung" der „Judenanzahl". Am 21. Juli 1942, eine Woche, bevor der Deportationszug mit Marianne Elikan von Trier „abging", notierte einer von ihnen: „In der Zwischenzeit hat sich die Zahl der Juden meines Bezirks durch Tod und Auswanderung, zur Hauptsache aber infolge Abschiebung durch die Geheime Staatspolizei … um 136 auf 258 verringert." Mitte Juli 1943 verließ der letzte Deportationszug mit dem letzten Vorstand der Judengemeinde – Willy Haas, Lilli Gottschau, Jette Isay und Else Kahn – den Trierer Bahnhof. Nach den Aktenvermerken war die Stadt nun „judenrein" bzw. „entjudet".

„Judenhaus" – Judenhäuser in Trier (u.a. Pellinger Str. 33 und Brückenstr. 82)[49]

Der Begriff wurde seit 1939 in der Alltags- und Behördensprache des Deutschen Reiches verwendet zur Bezeichnung für Wohnhäuser aus ehemals jüdischem Eigentum, in die ausschließlich jüdische Mieter zwangsweise eingewiesen wurden. Wer als Jude galt, regelte § 5 der „Ersten Verordnung zum Reichsbürgergesetz" vom 14. November 1935. Die Verfügbarkeit dieser Zwangs-Behausungen, die vor Beginn des Krieges einen weiteren radikalen Schritt zur Ghettoisierung der jüdischen Bürger bedeutete, resultierte aus weiteren vorbereitenden Gesetzesverordnungen. Auf Grundlage der

---

[49] Zitierte Behördenkorrespondenzen vgl. LHA Koblenz Best. 442 Nr. 10961 Bezirksregierung Trier: Die Entjudung Triers, Liste der noch nicht arisierten Juden-Immobilien vom 23.12.1938 mit Nennung des Hauses Pellinger Str. 33, LHA Best. 572, 8 Nr. 17117 Finanzamt Trier, Schreiben vom 8.1.1943, und neuerdings Albrecht, J.: Die „Arisierung" der jüdischen Gewerbebetriebe in Trier im NS-Regime. Trier 2008 (= Magisterarbeit FB Zeitgeschichte an der Universität Trier), S. 99 und 102; s. zuvor auch Weiler, O.: Trier und der Nationalsozialismus. Die Machtergreifung in einer rheinischen Stadt. Dokumentenband zur Ausstellung des Stadtarchivs und der Stadtbibliothek Trier 1984, Dokument Nr. 243 betr. Zerstörung u. Arisierung des Hauses in der Pellinger Str. 35; ergänzende Information über die Vermögenssituation der Familie Lorig durch freundlichen Hinweis von Frau Marlene Mensendieck-Scholz (Frankfurt/Main, Telefonat v. 23.6.2008), deren Eltern in dem Nachbarhaus Am Knie 3 gewohnt hatten; zur Geschichte der Judenhäuser vgl. Buchholz, M.: Die hannoverschen Judenhäuser in der Zeit der Ghettoisierung und Verfolgung 1941 bis 1945. Hildesheim 1987 (= Quellen und Darstellungen zur Geschichte Niedersachsens. Herausgegeben vom Historischen Verein Niedersachsens. Bd. 101) und Guth, K.: „… wir mussten ja ins Judenhaus, ein kleines Loch". Bornstrasse 22. Ein Erinnerungsbuch. Mit Fotografien und Dokumenten von Zeitzeugen und dokumentarischen Aufnahmen von Karin Guth. Hamburg/München 2001; zur Enteignungspraxis mit Vergleichsbeispiel vgl. Quellensammlung zur Entrechtung, Enteignung und Deportation der Juden und den Anfängen der Wiedergutmachung. Bad Kreuznach/Koblenz/Mainz 2002, S. 13, 27-28 und 43. Zur Biografie der Lorigs vgl. auch Stadtarchiv Trier TB 15/949, Kennkarten Rosalie Lorig und Siegmund Lorig.

„Verordnung über den Einsatz jüdischen Vermögens" vom 3. Dezember 1938 waren die jüdischen Hauseigentümer zum Verkauf ihrer Immobilien verpflichtet worden. Am 30. April 1939 folgte das „Gesetz über die Mietverhältnisse mit Juden". Es besagte, dass jüdische Mieter ab sofort fristlos aus ihren bisherigen Mietwohnungen ausgewiesen werden konnten. Die Zuweisung regulierte die Gestapo in Kooperation mit der „Reichsvereinigung der Juden in Deutschland". Eine perverse Verordnung, weil sie – damit im Prinzip bereits in funktionaler Analogie zur „jüdischen Selbstverwaltung" in den KZ (s. Selbstverwaltung) – die Juden zur Mitarbeit an ihrer erzwungenen Ghettoisierung verpflichtete. Die rassistischen Grundintentionen dieser zutiefst inhumanen Ausgrenzungspraxis haben die damaligen Juristen in ihren Gesetzeskommentaren gar nicht verschwiegen, sondern ganz deutlich herausgestellt: „Es widerspricht dem nationalsozialistischen Rechtsempfinden, wenn deutsche Volksgenossen in einem Hause mit Juden zusammenleben müssen."

Die Einbeziehung dieser Judenhäuser in die Zwangsarbeiter-Zuweisungen der heimischen Kriegswirtschaft gehört zu den jüngeren Erkenntnissen der NS-Forschung und wurde aus Trierer Sicht erst ansatzweise thematisiert.[50] Wegen der drangvollen Enge – nicht selten wohnten 30 und mehr Juden unter einem Dach – und den willkürlichen Anpöbelungen und Misshandlungen durch SA- und Gestapomänner nahmen sich beispielsweise in Mainz 46 Judenhaus-Bewohner das Leben, noch ehe sie einen Deportationsbescheid erhielten.

Marianne Elikan wohnte drei Jahre vor ihrer Deportation (s. Judendeportation) in Trier in zwei solchen „Judenhäusern": vom 2. Juni bis zum 27. November 1939 in dem Haus in der Brückenstraße 82 und vom 28. November 1939 bis zum 25. Juli 1942, dem Vortag ihrer Deportation, im Stadtteil Feyen in der Pellinger Straße 33. Ihre Zwangseinquartierung und die ihrer Pflegeeltern Melanie und Eduard Wolf erfolgte im Zuge ihrer Abschiebung aus Wawern. Am 2. Juni 1939 wurden sie auf höhere Anweisung von dem Trierer Transport-Spediteur Michael Mertes (Zuckerbergstr. 20) in einem seiner Möbelwagen nach Trier gefahren. Während der Fahrt standen bzw. saßen sie zusammengekauert zwischen ihren Restmöbeln und Hausratssachen, die sie für ihren Umzug in die kleine Wohnung in der Brückenstraße mitgenommen hatten. Dieses Haus, das den Juden Nathan Marx und Leo Leib gehört hatte, war bereits 1937/38 an die Textilhändlerin Anneliese Klencher übereignet worden. Von Anfang an hatte Marianne zu ihr einen „guten Draht". Sie schaute ihr gerne zu, wenn sie in ihrem Laden im Parterre Kunden bediente. Besonders angetan hatte es ihr eine große Schublade voller bunter Knöpfe, aus der sie sich ab und an – und wenn kein Nazi oder Gestapo-Mann in Sicht war – ein Geschenk aussuchen durfte. Im dritten Stock oberhalb ihrer Wohnung wohnte die jüdische Kaufmannsfamilie Bähr, mit deren 15jähriger Tochter Ruth sich Marianne anfreundete (s. Ruth Bähr), weil sie deren Klavierspiel bewunderte. Das Klavier der Familie stand noch in der Wohnung, ein Hinweis, dass die NS-Schlägertrupps dieses besonders schöne Haus aus der späten Kaiserzeit – möglicherweise wegen der bereits erfolgten „Arisierung" – auf ihrer Plünderungs- und Zer-

---

[50] Schnitzler, T.: Das „Judenhaus" Ecke Domänen-/Brühlstraße: die tragische Geschichte einer Baulücke. Stolpersteine zum Gedenken an die Deportierten. In: Cürenzia 6 (März 2004), S. 4-7.

störungsroute in der Reichspogromnacht (s. dort) ausgespart hatten. Bei den Bährs aß Marianne Elikan zum ersten Male in ihrem Leben Wassermelone. Vor ihrem Zwangsumzug nach Feyen bekam Marianne Elikan von ihrer Freundin Ruth ein Erinnerungsfoto geschenkt, das sie bis heute aufbewahrt hat. Ruth und ihre Eltern wurden später deportiert und kamen in den Todeslagern um.

Im Gegensatz zum erstgenannten hat Marianne Elikan von ihrem zweiten Judenhaus-Aufenthalt in der Pellinger Straße nur fragmentarische Erinnerungen behalten – möglicherweise, weil sie hier im mittelbaren oder unmittelbaren Zusammenhang der Verhaftung wegen der unerlaubten Nutzung öffentlicher Verkehrsmittel (in der kommentierten Biografie ausführlich dargestellt) und ihrer beginnenden Zwangsarbeit im Weinberg Olewig (s. Zwangsarbeiterinnen) bereits so unangenehme Erfahrungen machen musste, dass sie diese unbewusst aus ihrem Gedächtnis verdrängte.

Tatsächlich stellt sich die Geschichte dieses Hauses aus heutiger Sicht als ein besonders erschreckendes Beispiel der gezielten, radikalen „Verwertung jüdischen Vermögens" und jüdischer Arbeitskraft dar, die auch die Vernichtung von Menschenleben einkalkulierte. Das Haus gehörte einer alteingesessenen Jüdin aus Feyen, Rosalie Lorig (1876-1940), der Witwe des Handelsmanns Joseph Lorig (1867-1933). Aufgrund ihres hohen Alters und wohl auch aufgrund fehlender Geldmittel – sie betrieb einen kleinen Kolonialwarenladen – hatte sich Rosalie Lorig nicht – wie ihr 1938 nach New York emigrierter ältester Sohn Karl – zur Emigration entschließen können, obwohl die Behörden mit Nachdruck die „Arisierung" ihres Hauses betrieben und in jenem Sommer 1939 bereits mit den Zwangszuweisungen jüdischer Mieter begannen. Während der Reichspogromnacht hatten die NS-Schlägerbanden ihr Haus zwar verschont, aber an dem Nachbarhaus Pellinger Str. 35 die Türen und Fenster des Lebensmittelhändlers Hirsch eingeschlagen. Am 27. Januar 1939 hatte Rosalie Lorig bei der Trierer Behörde den Empfang ihrer Juden-„Kennkarte" mit ihrer eigenen Unterschrift bestätigen müssen. Als die Eigentümerin am 22.4.1940 verstarb, konnte die Gestapo immer noch nicht frei über das Haus verfügen, da dort noch ein Sohn der Familie, der Schuhmacher Siegmund Lorig (1907-1943) mit seiner Ehefrau Therese Lorig (geb. Hayum, 1897-1943) wohnte (s. Familie Lorig). Die NS-Behörden entledigten sich dieses 'Problems' in Anwendung einer pervertierten „Rechts"-Auslegungspraxis, bei der sie die Enteignung der jüdischen Hausbesitzer einfach in Verbindung mit ihrer „Aussiedlung" in die Konzentrationslager vornahmen. Siegmund und Therese Lorig wurden am 1. März 1943 deportiert. Bereits knapp zwei Monate vorher, am 8. Januar 1943, notierte das Finanzamt Trier die folgende Enteignungsverfügung.

„Durch Verfügung des Regierungspräsidenten ist das Vermögen des ausgesiedelten Juden Karl Walter Israel Lorig[51], zuletzt wohnhaft in Trier, Pellingerstraße 33, zugunsten des Deutschen Reiches eingezogen worden. Die Verwaltung und Verwertung seines Vermögens liegt mir ob. Im Einvernehmen mit der hiesigen Gestapo sind die Kiste und der Koffer in dortigen Besitz zu nehmen und das in ihnen befindliche Abwanderungsgut des ausgesiedelten Juden bestmöglichst zu verwerten und den Erlös an die Kasse des Finanz-

---

[51] Tatsächlich war Karl W. Lorig bereits 1938 ausgewandert nach New York, s.u. die Informationen über die „Familie Lorig".

amtes Trier unter Angabe „Vermögen des ausgesiedelten Juden Karl Walter Israel Lorig, Trier, Jud-Nr. 122a zu überweisen."

Vor der Abfahrt ihres Zuges schrieben Marianne Elikans Pflegeeltern, Melanie und Eduard Wolf, die am 1. März 1943 zusammen mit Siegmund und Therese Lorig deportiert wurden, noch eine letzte Grußkarte an Marianne nach Theresienstadt, in der sie aber, weil sie ein Gestapomann beim Schreiben kontrollierte, ihre Deportation verschwiegen. Am Tag vor der Abfahrt mussten sie auch noch ihr Haus und ihren Hof in Wawern in einer sogenannten „Vermögenserklärung" dem Deutschen Reich übereignen.

Der von ihnen zurückgelassene Hausrat wurde von den Behörden wenig später „zugunsten des Deutschen Reiches verwertet": der kleine Esstisch, drei Stühle und ein kleines Küchenschränkchen. Nach ihrer Abschiebung konnten jetzt auch ihr Haus und ihr Hof in Wawern mit dem gesamten verbliebenen Hausrat an Kaufinteressenten veräußert werden. Wie diese Vermögenstransaktion durchgeführt wurde, geht aus den vorliegenden Akten nicht hervor. Man kann sich den ungefähren Ablauf aber aufgrund der andernorts beschriebenen Vorgänge gut vorstellen. Für das Haus und den Hof in Wawern hatten sich „arische" Kaufinteressenten wahrscheinlich bereits gleich nach den Plünderungen der Reichspogromnacht (s. dort) gemeldet. Ein typischer Vorgang ist überliefert von dem erwähnten Lebensmittelgeschäft in der Pellinger Straße 35. Sein Inhaber Julius Hirsch (1892-1942) war mittlerweile deportiert und im KZ Lodz umgekommen. Knapp fünf Wochen nach der Demolierung seines Ladens in der Reichspogromnacht notierte das Finanzamt am 12.12.1938, dass „dieses Haus voraussichtlich von einem Gastwirt in Pellingen erworben" werden würde. Zum Verkauf des Hausrates organisierte das Finanzamt öffentliche Versteigerungen, teilweise auf offener Straße, deren Termine ein Gerichtsvollzieher in der Zeitung annoncierte und im Auftrag des Finanzamtes abwickelte. Durch diese Verfahrensweise gelangten die Hinterlassenschaften der deportierten Familie Wolf in die Hände von Arisierungsgewinnlern. Dass selbst ehemalige Nachbarn in ihrem Heimatdorf Wawern sich auf diese opportunistische Art bereichert hatten, musste Marianne Elikan in ihrem Wiedergutmachungsverfahren erfahren. Als sie in Begleitung eines Beamten der Wiedergutmachungsbehörde Wawern besuchte, fand sie in einem Nachbarhaus Teile der mit dem Monogramm „MH" bestickten Bett- und Tischwäsche ihrer Pflegemutter Melanie Wolf (geb. Hayum) wieder (s. Wolf, Eduard und Melanie).

„Judenstern"
s. Gelber Stern

Judenverfolgungen
Die Geschichte der Judenverfolgungen durch die Nationalsozialisten begann nicht erst am 30. Januar 1933 mit dem Antritt der Regierung Adolf Hitlers, sondern mit dem politischen Antisemitismus, durch dessen öffentliche Verbreitung die NDSAP bereits in der Zwischenkriegszeit steigende Mitgliederzuläufe erhalten hatte.[52] Von daher war

---

[52] Literaturhinweise zum aktuellen Forschungsstand s. Anm. III,1; aus lokaler Sicht vgl. Landeszentrale für politische Bildung (Hrsg.): Verfolgung und Widerstand in Rheinland-Pfalz 1933-1945. Bd. 1: Gedenkstätte KZ Osthofen – Ausstellungskatalog. Mainz 2008,

die Geschichte des NS-Regimes 1933-1945 von Anfang an eine Geschichte der Verfolgung der Juden. Die Forschungsliteratur unterscheidet zwei große Phasen: Als erste die Judenverfolgungen bis zum Beginn des Zweiten Weltkrieges 1939, und als zweite die im Verlauf des Krieges anschließende Phase der „Judenvernichtung" (s. Vernichtung). Während der ersten Phase realisierte das Regime mit wachsender Zustimmung in breiten Bevölkerungskreisen bereits eine weitgehende Ausgrenzung der jüdischen Bürger aus dem öffentlichen, sozialen, wirtschaftlichen und kulturellen Leben: Jüdische Beamte, Anwälte, Künstler und Akademiker durften ihre Berufe nicht mehr ausüben; Geschäftsleute mussten ihre Läden wegen der antisemitischen Boykotte schließen, Mitglieder von Sport- und Kulturvereinen sowie von Wirtschaftsverbänden, selbst verdienstvolle Ehrenmitglieder, mussten austreten, Hauseigentümer und Grundstücksbesitzer ihre Immobilien verkaufen, weil sie nicht mehr genug für die Bewirtschaftung verdienten; nach den Nürnberger Rassegesetzen mussten Juden Freundschaften mit nichtjüdischen Bürgern beenden und Liebesbeziehungen mit „arischen Frauen und Männern" – unter Androhung harter Strafen – tunlichst vermeiden bzw. sofort einstellen.

Nach der Reichspogromnacht (s. dort), dem letzten großen antijüdischen Pogrom vor Kriegsbeginn, verschärfte das Regime die soziale Ausgrenzungspraxis durch die Einführung sogenannter „Kennkarten" (s. dort), einem stigmatisierenden Pflicht-Ausweis, mit dem die NS-Behörden bereits vor Kriegsbeginn die bürokratische Grundlage für die ersten Maßnahmen zur räumlichen Ausgrenzung der Juden schufen, ihre Zutrittsverbote zu öffentlichen Verkehrsmitteln (Straßenbahnen und Eisenbahnen) und Einrichtungen (Schwimmbäder und Lebensmittelgeschäfte), ihre Zwangsentmietung und Zwangsenteignung (s. Judenhaus). Die im Oktober 1941 beginnenden „Judendeportationen" (s. dort) waren bereits Bestandteil der sogenannten „Endlösung" (s. dort), die zunächst die Abschiebung sämtlicher Juden aus dem gesamten deutschen Herrschaftsgebiet herbeiführen und schließlich durch den ersten fabrikmäßig organisierten Massenmord in den Konzentrations- und Vernichtungslagern die totale physische Vernichtung des Judentums herbeiführen sollte. Durch die Judenverfolgungen verloren schätzungsweise über 6 Millionen Menschen ihr Leben, davon starben 1,3 Millionen in den Gaskammern von Auschwitz (s. Vernichtung, Gaskammer).

Von den 796 Mitgliedern der Judengemeinde der Stadt Trier (1933) kehrten nach dem Ende des Krieges 1945 nur vierzehn zurück – unter ihnen Marianne Elikan. Auf der Flucht vor den Verfolgungen waren von 1933 bis 1937 332 Juden ausgewandert. Bei den Deportationen waren 323 Juden aus der Stadt deportiert worden.

Seiten 159-162 (Geschäftsboykotte in Wittlich), Juden in Trier 1988, S. 109-127, Zuche, T. (Hrsg.): Stattführer. Trier im Nationalsozialismus. 3., überarb. u. erw. Aufl. Trier 2005, S. 44-53 und Jacobs: Untergang 1984, S. 71-81; aus der Opferperspektive vgl. die Darstellungen von Kahn: Erlebnisse 2003 und Weinberg, Kerry: Scenes from Hitler's „1000-Year Reich". Twelve Years of Nazi Terror and Aftermath. New York o.J. (um 1997) sowie neuerdings Stadtmuseum Simeonstift: Trier-Kino: Video-Interviews mit 13 Trierer Überlebenden der Judenverfolgungen.

Jungenheim (L 417, Theresienstadt-Plan FIV)
Die ehemalige, an der Hauptstraße gelegene Schule von Theresienstadt (Straßenseite gegenüber L 410, EVa) diente als Jungenheim. Auf dem Dachboden wurden die Kinder heimlich unterrichtet, in der ehemaligen Turnhalle des verbotenen Sokol-Turnvereins gab es Kulturveranstaltungen aller Art, u.a. auch Theateraufführungen. Des Weiteren waren in gesonderten Zimmern des Mädchenheims L 414 (s. dort) noch Jungen untergebracht.

Kahn, Hella (*21.6.1925 Osann) – Zwangs-Weinbergsarbeiterin 1941/1942[53]
Auf einem Erinnerungsfoto, das Marianne Elikan aus der Zeit ihrer Zwangsarbeit im Weinberg der Landeslehr- und Versuchsanstalt für Weinbau, Obstbau und Landwirtschaft aufbewahrt hat, ist auch Hella Kahn abgebildet (s. Zwangsarbeiterinnen). Sie wohnte seit dem 13.3.1939 in dem „Judenhaus" Jüdemerstr. 7 und wurde am 1. März 1943 deportiert. Über ihr Schicksal ist nichts bekannt.

Kahn, Lucie Karoline (*6.7.1929 Trier)[54] –
befreundete Judenhaus-Bewohnerin 1941/42 in Trier
Schrieb am 28.5.1941 eine persönliche Widmung in Marianne Elikans Poesiealbum (s.o., Teil II.4). Lucie Karoline Kahn war die Tochter von Rosa Kahn und deren Ehemann, dem Schweicher Handelsmann Bernard Kahn. Am 28.12.1938 hatte sie in Schweich den Empfang ihrer Juden-„Kennkarte" mit ihrer Unterschrift bestätigen müssen. Weitere Lebensdaten nicht überliefert.

Kallmann, Adele (16.6.1930 Trier-1943)[55] –
befreundete Judenhaus-Bewohnerin 1941/42 in Trier
Schrieb am 3.11.1941 eine Widmung in Marianne Elikans Poesiealbum. Adele Kallmann war die Tochter des Metzgers und Gastwirts Adolf Kallmann (1891-1943) und seiner Ehefrau Sophie Kallmann geb. Baum (1899-1943), mit denen sie zuletzt im „Judenhaus" Neustraße 33 wohnte. Am 6. Januar 1939 hatten sie den Empfang ihrer Juden-„Kennkarten" bei den Behörden durch ihre Unterschrift bestätigen müssen. Die Familie kam nach ihrer Deportation aus Trier in ein KZ oder Vernichtungslager (1.3.1943).

Kasernen
Im Theresienstädter Ghetto tragen eine ganze Reihe großer Gebäude die Namen von Kasernen, obwohl es sich im eigentlichen Sinne nicht mehr um Gebäude zur Unterbringung von Truppen handelt. Dies rührte daher, dass die deutsche Besatzungsarmee die ursprünglichen Bezeichnungen nach deren Umfunktionierung zu anderweitigen Lagerzwecken beibehalten hatte. Die im Ghetto Theresienstadt befindlichen Kasernen hatten folgende Namen: Aussiger, Bodenbacher, Dresdener, Genie-, Hamburger, Hannover-, Hohenelber, Jäger-, Kavalier-, Magdeburger und Sudeten-Kaserne bzw. „Slowakei".

---

[53] Gruppenfoto in Privatsammlung Marianne Elikan. Biografische Informationen vgl. Nolden: Gedenkbuch 1998, S. 42.
[54] Kennkarte mit Unterschrift vom 28.12.1938; anstelle des Passfotos notierte der Amtsschreiber: „noch nicht 10 Jahre alt". Vgl. Stadtarchiv Trier TB 15/949.
[55] Zur Biografie vgl. Nolden: Gedenkbuch 1998, S. 48-49 und Wilke: Datenbank 2008.

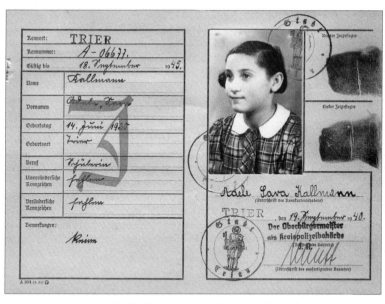

Abb. 36: Kennkarte Adele Kallmann, 1940

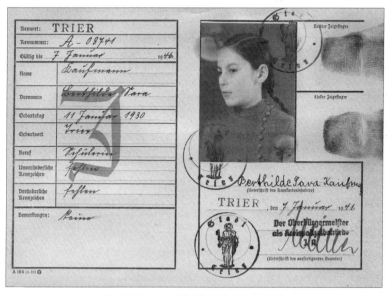

Abb. 37: Kennkarte Berthilde Kaufmann, 1941

Kaufmann, Berthilde (*11.1.1930 Trier-1943)[56] –
befreundete Judenhaus-Bewohnerin 1941/42 in Trier
Sie schrieb am 3.11.1941 eine persönliche Widmung in Marianne Elikans Poesiealbum
(s.o., Teil II.4). Am 7. Januar 1941 hatte sie den Empfang ihrer Juden-„Kennkarte" mit
ihrer Unterschrift bestätigen müssen. Zum Zeitpunkt ihres Poesiealbumeintrags wohnte
sie mit ihren Eltern in dem Judenhaus Brückenstr. 75, gegenüber dem Judenhaus Nr. 82,
wo Marianne Elikan bis 1939 gewohnt hatte. Berthilde war die Tochter des Handelsmanns Moritz Kaufmann aus Butzweiler (1901-1943) und dessen Ehefrau Rosa Regina
Kaufmann geb. Simon aus Wasserliesch (1897-1943), mit denen sie am 1. März 1943
aus Trier deportiert wurde. Ihre Todesdaten sind nicht überliefert. In den Monaten
April/Mai 1942 verrichtete Rosa Kaufmann Zwangsarbeit für das Forstamt der Gemeinde Ehrang.

Kavalierkaserne (Theresienstadt-Plan E VII)
Dieser Gebäudetrakt diente bis zum Frühjahr 1942 – nicht mehr bei der Ankunft von
Marianne Elikan – als Schleuse (s. dort). Das verkommene und zuvor unbewohnte Gebäude diente dann zur Unterbringung geisteskranker Häftlinge und ist bis heute erhalten.

Kennkarte[57]
Mit der Einführung der Ausweispflicht durch sogenannte „Kennkarten" gingen die Nationalsozialisten ab Januar 1939 einen weiteren Schritt zur Entrechtung und Ausgrenzung der Juden. Nachdem jene bereits 1935 ihre Reisepässe und im November
1938 dann auch ihre Führerscheine hatten abgeben müssen, waren die Kennkarten ihre
einzigen amtlichen Identitätsnachweise. Eingetragen waren außer den üblichen persönlichen Meldedaten ein groß geschriebenes „J" für „Jude", Fingerabdrücke des Inhabers
sowie ein zweiter hebraisierter Zwangsvorname, „Sara" bei Frauen und „Israel" bei
Männern. Auch Kinder unter 10 Jahren erhielten Kennkarten, auf denen anstelle des
Lichtbildes geschrieben stand: „noch nicht zehn Jahre alt". Durch diese Eintragungen
wurden die Kennkarten in der Handhabung der Behörden zu Ausweisen eines minderwertigen Bürgerstatus, mit denen sich gegen die Inhaber immer neue öffentliche
Diskriminierungen wie die Zutrittsverbote in Geschäfte, Schwimmbäder und Straßenbahnen durchsetzen ließen – eine stigmatisierende Kennzeichnungspflicht, die ab September 1941 durch die Verordnung über das Tragen auffällig sichtbarer „Judensterne"
(s. Gelber Stern) verschärft wurde und in Verbindung mit weiteren bürokratischen Er-

---

[56] Zur Biografie vgl. Nolden: Gedenkbuch 1998, S. 51 und Wilke: Datenbank 2008; bzgl.
      Zwangsarbeit vgl. Stadtarchiv Trier, TB 19/949.
[57] Vgl. Stadtarchiv Trier, TB 15/948 die Überlieferung der insgesamt 366 Juden-Kennkar-
      ten; vgl. auch den Katalog Juden in Trier 1988, S. 117-118; zur Handhabung der Kenn-
      karten-Ausstellung für Kinder unter zehn Jahren vgl. Erbrich, E., geb. Bär: „Wir mussten
      schon als Kinder erwachsen sein." Erinnerungen von Edith Erbrich geb. Bär an ihre
      Kindheit in Frankfurt/Main und im KZ Theresienstadt. Studienkreis Deutscher Wider-
      stand 1933-1945 (Hrsg.): Kinder 2003, S. 41; Ergänzung aufgrund eines Gesprächs mit
      Marianne Elikan vom 12.6.2008.

fassungsmaßnahmen die anschließenden planmäßigen Judendeportationen und die Judenvernichtung ermöglichte.

Die im Stadtarchiv Trier überlieferten 366 Kennkarten sind Schlüsseldokumente der Judenverfolgungen in Trier. Diese Kennkarten nennen die Namen der 323 Deportierten, die zwischen Oktober 1941 und März 1943 bei den sogenannten „Judentransporten" die Stadt mit einem Sonderzug der Reichsbahn verlassen mussten und von denen die meisten in den Konzentrationslagern umkamen bzw. ermordet wurden. Die übrigen Kennkarten stammen von den im gleichen Zeitraum emigrierten oder in Trier verstorbenen Juden.

Nicht überliefert sind die Kennkarten Marianne Elikans und ihrer Pflegeeltern Eduard und Melanie Wolf. Marianne Elikan weiß aber noch, wie ihre Mutter „von der Behörde weinend" mit ihrer Kennkarte nach Hause kam. „Wir sind gebrandmarkt für immer", habe sie gesagt und dabei auf das große J gezeigt.

Kinder in Theresienstadt
Unter den rund 141.000 Häftlingen, die zwischen dem 24. November 1941 und dem 24. November 1944 nach Theresienstadt deportiert wurden, waren ca. 15000 Kinder. Nach Abschluss der letzten großen Transporte in die Vernichtungslager waren zum Ende des Jahres 1944 noch rund 11000 Häftlinge im Ghetto zurückgeblieben (s. Häftlinge). Von diesen waren 819 Kinder unter 15 Jahren. Der Anteil Kinder unter den Häftlingen betrug 1943 etwa 8 Prozent. Dieser Anteil stieg seit der Jahreswende 1944/45 noch beträchtlich an, als die NS-Behörden elternlos gewordene jugendliche Juden-„Mischlinge" (wie u.a. Gerti Leufgen, s. dort), deren Mütter und Väter in die Konzentrationslager deportiert worden waren, aus dem Altreich nach Theresienstadt deportieren ließen. Den Tag der Befreiung (5. Mai 1945) erlebten 2440 Kinder, das war ungefähr 1/6 bis 1/7 aller bis dahin im Lager verbliebenen ca. 17000 Häftlinge.

In der autobiografischen Erinnerungsliteratur ehemaliger Häftlinge wurden die Zahlen der überlebenden „Theresienstädter Kinder" fälschlicherweise immer wieder wesentlich niedriger angegeben. Unter anderen schrieb Helga Weissová-Hošková von den angeblich „100 Theresienstädter Kindern", die „überlebt" hätten; und Jana Renée Friesová, dass „nur 242" Kinder unter 15 Jahren überlebt hätten. Auch wenn diese Zahlen nicht stimmen, so spiegeln dergleichen autobiografische Erinnerungen doch das kollektive Identitätsbild der überlebenden Ghetto-Kinder wider, die sich zu recht als eine besonders geschädigte Opfergruppe wahrnahmen. Die Forschung bestätigt dies mit der Einschätzung: „Kinder waren die schwächsten unter den Opfern."[58]

---

[58] Studienkreis Deutscher Widerstand 1933-1945 (Hrsg.): Kinder 2003, S. 35 und 57 (zitierte Einschätzung); Zahlenangaben vgl. Wertheim: Theresienstadt 2004, S. 20 und 28, Chládlková: Ghetto 1995, S. 48, demnach 16832 befreite Häftlinge am 9.5.1945; beispielhafte autobiografische Erlebnisschilderungen s. u.a. Weissová-Hošková, H.: Von zehntausend Kindern überlebten einhundert. In: Düsing, M. (Hrsg.): Wir waren zum Tode bestimmt: Lódz – Theresienstadt – Auschwitz – Freiberg – Oederan – Mauthausen. Jüdische Zwangsarbeiterinnen erinnern sich. Leipzig 2002. 1. Auflage, S. 58-63 und Friesová, Jugend, S. 120-121.

Kinderheim / Kleinkinderheim (Theresienstadt-Plan L 318)
In dem an der Langen Straße an der südwestlichen Ecke des Stadtparks gelegenen
Kinderheim waren Kinder im Alter von drei bis 15 Jahren untergebracht. Es war also
zugleich Kleinkinderheim, Kindertagesstätte und Bewahranstalt für Kinder im Schul-
alter. Die Kinder waren tschechische oder deutsche Waisenkinder wie Marianne Elikan oder Kinder, die mit ihren Familien in das Ghetto gekommen waren. Das Haus
hatte ungefähr 100 sogenannte „Stockbetten" (s. dort). Die Zimmer waren nach Alters-
gruppen eingeteilt und wurden von drei meist jungen Frauen („Stubenältesten") betreut,
die keine pädagogische Ausbildung besaßen, aber sich alle Mühe gaben, eine Art Schulunterricht durchzuführen. In dem Haus befand sich eine Bäckerei und auch die Küche,
in der die Mahlzeiten für alle Kinder des Ghettos zubereitet wurden, sowie ein Theater-
proberaum. Die Beheizung mit kleinen, eisernen Öfen funktionierte nicht ausreichend,
so dass im Winter eine bittere Kälte herrschte. In ihrer Tagebucheintragung vom 29.
August 1944 erwähnte Marianne Elikan die beginnende Räumung des Kinderheims.
Diese erfolgte im Zusammenhang der Todestransporte, bei denen ganze Familien mit
ihren Kindern aus dem Ghetto abtransportiert wurden.
LP ohne Rotschraffierung

Kinder- und Lehrlingsheime (Theresienstadt-Plan F III) mit Kinderbibliothek
Auch in diesem Gebäudeblock wurden mehrere Räume für diverse Kulturveranstaltungen, Theatervorstellungen sowie für kleine Sportspiele wie Völkerball genutzt. Zu
diesem Gebäudekomplex gehörte auch die in Marianne Elikans Tagebuch mit Stand-
ortangabe „L 216" erwähnte Kinder-/Jugendbibliothek. Marianne Elikan arbeitete hier
nach der Genesung von ihrer Typhuserkrankung im Sommer 1943 und 1944. Sie lernte
dort Lilo Friedmann (s. dort) kennen, die ihr am 12.6.1943 eine persönliche Widmung
in ihr Poesiealbum schrieb.
TB Anfang/Mitte 1943, 3.7.1944

Kinderküche
s. Kinderheim

Kinderpavillon
s. Stadtpark

**Klein, Edith geb. Seiferheld (2.7.1902 Langenselbold/Kreis Hanau-1942)[59] –
befreundete Judenhaus-Bewohnerin 1941/42 in Trier**
Schrieb im Dezember 1941 eine persönliche Widmung in Marianne Elikans Poesie-
album (s.o., Teil II.4); war verheiratet mit dem Kaufmann Ernst Klein (20.2.1894
Mitterteich-1942 nach Deportation), dem Mitinhaber der Firma Ermann & Söhne
(Tapisseriefabrik) in der Hommerstr. 34. Sie wohnten mit ihrem Sohn, dem Schüler
Günther Klein (23.1.1929 Mannheim-1943) in den „Judenhäusern" Brückenstr. 82, wo
sie Marianne Elikan kennengelernt hatten, und in der Weberbachstr. 67. Zum Zeitpunkt

---

[59]   Zur Biografie vgl. Nolden: Gedenkbuch 1998, S. 54-55 und Wilke: Datenbank 2008;
      Zwangsarbeit vgl. Stadtarchiv Trier TB 15/949 bzw. Landeshauptarchiv Koblenz Best.
      572,8 Finanzamt Trier Nr. 22167 mit „Vermögenserklärung" Ernst Klein vom 19.4.1942.

der Widmung, im Dezember 1941, arbeitete Edith Kleins Ehemann bereits als Zwangsarbeiter für die Straßenbaufirma Wenner KG, Trier-Süd, Medardstr. 62. Er erhielt einen Stundenlohn von 62 Pfennig. Fünf Tage vor seiner Deportation und derjenigen seiner Ehefrau musste Ernst Klein seine Enteignung bestätigen in einer sogenannten „Vermögenserklärung". Am 24.4.1942 wurde die Familie deportiert und blieb seitdem verschollen.

Kleine Festung (Hinrichtungsstätte)
Polizeigefängnis der Prager Gestapo-Leitstelle, 1940 eingerichtet zur Internierung ausschließlich von Männern; nach dem Attentat auf R. Heydrich 1942 auch zur Internierung von Frauen. Von 1940 bis 1945 waren dort 27000 Männer und 5000 Frauen interniert; in den letzten Kriegswochen etwa 5500 Personen. Am 28. September 1944 wurde der bisherige Judenälteste von Theresienstadt, Paul Eppstein, heimlich dort hingeführt und erschossen.
Im Oktober 1991 wurde das Ghettomuseum auf der Kleinen Festung errichtet (s. Erinnerungskultur).
TB 5.5.1945

Kleinkinder-Unterbringungen
s. Block GVI

Knabenheim
s. Jungenheim

Kommandantur (Theresienstadt-Plan Q 414 und Q 416)[60]
Unweit des Kaffeehauses (s. dort) hatte die SS-Kommandantur ihren Dienstsitz in der Neuen Gasse bezogen. An der abgelegenen Südfassade war der Eingang zu den Gefängniszellen des „Bunkers", einem Kellerverlies, in dem eingesperrte Ghettohäftlinge gefoltert wurden. Als ständige Wachposten waren 20 SS-Männer zugegen. Im Kommandanten-Büro arbeitete eine Sekretärin. Zur Überwachung des gesamten Ghettos waren der Kommandantur 100 tschechische Gendarmen beigeordnet, die in den Erinnerungen der Häftlinge als freundlich und human geschildert werden. Folgende Kommandanten hatten die Befehlsgewalt über das Ghetto inne: von November 1941 bis Juli 1943 SS Hauptsturmführer Siegfried Seidl (anschließend versetzt nach Bergen-Belsen), Juli 1943 bis Februar 1944 SS Obersturmführer Anton Burger (anschließend versetzt nach Süd-Griechenland) und von Februar 1944 bis zum Ende des Ghettos SS Obersturmbannführer Karl Rahm. Jener letzte Kommandant verließ das nach erfolgreicher Intervention des Roten Kreuzes (s. dort) befreite Ghetto am 5. Mai 1945 mit einem regelrechten Marschbefehl in voller Uniform, bewaffnet und in Begleitung eines SS-Mannes. 1947 wurde er als Kriegsverbrecher verurteilt und am 30.4.1947 im tschechischen Litoměřice hingerichtet.

---

[60] Murmelstein, W.: Theresienstadt – einige wichtige Tatsachen (Internetressource www. shoa.de/content/view/454/46/); vgl. auch Privatsammlung Marianne Elikan mit einer undatierten Pressemeldung über das Todesurteil gegen Siegfried Seidl.

Die späten Tagebucheintragungen von Marianne Elikan (s. TB Juli 1945) beinhalten interessante Angaben auch aus den ersten Monaten nach der Befreiung des Ghettos, als die russischen Militärbehörden in der ehemaligen Lagerkommandantur ihre Interimsverwaltung einrichteten. TB 13.3.1945, 17./18.3.1945 (über Rahm), 9.7. und 11.7.1945; Erwähnungen der Gendarmen Anfang/Mitte 1943 und 5. und 8.5.1945.

Krankenhaus und Krankenstationen
Das zentrale Krankenhaus befand sich in der Hohenelber Kaserne (s. dort); weitere Krankenstationen in der Geniekaserne und im Jungenheim (s. dort).

Krankheit und tödliche Medizin[61]
Die durch die schlechten Hygieneverhältnisse, Mangelernährung und zunehmende Arbeitsüberlastung der Häftlinge bedingte Zunahme der Erkrankungen und Epidemien (Durchfall, Tuberkulose, Typhus und Hauterkrankungen) erreichte im Februar 1943 einen Höhepunkt, als 13000 Personen, also 31% der Gesamtzahl der Häftlinge, als erkrankt gemeldet waren. Mitte April bis Mai 1945 kam es kurz vor der Befreiung des Ghettos zu einer weiteren Typhus-Epidemie (s. Typhus) durch das Eintreffen tausender Häftlinge, die sich auf den sogenannten „Todesmärschen" aus den evakuierten Konzentrationslagern befanden (s. Transporte). Zur Eindämmung der Ansteckungsgefahr stellte die Sowjetarmee das von ihr am 5. Mai 1945 befreite Ghetto am 14.5. unter Quarantäne. Dennoch starben in der Folgezeit weitere Hunderte ehemalige Häftlinge.

Während ihrer knapp dreijährigen Internierung war Marianne Elikan von Mitte Februar bis Mai 1943 – etwa drei Monate lang – an Typhus erkrankt, weitere Tagebucheintragungen erwähnen mehrfach kurzfristige leichte Erkrankungen; die Einträge deuten darauf hin, dass diese aufgrund von Überanstrengungen und auch psychischem Stress bei den Zwangsarbeiten verursacht wurden (vgl. TB Nov./Dez. 1944: TBC). Offenbar befürchtete die junge Tagebuchschreiberin bereits langfristige Gesundheitsschädigungen durch die Zwangsarbeiten (s. Arbeit) besonders in der Glimmerfabrik (s. dort), da sie sich wegen der Lungenerkrankung wiederholt Gedanken machte.

Mediziner wie Josef Mengele nutzten die Konzentrationslager zu systematischen Menschenversuchen mit kalkulierter Todesfolge, die sie alle mit dem Hinweis auf ihre angebliche „Kriegswichtigkeit" rechtfertigten. Das Konzentrationslager Auschwitz wurde nicht nur zum größten medizinischen Versuchslabor seiner Zeit, in dem Häftlinge als Versuchskaninchen für die Impfstoffgewinnung benutzt wurden, sondern auch zur größten Organbank. Durch Mengele, den berüchtigten Lagerarzt von Auschwitz, kamen von dort auf dem Postweg nicht nur Blutproben infizierter Häftlinge, sondern auch Organe (Augen und Köpfe, sogar von Kindern) an das Kaiser-Wilhelm-Forschungsinstitut in Berlin, die – nach vorheriger Bestellung! – den zuvor lebend beforschten und unmittelbar anschließend ermordeten Häftlingen entnommen worden waren. TB Anfang/Mitte 1943 (zur Zeit nach der Ankunft v. 28.7.1942), Frühsommer 1944, 29.8.1944, 2.9.1944, 11.9.1944, 17.-18.3., 20.3.1945, 18.4., 20.4.1945, 15.5.1945.

---

[61] Vgl. dazu u.a. Ley/Morsch, Medizin 2007; Ley/Wirth, Zwillingsforschung 2001.

Krematorium[62]
Zur Beseitigung der steigenden Zahl von Todesfällen infolge „natürlicher" Ursachen (s. Sterblichkeit) errichtete die Lagerkommandantur vier Öfen mit einer Verbrennungskapazität von 160 bis 180 Einäscherungen pro Tag. Nach den überlieferten Quellen wurden in Theresienstadt allein im Jahre 1943 12967 Einäscherungen gestorbener Häftlinge vorgenommen (s. auch Gaskammer).

Kultur und „Freizeit" in Theresienstadt
Die „Grenzsituation zwischen Leben und Tod" war das eigentliche Phänomen der Kultur im Ghetto Theresienstadt.[63] Obwohl in den überbelegten Unterkünften an manchen Tagen 200 Menschen an Erschöpfung, Unterernährung und Krankheiten starben, vollbrachte die internationale Häftlingsgesellschaft dort ein erstaunliches kulturelles Schaffenswerk von vielgestaltiger Kreativität. Der triste Ghettoalltag erzeugte bei den Häftlingen ein wachsendes Bedürfnis nach Musik, Literatur und Theater. Für die in ihrer Heimat durch die Schule oder ihren Beruf vorgebildeten Künstler war diese Situation ein besonderer Ansporn, sich im Ghetto nach Möglichkeit weiter in ihrem Spezialgenre zu betätigen. Sie und ihre Werke wurden schnell zu Vorbildern gerade für die fernab der städtischen Kulturangebote aufgewachsenen Häftlinge, die wie Marianne Elikan in ihrem bisherigen Leben noch wenig Vergleichbares erlebt hatten. Das künstlerische Weiterschaffen unter den Bedingungen der Zwangsinternierung wurde so zu einer Aufgabe, bei der die zu Nummern degradierten Arbeitshäftlinge ihre Identität als individuelle, selbstbestimmte Menschen wiederfanden. Und genau über diesen Motivationsaspekt waren sie sich bewusst.

„Was ihnen [ergänze: „den Nazis"] nicht gelang, ist die Vernichtung des Gedankens dessen, was am Menschen menschlich ist". Mit diesen Worten umschrieb Karl Ančerl, der spätere Chefdirigent der Tschechischen Philharmonie, der am 13. September 1944 die Uraufführung „Studie für Streichorchester" von Pavel Haas dirigiert hatte, den Ausnahmecharakter des Kulturbetriebes im Ghetto Theresienstadt. Den gleichen Grundgedanken formulierte Walter Lindenbaum in seinem „Lied aus Theresienstadt", das sich Marianne Elikan, weil sie es so schön fand, in ihrem Theresienstädter Gedichtbuch aufgeschrieben hat: „Erlebe ich die Freiheit nicht, wird weiter leben mein Gedicht" (vollständiger Abdruck s.o., Teil II.3).

Allerdings befanden sich die Häftlinge als Kulturschaffende dieses „Vorzeigeghettos" – ganz gleich, ob sie als Musiker, Maler, Dichter, Schriftsteller, Schauspieler (Theater und Film) oder Sporttrainer auftraten oder akademische Vorträge hielten – in einem

---

[62]   Theresienstädter Gedenkbuch 2000, S. 24.
[63]   Wlaschek, Rudolf M. (Hrsg.): Kunst und Kultur in Theresienstadt. Eine Dokumentation in Bildern. Gerlingen 2001; aus autobiografischer Perspektive vgl. Brenner-Wonschick: Theresienstadt 2004, S. 241-243 (Musik im Kaffeehaus) und 273 (Vortragsprogramm), Manes: Leben 2005, S. 201-204, 348 und 460-461 (betr. Spiel und Sport) sowie S. 194-198, 207-209, 280-286, 306-311, 221-222 (über Musik) und S. 408-410 (über Vorträge und Theater), Friesová: Jugend 2002, S. 158-174 (Kapitel „Warum sollten wir uns nicht freuen … Kulturelles Leben im Ghetto"), Wertheim: Theresienstadt 2004, S. 40 (Wochenprogramm März 1945).

furchtbar belastenden Dilemma. Denn obwohl ihre künstlerischen und kulturellen Tätigkeiten und Darbietungen von der Lagerleitung geduldet und zeitweise sogar gefördert wurden – besonders während der „Verschönerungsaktionen" vor der Visitation der Rote-Kreuz-Delegation (s. dort) –, sahen sie sich doch jederzeit der Zensurgewalt durch die Schergen des Regimes ausgesetzt. Wer sich nicht an die künstlerischen Zensurvorgaben des Regimes halten wollte oder gar deren Banalitäten zu entlarven wagte, etwa durch heimliche Beilagen in geschmuggelten Brief- oder Paketsendungen, der musste um sein Leben fürchten. So verschickten einige Künstler nach den Dreharbeiten für den Propagandafilm (s. dort) „Der Führer schenkt den Juden eine Stadt" ironisierende Zeichnungen über den nämlichen Film ins Ausland. Die Lagerleitung entdeckte den Schmuggel und ließ daraufhin fast alle Beteiligten liquidieren.

Ein weniger schweres, aber doch mitbelastendes Moment war der Umstand, dass die bei den Verschönerungsaktionen mitwirkenden Ghettokünstler sich gewisse Vorzüge gegenüber anderen Häftlingen verschaffen konnten, etwa erhöhte Nahrungsrationen (s. Verpflegung), obwohl sie körperlich gar nicht so anstrengende Arbeiten verrichten mussten, wenn sie beispielsweise die neuen Straßenschilder für den Stadtpark beschrifteten oder Dekorationsbilder für die Offizierskantine der SS malten. Sänger und Dirigenten, die für die Opernvorführungen probten, erhielten Extra-Ausweise, mit denen sie in den genehmigten Zeiten manchmal bis Mitternacht auf die Straßen hinausgehen durften. Diese Manager der Ghettokultur waren anerkannte „Prominente", eine besondere Kategorie Funktionshäftlinge (s. Prominente), die von der jüdischen Selbstverwaltung in Absprache mit der Kommandantur ernannt wurden. Es gab sogar Prominente der Kategorien A und B, je nachdem, welche besonderen kulturellen Fähigkeiten den betreffenden Häftling auszeichneten, oder welche Beziehungen ein kulturell ambitionierter Häftling im Netzwerk der Lagergesellschaft auszuspielen vermochte. Unter diesen Umständen evozierte die Häftlingskunst „auf dem Vorhof zur Hölle" immer wieder auch heftige Konkurrenzsituationen, in denen – wie in Friedenszeiten – ein neid- bis hasserfülltes Buhlen um die Gunst der Kulturprominenz stattfand, weil deren Aushängeschilder – wie Philip Manes im Theater- und Literaturbereich – zeitweise noch mit relativ freier Hand über das Programm und dessen privilegierten Mitarbeiterstab entscheiden konnten.

Von der Reichhaltigkeit der Kulturangebote zeugen gedruckte Wochenprogramme, die von der Lagerleitung noch bis März 1945 herausgegeben wurden, Eintrittskarten zu einzelnen Vorträgen, Konzerten und Theatervorstellungen. Bei den literarischen Vortragsabenden reichte das Repertoire von abstrakten Wissenschaftsthemen über Rezitationen griechischer Klassiker bis zu den eigens auf den Geschmack der Jugendlichen ausgerichteten Unterhaltungsabenden wie der Siegerpräsentation jenes Preisausschreibens, bei der die später bekannte Dichterin Gerty Spies aus Trier ihre ersten literarischen Meriten einheimsen konnte (s. Literatur, Gerty Spies). In dem Kaffeehaus gegenüber den Mädchenheimen erlaubte die SS außer klassischen Streicher- und Cellokonzerten sogar die von der NS-Kunstkammer als abartig verworfene Swing- und Jazzmusik (vgl. Abb. einer Eintrittskarte für „Jazz" im Teil „Farbtafeln"), obwohl diese von Häftlingen vorgetragen wurde, die nach der geltenden Rassendoktrin fast allesamt „minderwertige Zigeunerbastarde" waren. Tatsächlich spielten in diesem Kaffee die „Ghetto Swingers", das Jazz-Ensemble, in dem u.a. Fritz Weiss (Klarinette) und der berühmte Jazzmusiker

Coco Schumann (eigentlich Gitarrist; hier als Schlagzeuger) mitwirkten. Für Kinder gab es eine Auftrags-Operninszenierung der Lagerleitung, die berühmte Oper „Brundibár", deren tragische Geschichte aber die perverse Instrumentalisierung der Kultur im soge-nannten „Vorzeigeghetto" besonders drastisch entlarvte, da nach ihrer Uraufführung vom 23. September 1943 das gesamte Kinderensemble mit dem Dirigenten Hans Krása für einen der nächsten Todestransporte selektiert wurde. Genauso verhielt es sich mit dem erwähnten Propagandafilm (s. dort) „Der Führer schenkt den Juden eine Stadt", bei dem der wenig später ebenfalls ermordete Häftling Kurt Gerron Regie führte. Zur Vertuschung der durch die Todestransporte stark rückläufigen Ghettobelegung ließ die SS aus anderen Lagern Scharen von Kinderhäftlingen als Statisten antransportieren, die sie nach Fertigstellung des Films wie die Darsteller der Kinderoper „Brundibár" in den Tod schickte. Als jüdischer „Mischling" (s. dort) blieb Marianne dieses Schicksal erspart. Sie erinnert sich nicht mehr an ihren Statisten-Einsatz. Hella Wertheim hat in ihrem Buch beschrieben, wie ihr ganzes Zimmer zusammen mit zahlreichen Jungen und Mädchen aus den Nachbarunterkünften in das Tal vor Bauschowitz beordert wurde, wo sie als Zuschauerstatisten auf einer großen Probebühne dem „Brundibár"-Ensemble beim Singen eines Liedes aus der Dreigroschenoper zuhörten.

Marianne Elikan und ihre Zimmerkameradin Hella Wertheim erinnern sich auch an ihre Sporterlebnisse: „Es gab im Lager einen richtigen Spielbetrieb von Sportmannschaften", schrieb Hella Wertheim. „In der freien Zeit spielte ich auch manchmal Völkerball und Handball. Ein wirklich sportbegeisterter Herr Winterberg gab sich alle Mühe, mit uns Mädchen aus dem Kinderheim eine Handballmannschaft aufzubauen. Und ich erinnere mich auch an ein Spiel gegen eine andere Mannschaft aus dem Lager."

Am 16. Juli 1944 beschrieb Marianne Elikan in ihrem Tagebuch ein großes Sportfest vom 13. Juli 1944. Auch diese Veranstaltung war ein großes Täuschungsmanöver, denn an den beiden Vortagen (11.-12. Juli 1944) bereits ließ die Kommandantur die Selektionslisten für die Liquidierung des Familienlagers erstellen. Diese tragische Parallelgeschichte war den sportbegeisterten jugendlichen Häftlingen aber, wie man den autobiografischen Erinnerungsschriften der beiden Zimmerkameradinnen entneh-men kann, gar nicht bewusst.[64] Das Sportfest lief folgendermaßen ab: Wie bei norma-len Wettkämpfen trugen die konkurrierenden Auswahlmannschaften der Heime Tri-kots mit unterschiedlichen Farben. Am Anfang trugen die Mädchen ein Wett-Turnen aus, darauf folgte „das große Stafettenlaufen" um die Bastei und die Hannover-Kaserne (s. dort). Marianne hat sich daran wohl nicht beteiligt, da sie nur relativ knapp den Sieg des deutschen Mädchenheims notiert hat („L 414 wurde Sieger"). Auch das anschließende, von ihr nur mit einem knappen Satz erwähnte Fußballspiel der „kleine-ren Burschen" scheint sie nicht sonderlich begeistert zu haben. Am „Spannendste(n)" fand sie die beiden Radkonkurrenzen: ein Geschicklichkeitsfahren, bei dem „ein Künst-ler zirka ½ Stunde auf seinem Rad balancierte", und dann ein richtiges („wirkliches") Radrennen mit fünf Konkurrenten aus Wien, Berlin, Leipzig, Prag und Holland. Laut

---

[64] Vgl. Wertheim: Theresienstadt 2004, S. 39-43 (einschließlich Erinnerungszitat betr. Sport) sowie die genannte Tagebucheintragung Marianne Elikans vom 16.7.1944; De-portationstermin des Familienlagers vgl. Studienkreis Deutscher Widerstand 1933-1945 (Hrsg.): Kinder 2003, S. 35.

Tagebucheintragung war es ein Einstunden-Rennen, wahrscheinlich auf einer um die Bastei angelegten Rundbahn. Zum Abschluss gab es ein Fußballspiel der älteren Jungen. Obwohl Marianne diese große Sportveranstaltung nur als Zuschauerin miterlebte, hatte sie sich doch von der Wettkampfatmosphäre anstecken lassen: „Die größte Freude von allem war, dass unser Heim bei allem gewonnen hatte." In dem Tagebuch Marianne Elikans wird auch nicht erwähnt, dass in den Folgemonaten August/September 1944 für den Propagandafilm „Der Führer schenkt den Juden eine Stadt" auf dem Bastei-sportplatz die gestellte Eröffnungsszene eines Fußballspiels gedreht wurde.

Die bei der Verschönerungsaktion auf Befehl der Kommandantur erweiterte Bewegungsfreiheit, insbesondere die Aufhebung der Zutrittsbeschränkungen zu den Wiesen im Stadtpark, steigerte die Lust zum Flirten unter den jugendlichen Häftlingen. In jenem heißen Sommer 1944 erlaubte die Kommandantur das Tragen kniefreier Röcke, Shorts und ärmelloser Sporttrikots – ein Zugeständnis öffentlicher Freizügigkeit, das der soeben dem Pubertätsalter entwachsenden Häftlingsjugend Chancen eröffnete, sich erstmals als selbstbewusste Männer und Frauen zu erleben, wobei sie sich auch zum ersten Mal in ihrem Leben ihrer sexuellen Attraktivität vergewissern konnten. Diese erotisch aufgeladene Stimmung, die das triste Alltagsleben ebenso auflockerte, veranschaulicht eine Tagebuchaufzeichnung des damals fast siebzigjährigen Philipp Manes:

> „Die Straßen bieten ein Bild, wie wir es in Norderney oder Westerland zu sehen gewohnt sind. Die gesamte Frauenwelt liebt es in Hosen zu gehen. Die Jugend trägt Hosen in Form wie unsere Badehosen seligen Andenkens, also mehr als kurz. Auch die Strümpfe, die so knapp und schrecklich teuer sind, werden im Sommer nicht getragen. Immer wieder stelle ich fest, wie herrlich schlank gewachsen diese Mädels sind, wie edel, offen, liebreizend ihre Gesichter, wie blühend und lebendig ihre Augen. Wenn sie in der luftigen Tracht, zu fünfen oder zu sechsen untergefasst die Straßen entlanggehen, muss man unwillkürlich stehenbleiben und sie, sich an diesem Anblick erfreuend, passieren lassen. Selbstbewusst und selbstsicher und stolz sind alle diese Mädels. Das gleiche beobachtet man bei der jungen Generation, acht- bis vierzehnjährig. Die ist genauso hübsch und frisch und geht nur noch wenig bekleidet herum und freut sich dieses Lebens."

Eine beliebte Freizeitbeschäftigung war nach einem kürzlich geführten Gespräch mit Marianne Elikan auch das gemeinsame Singen der Mädchen in ihrer Unterkunft. „Ich habe gern gesungen, hatte eine gute Stimme, wurde aber nicht zum Theaterspielen eingeteilt." Einen besonderen Anreiz gaben die Hörproben der vielen Singtalente im benachbarten tschechischen Mädchenheim. Von diesen Mädchen arbeitete eine in der Hausverwaltung des deutschen Heims L 414. Vor ihren Auftritten in einer klassischen Operette übte sie oftmals während der Arbeitspausen. „Sie trällerte die Rolle ständig, auch wenn sie über die Flure ging", erinnerte sich Hella Wertheim. Im Unterschied zu den Tschechinnen im Nachbarheim L 410 malten die deutschen Mädchen selten. Sie schrieben lieber[65] Tagebuch oder Gedichte, deren schönste sie einander vortrugen und

---

[65] Gespräch mit Marianne Elikan vom 19. Juni 2006; Zitate des Prominenten Manes vgl. Manes: Leben 2005, S. 304-305 (Zitat) und 289-304 (Kulturbauten); übrige Angaben vgl. Wertheim: Theresienstadt 2004, S. 35. „Gemalt wie bei den tschechischen Kindern in Theresienstadt wurde bei uns nicht". Marianne Elikan bestätigte diese Aussage ihrer ehemaligen Zimmerkameradin (Gespräch v. 12.6.2008); über die Zeichnungen tschechischer Kinder s. Studienkreis Deutscher Widerstand 1933-1945 (Hrsg.): Kinder 2003, Weissová-

immer mal wieder auch „zum Andenken für immer" in ihr Poesiealbum oder Tagebuch hineinschrieben.

Die beiden bereits erwähnten, von Marianne Elikan selbst gebrannten Holzschnitt-Darstellungen belegen, dass sie sich doch auch in der abbildenden Häftlingskunst versuchte. Sie erinnert sich noch daran, die beiden Holztafeln, in denen die Umrisse einer alten Häftlingsfrau und eines Bauerngehöfts bereits eingraviert waren, von einem erwachsenen „Burschen" aus Österreich erhalten zu haben. Jener Häftling hatte sich auf dergleichen Holzbilder spezialisiert und sie mit der Brenntechnik vertraut gemacht, bei der sie das Sonnenlicht mit der Glasfassung einer Fahrradlampe einfing. Bei der Darstellung der alten Frau, die mit der rechten Hand einen Topf hält, während sie sich mit der linken auf einen Stock aufstützt, könnte es sich um eine verschlüsselte Anspielung auf die katastrophale Verpflegungssituation (s. Hunger, Verpflegung) handeln. Die alte Frau mochte etwa so bei der Essensausgabe in der Warteschlange der Häftlinge gestanden haben. Diese Interpretation erscheint auch wegen des am rechten unteren Bildrand eingravierten Wortes „Nachschub" – womöglich der Bildtitel – bedenkenswert, da dieses Wort in der Lagersprache die Synonymbedeutung von Extra-Essensportion erhalten hatte[66] (vgl. die Abbildungen im Teil „Farbtafeln").

Im Rahmen der Verschönerungsaktion (s. dort) waren für die geschilderten kulturellen Aktivitäten neben den bereits genannten Lokalitäten (Stadtpark, Sportplatz auf der Bastei) noch folgende Anlagen und Räume präpariert worden: Im Stadtpark ein Kinderpavillon mit einem großen Planschbecken, einer Küche mit einem Speiseraum für 50 Personen, einem Spielzimmer mit Schaukelpferden, Spieltischen, einem Wickelund Stillraum und einem Liegeraum mit 12 Holzbetten; auf der großen Wiese hinter dem Pavillon gab es einen Sandkasten, hölzerne Wippen, Turngeräte und Sitzbänke. Der zentrale Ort für diverse Kulturdarbietungen war die Sokolowna (s. dort), die ehemalige Turnhalle des zwangsaufgelösten Turnvereins „Sokol". Der dortige Kinosaal fasste 450 Sitzplätze, es gab einen weiteren Theatersaal mit 250 Plätzen, einen Saal für Gottesdienste mit 370 Plätzen und im ersten Stock eine Bücherei mit einer Lesestube. Im gleichen Gebäude hatten die Manager der Musikaufführungen eine Kanzlei mit fünf Zimmern, in denen die Proben abgehalten wurden. Auf der nördlichen Seite des Stadtparks gab es ein einstöckiges Haus (Lagebezeichnung „Q 307") mit einem weiteren Theatersaal für 150 Personen.

Kummbal (auch: Kumball)
Tschechische Bezeichnung für die Mansardenunterkunft. Vgl. auch den in Teil II.3 abgedruckten, von einem unbekannten Autor geschriebenen Text mit dem Titel „Mit

---

Hošková: Kinder 2002, S. 58-60 sowie Brenner-Wonschick: Theresienstadt 2004 mit beispielhaften Kinderzeichnungen S. 68, 75, 159 und 192-193.

[66] Vgl. Tarsi, Anita: Das Schicksal der alten Frauen aus Deutschland in Theresienstadt. In: Theresienstädter Studien und Dokumente 5 (1998), S. 100-130; vgl. S. 113 das Zitat aus einem Häftlingsbrief: „Am 26. Februar hatte meine Tochter Geburtstag und möchte ich derselben gerne eine Freude machen. Sie ist hier im Hause als Schwester angestellt und hat sehr abgenommen. Leider gibt es für Schwestern in Blockhäusern keinen Nachschub oder doppelte Rationen."

Dir in einem Kumball (Mansarde). Ghetto Theresienstadt" (s. auch Liebe im Ghetto, Privatsphäre).

Lageplan des Ghettos Theresienstadt
s. Topografie, historische; vgl. Farbtafel 2

Lagersprache[67]
In Marianne Elikans Tagebuch finden sich einige Passagen mit Begriffen und Formulierungen, die dem Leser nach dem heutigen Sprachgebrauch unverständlich erscheinen und ihn in dem niedergeschriebenen Zusammenhang auch irritieren werden. Die auffälligsten Textstellen sind die folgenden (die betreffenden Begriffe sind fett markiert, das Datum der Eintragung ist in Klammern angegeben):

> Unser Heim soll schon seit einigen Wochen **vergast** werden, aber bis jetzt ist daraus noch nichts geworden (TB 16.7.1944) ... L 318 das kleine Kinderheim ... Jetzt wird es **entwest** und dann werden die Kinder dort hinein ziehen und Schule wird halt jetzt keine sein (TB 29.8.1944) ... Heute sind wir wieder in unser Heim zurück übersiedelt alles ist ganz neu gebaut und **vergast** und angemalt. (TB 30.3.1945) ... Wir haben auch alle Getto-Insassen jetzt eine Zubusse [s. dort; Extraportion] **gefasst** (TB 30.3.1945).

Diese Passagen reflektieren sehr deutlich, wie stark der brutalisierende Alltag des NS-Regimes und seine Vernichtungspraktiken auch auf die sprachliche Ebene durchgeschlagen hatten und das Bewusstsein der Häftlinge vereinnahmten. Bei der aufwendigen bürokratischen Abwicklung des fabrikmäßigen Massenmords (s. Vernichtung) bedienten sich die „Schreibtischtäter" einer verschlüsselten Tarnungssprache, deren Vokabular sie aufgrund geheimer Dienstverordnungen genauestens kannten, die Nichteingeweihte jedoch – vor allem Oppositionelle und feindliche Spione – unter keinen Umständen verstehen sollten. Dieser institutionalisierte Tarnungsjargon der Vernichtungsbürokratie stammte großenteils aus dem tradierten Begriffsfeld der Gesundheits-„Hygiene", mit dem entscheidenden Bedeutungsunterschied jedoch, dass die Begrifflichkeiten nun gezielte Vernichtungstechniken, genannt auch „Sonderbehandlungen" oder „Judenaktionen", einschlossen. Das wohl eklatanteste Beispiel dieser Sprachverrohung ist die Verwendung des Begriffes „Desinfektion", dessen Ursprungsbedeutung im Sinne der Bakterien- bzw. Schädlingsbekämpfung das NS-Regime nun unterschiedslos auf Tiere und Menschen anwandte. Für die jungen Ghettointernierten wie Marianne Elikan lief dieser Prozess aber so lange unbewusst ab, wie sie aus eigener Erfahrung und Anschauung keine Informationen über die realen Zustände in den Konzentrations- und Vernichtungslagern erhalten hatten. Marianne Elikan wurde sich dessen erst so richtig unmittelbar vor der Befreiung des Lagers bewusst, als die ausgemergelten, vom Tode gezeichneten oder sterbenden Häftlinge mit den Evakuierungstransporten der aufgelös-

---

[67] Oschlies, W.: Sprache in nationalsozialistischen Konzentrationslagern. (o.O.) 1985, Enzyklopädie des Holocaust. Bd. III. 1998, S. 1361ff. und neuerdings Braun, C. A.: Nationalsozialistischer Sprachstil. Heidelberg 2007; s. auch Fischer, Torben/Lorenz, M. N. (Hrsg.): „Vergangenheitsbewältigung" in Deutschland. Debatten- und Diskursgeschichte des Nationalsozialismus nach 1945. Bielefeld 2007, S. 30 und Pohl: Judenverfolgung 2002, S. 187; Informationen über den Kindertransport aus Bialystock vgl. Huppert/Drori: Wegweiser 2005, S. 91-93.

ten Lager nach Theresienstadt zurückkehrten. Bis dahin aber waren im Ghetto Theresienstadt Ereignisse vorgekommen, die Marianne Elikan unterbewusst bereits die makabre Doppeldeutigkeit dieser sprachlichen Reglementierung anzeigten. Als sie 1944 darüber berichtete, dass sie ihre Unterkünfte wegen deren „Desinfektion" bzw. „Entwesung" bzw. „Entlausungen" hatten räumen mussten, ahnte sie wohl bereits von der Pervertierung, die das nämliche Verfahren in anderen Konzentrationslagern angenommen hatte. Dort wurden Häftlinge in eigens zu diesem Zweck geschaffenen Gaskammern (s. dort) ermordet. Glaubhafte Gerüchte darüber kursierten spätestens nach der Ankunft eines Transportes völlig verlauster und ausgemergelter Kinder im September 1943, weil sich diese unter furchtbarem Schreien, kratzend, tretend und schlagend gewehrt hatten, als SS-Männer sie zur „Entlausungsstation" des Lagers abführten. Die Kinder kamen aus dem soeben liquidierten Ghetto Bialystok und hatten dort erleben müssen, wie ihre Eltern in einem als „Baderaum" getarnten Raum vergast worden waren. Wochen später wurden auch sie nach Auschwitz gebracht und in den Gaskammern ermordet.

Weitere Begriffe, die diesem Täterjargon entsprangen, sind u.a. „schleusen", „Schleuse" (s. dort) oder das „Einwaggonieren" (s. dort). Sie bezeichnen jeweils bestimmte Vorgänge bei der Durchführung der Eisenbahntransporte gefangener Menschen in die Konzentrations- und Vernichtungslager. Wie den oben genannten Begriffen ist ihnen gemein, dass sie die betroffenen Menschen, die Opfer, nicht mehr als Individuen benennen, sondern dass sie ausschließlich die anonymisierte Verschleierungsrhetorik der administrativen Vernichtungsbürokratie substituierten. In deren Sinne wurde die Lagersprache auch durchsetzt mit einer Vielzahl militärischer Redewendungen; unter anderem mit der typischen Bezeichnung „Essen fassen" für Mahlzeit oder „Nachschub" für zusätzliche Essensration. Ein weiteres Charakteristikum der Theresienstädter Ghettosprache findet sich in Marianne Elikans Tagebucheintragungen: die Übernahme fremdsprachiger Begriffe, besonders aus dem Tschechischen – ein Phänomen, das aus der Vielzahl Häftlinge aus dem Protektoratsgebiet resultierte; unter anderem die Wörter „Bonkes", „Buchteln", „Kummbal" (auch in der Schreibung „Kumball"), „Zwock" sowie topografische Bezeichnungen wie „Sokolowna". TB s.o. Zitate sowie Anfang/Mitte 1943, 15.10.1944 und 7.3.1945

Lebensbaum, Gertrud (Traute)[68] (*8.6.1926 Korbach) –
befreundete Ghetto-Internierte
Bei der in Marianne Elikans Tagebuch vom Mai 1945 mit Adresseintrag vermerkten Traute Lebensbaum handelt es sich wohl um Gertrud Lebensbaum (*8.6.1926 Korbach). Die in Korbach überlieferten Personenstandsdaten über die jüdische Familie Lebensbaum bestätigen die angegebene Adresse: Das Ehepaar Bernhard Lebensbaum (21.4.1892-1954, Postbeamter in Korbach) und Therese Lebensbaum (geb. Lewin, 7.3.1898-1985, verstorben in New Jersey/USA) bewohnte in der Hagenstr. 12 ein eigenes Haus. Mit Ausnahme ihres 1938 nach Cambridge emigrierten Sohnes Kurt Lebensbaum (*8.10.1921) war das Ehepaar Lebensbaum mit ihren beiden Kindern Ruth

---

[68] Magistrat der Stadt Korbach: Personendaten Familie Lebensbaum (freundl. Mitteilung Frau W. Steuber v. 15.2.2008) und Theresienstädter Gedenkbuch 2000, S. 706 mit abweichender Datierung der Deportation nach Theresienstadt (8.8.1942).

(*23.10.1924) und Gertrud im Juli 1942 nach Theresienstadt deportiert worden, von wo sie im Juli 1945 nach der Befreiung des Ghettos nach Korbach zurückkehrten. Die Töchter emigrierten im August 1946 nach New York. Nach dem Tode ihres Mannes emigrierte ihre Mutter Therese Lebensbaum 1954 ebenfalls in die USA.
TB Adresseneintragung nach der Befreiung im Mai 1945

Leufgen, Gertrud (Gerti) (15.8.1926 Emden-18.12.1981 Düren)[69] –
Freundin und Überlebende des Ghettos
Gertrud Linchen Leufgen aus Emden war wie ihre Freundin Marianne Elikan nach den NS-Rassegesetzen ein sogenannter „Mischling" (s. dort). Ihre Eltern waren der nichtjüdische Bäckermeister Arnold Leufgen und seine jüdische Ehefrau Jette Leufgen (geb. van der Walde, *4.3.1885 Emden). Gertrud Leufgen wurde am 10. Januar 1944 zusammen mit ihren beiden älteren Brüdern Hans Leufgen (*25.8.1919 Emden) und Jakob Leufgen (*19.9.1920 Emden, später verheiratet mit Christa Leufgen) von der Gestapo in ihrem Elternhaus (Emden, Boltentorstraße 57) verhaftet und mit dem Transport Nr. VIII/4, lfd. Nr. 6,9 (wahrscheinlich von Hannover) nach Theresienstadt deportiert (Ankunft 13. Januar 1944). Ihr als „Arier" vor der Deportation verschonter Vater Arnold Leufgen wurde am 10.10.1944 ebenfalls verhaftet und zu Zwangsarbeiten an verschiedenen Orten gezwungen. Ihre Mutter Jette Leufgen wurde im Januar 1945 von Hamburg nach Theresienstadt deportiert mit dem Transport Nr. VI/10, lfd. Nr. 247 (Ankunft in Theresienstadt am 23.2.1945).

Ihre Freundschaft mit Marianne Elikan überdauerte die gemeinsame Internierung in Theresienstadt (Oktober 1944 bis Mai 1945), wo sie zeitweise auf dem gleichen Zimmer untergebracht waren. Marianne Elikans Poesiealbum enthält eine am 5.1.1945 von Gerti Leufgen geschriebene Widmung (s.o., Teil II.4).

Nach dem Kriege erlernte Gertrud Leufgen das Friseurhandwerk und studierte anschließend an einer Sprachenschule in Köln Englisch und Spanisch, woraufhin sie einige Jahre als Touristenführerin der Firma TUI in Spanien arbeitete. Am 23.2.1960 heiratete sie Hermann Keusch in Düren. Auch ihre beiden Brüder Hans und Jakob und ihr Vater Arnold überlebten die Verfolgungen. Nach dem Kriege lebten sie wieder in ihrem Haus in Emden, Boltentorstr. 57.

Marianne Elikan hielt die in Theresienstadt geknüpften Kontakte mit ihrer Freundin Gertrud nach dem Kriege durch einen Briefwechsel und gelegentliche Besuche aufrecht. Sie erinnert sich an sie als eine ihrer besten Freundinnen in Theresienstadt.

Vgl. auch Abb. 18.

---

[69]   Theresienstädter Gedenkbuch 2000, S. 480 und Gottwaldt/Schulle: Judendeportationen 2005, S. 366-367, 461-462 und 466-47 (Transportdaten mit Ankunft Theresienstadt); ergänzende Informationen durch Dr. R. Uphoff (Stadtarchiv Emden, Telefonat v. 10.3.2008), Frau Christa Leufgen (Telefonat 4.3.2008 und Schreiben v. 10.4.2008 mit gegenüber Gottwaldt/Schulle abweichenden Datierungen der o.g. Deportationen) sowie Interview mit Marianne Elikan v. 4.6.2008.

Levy, Else (*21.7.1927 Könen)[70] **– Zwangs-Weinbergsarbeiterin 1941/42**
Auf einem Erinnerungsfoto, das Marianne Elikan aus der Zeit ihrer Zwangsarbeit im
Weinberg der Landeslehr- und Versuchsanstalt für Weinbau, Obstbau und Landwirtschaft aufbewahrt hat, ist auch Else Levy abgebildet (s. Zwangsarbeiterinnen). Sie war
die Tochter von Leo und Gertrud Levy und wurde mit ihnen am 2. September 1939 in
das „Judenhaus" in der Olewiger Str. 151 abgeschoben. Von dort hatte sie es nicht
weit in den Weinberg, wo sie die Zwangsarbeit verrichtete. Sie wurde am 16.3.1943
nach Theresienstadt deportiert, wo sie Marianne Elikan aber erst nach der Ghettobefreiung bei ihrer gemeinsamen Rückfahrt nach Trier im Juli 1945 traf. Angeblich wanderte sie später nach England oder in die USA aus. Über ihr weiteres Leben ist nichts
bekannt.

Levy, Marga (10.10.1926-1943)[71] **– befreundete Judenhaus-Bewohnerin 1941/42
in Trier**
Schrieb am 7.4.1941 eine persönliche Widmung in Marianne Elikans Poesiealbum
(s.o., Teil II.4). Marga Levy stammte aus Butzweiler und war in dem Judenhaus in
der Metzelstr. 26 einquartiert. Von dort fuhr sie mit einem Sonderfahrschein („für
Juden") der Reichsbahn täglich zu den Zwangsarbeiten in die Staatsdomäne Serrig.
Am 1.3.1943 wurde sie mit unbekanntem Ziel deportiert und blieb seitdem verschollen.

Liebe im Ghetto
Während des Krieges machten ungezählte Jugendliche der Zwischenkriegsgeneration
die unvergessliche Erfahrung der „ersten Liebe", auch im Ghetto Theresienstadt. Es
gehört zu den interessantesten und zwiespältigsten Phänomenen des Krieges, dass die
Menschen selbst unter schrecklichsten Umständen nicht die Sehnsucht und Gabe verlieren, sich liebevoll einem Partner zuzuwenden, nicht nur auf platonische Art, sondern
auch durch den Vollzug des Geschlechtsaktes. Allerdings beließen es die allermeisten
Tagebuchschilderungen jugendlicher Häftlinge – ein Tribut an die geltenden Moral-
vorstellungen – bei wenigen, oftmals versteckten Andeutungen.[72] Diese Andeutungen
beinhalten aber sehr eindeutige Hinweise, dass sich die heranwachsende Jugend von
der freien Liebe im Ghetto immer auch Illusionen eines schöneren, selbstbestimmten

---

[70] Gruppenfoto in Privatsammlung Marianne Elikan. Biografische Informationen vgl. Nol-
     den: Gedenkbuch 1998, S. 63, Bohlen/Botmann 2007, S. 53 und Telefonat mit Dr.
     Pascale Eberhard (Wawern), 20.6.2008.
[71] Zur Biografie vgl. Nolden: Gedenkbuch 1998, S. 67-68 und Wilke: Datenbank 2008;
     Zwangsarbeitseinsatz vgl. Stadtarchiv Trier T 15/949.
[72] Bei der posthumen Erstveröffentlichung des heute berühmten Tagebuches der Anne
     Frank (*1929; ermordet im Frühjahr 1945 in Bergen-Belsen) im Jahre 1947 hatte ihr
     Vater Otto Frank darauf bestanden, dass alle diejenigen Aufzeichnungen ausgespart blie-
     ben, in denen seine Tochter sich freizügig über ihre ersten sexuellen Erfahrungen geäu-
     ßert hatte. Vgl. Anne Frank: Tagebuch. Fassung von Otto H. Frank und Mirjam Pressler.
     Aus dem Niederländischen von Mirjam Pressler. Frankfurt/Main 2007. 11. Auflage, S. 6
     (Vorwort zur erweiterten Neuauflage).

und auch geborgenen Lebens zu erhalten erhoffte (z.b.: Heirat und Gründung einer Familie).

Vor der brutalen Realität des Lageralltags hatten diese Illusionen aber in den allermeisten Fällen keinen Bestand. Allein wegen der permanenten Transporte dauerten Liebesverhältnisse in Durchgangslagern wie Theresienstadt oft nur wenige Tage, allenfalls Wochen, selten aber Monate, während sich in manchen anderen Lagern weibliche Häftlinge als Zwangsprostituierte[73] zu Liebesdiensten für die Wachmannschaft benutzen ließen in der trügerischen Hoffnung, auf diese Weise „ihr nacktes Leben" im wahrsten Sinne des Wortes retten zu können.

Alles in allem blieb das Erleben der ersten Liebe im Konzentrationslager oder im Ghetto für viele Betroffene eine zwiespältige, aber doch auch prägende Erfahrung, bei der sie sich – bewusst oder unbewusst – soziale Verhaltensmuster erworben hatten, die sie ihr Leben lang beibehielten.

Unter den verstreuten Tagebucheinträgen Theresienstädter Jugendlicher zum Thema Liebe erscheint eine Eintragung besonders zitierenswert. Die damals gerade 15jährige Autorin, eine Pragerin, lebte im tschechischen Mädchenheim und war genau so alt wie Marianne Elikan:

> Wie relativ war hier die Zeit. Sie verkürzte sich oder dehnte sich aus, je nach der Situation. In einer einzigen Woche konnte man mehr Glück, Liebe und Freude erleben als in den Jahren der Freiheit. In einer Woche fand man seine Liebe für das Leben, erlebte sie und verlor sie wieder. Das „ganze Leben" dauerte einige Tage, Wochen, mit etwas Glück sogar Monate. Damals war das eine Ewigkeit. Und wenn die Liebe wegfuhr, begann eine neue Woche, Minuten, Stunden – einfach ein neues Zeitalter. Auch das musste man überleben. Hier endeten die Lieben so, dass er oder sie mit dem Transport fort ging.

TB Vgl. die oben zu Herbert-Heinz Busten angemerkten Einträge[74]

Literatur im Ghetto
Das kulturelle Leben im Ghetto Theresienstadt entwickelte sich im Vergleich mit den „normalen" Konzentrationslagern weitaus vielschichtiger. Jedoch war dieser extensive Kulturbetrieb eng verkoppelt mit den „Verschönerungsaktionen" der NS-Kulturpropaganda, die der Welt die Freizügigkeit und Friedlichkeit in dem angeblichen

---

[73] Über Zwangsprostitution in den KZ s. u.a. Zaich, K. B.: Das Sammellager Hollandsche Schouwburg in Amsterdam. In: Benz, W./Distel, B. (Hrsg.): Terror im Westen. Nationalsozialistische Lager in den Niederlanden, Belgien und Luxemburg. Berlin 2004 (= Geschichte der Konzentrationslager 1933-1945 Bd. 5), S. 191-192 und Ley, A./Morsch, G.: Medizin und Verbrechen. Das Krankenrevier des KZ Sachsenhausen 1936-1945. Berlin 2007 (Schriftenreihe der Stiftung Brandenburgische Gedenkstätten Bd. 21), S. 181; über die Förderung der Zwangsprostitution durch kriegsanaloge Situationen wie in den Konzentrationslagern s. zuletzt auch Welzer, H.: Täter. Wie aus ganz normalen Menschen Massenmörder werden. Frankfurt/Main 2005², S. 199-202.

[74] Vergleichbare Häftlingserinnerungen s. u.a. Manes: Leben 2005, S. 434-436 und die vergleichsweise offene Schilderung von Friesová: Jugend 2002, S. 129-135 und 175-185 das Kapitel „Liebe im Ghetto" bzw. Zitate S. 133-134.

„Vorzeigeghetto" vortäuschte (s. Verschönerungsaktion). Hinter dieser frisierten Außenfassade aber schwelte der Erosionsprozess der politischen Instrumentalisierung, der die Kultur organisierenden „Prominenten" (s. Prominente / Funktionshäftlinge für besondere Aufgaben) genauso wie die als Künstler aufgetretenen Häftlinge zum ständigen Lavieren zwischen einem angepasstem Opportunismus und ihrem geheimen Drang nach kreativer Selbstentfaltung anhielt. Unter diesen Umständen und angesichts der obwaltenden Zensurbestimmungen und Kontrollpraktiken (s. Post und Nachrichtenkommunikation) wurde das Schreiben von Tagebüchern und Gedichten, ja selbst das Aufschreiben von Adressen zu einem lebensgefährlichen Unterfangen. Gefahren bereitete bereits die Beschaffung der notwendigen Schreibutensilien; selbst diese mussten von den Häftlingen geheim „organisiert" werden. Von befreundeten tschechischen Bewohnerinnen im Heim L 410 erhielt Marianne Elikan die ersten beiden Schulhefte, in denen sie – mangels Papier – jede freie Stelle zuschrieb; auf ähnliche Weise kam sie wohl auch an die Bleistifte, die jene mit ihrem Gepäck mitgebracht hatten. Gerty Spies stahl bei den Arbeiten in der Glimmerfabrik heimlich in einem Vorratsraum Verpackungspapier, das sie dann zum Schreiben verwendete.

Schreiben wollten sie aber trotzdem wohl alle, selbst die jüngsten, erst zehn Jahre alt gewordenen „Mädels" wie Marianne Elikans Zimmerkameradin Marianne Löbl aus Wien, denn in der militärisch durchreglementierten und brutalisierenden Lagerwelt fanden sie darin eine beruhigende Rückzugsoase, in der sie sich noch als freier, selbstbestimmter Mensch fühlten und auf eine bessere Zukunft hoffen konnten. Die Schreibambitionen dieser jungen Mädchen erhielten sicher weiteren Auftrieb im Sommer 1944 durch den Schreibwettbewerb, bei dem die Triererin Gerty Spies ihren ersten Literaturpreis gewinnen konnte. Von den über 200 eingereichten Texten aber wurde nur eine zensierte Vorauswahl prämiert, die der Wettbewerbsorganisator Philipp Manes mit der Kommandantur hatte absprechen müssen. Das sprach sich natürlich herum über den „Mundfunk" (s. Post und Nachrichtenkommunikation), so dass diejenigen, die es wagten, in ihren Tagebüchern auch die Missstände zu schildern, ihr Leben riskierten, wenn sie entdeckt wurden. Da Marianne Elikan in ihrem Tagebuch nichts beschönigen wollte, war sie gezwungen, nach jeder Schreibstunde ihre Hefte und Zettel gut zu verstecken. Nach wiederholten Kontrollvisiten der SS erhielt Gerty Spies von einer Zimmerfreundin den Rat, sämtliche ihrer Schreibarbeiten „zu vergraben oder gar zu verbrennen". Sie tat dies aber nicht und deponierte ihre Texte fortan „zwischen Wand und Wandbrett, am Boden des Rucksacks, im Strohsack" und gewöhnte sich an, sie sogar bei den Ausgängen zur Arbeit immer in ihrer „schweren Wandertasche" ganz zuunterst mitzutragen. Wer den Befehl zu einem Arbeitstransport in ein anderes Lager erhielt, konnte sein Geschriebenes in der Regel nicht mitnehmen, weil die Häftlinge bei der Abgangsvisitation in der Schleuse abermals komplett kontrolliert wurden. Mit gewieften Tricks, etwa durch Verknüllen von Papierschnipseln in Zahnpastatuben, gelang einigen Häftlingen dennoch der Schmuggel von Briefchen und kleinen Gedichten.[75]

---

[75] Ley/Morsch: Medizin 2007, S. 97 und Spies: Theresienstadt 1984, S. 41-42 und 70-71 (Zitat).

Nach dem Ende des Krieges fanden diese unter extrem schwierigen Bedingungen entstandenen autobiografischen Aufzeichnungen zunächst wenig Beachtung. Dafür gab es mehrere Gründe. Zum einen wurde der literarische Wert der Häftlingserinnerungen unterschätzt, weil die überwiegend jungen, in der Zwischenkriegszeit geborenen Autoren mehrheitlich in der Literaturszene noch keinen Namen hatten und die dort dominierenden Schriftsteller überwiegend zurückgekehrte Emigranten waren, die das Leben und Sterben im Lager nicht selbst erlebt hatten. Die bevorzugte Rezeption von deren Werken passte auch besser zu dem kulturellen Klima der deutschen Nachkriegsgesellschaft, die den schnellen wirtschaftlichen Wiederaufbau anstrebte, die Auseinandersetzung mit den Gräueln der unmittelbaren Vergangenheit aber nicht suchte, schon gar nicht, wenn sie in einer Kultursparte erfolgte, die nach ihrem herkömmlichen Verständnis allein die „Erbauung" am Schöngeistigen bezwecken sollte. Und so hielt sich lange auch das Vorurteil, dass die von ehemaligen Konzentrationslagerhäftlingen geschriebenen Erinnerungsbücher sich mangels Niveau nicht für eine Buchveröffentlichung eigneten.[76]

Diese Vorurteile wurden erst allmählich aufgegeben, seit gegen Ende der 1980er Jahre weltweit anerkannte Künstler wie der Filmemacher Steven Spielberg oder der Literaturkritiker Marcel Reich-Ranicki den Schrecken der Judenverfolgungen in ihren Werken thematisierten. Seit Anfang der 1990er Jahre gab es auch mehrere Darstellungen, die aus der Perspektive der Theresienstädter Kinder bzw. Mädchen geschrieben wurden. Bereits 1992 veröffentlichte eine ehemalige Zimmerkameradin Marianne Elikans, Hella Wertheim geb. Sass (s. dort), ihre Erlebnisse.[77] Dass ihre Zimmerkameradin überlebt und dieses Buch geschrieben hatte, erfuhr Marianne Elikan erst kurz vor der Veröffentlichung ihres eigenen Tagebuches. Die beiden Autorinnen stehen seitdem wieder miteinander in Kontakt.

---

[76] Zur allgemeinen Rezeptionsgeschichte der Theresienstädter Lagerliteratur s. Václavek, L. Zur Problematik der deutschen Lyrik aus Theresienstadt 1941-1945. In: Theresienstädter Studien und Dokumente 1 (1994), S. 128-134; zur speziellen Funktion der Theresienstädter Häftlingsliteratur vgl. auch Munk, H.: Theresienstadt in Bildern und Reimen. Konstanz 2004, S. 12-14.

[77] Reich-Ranicki, Marcel: Mein Leben. München 1999 und Anne Frank: Tagebuch 2007. Beispielhafte Memorialliteratur ehemaliger Ghettointernierter aus Theresienstadt vgl. Manes: Leben 2005 und Studienkreis Deutscher Widerstand 1933-1945 (Hrsg.): Kinder 2003, S. 36-47 (hier die Erinnerungen von Gerhard Durlacher, Helga Kinsky-Pollack, Ruth Klüger, Paul Aron Sandfort, Helga Weissová-Hošková, Hella Wertheim geb. Sass und Edith Erbrich geb. Bär); s. auch Wertheim: Theresienstadt 2004, Mannheimer, M.: Spätes Tagebuch. Theresienstadt – Auschwitz – Warschau – Dachau. Zürich [5]2002 und zuletzt Bolle, Mirjam: „Ich weiß, dieser Brief wird dich nie erreichen." Tagebuchbriefe aus Amsterdam, Westerbork und Bergen-Belsen. Aus dem Niederländischen von Stefan Häring und Verena Kiefer. Frankfurt/Main 2006.

Löbl – im Ghetto befreundete Familie aus Wien[78]
Die Tagebuchaufzeichnungen erwähnen die beim Zeitpunkt des Kennenlernens etwa
neunjährige Marianne Löbl (*28.7.1934 Wien), deren Mutter Emma und einen etwa
siebenjährigen Bruder (im TB: „Hansi"). Bei ihm handelt es sich wohl um Hans
Wilhelm Löbl (*6.5.1937).

Nach den Tagebucheinträgen gewann diese Freundschaftsbeziehung bald eine fa-
milienähnliche Intensität: Die Familie Löbl feierte mit Marianne Elikan gemeinsam
Geburtstage; Marianne Elikan nannte die Mutter ihrer Freundin selbst „Mutti" und
erhielt von ihr, als die Familie im Oktober 1944 nach Auschwitz deportiert wurde, ein
Paar „herrlicher Schuhe" als Abschiedsgeschenk.

Emma Löbl (*11.11.1905), Mutter von Marianne und Hansi Löbl, wohnte zuletzt in
Wien 1, Stoß im Himmel 3/13, mit der Berufsangabe „Kochlehrerin". Sie und ihre
Kinder kamen mit dem Transport IV/2 (Abgang 1.10.1942) nach Theresienstadt. Von
dort wurde die Familie am 9.10.1944 nach Auschwitz deportiert.

Marianne Löbl (s. auch Abb. 19) ist mit einem Eintrag in Marianne Elikans Poesiealbum vertreten. Sie ist in Auschwitz umgekommen; über das weitere Schicksal Hans-
Wilhelm Löbls ist nichts bekannt. Ebenso nicht überliefert sind der Vorname und die
Biografie der von Marianne Elikan erwähnten „Großmutter" Löbl, die, laut Tagebuch,
in Theresienstadt am 9.7.1944 ihren 61. Geburtstag feierte.

Unter Marianne Elikans Theresienstadt-Erinnerungsstücken befindet sich ein besonders trauriges Andenken an die Mutter ihrer Freundin Marianne Löbl: Jene „Bescheinigung", die Emma Löbl vom Judenältesten vor ihrer Deportation nach Auschwitz ausgehändigt wurde. Die Bescheinigung „berechtigte" Emma Löbl, Häftlingsnummer IV/12-237, zum Betreten der Schleuse „am 4.-7.10.1944".
TB Anfang/Mitte 1943, 28.6., 9.7., 4.8. und [9.10.]1944 (Transport; Schuh-Geschenk)

Lorig – befreundete Familie in Trier-Feyen[79]
Die seit ihrer Heirat um die Jahrhundertwende in Feyen lebende Familie Lorig war
Inhaber des 1938 von den NS-Behörden zur Zwangseinquartierung entmieteter Juden
umfunktionierten sogenannten „Judenhauses" in der Pellinger Str. 33 (s. Judenhaus).
In diesem Hause lebte Marianne Elikan von Ende November 1939 bis zu ihrer Deportation am 26. Juli 1942. Der bereits 1933 verstorbene Familienvater war der jüdische
Handelsmann Joseph Lorig aus Butzweiler (16.7.1867-8.7.1933). Nach dessen Tod
führte seine Ehefrau Rosalie Lorig (29.11.1876-22.4.1940) die Hausverwaltung. Sie
hatten vier Kinder, zwei Jungen und zwei Mädchen, die alle in diesem Hause geboren
worden waren: den erstgeborenen Sohn Karl (*19.11.1902), kaufmännischer Angestellter, die erstgeborene Tochter Elsa (*26.4.1904), von Beruf Hausmädchen, den
zweitgeborenen Sohn Siegmund (*12.3.1907), der nach dem Tode seines Vaters im
gleichen Hause seinen Schusterladen eröffnet hatte, und die jüngste Tochter Gudula

---

[78]   Yad Vashem: Central Database of Shoah victims und Magistrat der Stadt Wien (Mittei-
       lung von Direktor Prof. Dr. Ferdinand Opll v. 10.3.2008) und Mag. Wolf-Erich Eckstein
       von der Israelitischen Kultusgemeinde Wien (Mitteilung v. 26.5.2008).
[79]   Wilke: Datenbank 2008.

(*26.8.1910), von Beruf ebenfalls Hausangestellte. Am 14. Januar 1936 verzog Gudula nach Miehlen im Taunus – warum und wohin, ist nicht bekannt; möglicherweise, weil sie als Hausangestellte bei einem angesehenen Juden Schutz vor den Verfolgungen gesucht hatte. Ihre ältere Schwester Elsa starb am 14.11.1938 in Trier, wenige Tage nach der Reichspogromnacht (s. dort), bei der die Nazi-Schlägertrupps auch das Nachbarhaus Pellinger Str. 35 des Lebensmittelhändlers Hirsch demoliert hatten.

Anfang August 1938 hatte der älteste Bruder Karl die Visa für die von ihm beantragte Auswanderung in die USA erhalten und war dann zwischen dem 6. und 12. August 1938 mit einem Dampfer nach New York abgereist. Über sein Schicksal ist nichts bekannt. Seine Auswanderung war sicherlich eine Reaktion darauf, dass die Behörden gerade ihr gemeinsames Haus in eine Zwangsunterkunft für zwangsentmietete Juden umwandelten („Judenhaus", s. dort) und dazu hinter vorgehaltener Hand bereits – möglicherweise sogar in der Nachbarschaft – Interessenten für seinen Zwangsverkauf suchten. Diesem Ansinnen stand nach dem Tode Rosalie Lorigs Ende April 1940 nur noch der als letzter Angehöriger im Haus verbliebene jüngere Sohn Siegmund entgegen. Am 20.10.1941 hatte jener Therese Lorig (geb. Hayum, *17.11.1897 Wies bei Saarburg) geheiratet. Sie wurden dann am 1.3.1943 deportiert, also zu einem Zeitpunkt, da die NS-Behörden bereits die Enteignung der Familie beschlossen hatten.

Von der Freundschaft der Familie zeugt eine Eintragung in dem Poesiealbum von Marianne Elikan, den ihr „Frau Lorig" am 25.7.1942, also am Tage vor ihrer Deportation aus Trier, zur Erinnerung gewidmet hat (s.o., Teil II.4). Bei der Autorin handelt es sich um Therese Lorig, die Ehefrau von Siegmund Lorig. Sie wurde mit ihm am 1.3.1943 – zusammen mit Marianne Elikans Pflegeeltern, die bis zuletzt in der Pellinger Str. 33 gewohnt hatten –, deportiert (vgl. auch den folg. Eintrag).

Lorig, Therese geb. Hayum aus Wies/Kreis Saarburg (1897-1943)[80] **–
befreundete Judenhaus-Bewohnerin 1941/42 in Trier**
Therese Lorig schrieb am 25.7.1942 in das Poesiealbum von Marianne Elikan den Gedenkspruch „*Das Leben ist ein Kampf. Siege!*", mit dem sie eindeutig auf das Deportationsschicksal anspielte, das Marianne gerade mit dem Befehl für den Deportationszug vom 27. Juli 1942 ereilt hatte. Therese Lorig lebte seit 1936 als Hausangestellte im Haus der Familie Lorig in Feyen, Pellinger Str. 33. Am 20.10.1941 hatte sie den Sohn der im Vorjahr verstorbenen Hauseigentümerin Rosalie Lorig, den Schuhmacher Siegmund Lorig (1907-1943), geheiratet. Jener wurde am 1. März 1943, als die NS-Behörden bereits die Enteignung seines Elternhauses in die Wege geleitet hatten, nach Kattowitz deportiert, also am gleichen Tage, an dem auch Mariannes Pflegeeltern von dort zur Deportation auf den Trierer Bahnhof abgeführt wurden. Therese Lorig starb 1943 wie ihr Ehemann in einem Konzentrations- oder in einem Vernichtungslager. Das Datum ihres Todes wurde vom Amtsgericht Trier per Entscheid vom 28.10.1960 auf den 31.3.1943 festgesetzt. Über das Schicksal ihres 1938 in die USA ausgewanderten Schwagers Karl Lorig und ihrer bereits 1936 nach Miehlen im Taunus verzogenen Schwägerin Gudula Lorig ist nichts bekannt.

---

[80]   Zur Biografie vgl. Nolden: Gedenkbuch 1998, S. 115 und Wilke: Datenbank 2008.

Mädchenheime (L 410, L 414; Theresienstadt-Plan EVa und EVb)[81]

Die beiden an der Hauptstraße (Theresienstadt-Plan-Koordinate L) gelegenen Gebäude L 410 und L 414, in deren Mitte sich die ehemalige Garnisonskirche befand, waren die Heime für 8- bis 16jährige Mädchen; gegenüber von L 410, in Gebäude L 417 (Theresienstadt-Plan FIV), war das Jungenheim (s. dort).

In L 410 waren ca. 360 tschechische Mädchen untergebracht, in L 414, der ehemaligen Kommandantur, Mädchen aus Deutschland und – in getrennten Zimmern – auch Jungen. Jedes Zimmer hatte seine(n) „Stubenälteste(n)", die (der) – je nach beruflicher oder pädagogischer Qualifikation – neben der Befehlsübermittlung erzieherische Aufgaben übernahm. In L 414 waren auch die Lager-Post-Empfangsstelle, eine Hauswäscherei sowie weitere Ämter untergebracht.

In allen genannten Jugendheimen entfaltete sich ein reges künstlerisches Leben unter Anleitung erfahrener Pädagogen und Künstler (s. Kultur). Im tschechischen Mädchenheim wurde die Zeitschrift „Bonako" herausgegeben, und unter der Leitung von Friedl Dicker-Bandjesová fanden Zeichenzirkel statt.

Marianne Elikan war die längste Zeit ihrer Internierung im Zimmer 4 im dritten Stockwerk des deutschen Mädchenheims (EVb; im Tagebuch wiederholt „L 414" genannt) untergebracht, einer Gruppenunterkunft mit maximal 18 Stockbetten (s. dort). Weil sie hier mit anderen Mädchen ihres Alters einen Restfreiheitsraum in einer relativ selbständigen Lebensgestaltung hatte erleben können, in dem der Lageralltag kurzfristig zurücktreten konnte (s. Privatsphäre), hat Marianne Elikan dieses Zimmer und einige ihrer 'Kameradinnen' (z.B. Inge und Ilse Bober, Gerti Leufgen, Hella Wertheim; s. die jeweiligen Einträge) in besonderer Erinnerung behalten. Zusätzlich zu den mehrfachen Erwähnungen in ihrem Tagebuch schrieb sie Anfang Februar 1945 ein Spottgedicht mit dem Titel „Ein Kakaozug von Zimmer 4", in dem sie ihre damaligen Zimmergenossinnen in einer leicht ironisierenden, aber doch gutmütigen Weise charakterisiert hat.
TB u.a. 16.7. und 24.8.1944

Magdeburger Kaserne (Theresienstadt-Plan Block B V)
Zur Zeit der k.u.k. Monarchie eine Kavalleriekaserne für 620 Soldaten und 425 Pferde und dann 1941 bis 1945 Sitz der jüdischen Selbstverwaltung (s. dort). Weiterhin war hier ein Saal für Kulturveranstaltungen untergebracht. Nach den Tagebuchüberlieferungen von Philipp Manes (s. dort) wurde diese Kaserne bei der Verschönerungsaktion 1944 durch einen Parallelanbau erweitert, zu dem ein Kasino mit einem Restaurant und einem Speisesaal für 1000 Personen gehörten.

---

[81] Die im Tagebuch angegebene Lagebezeichnung „L 414" ist auf dem Lagerplan Marianne Elikans nicht vermerkt. In einem Gespräch vom 4.6.2008 erinnerte sich Frau Elikan an die Lage ihres Zimmers, das in der oberen Fensterreihe das 2. oder 3. Fenster von links gewesen sei; ihre ehemalige Mitinternierte Hella Wertheim, die zeitweise mit Marianne in dem gleichen Zimmer untergebracht war, erinnert sich ebenfalls an das bezeichnete Gebäude. Abweichend von Marianne Elikan aber verortete sie dieses Zimmer nicht im dritten, sondern im 2. Stockwerk. Vgl. Wertheim: Theresienstadt 2004, S. 31-41.

Heute befindet sich im ersten Stock des Gebäudes eine Zweigstelle des Ghettomuseums mit einer Ausstellung, in der u.a. eine rekonstruierte Frauenunterkunft zu sehen ist. TB Anfang/Mitte 1943, 15.3., 9.7. und 11.7.1945 und LP mit Rotschraffierung

Manes, Philipp (1875 Elberfeld-Oktober 1944 Auschwitz) –
Ghetto-Häftling und Tagebuchautor
Vor seiner Internierung in Theresienstadt war Philipp Manes Inhaber einer bekannten Berliner Pelzwarenhandlung. Am 23. Juli 1942 wurde Manes zusammen mit seiner Frau Gertrud (1883-1944 Auschwitz) nach Theresienstadt deportiert.[82] Der Transportzug „I/29" beförderte nur 100 Mitreisende (bei der Ankunft), das waren nur etwa ein Zehntel der bei den „Judendeportationen" (s. dort) üblichen Kapazitäten. Diese geringe Besetzung ihres Zuges mochte dem Ehepaar Manes eine relativ bequeme Fahrt beschert haben; sie entsprach nichtsdestotrotz genau den Planungsvorgaben für die sogenannte „Endlösung", die letztendlich die Vernichtung der Juden zum Ziel hatte. Die spezielle Durchführungsvorgabe für ihren Sonderzug „I/29" regulierte die vom Reichssicherheitshauptamt am 15. Mai 1942 erlassene Richtlinie „zur technischen Durchführung der Evakuierung von Juden in das Altersghetto Theresienstadt". In den zwischen Juni und Juli 1942 nach Theresienstadt abgehenden Sonderzügen sollten demnach vornehmlich Juden über 65 Jahre deportiert werden, darunter insbesondere auch „prominente" Persönlichkeiten aus dem öffentlichen Leben.

Während seiner über zwei Jahre langen Internierung wurde Manes zu einem der bekanntesten Kulturmacher im Ghetto Theresienstadt. Als Prominenter (s. dort) der Kategorie A war er einer der privilegierten Funktionshäftlinge, die in relativ geräumigen Häusern wohnten, bessere Nahrungsrationen als andere Häftlinge erhielten und körperlich weniger anstrengende Arbeiten verrichten mussten. Im Auftrag des Judenrates (s. Selbstverwaltung) und der Lagerkommandantur organisierte er zunächst einen Orientierungsdienst für verwirrte alte Häftlinge, um sie wieder in ihre Unterkünfte zurückzuführen. Richtig angesehen und bekannt aber wurde er erst als Mitorganisator des Literatur-, Musik- und Theaterprogramms, das im Rahmen der „Verschönerungsaktion" (s. dort) 1944 Theresienstadts Vorzeigecharakter als friedliche Judenstadt aufrechterhalten sollte. Dabei soll Manes insgesamt 2280 Vortragsveranstaltungen organisiert haben, bei denen er selbst 500 Vorträge gehalten hat; unter anderem organisierte er auch jenen Literaturwettbewerb, bei dem die Triererin Gerty Spies ihren ersten Preis gewinnen konnte (s. Gerty Spies). Es gehört zur besonderen Tragik seines Lebens, dass Manes aufgrund seiner allseitigen Anerkennung als Kulturmacher die Ambivalenz seines Schaffens zu spät durchschaute und schließlich doch die bittere Wahrheit erkennen musste, dass er als Mitorganisator der Kultur auf diesem „Vorhof der Hölle" zum wil-

---

[82] Für weitere Informationen zur Biografie vor der Internierung s. Manes: Leben 2005, S. 10-12. – Die gesamte Tagebuchedition beinhaltet sehr detaillierte Schilderungen seines engagierten Schaffens beim Aufbau des literarischen und musikalischen Lebens unter den besonderen Zensurbedingungen des „Vorzeigeghettos" (s. auch Kultur bzw. Literatur im Ghetto); Deportationsdatum/Zug und Durchführungsbestimmung vgl. Theresienstädter Gedenkbuch 2000, S. 142 und Gottwaldt/Schulle: Judendeportationen 2005, S. 267, 301 und 440; quantifizierende Angaben über die Gesamtzahl der von Manes organisierten Veranstaltungen vgl. Wlaschek: Kunst 2001, S. 15.

ligen Funktionsglied einer groß angelegten Täuschungsinszenierung geworden war. Immerhin gelang es ihm noch vor der Deportation, seine Tagebuchmanuskripte heimlich einer Mitgefangenen zu übergeben, die diese auf dem Dachboden versteckte und nach dem Kriege seiner Tochter Eva aushändigte. Am 28. Oktober 1944 wurden Gertrud und Philipp Manes mit dem letzten Transportzug, der die „Herbsttransporte 1944" in die Vernichtungslager zum Abschluss brachte, nach Auschwitz-Birkenau deportiert und gleich nach der Ankunft in einer der Gaskammern ermordet.

Leider erlebte Eva Manes, die sich nach dem Kriege lange Jahre vergebens um eine Veröffentlichung der Tagebuchaufzeichnungen ihres Vaters bemüht hatte, ihre späte Publikation der 2005 nicht mehr. Sie starb mit 95 Jahren kurz vor dem Erscheinen des Buches, für dessen Publikation sie sich bis zuletzt eingesetzt hatte.

Marktplatz (Theresienstadt-Plan, Rechteck im Zentrum)
Die eingefriedete Platzfläche durfte von den Ghettobewohnern normalerweise nicht betreten werden; bei der „Verschönerungsaktion" (s. dort) wurde hier ein Park angelegt und zugänglich gemacht.
LP mit Rotschraffierung

Massenmord / Völkermord[83]
Der im Rahmen der sogenannten „Endlösung" (s. dort) vom NS-Regime realisierte Massenmord unterschied sich von allen früheren Pogromen der Kulturgeschichte durch seine fabrikmäßige Organisation, Durchführung und Technik (s. Vernichtung). „Wie konnte so etwas passieren?", lautet eine der meistgestellten aktuellen Fragen, mit deren Beantwortung die jüngeren Generationen ein neues Kapitel in der „Vergangenheitsbewältigung" (s. dort) aufgeschlagen haben.

Mayer, Liesel (*22.9.1923 Trier)[84] **– Zwangs-Weinbergsarbeiterin 1941/42**
Auf einem Erinnerungsfoto, das Marianne Elikan aus der Zeit ihrer Zwangsarbeit im Weinberg der Landeslehr- und Versuchsanstalt für Weinbau, Obstbau und Landwirtschaft aufbewahrt hat, ist auch Liesel Mayer abgebildet (s. Zwangsarbeiterinnen). Sie war die Tochter des Viehhändlers Sylvain Mayer und seiner Ehefrau Hedwig und wohnte in der Saarstr. 104. Sie war die Freundin, mit der Marianne Elikan während einer Straßenbahnfahrt im Frühjahr 1942 verhaftet wurde. Am 20. Januar 1939 hatte sie bei der Trierer Behörde den Empfang ihre Juden-„Kennkarte" mit ihrer Unterschrift bestätigen müssen. Am 4.3.1943 wurde sie nach Kattowitz/Oberschlesien deportiert, überlebte und kam 1945 zurück nach Trier. Mit ihrem jüngeren Bruder Karl

---

[83] Herbert, U.: Vernichtungspolitik. Neue Fragen und Antworten zur Geschichte des „Holocaust". In: Ders.: Nationalsozialistische Vernichtungspolitik 1939-1945. Neue Forschungen und Kontroversen. Frankfurt 2001[4], S. 9-66; s. auch Pohl: Judenverfolgung 2002, S. 206-267.

[84] Gruppenfoto in Privatsammlung Marianne Elikan. Biografische Informationen vgl. Nolden: Gedenkbuch 1998, S. 80, Bohlen/Botmann 2007, S. 80; Städtisches Museum Simeonstift, Trier-Kino Nr. 69 (= Video-Interview mit dem Holocaust-Überlebenden Karl Mayer); vgl. auch Stadtarchiv Trier TB 15/949: Kennkarte mit Porträtbild und datierter Unterschrift.

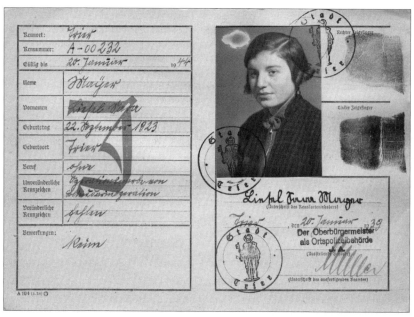

Abb. 38: Kennkarte Liesel Mayer, 1939 (Stadtarchiv Trier, Tb 15/949)

Mayer (*29.8.1925), der das KZ Auschwitz überlebte, emigrierte sie in die USA. In einem von Steven Spielberg aufgenommenen Video-Interview berichtete Karl Mayer über seine Zeit in Trier und in Auschwitz.

Meier, Elsa – befreundete Judenhaus-Bewohnerin 1941/42 in Trier
Schrieb am 21.12.1941 eine persönliche Widmung sowie ein weiteres undatiertes Erinnerungsgedicht in Marianne Elikans Poesiealbum (s.o., Teil II.4). – Biografische Daten nicht ermittelt.

Mischling, Mischehen[85]
Sogenannte „Mischlinge" waren die Kinder von Eltern, von denen ein Elternteil nach den Nürnberger Rassegesetzen jüdischer und der andere nichtjüdischer Herkunft war. Als sich die Häftlingszahlen in der Endphase des Ghettos infolge der zahlreichen Transporte in die Arbeits- und Vernichtungslager drastisch reduzierten, erhöhte sich der Anteil der „Mischlingskinder" gegenüber den „Volljuden" unter den Häftlingen, da man sie aufgrund ihrer rassengesetzlichen Höhereinstufung nicht bzw. nur in Ausnahmefällen für die in die Vernichtungslager abgehenden Transporte einteilte. Marianne Elikans Tagebucheintragungen spiegeln aus der Sicht eines jungen Mädchens das Befremden über jene höchst zwiespältige Bevorzugungssituation wider, die einerseits die Hoffnungen auf das eigene Überleben nährten, andererseits mit dem vermehrten Ab-

---

[85]   Theresienstädter Gedenkbuch 2000, S. 34.

transport befreundeter Zimmerkameradinnen und Freunde zugleich aber auch düstere Vorahnungen über den grauenvollen Endzweck der Judendeportationen (s. Vernichtung) bestärkten.
TB Anfang/Mitte 1943, September-Oktober 1944 und 5.5.1945.

Poculla, Wilma (*7.7.1928)[86] – befreundete Mitinternierte
Sie schrieb am 22. Februar 1945 einen Widmungsspruch in das Poesiealbum ihrer Zimmerkameradin Marianne Elikan, die sie ihrerseits erwähnt in dem Spottgedicht „Ein Kakaozug von Zimmer 4" (s.o., Teil II.3). Wilma Poculla kam aus Berlin nach Theresienstadt mit dem Eisenbahn-Transport I/100 vom 4.8.1943. Sie überlebte die Befreiung des Ghettos 1945.

Post und Nachrichtenkommunikation im Ghetto
Im Erdgeschoss des Deutschen Jungen- und Mädchenheims (L 414) befand sich auch das Postamt. Die Empfänger wurden durch „Vorladungen" aufgefordert, ihre Briefe oder Pakete selbst abzuholen.[87] Nach Marianne Elikans Tagebucheintragungen war es aber wohl häufig so, dass die „Stubenältesten" und zeitweise auch die Zimmerkameradinnen, wenn sie bei der Postverteilung aushalfen, Brief- und Paketsendungen an ihre Mitbewohnerinnen aushändigten. Auf diese Weise wird Marianne Elikan auch den zitierten Brief ihrer Pflegeeltern vom 1.3.1943 erhalten haben. Dieser Brief (s.o., Teil II.2) deutet bereits darauf hin, dass die Häftlinge private Briefe und Postkarten nicht mehr frei abfassen konnten, sondern sie sehr strikten Zensurauflagen unterlagen, deren Einhaltung ein SS-Mann beim Abfassen der Briefe kontrollierte. Am 9.9.1944 erwähnt Marianne Elikan in ihrem Tagebuch, dass die Poststelle in ihrem Heim auch ein „Zensurzimmer" hatte. Gewiss hatte Marianne Elikan in ihren Briefen an ihre Pflegeeltern in Trier nichts davon geschrieben, dass sie an Typhus erkrankt war (s. Krankenhaus) und auch nicht, dass sie über die hohe Sterblichkeit im Lager informiert war (s. Sterblichkeit; s. auch Bachrach, Olga). In seinem Brief vom 8.7.1946 schrieb Werner de Vries an Marianne Elikan, dass er seinen letzten Brief an ihre Schwester Lieselotte in das KZ Stutthof geschmuggelt hatte.

Mit Beginn der Verschönerungsaktionen Anfang Mai 1944 lockerte die Kommandantur die Postzensur. „Wir durften jetzt [ergänze: sogar] jeden Monat eine Postkarte absenden", schrieb Philipp Manes damals in sein Tagebuch. „Von einem viertel Jahr zu einem Monat ist schon allerhand, und wir sind Optimisten genug, um mit einer weiteren Verkürzung zu rechnen." Jedoch ahnten und bemerkten die Häftlinge sehr bald den betrügerischen Hintersinn dieses vermeintlichen „Geschenkes". Die „Karten aus Auschwitz waren nur dazu da, die Leute zu beruhigen", kommentierte Marianne Elikans ehemalige Mitinternierte Hella Wertheim später in ihren Memoiren.

---

86 Theresienstädter Gedenkbuch, S. 259.
87 Gespräch mit Marianne Elikan vom 19.6.2008; s. auch Manes: Leben 2005, S. 224-226, 301 (Zitat), 338 und 390-391, Brenner-Wonschick: Theresienstadt 2004, S. 170, Wertheim: Theresienstadt 2004, S. 41 (Zitat), Spies: Theresienstadt 1984, S. 82 und Huppert/Drori: Wegweiser 2005, S. 70.

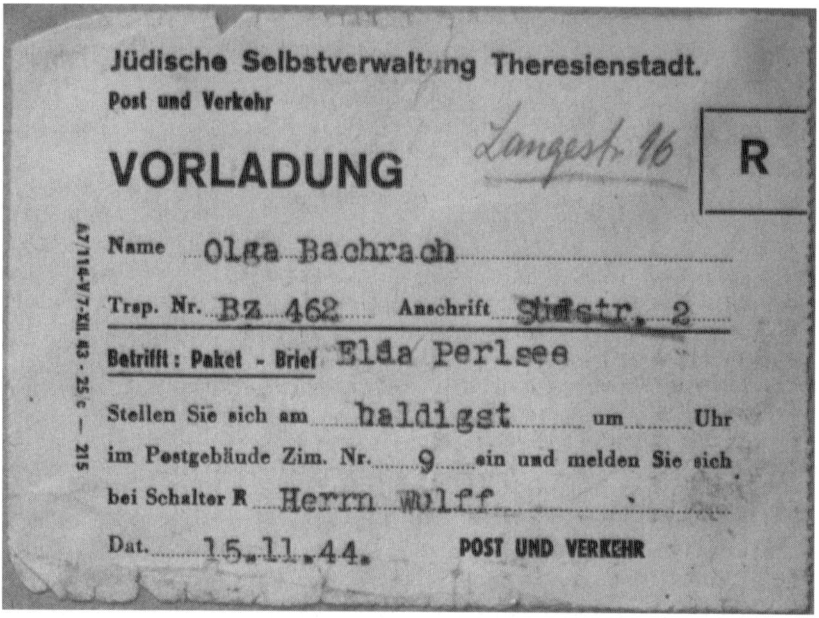

Jüdische Selbstverwaltung Theresienstadt.
Post und Verkehr

VORLADUNG Langestr. 16 R

Name Olga Bachrach

Trsp. Nr. Bz 462 Anschrift Stiftstr. 2

Betrifft: Paket - Brief Elsa Perlsee

Stellen Sie sich am baldigst um Uhr
im Postgebäude Zim. Nr. 9 ein und melden Sie sich
bei Schalter R Herrn Wulff.

Dat. 15.11.44. POST UND VERKEHR

Abb. 39: Vorladung für Olga Bachrach zum Postempfang (15.11.1944)

Einige Wochen lang lasen die Häftlinge sogar Pressenachrichten aus dem in verschiedenen Schaukästen ausgehängten „Neuen Tag“. Diese Prager Tageszeitung unterlag aber der deutschen Zensur. Wer dennoch objektive Informationen über den Kriegsverlauf und die Situation außerhalb des Ghettos erhalten wollte, war auf illegale Nachrichten angewiesen: z.B. auf Paketsendungen mit versteckt eingewickelten Zeitungsschnipseln oder auf das unter Todesstrafe stehende Abhören feindlicher Rundfunksender. Auf ihrer Suche nach einer illegalen Rundfunkabhörstation inspizierten SS-Männer das tschechische Mädchenheim vom Dachboden bis in die Kanalisation. Trotz solcher Kontrollen sickerten immer wieder geheime Nachrichten auf mündlichem Wege durch. Gerüchte über die Kriegslage verbreiteten sich wie ein Lauffeuer, Marianne Elikan bezeichnete diesen Vorgang mit dem tschechischen Ausdruck „Bonkes“, die deutschen Internierten unterhielten sich heimlich über den sogenannten „Mundfunk“. Da „die Postkarten, die wir erhielten, neutral geschrieben sein mussten, ohne irgendeinen Hinweis auf Geschehnisse in der Heimat“, schrieb Manes, „sehnten wir uns nach Mitteilungen von draußen.“ So entstand bei den Häftlingen ein aus vielen Gerüchten und Flüstermeldungen zusammengesetztes „Schattenbild“, das ihre Sehnsucht nach objektiven Nachrichten ungemein verstärkte. Auf diesem Wege gelangten sogar Nachrichten vom Sturz des italienischen Diktators Mussolini und vom misslungenen Attentat auf Hitler vom 20. Juli 1944 in das Ghetto. Die durch solche gefährlichen Geheimnachrichten höchst angespannte Informationslage verunsicherte die jungen Häftlinge

aber auch immer wieder zutiefst.[88] „Man erzählt nämlich schon wieder so viel dass man nicht weiß was man glauben soll", beschrieb Marianne Elikan diesen Zustand z.B. am 29.8.1944 in ihrem Tagebuch.
TB u.a. Frühsommer 1944, 7.7., 2.9.1944

Privatsphäre
Im Leben der Ghetto-Internierten reduzierte sich der von ihrem früheren Leben gewohnte private Lebensbereich in einem Ausmaße, dass eine Privatsphäre nach „normalen" Ermessensmaßstäben kaum bzw. gar nicht mehr existierte. Im September 1942, zur Zeit der maximalen Auslastung des Lagers, als 53264 Menschen in Theresienstadt interniert waren (s. Häftlinge), entfielen auf jeden Häftling im Durchschnitt etwa 1,6 qm Fläche. In dem strikt kontrollierten und durch ständige Befehle limitierten Alltag der Häftlinge wurden ihre Schlafunterkünfte und besonders die Stockbetten (s. dort) zu einem letzten Refugium privater Lebensgestaltung, in dem sie sich auch gerne romantischen Träumereien hingaben, unter anderem dem Wunsch nach einer Liebesbeziehung (s. Liebe im Ghetto) – eine aus heutiger Sicht etwas bizarre Vorstellung, da bis zu 30 Häftlinge in den Zimmern der Jungen- und Mädchenunterkünfte des Ghettos untergebracht waren. Wenn der normale Befehlstag beendet war, oder auch in den Pausen, verabredeten sich die Jungen und Mädchen auf ihren Zimmern. In einer Tagebucheintragung von Anfang August 1944 beschreibt Marianne Elikan die Geburtstagsfeier, zu der sie und ihre jüngeren Freundinnen Marianne Löbl und Susanne Braun (s. jew. dort), die beide einen Tag früher als sie selbst Geburtstag hatten, 12 Mädchen eingeladen hatten. Trotz der bestehenden Enge waren die Zimmer der Mädchen und Jungen eine letzte Oase heimeliger Gemütlichkeit. Hier schrieben sie Tagebücher, sammelten oder verfassten Gedichte, malten, lernten, sangen und musizierten und probten sogar ihre Rollen für Theaterstücke.
Aufgrund dessen rückten diese privaten Rückzugsrefugien in den Mittelpunkt der autobiografischen Memorialkultur der überlebenden KZ-Häftlinge. Von den publizierten Erinnerungsbüchern tragen mehrere die Namen der Zimmer, in denen die Häftlinge gelebt haben, im Buchtitel. Infolgedessen ist es auch nicht verwunderlich, dass auch Marianne Elikan ihrer Unterkunft in Theresienstadt das Gedicht „Ein Kakaozug von Zimmer 4" gewidmet hat; vgl. auch den Text „Mit Dir in einem Kumball" (beide s.o., Teil II.3).

Prominente / Funktionshäftlinge für besondere Aufgaben[89]
Sogenannte „Prominente" waren Mitarbeiter der jüdischen Selbstverwaltung (s. dort), die von der Kommandantur für besondere Aufgaben im Ghetto eingeteilt wurden. Einer dieser Aufgabenbereiche war die Organisation eines Vorzeige-Kulturbetriebes, die im Rahmen der Verschönerungsaktion (s. dort) auf breiter Ebene durchgeführt wurde. Philipp Manes (s. dort), ein angesehener ehemaliger Pelzhändler aus Berlin,

---

[88] Vgl. Brenner-Wonschick: Theresienstadt 2004, S. 117-118 und 170.
[89] Vgl. „Prominente". In: www.ghetto-theresienstadt.info (Nachschlagewerk); zitierte „Einstellungskriterien" vgl. Manes: Leben 2005, S. 226 bzw. 263-294 (zitierte Schilderung seines „Prominentenhauses").

der die Literatur- und Theaterveranstaltungen mitorganisierte, gehörte zu dieser Häftlingsprominenz. Als „Einstellungsvoraussetzungen" erkannte die Kommandantur nicht nur bürgerliche Verdienstauszeichnungen an wie namentlich die Frontkämpferabzeichen aus dem 1. Weltkrieg oder herausragende Leistungen auf verschiedensten Gebieten der Wirtschaft, Wissenschaft und Kultur, sondern ebenso die Zugehörigkeit zur gesellschaftlichen Elite durch Verwandtschaft oder Freundschaftsbeziehungen. Die Existenz dieser „Prominenten" war ein wirkungsvoller Faktor innerhalb der umfassenden Täuschungspropaganda, die der Weltöffentlichkeit das Judenghetto als ein friedliches Vorzeigelager für ältere Menschen und Familien präsentieren sollte. Tatsächlich wirkte diese Propaganda, da viele „Prominente" wie der erwähnte Philip Manes – zumindest in der Anfangszeit ihrer Einstellung – diesen Täuschungszweck nicht erkannten und sich dadurch unbewusst als Handlanger dieser Instrumentalisierung benutzen ließen. Ihre anfängliche Gewogenheit gegenüber der Lagerkommandantur rührte wohl auch von den an ihren Sonderstatus gekoppelten Vergünstigungen her, von denen normale Häftlinge nur träumen konnten: vor allem kamen sie in den Genuss besserer Wohnbedingungen, wurden nicht oder nur selten zu schweren Arbeiten eingeteilt und sie bekamen auch – ein in Anbetracht der schlechten Verpflegung ebenfalls hochgeschätzter Vorzug – bessere Lebensmittelrationen (s. Hunger, Verpflegung). In seinem Tagebuch beschrieb Philipp Manes seine gegenüber den Massenunterkünften der normalen Häftlinge (s. Privatsphäre und Stockbett) geradezu luxuriöse Unterbringung in einem der „Prominentenhäuser mit hohen, weiten, hellen Korridoren, hohen Zimmern, die nur wenige Bewohner aufweisen" und anstelle hölzerner Pritschen über „eiserne Betten" verfügten. Diese Häuser befanden sich in der von jungen Lindenbäumen umsäumten Seestraße (L 1), die zur Bastei auf dem Südberg führte. Im Gegensatz zu den Häftlingsunterkünften wurden die Häuser der Prominenten auch „ungewöhnlich gut instand gehalten" und regelmäßig geputzt, so dass sich, so Manes, „die Steinböden spiegelten wie die Fenster" – ein Ambiente, das den später in Auschwitz ermordeten Tagebuchschreiber zu der voreiligen Annahme verleitete, dass „ein Heim in der Heimat auch nicht besser wie hier aussehen" könnte. Nach vorgefundenen Listen der Kommandantur gab es sogar eine Abstufung nach den beiden Kategorien „Prominente A" und „Prominente B".

In ihrem Tagebuch erwähnt Marianne Elikan die Prominenten nur einmal explizit in ihrer Eintragung vom 20.4.1945. Ihre Aussage ist dennoch höchst bemerkenswert, weil sie eine kritische Revision der Theresienstädter „Prominenten"-Forschung veranlassen könnte. Nach dem im Ghettomuseum Theresienstadt (s. Erinnerungskultur) erhaltenen „Prominentenalbum" aus der Kommandantur betrug die Anzahl dieser Häftlingsgruppe nur maximal 148 Personen. Marianne Elikan jedoch bezifferte die Gesamtheit der am 20.4.1945 befreiten Prominenten mit „600", also mit einem vierfachen Zahlenwert. Möglicherweise handelte es sich bei dem erstgenannten Prominentenalbum nur um Personen der Kategorie A, bei Mariannes Angabe aber um die bei der Lagerbefreiung unter den zurückgebliebenen Häftlingen bekannte Gesamtzahl der A- und B-Prominenz. Wenn letztgenannte Einschätzung zutreffen sollte, dann erreichte die Anzahl der Überlebenden dieser Vorzugshäftlinge nicht nur 84%, wie bisher angenommen, sondern einen weitaus höheren Prozentsatz. Sollten weitere Quellenfunde diese Annahme bestätigen, dann ergeben sich auch ernstzunehmende Informationen, die eine kritische Revision einer sehr schwierigen, aber doch wichtigen Fragestellung der

KZ-Forschung veranlassen sollte: Gab es „auf dem Vorhof zur Hölle" unter der Pro-
minenz der zweiten Kategorie nicht etwa doch eine beträchtliche Anzahl kollabo-
rationswilliger Judenrats-Funktionäre, die ihren eigenen Überlebensinteressen zuliebe
die Solidarität gegenüber ihren Glaubensgenossen aufgegeben hatten?
TB 27.9.1944, 20.4.1945

Propagandafilm[90]
Im Rahmen der Ghetto-„Verschönerungsaktion" (s. dort) organisierte die SS per Befehl die Aufnahmen eines Propagandafilms mit dem Titel „Theresienstadt – Ein Dokumentarfilm aus dem jüdischen Siedlungsgebiet". Der Film wurde in der Überlieferung
bekannter durch seinen inoffiziellen, zynischen Titel „Der Führer schenkt den Juden
eine Stadt". Die Dreharbeiten erfolgten zwischen dem 16. August und dem 11. September 1944. Sowohl der Regisseur Kurt Gerron (1897-1944) als auch die Bühnen-
bildner, „Darsteller" und Statisten waren Häftlinge, von denen eine größere Anzahl
aus anderen Lagern eigens nach Theresienstadt gebracht worden war, um das durch
die vielen Transporte entvölkerte Ghetto wieder belebter aussehen zu lassen. Nach
Beendigung der Dreharbeiten wurden der Regisseur und die Darsteller nach Auschwitz
deportiert und bis auf wenige Ausnahmen ermordet (s. auch Kultur).

Reichspogromnacht[91] – sogenannte „Reichskristallnacht" vom 9.-10.11.1938
Die auf höhere Weisung Adolf Hitlers und Josef Goebbels' am 9./10. November insze-
nierte sogenannte „Reichskristallnacht" war der bis dahin größte Pogrom gegen die jüdischen Bürger. Vom Abend bis zum frühen Morgen zogen antisemitische Nazi-
Trupps, vor allem SA-Männer, zu Synagogen und Geschäften, die sie demolierten,

---

[90]   Huppert/Drori: Wegweiser 2005, S. 24; zur gestellten Eröffnungsszene eines Fußball-
       spiels vgl. Bernett, H.: Alfred Flatow – vom Olympiasieger zum „Reichsfeind." In: So-
       zial- und Zeitgeschichte des Sports 1,1 (1987), S. 100 (Foto von der Eröffnungsszene).

[91]   Bzgl. Ursache, Veranlassung und Durchführung der „Reichskristallnacht" reichsweit s.
       Pohl: Judenverfolgung 2002, S. 210; zusammenfassende Informationen aus lokaler Sicht
       vgl. Stadtarchiv: Juden 1988, S. 116; Zuche: Stattführer 2005, S. 48-49; aus opferbiogra-
       fischer Sicht vgl. Kahn: Erlebnisse 2003, S. 644-645 und Stadtmuseum: Interviews mit
       Leo Jacobs, Kurt Lorig und Karl Mayer; Detailschilderungen einzelner Anschläge vor Ort
       vgl. Geishecker, A.: Das Schicksal eines Juden aus dem Regierungsbezirk Trier, der in
       der Zeit des Nationalsozialismus nach Polen deportiert wurde. Trier 1989 (= Geschichte-
       Facharbeit/Auguste Viktoria Gymnasium Trier), S. 4 Brief von Martha Strauss (1899 ge-
       borene Isay, Balduinstr. 10), Albrecht: Arisierung 2008, S. 51 (Erinnerung Klara Joseph,
       Brotstr. 36), S. 52 (Erinnerung von Magda Schuler, ehemals Volksschule St. Matthias)
       und S. 82-86 betr. Schädigung und Enteignung der Familie Schneider/Eberhardstr. 1;
       Krisam, A.: 2000 Jahre Trier. Von Augustus bis Zimmermann. Geschichte der Stadt Trier
       mal heiter, mal ernst betrachtet. Trier 1984, S. 181 (Plünderungen Bäckerei Rosenfeld
       und Textilladen Vasen); Arbeitsgemeinschaft Frieden (Hrsg.): Stolpersteine erzählen. Ein
       Wegbegleiter zu den Mahnmalen der Nazi-Opfer auf den Bürgersteigen der Stadt Trier.
       Trier 2008, S. 16-17, dort Angaben betr. Albert Schraub sowie Einbruch bei Abrahamson
       (Brotstr. 14) durch Gespräche mit Zeitzeugen Max Schnitzler (1914-1995), dem Vater des
       Herausgebers, und Gespräch mit Marianne Elikan vom 12.6.2008; zum Deportations-
       schicksal der Familie Schneider s. www.stolpersteine-trier.de (s. unter Eberhardstr. 1).

plünderten und in Brand steckten, wobei sie die Menschen aus ihren Wohnungen trieben und misshandelten und in den Synagogen die Heiligtümer schändeten. Offizieller Vorwand war das Attentat eines jungen Juden auf einen deutschen Botschaftsangehörigen in Paris.

In Trier begannen die Pogromaktionen am 10. November zwischen 5 Uhr und 5.30 morgens, nachdem der SS-Sturmbannführer Ambrosius die Parole „Antreten zum Kälbertreiben" ausgegeben hatte. Daraufhin drangen in allen Stadtteilen organisierte Schlägertrupps in jüdische Wohnungen und Geschäfte ein, misshandelten die Anwesenden nicht nur mit Fäusten und Fußtritten, sondern auch mit Messern und Äxten, zerstörten das Mobiliar und schleuderten Wertgegenstände auf die Straße. In der Neustraße 78 demolierten sie die Bäckerei von Josef Rosenfeld und warfen kurzerhand Brot und Kuchen aus dem eingeschlagenen Schaufenster. Wenige hundert Meter weiter drangen sie in das Geschäfts- und Wohnhaus des Möbelhändlers Moritz Joseph in der Brotstr. 36 ein, der sich mit seiner Familie auf dem Speicher versteckt hatte. Sie zerstörten seine ganze Wohnung, Spiegel, Fenster, Porzellan und sämtliche Möbel. Alsdann schlugen sie nur etwa 100 Meter weiter Richtung Porta Nigra in der Brotstr. 19 das Schaufenster der Textilhändlerin Helene Vasen ein und warfen sämtliche Auslagen auf die Straße. Auf dem Hinweg waren sie in der Brotstr. 14 in die Wohnung des Glas-/Porzellan-Händlers Abrahamson eingedrungen. Weil sie im Schlafzimmer den Lichtschalter nicht sofort fanden, stießen sie mit ihren Messern blindlings auf die vermeintlich im Bett liegende Witwe des Geschäftsinhabers ein, wobei sie aber nicht sie, sondern einer in ihrem Bett liegenden Stoffpuppe das Bein aufschlitzten. Wenig später waren die gesamte Neustraße und der Bürgersteig vor dem Kaufhaus Haas an der Ecke zur Fahrstraße mit Glasscherben übersät. Ähnlich wie der Familie Joseph in der Brotstraße erging es den Familien der Holzhändler Walter und Otto Isay in der Balduinstr. 10 und der Familie des Lebensmittelhändlers Albert Schraub in der Zuckerbergstr. 16. In beiden Wohnungen schlugen die Zerstörtrupps alles kaputt. Aus der Isayschen Wohnung im dritten Stockwerk warf ein Schlägertrupp Porzellan, Gemälde, sogar Möbel auf die Straße und zerschoss anschließend auch noch die Lampen an der Decke. Bei Schraubs warfen sie „Mutter Fannys Marmeladengläser" in hohem Bogen aus dem Fenster. In der Synagoge gleich nebenan hatten die Horden während der Messe 100 Betende verhaftet, anschließend die dort verwahrten 24 Thorarollen auf die Straße geworfen und sie mit Fußtritten traktiert. Ihre spätere Rettung war allein dem mutigen Eingreifen des Bistumsarchivars Dr. Alois Thomas zu verdanken.

Auch in entfernten Stadtteilen Triers traktierten die Schlägerhorden vornehmlich wohlhabende Familien, ganz offensichtlich in der Absicht, auf diese den psychologischen Druck zu verstärken, um dadurch die von den Behörden kurz darauf geplante Zwangsüberführung ihrer Geschäfte und Immobilien „in deutsche Hände" (Arisierung) zu beschleunigen. Eine besonders „attraktive" [Hervorhebung T.S.] Adresse war außer der oben genannten Holzhändlerfamilie Isay die Fabrikantenfamilie Schneider in der Eberhardstr. 1. Am 19.12.1938 – fünf Wochen nach dem hier noch zu schildernden Einbruch in der Reichspogromnacht – taxierte das Trierer Finanzamt in Anwesenheit von Vertretern der Bezirksregierung, der Handelskammer und der NSDAP ihr gesamtes Vermögen. Durch die Festlegung sogenannter „Einheitswerte" nahmen sie den Eigentümern die Option, ihre Besitztümer zu einem dem tatsächlichen Wert angemessenen Preis zu verkaufen. Hinsichtlich der Enteignung der Schneiders ließ der damalige Vertreter der Stadt in der erwähnten Sitzung vom 19.12.1938 vermerken, „dass bei der Stadt Trier ein Interesse besteht, das Grundstück käuflich zu erwerben". Bemerkenswerterweise wirkte bei dieser Beschluss-Sitzung über die „Entjudung Triers" mit dem damaligen Regierungsrat und nachmaligen Trierer Regierungspräsidenten Josef J. Schulte (1899-1972) mindestens einer jener Männer mit, die nach dem Krieg trotz ihrer beruflichen Vergangenheit erstaunliche Karrieren durchliefen (s. Vergangenheitsbewältigung).

Bei den Schneiders ging es nicht nur um das Wohnhaus in der Eberhardstr. 1, eine geräumige Gründerzeitvilla (Einheitswert 16600 RM), sondern auch um ihre große Lederwarenfabrik („Lederwerke Trier") in der Karthäuserstr. 18-22 (Einheitswert 72000 RM, ohne Berechnung des Maschinenparks im Wert von 140000 RM), ferner um 33 ar Ackerland in Fell und Euren (Einheitswert zusammen 2700 RM); also um ein Gesamtvermögen von über 200000 Reichsmark. Hinzu kamen noch beträchtliche Summen an Bargeld, Ersparnissen, Wertpapieren und Lebensversicherungen, deren „Arisierung" die Behörden dann 1941 bis 1942 bei der Deportation der gesamten Familie (5 Personen) in Konzentrationslager nachholten.

Die Schlägerbanden der Reichspogromnacht waren über die Vermögensverhältnisse der von ihnen attackierten Judenfamilien mit Sicherheit vorab informiert worden. Über den von ihnen im Hause der Schneiders in der Eberhardstraße angerichteten Schaden berichtete Josef Kimmer, ein ehemaliger Angestellter der Firma Schneider, nach dem Krieg vor der Wiedergutmachungskammer wie folgt: „Die vorhandenen Leder- und Plüschsessel waren völlig zerschnitten. In allen Zimmern befanden sich echte Teppiche, die auch zerschnitten waren. Des weiteren waren in den beiden großen Zimmern im Erdgeschoss mehrere große, wertvolle Ölgemälde durch Messerschnitte kreuz und quer wertlos gemacht worden. Die beiden Ölgemälde allein hatten nach meiner Kenntnis einen Wert von mehreren tausend Mark." Laut Kimmer betrug der Gesamtschaden 40000 bis 50000 Reichsmark.

Nach neueren Erkenntnissen war es nicht so, dass sich die Trierer Bevölkerung bei diesen Vorfällen meistens nur abwartend oder distanziert verhalten hatte. Vereinzelte Hinweise belegen, dass sie doch auch aktiv die antisemitischen Erniedrigungen mitgemacht hat und sich sogar an dem begonnenen Plünderungswerk auf offener Straße beteiligte. Offenbar hatten sich die SA-Trupps vor ihrer Zerstörungsaktion mit einigen Volksschullehrern, vermutlich sogar mit deren Direktoren, darauf verständigt, zur Verhöhnung der Opfer ganze Schulklassen als Gaffer an die Hauptzerstörungsorte zu entsenden. Die damals teilnehmende Schülerin Magda Schuler aus St. Matthias erinnerte sich daran, dass sie mit ihren Lehrern „klassenweise" zur Schadensbesichtigung in die Stadt gezogen seien. Der Lehrer führte sie zuerst vor die noch im Dunst des nächtlichen Brandanschlages stehende Synagoge. Dort mussten sie ein auf dem Hinweg einstudiertes Lied singen mit dem Refrain „Schmeißt sie raus, die ganze Judenbande, schmeißt sie raus, aus unserem Vaterlande". Als sie auf dem Weg zurück in der Neustraße die zerschlagenen Schaufenster der Bäckerei Rosenfeld erreichten, seien sie von dem Lehrer aufgefordert worden, sich „zu bedienen" und die zwischen den Glasscherben stehenden Bonbongläser mitzunehmen.

Auch auf den Dörfern in der Umgebung gab es ähnliche Vorfälle. Als Marianne Elikan in Wawern am Mittag des 9. November gegen 12 Uhr nach Hause kam, saß ihre Pflegemutter weinend auf dem Fußbänkchen vor dem umgekippten Kleiderschrank und den wahllos herumliegenden Kleidern. Sie antwortete jedoch nicht auf Mariannes Frage „Was hast Du gemacht?" In der folgenden Nacht kamen die Nazi-Trupps ein zweites Mal zu ihnen nach Hause und trieben sie mit ihren Pflegeeltern auf den Hof, wo sie vor Angst und Kälte zitternd erlebten, wie SA-Männer aus Trier und Wawern mit Äxten in den Händen „auf alles einschlugen, was nicht niet- und nagelfest" war. Von diesem Tage an besuchte Marianne auf Anraten ihrer Pflegeeltern die Schule in Wawern nicht mehr. In dem letzten halben Jahr bis zu ihrer Abschiebung nach Trier (s. Judenhaus) musste sie im Dorf weitere schreckliche Erniedrigungen über sich ergehen lassen; sogar von ihren ehemaligen Klassenkameraden, die nun auf sie „spuckten", sie „mit Steinen bewarfen" und als „dreckiges Judenmädchen" beschimpften.

Roos, Liesel – befreundete Mitinternierte
Von ihr stammt ein Eintrag in Marianne Elikans Poesiealbum vom August 1942. Ihre Identität war nicht endgültig klärbar: Im „Theresienstädter Gedenkbuch" wird eine am 7.10.1919 in Baden-Baden geborene Elisabeth Roos genannt; sie wohnte in Köln und wurde von dort am 25.9.1942 nach Theresienstadt und am 19.10.1944 nach Auschwitz deportiert. Außerdem wird eine weitere Person mit Nachnamen Roos genannt: Alice Roos, *25.5.1879. Sie wurde von Köln am 28.7.1942 deportiert, also im gleichen Deportationszug wie Marianne Elikan. Sie starb am 10.1.1943 in Theresienstadt.

Rosenberger, Rita (*1.12.1925, Freiburg/Breisgau) – befreundete Mitinternierte[92]
Schrieb in Marianne Elikans Poesiealbum am 17.4.1944 ein Erinnerungsgedicht, in dem sie sich als Mariannes „wirkliche Freundin" bezeichnete (s.o., Teil II.4). Sie wohnten zeitweise im gleichen Mädchenzimmer.

Rita Rosenberger war die am 1.12.1925 in Freiburg/Breisgau geborene Tochter von Martha Rosenberger geb. Stern und Nathan Rosenberger, dem Vorsteher der jüdischen Gemeinde Freiburgs. Ihre Deportation nach Theresienstadt erfolgte am 22.8.1942, ihre Rückkehr am 23.6.1945. Bei der in Marianne Elikans Tagebuch kurz nach der Ghettobefreiung von ihr selbst eingetragenen Anschrift „Falkensteinerstr. 6" handelte es sich um die Wohnung ihres Halbbruders René Rosenberger (verstorben 1986 in Freiburg). Rita Rosenberger verzog nach dem Kriege zunächst nach Freiburg und von dort am 25.7.1946 nach Frankfurt am Main, Koselstr. 47. Am 13.6.1950 wanderte sie nach New York aus.
TB 23.10.1944; Adresseintragung Mai 1945

---

[92] Stadtarchiv Freiburg (Mitteilung von Frau Dr. Christine Pfanz-Sponagel vom 29.5.2008); Institut für Stadtgeschichte Frankfurt/Main (Mitteilung von Archivamtfrau Sigrid Kämpfer).

Rotes Kreuz (IRK)[93]
Die Hilfsorganisation „Internationales Rotes Kreuz" (IRK) war aufgrund ihrer Statuten
eigentlich nur zur Betreuung von Kriegsgefangenen befugt, wobei sie politische Neu-
tralität zu wahren hatte. Aufgrund einer Dringlichkeitseingabe des dänischen Außen-
ministers und der dänischen Rote-Kreuz-Abteilung, die sich um ihre Internierten sorg-
ten (s. Häftlinge in Theresienstadt), gestatteten die deutschen Behörden am 23. Juni
1944 einer IRK-Delegation eine Ghetto-Visitation. Die SS-Lagerverwaltung nahm
diesen Besuch zum Anlass für umfangreiche Verschönerungsmaßnahmen (s. dort), die
den Propagandaruf Theresienstadts als „Musterghetto" aufrecht erhalten sollten. Bei
ihrem ersten sechsstündigen Besuch vom 23. Juni 1944 bemerkte das IRK den
Propagandacharakter diese Inszenierung nicht, so dass ihr Kommissionsleiter Dr.
Maurice Rossel in seinem anschließenden Gutachten das „Ghetto" als „eine Stadt"
bezeichnete, „die ein fast normales Leben lebt." In der gleichen Weise geblendet wurde das IRK bei dem zweiten Visitationsbesuch vom 6. April 1945, in deren Anschluss
ihr Sprecher Otto Lehner „Theresienstadt als eine den meisten europäischen Städten
sicher weit voraus" stehende Stadt bezeichnete.

Immerhin erwirkte das IRK vor und während ihrer knapp dreiwöchigen interimisti-
schen Verwaltung im Ghetto (15.4.-8.5.1945) einige wichtige humanitäre Hilfsmaß-
nahmen: am 5. Februar 1945 auf diplomatische Bemühungen Schwedens und der
Schweiz die Freilassung von 1247 Gefangenen und am 15.4.1945 die Freilassung der
internierten dänischen Juden, die mit Bussen des Schwedischen Roten Kreuzes abgeholt wurden. Die Geschichte der Ghetto-Befreiung (5.5.1945, Einmarsch der Roten
Armee) verband sich schließlich in entscheidender Weise mit der Anwesenheit des
IRK, indem ihr Delegierter Paul Dunant am 2. Mai 1945 die Interimsverwaltung
übernahm.
TB 13.3.1945, 17.-18.3., 30.3. und 5.5.1945

Rotter, Paul (21.1.1901 Karlsruhe-7.5.1968 Frankfurt/Main)[94] –
leiblicher Vater von Marianne Elikan
Paul Rotter, von Beruf Friseurmeister, war der leibliche Vater von Marianne Elikan,
aber entgegen der Tagebucheintragung Marianne Elikans (Theresienstadt ca. Herbst
1942 bzw. Anfang 1943) nicht mit ihrer Mutter Helene verheiratet. Von den beiden
dort zitierten Kontakten Mariannes mit ihm datierte der erste im Sommer 1939, als
Marianne Elikan bereits mit ihren Pflegeeltern nach ihrer gemeinsamen Abschiebung
aus Wawern in dem „Judenhaus" (s. dort) in der Brückenstr. 82 wohnte. Dieser erste
Kontakt mit ihrem Vater waren zwei Briefe, in denen Rotter einen Besuch bei seiner
Tochter in Trier ankündigte. Bis zu diesem Zeitpunkt hatten Mariannes Pflegeeltern
ihr die Existenz ihres leiblichen Vaters verschwiegen, weshalb Marianne Elikan über

---

[93]   Theresienstädter Gedenkbuch 2000, S. 31-34 und Murmelstein, W.: Theresienstadt – eini-
       ge wichtige Tatsachen (Internetressource www.shoa.de/content/view/454/46/); s. auch
       Wertheim: Theresienstadt 2004, S. 72.
[94]   Institut für Stadtgeschichte Frankfurt/Main: Einwohnermelde- und Personenstandsdaten
       (Mitteilung von Archivamtfrau Sigrid Kämpfer vom 10.1.2008) und Stadtarchiv Freiburg/
       Breisgau: Einwohnermelde- und Todesdatum (Mitteilung von Frau Dr. Christiane Pfanz-
       Sponagel).

diese Nachricht geradezu schockiert war und sie Rotters Vorschlag, ihn „Vater" zu nennen, nur widerwillig befolgte. Der zweite Kontakt datierte wohl im Spätherbst 1940, als Marianne Elikan bereits mit ihren Pflegeeltern in das „Judenhaus" in der Pellinger Str. 33 umquartiert worden war: Ihr Besuch bei Rotters Familie in Frankfurt, zu dem sie von Paul Rotter mit dem Auto abgeholt worden war. Bei diesem Besuch versuchte Rotter seine Tochter dazu zu überreden, ihr weiteres Leben im Kreise seiner Familie in Frankfurt zu verbringen, ein Vorschlag, mit dem er wohl die Deportation seiner halbjüdischen Tochter verhindern wollte. Marianne aber befolgte diesen Vorschlag nicht und kehrte allein zu ihren Pflegeeltern nach Trier zurück.

Paul Rotter war verheiratet (Datum der Eheschließung: 14.5.1929 Mannheim) mit Margarethe Anna Rotter geb. Reinemuth (6.10.1905 Hemsbach-13.3.1981 Freiburg/ Breisgau). Sie hatten eine Tochter, Waltraud Ingeborg Rotter (s. dort). Rotter wohnte mit seiner Ehefrau bis zu seinem Tode am 7. Mai 1968 in Frankfurt. Bis kurz vor Kriegsende bewohnte die Familie das Eckhaus in der Elefantengasse 1 in der Nähe des Römers. Vor Rotters Tod wohnte das Ehepaar in der Spohrstrasse 13. Seine Asche wurde in Frankfurt auf Veranlassung der Witwe in einer Urne auf dem Hauptfriedhof (Reihe 86, Grabnummer 17 Urnenreihenfeld) beigesetzt. Anna Rotter verzog am 10. August 1969 nach Freiburg/Breisgau, wo sie in der Britzingerstr. 72 wohnte. Am 17. April ließ sie die Urne ihres verstorbenen Ehemannes nach Freiburg überführen. Sie ist dort am 13.3.1981 verstorben. Ihre Tochter wohnte damals bereits nicht mehr in Frankfurt.

Für Marianne Elikan verbinden sich mit der Erinnerung an Paul Rotter eigentlich nur negative Vorstellungen. Insbesondere kann sie nicht verstehen, warum er nicht nach dem Kriege versucht hat, den Kontakt mit ihr wieder aufzunehmen. Als sie sich 1950 bei der Stadt Frankfurt nach seinem Aufenthaltsort erkundigte – er wohnte zu dieser Zeit tatsächlich immer noch mit seiner Familie in Frankfurt –, erhielt sie von der Behörde die falsche Auskunft, dass durch die Aktenvernichtung bei den Bombenangriffen alle diesbezüglichen Unterlagen vernichtet worden seien – eine Fehlinformation mit schwerwiegenden Folgen: Für ihre Anerkennung als rechtmäßige Erbnachfolgerin von Melanie und Eduard Wolf in Wawern, ihren Pflegeeltern, die beide ohne leibliche Kinder umgekommen waren, hätte sie den Nachweis der von ihrem leiblichen Vater Paul Rotter an sie zwischen 1932 und 1942 geleisteten Unterhaltszahlungen erbringen müssen. Da sich Rotter aber aus unbekannten Gründen nicht mehr bei ihr gemeldet hat (nicht mehr hatte melden wollen?), konnte sie den erforderlichen Nachweis nicht erbringen. Aufgrund dessen bewilligte ihr das Wiedergutmachungsamt Trier-Saarburg keine Entschädigungsansprüche für die Ermordung und Zwangsenteignung ihrer Pflegeeltern, insbesondere auch nicht für deren Haus und Hof in Wawern, in dem sie ihre Kindheit und frühen Jugendjahre gelebt hatte. Dass das Wiedergutmachungsamt an ihrer Stelle eine weit entfernte Verwandte als Erbin eingesetzt hat, kann sie bis heute nicht verstehen (s. auch Wolf, Eduard und Melanie).

Das aufgrund dieser großen Enttäuschung geprägte Negativbild ihres Vaters müsste aber anhand weiterer Nachforschungen überprüft werden. Nach Auskunft von Paul Guldenmann, dem Witwer seiner 2005 in Basel verstorbenen Tochter Waltraud Ingeborg (s. dort), bereiteten die Nazis Rotter immer wieder berufliche Probleme, weil sie ihn für einen „Judenfreund" hielten. Ein wichtiger Grund dieser Einschätzung war sicher Rotters frühere außereheliche Beziehung mit Helene Elikan (s. Geiger, Helene), Mariannes Mutter. Um diesen Anfeindungen zu begegnen, soll sich Rotter 1940 freiwillig zur Wehrmacht gemeldet haben, womit er tatsächlich „seinen Kopf aus der Schlinge gezogen" hätte.[95] Durch diese neue Information rückt Marianne Elikans einzige Begegnung mit ihrem Vater 1940 in Frankfurt in ein anderes Licht. Es ergeben sich neue Fragen: Sollte Paul Rotter tatsächlich in dieser schwierigen Situation versucht haben, seine halbjüdische Tochter in seine „arische" Familie aufzunehmen, um sie vor den gerade bevorstehenden Deportationen zu retten? Wenn ja, dann war das eine sehr mutige Aktion, für die er sogar eine Gefährdung seiner Frankfurter Familie riskiert hätte. Zeigte sich darin nicht etwa doch die unerschrockene Liebe eines Vaters zu seiner unverschuldet in Not geratenen Tochter?

Rotter, Waltraud Ingeborg[96] (verh. Guldenmann, 12.7.1929 Frankfurt/Main-23.11.2005 Basel) – Halbschwester von Marianne Elikan
Die Biografie von Waltraud Ingeborg Guldenmann, geb. Rotter, der Halbschwester Marianne Elikans, konnte erst kurz vor Redaktionsschluss dieses Buches anhand der Freiburger Nachlassakte ihrer Mutter Margarethe Anna Rotter (1905-1981) geklärt werden. Sie enthielt die Adresse ihres zum Zeitpunkt der Testamentseröffnung gültigen Wohnsitzes in Basel. Dort wohnt noch heute ihr Witwer Rudolf Peter Guldenmann. Bei dem ersten Telefonat war er sehr überrascht über die Nachricht, dass die Halbschwester seiner erst vor drei Jahren verstorbenen Ehefrau noch lebte. Aus den Erzählungen seiner Frau wusste er von deren Existenz, nicht aber, dass sie die Judenverfolgungen überlebt hatte. Vier Wochen nach diesem Telefonat stellte Rudolf Peter Guldenmann (*1921) in einem Brief an Marianne Elikan freundlicherweise ein sehr bemerkenswertes Foto zu Verfügung. Die Aufnahme war um 1943/44 in Frankfurt bei einer Familienfeier in jener Wohnung gemacht worden, die Marianne Elikan 1940 anlässlich ihres Zusammentreffens mit ihrem leiblichen Vater besucht hatte. Auf diesem Foto erkannte Marianne Elikan sofort ihre Stiefmutter, ihre Schwester und ihren Vater wieder (vgl. auch die Abb. in Teil I: Biografie). Bisher hatte sie kein einziges Foto von ihnen besessen. Marianne Elikan bedauert, dass sie ihre Halbschwester nicht noch einmal hatte besuchen können.

Rybak, Margot (*10.7.1929)[97] – befreundete Mitinternierte
Sie verfasste am 31.3.1944 eine Widmung in Marianne Elikans Poesiealbum (s.o., Teil II.4). Sie kam am 18.3.1943 aus Berlin nach Theresienstadt und wurde von dort am 4.10.1944 nach Auschwitz deportiert. Sie überlebte die Verfolgungen nicht.

Säuglingsheim
s.o. Block VI

---

95 Telefonat mit Rudolf Peter Guldenmann (Basel) vom 8.4.2008
96 Telefonat mit Rudolf Peter Guldenmann vom 8.4.2008 und Schreiben desselben vom 7.5.2008 mit Beilage des erwähnten Fotos.
97 Theresienstädter Gedenkbuch 2000, S. 261.

Schleuse, schleusen
In der Theresienstädter Lagersprache gebräuchlicher Begriff für die Eingangs- und Ausgangsstelle, die alle deportierten Personen nach der Ankunft bzw. vor dem Abgang ihres „Transportes" (s. dort) in Anwesenheit von Wachpersonal passieren mussten. Hier wurde die Registrierung der Häftlinge und die Kontrolle ihres Gepäcks durchgeführt. In der Anfangszeit des Lagers befand die Schleuse sich in der Bodenbacher Kaserne (s. dort), zur Zeit der Internierung von Marianne Elikan aber in der Aussiger Kaserne (s. dort). Wie sehr diese im Funktionssystem der KZ bzw. des Ghettos eminent wichtige Räumlichkeit das Alltagsleben der Bewohner und Internierten bestimmte, mag man auch daran erkennen, dass sich in der Lagersprache auch die verbalisierte Form „schleusen" eingebürgert hatte.
TB Anfang/Mitte 1943, 29.8., 27.9., 9.10., 22.-23.10.1944, 13.3., 20.4., 8.5.1945

Schor, Egon – befreundeter Mitinternierter aus Dänemark
Befreundeter Mitinternierter; schenkte Marianne Elikan nach dem Krieg ein Foto, das ihn auf einem Bauernhof im Pferdesattel zeigt; biografische Daten nicht bekannt.
TB April 1945 Adresseintrag; vgl. Abb. 21

Selbstverwaltung der Juden im Ghetto Theresienstadt[98]
Die auf dem Befehlswege mit sogenannten „Judenräten" und „Judenältesten" realisierte Einbeziehung der internierten Juden in das Organisationssystem der Zwangsarbeit und Deportationen spiegelt die perfide Logik der NS-Vernichtungspolitik wider. Die auf diese Weise zur Kooperation am Massenmord gezwungenen jüdischen Funktionäre gerieten durch die ihnen auferlegte Kooperation in den unauflöslichen und nervenaufreibenden Zwiespalt, jeden Tag von neuem und immer wieder unter Abwägung persönlicher Opferschicksale die Interessen ihrer Glaubensbrüder mit den Befehlen der Lagerverwaltung ausloten zu müssen. Die Führungsfunktionäre waren darauf bedacht, Theresienstadt so lange wie möglich sowohl als Vorzeigelager als auch als produktives Arbeitslager zu erhalten, um die Internierten vor den drohenden Deportationen in die Todeslager zu schützen. Als besonders erschwerender Umstand kam hinzu, dass die SS, wie das Beispiel Paul Eppstein zeigte, jegliches Taktieren, etwa die versuchten Manipulationen der Deportationslisten, im Falle der Aufdeckung rigoros mit der Liquidierung des Überführten ahndete. Da sich die Judenältesten in dieser zwiespältigen Bedrohungssituation selbst zu einer verdeckten Art der Amtsführung genötigt sahen, die leicht von den Glaubensbrüdern im Sinne der eigennützigen Kollaboration gedeutet werden konnte, gab es nach dem Krieg gerade auch unter den jüdischen KZ-Überlebenden wiederholte Diskussionen über die historische Einschätzung der Führungsfunktionäre.

Die Judenältesten des Ghettos Theresienstadt waren: November 1941 bis 29.1.1943 Jakob Edelstein (1904-1944 ermordet in Auschwitz), 29.1.1943 bis 27.9.1944 Paul Eppstein (1901-1944), der am Tage seiner Verhaftung erschossen wurde, und bis zur

---

[98] Dr. Benjamin Murmelstein. In: Theresienstadt-Lexikon (Internet-Ressource www.ghetto-theresienstadt.de/pages/m/murmelsteinb.htm) und Theresienstädter Gedenkbuch 2000, S. 38-39.

Befreiung des Ghettos (5.5.1945) der Rabbiner Benjamin Murmelstein. Jener wurde nach dem Kriege wegen angeblicher Kollaboration mit dem NS-Regime unter Anklage gestellt, im Prozess dann aber freigesprochen.

Auf der untersten Hierarchieebene der jüdischen „Selbstverwaltung" standen die in den Tagebucheintragungen von Marianne Elikan erwähnten „Zimmer-" oder „Stuben-ältesten" (TB 14.3.1944). Im Organisationssystem waren sie „Funktionshäftlinge", die in bestimmten Unterkünften eingeteilt waren, um dort die Anordnungen der Lagerkommandantur und des Ältestenrates an die Häftlinge weiterzugeben.

Die Büros und Ämter der Ghetto-Selbstverwaltung befanden sich an deren Hauptsitz in der Magdeburger Kaserne (s. dort) und die Wohnhäuser der „prominenten" Ressortverwalter in der Seestraße (s. Prominente).

Sokolowna[99] (Theresienstadt-Plan C 1) – ehemalige Turnhalle
Die ehemalige Turnhalle des zwangsaufgelösten nationaltschechischen Turnvereins Sokol lag außerhalb der Festungsmauern unterhalb des Südbergs an der Weggasse. Im Zusammenhang mit der Verschönerungsaktion (s. dort) wurde sie zu einem Gesellschaftshaus mit Gelegenheit zu diversen kulturellen Aktivitäten ausgebaut (s. auch Kultur und „Freizeit"). In den beiden großen Sälen, die 1000 Zuschauer fassten, wurden Theaterstücke aufgeführt sowie Vorträge, Klavierkonzerte, Literaturlesungen und Gottesdienste abgehalten. Außerdem gab es eine Bibliothek, eine Betstube und eine Terrasse.
TB Anfang/Mitte 1943

Spielplatz
s. Bastei und Sportplatz

Spies, Gertrude, genannt Gerty (13.1.1897 Trier-10.10.1997 München)[100]
In Trier geborene Theresienstadt-Überlebende und Schriftstellerin; Tochter des Kaufmanns und Mundart-Schriftstellers Sigmund Gumprich (1861-1926) und seiner Ehefrau Charlotte Luise geb. Kahn (1872-1971). Ihr drei Jahre älterer Bruder Rudi Spies (1895-1918) war einer der jüdischen Kriegstoten des Ersten Weltkrieges. Er war kurz vor Kriegsende an der Westfront gefallen.

Das literarische Werk von Gerty Spies besteht im Wesentlichen aus den Publikationen, in denen sie sich aus autobiografischer Perspektive mit den Judenverfolgungen und ihrer Internierung in Theresienstadt (Juli 1942 bis 1945) auseinandergesetzt hat.

---

[99] Chládlková: Ghetto 1995, S. 21 und 24; s. auch Manes: Leben 2005, S. 293-294, 348-349, 389-390 und 413.

[100] Franz, G.: Gerty Spies: In: Monz, H. (Hrsg.): Trierer Biographisches Lexikon. Trier 2000, S. 441-442 und Franz, G.: Gerty Spies. Meine Jugend in Trier. Mit Einleitung und Erläuterungen. In: Kurtrierisches Jahrbuch 39 (1998), S. 219-237; s. auch Bauer, R. u.a. (Hrsg.): München – „Hauptstadt der Bewegung". Bayerns Metropole und der Nationalsozialismus. München 2002, S. 415 (Kurzbiografie mit „Judenstern" aus dem Nachlass von Gerty Spies) und Theresienstädter Gedenkbuch 2000, S. 324 mit Deportationsdatum/Transportzug.

Die Biografie dieser bald nach dem Krieg bekannt gewordenen Autorin unterscheidet sich von der ebenfalls aus dem Bezirk Trier stammenden Theresienstadt-Internierten Marianne Elikan, die sie nie kontaktierte oder kennenlernte, einmal durch den großen Altersunterschied. Die zwanzig Jahre ältere Gerty Spies war zur Zeit ihrer Internierung als geschiedene Ehefrau und Mutter eine im lebensbiografischen Sinne „gestandene Frau". Aus ihrer 1927 geschiedenen Ehe mit einem Chemiker, den sie 1920 in Trier geheiratet hatte, hatte sie eine bereits erwachsene Tochter, Ruth (1921-1963). Zudem besaß sie – der zweite bedeutende biografische Unterschied zu Marianne Elikan – eine fundierte akademische Ausbildung als ehemalige Schülerin des Auguste-Viktoria-Gymnasiums (ab 1913) und Absolventin zweier Berufsausbildungen zur Hauswirt-schaftslehrerin und Kindergärtnerin. Des Weiteren hatte sie in München erste journa-listische Erfahrungen gesammelt.

Gerty Spies hatte die Verbindungen zu ihrer Heimatstadt zu einem recht frühen Zeit-punkt für immer abgebrochen, nämlich im Jahre 1929. „Ich bin nicht mehr in Trier ge-wesen, seit meine Mutter 1929 – zwei Jahre nach Vaters Tod – von dort weggezogen ist", schrieb sie in ihren Erinnerungen „Meine Jugend in Trier"[101]. Die Ursache dieser endgültigen Distanzierung von ihrer Geburtstadt waren Erfahrungen, wie sie auch Marianne Elikan machen musste, vor allem hinsichtlich des Antisemitismus bereits in der Schulzeit. 1929 verlegte Gerty Spies ihren Wohnsitz für immer nach München. Die allein erziehende Mutter verfasste dort als Gelegenheits-Journalistin bereits vor ihrer Internierung ihre ersten humoristischen Gedichte und lernte nebenbei Englisch und Französisch. Von 1941 bis 1942 wurde sie bei dem Münchener Verlag Bruck-mann zwangsverpflichtet. Ihre Deportation von München nach Theresienstadt erfolgte mit dem Transportzug „II/18" am 23.7.1942, fünf Tage vor der Deportation Marianne Elikans aus Trier.

Bei dem erwähnten Theresienstädter Dichterwettbewerb vom Sommer 1944 gewann Gerty Spies ihren ersten Literaturpreis (s. Literatur). Das im Wortlaut überlieferte Diplom trägt das Datum 3. August 1944. Es war unterzeichnet von Philipp Manes (s. dort), einem der bekannten Lager-„Prominenten" (s. dort), die diesen Literaturwett-bewerb nach Absprache mit der Kommandantur im Rahmen der Propaganda-„Ver-schönerungsaktion" (s. dort) veranstaltet hatten. Obwohl diese Auszeichnung Gerty Spies damals sicherlich geschmeichelt und sie in ihren literarischen Ambitionen be-stärkt hatte – bei der Prämierung und anschließenden Rezitation waren Hunderte von Zuschauern zugegen –, war sie sich doch im Nachhinein bewusst über den Instrumen-talisierungscharakter dieser Schauveranstaltung. Denn Philip Manes hatte bei der End-auswahl der insgesamt 10 prämierten Wettbewerbsstücke „nur die Gedichte" berück-sichtigen dürfen, „die schon durch das Sieb der Kontrolle gegangen und auf ihre po-litische Unbedenklichkeit hin geprüft worden waren"[102].

Nach der Befreiung des Ghettos kehrte sie 1945 nach München zurück, wo sie mit ihrer Tochter Ruth bis zu deren Heirat 1947 zusammen wohnte, und sich zunächst beim Bayerischen Hilfswerk für die nach München zurückgekommenen Überlebenden

---

[101]   Spies: Erinnerungen 1998, S. 30.
[102]   Zit. in Spies: Theresienstadt 1984, S. 80-81 bzw. S. 91 (Diplom).

der Judenverfolgungen engagierte. Bereits 1947 machte sie sich durch die Veröffentlichung ihres Gedichtbands „Theresienstadt" einen Namen als KZ-Memorial-Literatin.
„Im Februar 1947 erschien mein erstes Buch. Es enthielt nur Gedichte, war im Nu
verkauft und erlebte eine zweite Auflage"[103]. Sie festigte ihren Ruf durch eine Reihe
weiterer Publikationen und vollendete ihr Gesamtwerk 1997, kurz vor ihrem Tod, mit
dem autobiografischen Roman „Bittere Jugend". 1984 wurde sie Ehrenvorsitzende der
„Gesellschaft für christliche Zusammenarbeit" in München. In Anerkennung ihres
Werkes erhielt sie 1986 den Schwabinger Kunstpreis für Literatur und 1987 das
Bundesverdienstkreuz. Die Landeszentrale für politische Bildung Rheinland-Pfalz
stiftete 1996 einen Gerty-Spies-Literatur-Preis. Der von verschiedenen Institutionen
deponierte Nachlass von Gerty Spies (u.a. Stadtarchiv Trier und Literaturarchiv Mar-
bach, Spies-Gesellschaft München) enthält noch einige unveröffentlichte Manuskripte.
Eine kommentierte Gesamtedition ihres Werkes bleibt Desiderat, ebenso eine Kennzeichnung ihres Geburtshauses in Trier.

Werke (Auswahl): Im Staube gefunden. Gedichte. München 1987.
Autobiografische Texte (Auswahl): Drei Jahre Theresienstadt. München 1984 (hier:
Meine Jugend in Trier, S. 17-30); Bittere Jugend. Frankfurt/M. 1997 (hier: Lebenslauf,
Februar 1991, S. 181-187).

Sportplatz
1943 auf dem nördlichen Vorplatz der Jägerkaserne (Theresienstadt-Plan A II) errichtet, auf dem die Internierten (Kinder und Erwachsene) mit Genehmigung der Lager-
Kommandantur spielen und Sport treiben durften. Dort fand auch das in der Tagebucheintragung vom 16.7.1944 beschriebene Lager-Sportfest statt. Der Kasernenblock ist
erhalten.
TB 16.7.1944

SS-Kameradschaftsheim (Theresienstadt-Plan L 324)
An der Langen Straße gelegen und später „Viktoria" genannt mit einem Speisesaal im
Erdgeschoss und den Wohnungen für die SS (Obergeschoss). Juden war der Zutritt in
diesen Stadtteil nicht gestattet.

Stadtpark
Der inmitten des Ghettos unmittelbar in der Nähe der Jugendheime (Jungen- und Mädchenheime, s. dort) gelegene ursprüngliche Marktplatz wurde im Rahmen der Verschönerungsaktionen (s. dort) ab Mai 1944 zu einem regelrechten Stadtpark ausgebaut.
Dabei wurde die Umzäunung abgerissen, großflächige Wiesen und Blumenbeete angelegt und sogar ein hölzerner Kinderpavillon mit einem Spielplatz errichtet. Für viele
jugendliche Internierte und ebenso für die Erwachsenen brachte diese Erweiterung
eine erfreuliche Bereicherung in ihrem tristen Häftlingsdasein (s. Kultur und „Freizeit"
im Ghetto). Im Sommer 1944 war Marianne Elikan im Kinderpavillon zur Arbeit eingeteilt.
LP mit Rotschraffierung; TB 23.6.1944, 3.7., 10.7.1944

---

[103] Spies: Theresienstadt 1984, S. 186.

Sterblichkeit[104]

Von den ca. 141000 Internierten des Ghettos Theresienstadt starben etwa ein Viertel – ca. 33000 – an den entsetzlichen Lebensumständen (s. Arbeit, Hunger, Verpflegung); allein im September 1942 fast 4000 Häftlinge; am 17. September 1942, an einem einzigen Tage, 156. Von den überwiegend 60 bis 70 Jahre alten Deutschen verlor etwa die Hälfte (48,52 %) ihr Leben. Von den etwa 88000 Häftlingen, die nach Auschwitz oder in andere Vernichtungslager wie Treblinka, Majdanek oder Sobibor deportiert wurden, überlebten nur etwa 4000. Von der hohen Sterblichkeit im Ghetto hat Marianne Elikan bereits früh erfahren. Mitte November 1942 kam sie in den Besitz einer Postabhol-Vorladung, deren betagte Empfängerin am Tage zuvor verstorben war, so dass das an sie adressierte Paket nicht mehr zugestellt werden konnte (s. Olga Bachrach).

Stern, „Judenstern"

s. „Gelber Stern"

Sternfeld, Ingeborg (*14.2.1926)[105] – befreundete Mitinternierte

Sie verfasste am 12. Juni 1943 eine Widmung in Marianne Elikans Poesiealbum (s.o., Teil II.4); wurde am 1.8.1942 aus Münster nach Theresienstadt deportiert und von dort am 6.10.1944 weiter nach Auschwitz. Ingeborg Sternfeld überlebte die Verfolgungen nicht.

Stockbetten[106]

Bei den in den Unterkünften zum Schlafen eingerichteten Betten handelte es sich um dreistöckige Holzpritschen, sogenannte „Stockbetten". Gepolsterte Matratzen fehlten. Zum Zudecken gab es Strohsäcke. Marianne Elikan bevorzugte die obere Lage, um nicht von herunterfallendem Stroh beim Schlafen gestört zu werden (TB Frühjahr 1943).

Nach weiteren autobiografischen Erzählungen war das Bett für die Internierten ein letztes, wenn nicht sogar das einzige verbliebene Stück „Privatsphäre", in dessen Nahbereich sie dementsprechend ihre persönlichen Habseligkeiten – Geschenke, Privatbriefe, auch Essensvorräte – unterbrachten sowie auch Verschönerungen vornahmen, z.B. durch Aufhängen von Bildern.

Die Stockbetten/Schlafplätze sind in den Erinnerungen der Theresienstadt-Kinder ein bevorzugtes Thema, das auch in den erhaltenen Bildern – Zeichnungen und Malereien – wiederholt dargestellt wurde. Von Betty Süsskind (geb. Meyer) aus Wawern, die mit Marianne Elikan 1945 nach Trier zurückkehrte, ist eine solche Zeichnung erhalten (s. Abb. in Teil I: Biografie).

---

[104] Theresienstädter Gedenkbuch 2000, S.20 und 38-40 und Huppert/Drori: Wegweiser 2005, S. 30-32.

[105] Theresienstädter Gedenkbuch 2000, S. 569 und Bundesarchiv: Gedenkbuch 2006.

[106] Chládlková: Ghetto 1995, S. 34 und 41, Theresienstädter Gedenkbuch 2000, S. 21; s. besonders auch Studienkreis Deutscher Widerstand 1933-1945 (Hrsg.): Kinder 2003, S. 14-15 Kinderzeichnungen.

Sudetenkaserne (Theresienstadt-Plan E 1)

Die an der Seestraße gelegene Kaserne war vor der NS-Okkupation eine Artillerie-kaserne. In ihrem Mauerwerk befindet sich der Grundstein der historischen Festungs-stadt. Diese Kaserne bildete auch die Urzelle des Ghettos, da hier am 24.11.1941 der erste Transport mit den 342 Häftlingen des Aufbaukommandos eintraf. Die genauen Belegzahlen der Folgejahre sind nicht überliefert. Geplant waren Unterkünfte für 5000 Häftlinge. Einquartiert wurden Männer und ganze Familien. Im Juli 1943 erfolgte die Räumung sämtlicher Einquartierten, als die SS dort die Archivbestände des Reichs-sicherheitshauptamtes zum Schutz vor Luftangriffen deponierte. In der gegenüberlie-genden Häuserreihe befanden sich die Wohnungen der „prominenten Häftlinge" wie Philipp Manes und die Unterkünfte der ca. 500 dänischen Häftlinge.
LP mit Rotschraffierung

Süsskind, Betty geb. Meyer (Wawern/Saar 11.4.1910-18.12.2006 Trier)
und Henriette Meyer geb. Lazarus (Thalfang 21.4.1871 – Trier 9.1.1951)[107] –
Internierte und Ghetto-Überlebende

Betty Meyer, so lautete ihr Mädchenname, und ihre bereits 75jährige Mutter Henriette Meyer waren zwei der vierzehn in den Monaten Mai bis Juli 1945 nach Trier zurück-gekehrten Überlebenden der Judenverfolgungen. Obwohl sie beide in Theresienstadt interniert waren (Deportationsdatum 27.4.1942), lernten sie Marianne Elikan erst kurz vor ihrer gemeinsamen Rückfahrt nach Trier kennen, wo sie zwischen dem 20. und dem 22. Juli 1945 eintrafen. Betty Süsskind heiratete einige Jahre später den Kauf-mann Erich Süsskind (1902-1987), der Auschwitz überlebt, aber dort seine erste Ehe-frau verloren hatte. Ihr 1951 geborener Sohn Rudi Süsskind stellte eine von seiner Mutter in Theresienstadt angefertigte Bleistiftzeichnung der „Stockbetten" zur Illu-stration zur Verfügung (abgedruckt in Teil I: Kommentierte Biografie).

Marianne Elikan wohnte nach ihrer Rückkehr in Trier zuerst in dem Süsskind'schen Haus in der Saarstr. 47, wo sie bis 1950 als Hausgehilfin arbeitete. Das an einem zen-tralen Punkt in der Saarstraße unweit des Südbahnhofs gelegene Haus wurde zu einer Anlaufstelle der in jenen Jahren aus den Konzentrationslagern heimgekehrten jüdi-schen Bürger, die nicht weit entfernt in der Saarstraße wohnten: Heinz Kahn, der Vor-sitzende der 1945 wiedergegründeten Synagogengemeinde, der das Haus seines umge-kommenen Onkels in der Saarstraße 19 wieder instand setzte; die Geschwister Liesel und Karl Mayer, die das Haus ihrer umgekommenen Eltern in der Saarstr. 105 wieder bezogen hatten, ehe sie beide später nach Amerika emigrierten (s. Mayer, Liesel). Betty Süsskind wohnte im Haus Saarstraße 47 bis zu ihrem Tod.

---

[107] Süsskind, Rudi: Erich Süsskind. In: Monz, H. (Hrsg.): Trierer Biografisches Lexikon. Trier 2000, S. 460, Privatsammlung Rudi Süsskind (Trier): Totenzettel; Interview mit Betty Süsskind am 11.4.2005 und e-mail Mitteilung Dr. Rudi Süsskind vom 12.7.2008; Deportationsdaten vgl. Theresienstädter Gedenkbuch 2000, S. 148, 369 und 572.

Süssmann, Herbert (25.4.1923 Ochtendung-1982 Rastatt)[108] –
befreundeter Ghetto-Internierter
Marianne Elikan erwähnte in ihrem Tagebuch Ende Juli 1946 einen Besuch bei Herbert Süssmann in Ochtendung. Er hatte beide Eltern – wie sie ihre Pflegeeltern – durch die Judenverfolgungen verloren.

Herbert Süssmann stammte aus einer alteingesessenen jüdischen Metzgerfamilie in Ochtendung, deren Vorfahren seit Beginn des 19. Jahrhunderts urkundlich erwähnt sind. Sein Vater Jakob Süssmann war als deutscher Soldat im Ersten Weltkrieg verwundet worden; er starb kurz vor Kriegsende im KZ Dachau; seine Ehefrau Ida in Auschwitz.

Herbert Süssmann arbeitete vor seiner Deportation in Köln und wurde von dort aus am 27.7.1942 nach Theresienstadt deportiert. Die Heimatforscherin Renate Severin konnte ihn vor seinem Tode über diese Reise befragen. „Als der Zug unterwegs anhielt, sah er seinen Vater. Herbert lief zu ihm und er konnte, da die Eltern im gleichen Zug waren, die Fahrt mit ihnen fortsetzen." Von Theresienstadt kam er in das Arbeitslager Zossen und später wieder nach Theresienstadt zurück. Von dort wurde er mit der Familie nach Auschwitz deportiert. In Auschwitz „sah er seine Mutter" noch ein letztes Mal. „Ihr Haar war kahlgeschoren". Als er auch seinem Vater einige Tage später zum letzten Male begegnete, erzählte dieser ihm, „dass man die Mutter mit Gas ermordet habe". Herbert kam später nach Buchenwald. Beim Herannahen der Sowjetarmee versuchte er zu fliehen, wurde von russischen Soldaten angeschossen und verwundet, verschwieg aber bei der Festnahme seine Identität als Deutscher. Er überlebte seine Verletzung in einem Lazarett in Brüssel und kehrt mit den Besatzungstruppen nach Ochtendung zurück. Er machte eine Metzgerlehre, heiratete und zog später mit seiner Ehefrau Barbara (geb. Nottbaum) und ihrer Tochter Ida nach Rastatt, wo sie ein Speiselokal eröffneten.

Herbert Süssmann lebte zurückgezogen und ohne Kontakte zu den jüdischen Kultusgemeinden. Obwohl er religiös war, nahm er an den Kultusveranstaltungen nicht teil. Über seine Vergangenheit sprach er nicht. Sogar seine Häftlingsnummer von Auschwitz hatte er immer zu verbergen versucht. Wenn er darauf angesprochen wurde, pflegte er zu sagen: „Das ist meine Autonummer."
TB 30.7.194[6]

Topografie, historische / Lageplan von Theresienstadt (Ghetto)[109]
Die Topografie des Ghettos Theresienstadt wurde in Anlehnung an die überlieferten Original-Pläne der deutschen Besatzungsarmee in verschiedenen Publikationen erläutert. Anhand dieser Pläne können die im Tagebuch der Marianne Elikan genannten Gebäude und Örtlichkeiten lokalisiert werden. In ihrer Sammlung von Erinnerungs-

---

[108] Erwähnt als Häftling in Theresienstädter Gedenkbuch 2000, S. 363; ausführliche biografische Angaben mit Zitaten vgl. Severin, R.: Verwehte Spuren. Die Geschichte der Ochtendunger Juden. In: Ochtendunger Heimatblätter 12 (2007), S. 27-36.

[109] Zur Geschichte der Stadt bis zur Ghetto-Zeit vgl. die Literaturhinweise in Anm. III,1; zur historischen Kartografie vgl. Huppert/Drori: Wegweiser 2005, S. 15; der erwähnte Taschenplan von Vera Nath ist abgebildet in Brenner-Wonschick: Theresienstadt 2004, S. 87 mit autobiografischen Erläuterungen S. 147 und S. 164-165.

stücken aus Theresienstadt hat Marianne Elikan auch einen kleinen Taschenplan des Ghettos (LP) aufbewahrt (vgl. Farbtafel 2).

Mit seinen rechtwinklig angelegten Straßenzügen ähnelt sein Grundriss einem Schachbrett. Die darauf eingezeichneten Straßen, Plätze und Gebäude haben keine Namensbezeichnungen, sondern nur Buchstaben- und Zahlenkürzel: L 1 bis L 6 für die sechs Längsstraßen in Nord-Südrichtung; und Q 1 bis Q 9 für die neun Querstraßen.

Dieser Taschenplan Marianne Elikans stimmt überein mit den erhaltenen Originalplänen der deutschen Ghetto-Kommandantur. Wahrscheinlich handelt es sich bei dieser Karte um den Orientierungsplan, der den Häftlingen beim Passieren der Schleuse (s. dort) ausgehändigt wurde. Vera Nath, eine Theresienstadt-Überlebende aus dem benachbarten tschechischen Mädchenheim L 410, hatte den gleichen Taschenplan erhalten. In jedem Straßenzug waren die Häuser und Unterkünfte durchnummeriert. So war L 410 das Haus Nr. 10 in der Straße L 4, und das nicht weit davon entfernte L 414 das deutsche Mädchenheim und L 417 das ebenfalls benachbarte Jungenheim (s. Jungen- und Mädchenheim).

Aus Sicht der SS-Kommandantur gab es drei Gründe, in den Orientierungsplänen für die Häftlinge keine Straßennamen und auch keine Namen von Gebäuden und Plätzen anzugeben. Wegen der internationalen Herkunft der Internierten (s. Häftlinge) hätte es dazu mehrsprachiger Angaben bzw. Separatauflagen in mehreren Sprachen bedurft. Das wäre allein wegen der kriegsbedingten Materialnot zu aufwendig gewesen. Zweitens gab es 1943/44 eine Reihe Um- oder Neubenennungen von Straßen – unter anderem im Zusammenhang der Verschönerungsaktion (s. dort) –, für die man so keine neuen Pläne herausgeben musste. Der dritte wichtige Grund war die auf kommandotaugliche Abkürzungen angewiesene Militärsprache, die den Umgang mit den Häftlingen auf die Ebene des Befehlens und Gehorchens beschränkten sollte. Um dies zu gewährleisten, wurden bereits bei der Zugangsregistrierung die Gepäckstücke nicht mit den Namen der Häftlinge, sondern mit den Eingangsnummern der Häftlinge und ihres Deportationszuges (s. Häftlinge, Judendeportationen, Schleuse) beschriftet. Auf dem Taschenplan Marianne Elikans sind bestimmte Quartiere und Gebäude, die von den Häftlingen betreten werden durften, durch handschriftliche Rotschraffierungen gekennzeichnet.

Die militärischen Bezeichnungen der Unterkünfte („Kasernen"), Straßen und Plätze (u.a. „Bastei") gehen zurück auf die ältere Stadtgeschichte. In der zweiten Hälfte des 18. Jahrhunderts war Theresienstadt von dem Habsburger Kaiser Josef II. zu einer Festung ausgebaut worden, wobei er den Namen zu Ehren seiner Mutter gewählt hatte. Die sternförmige Festungsanlage war mit Schanzen und Wällen auf der einen und durch den Lauf der Eger auf der anderen Seite geschützt. Ab 1888 war die militärisch unzweckmäßig gewordene Festung zu einer Garnisonsstadt ausgebaut worden, die diesen Charakter auch in der 1918 gegründeten Tschechoslowakei beibehielt. Innerhalb der nur 700 x 500 Meter großen Siedlungsfläche lagen die Kasernen und zivilen Häuser zwischen den rechtwinklig angeordneten Straßenzügen. Nach der Zerschlagung der Tschechoslowakei durch das NS-Regime errichtete die Gestapo 1940 in der Kleinen Festung ein Gefängnis für Regimegegner. Der Ausbau der Großen Festung mit ihren Kasernen zu einem Konzentrationslager erfolgte zwischen November 1941 und 1942/43. Dabei wurde die einstige Festungsstadt mit ihren ca. 7000 Einwohnern zwangsgeräumt und in ein „Ghetto" umbenannt, in dem maximal 60000 Personen lebten (s. Häftlinge). Zur Optimierung der Organisation der Vielzahl der Häftlings-transporte errichtete die SS mit jüdischen Zwangsarbeitern im Sommer 1943 einen Gleisanschluss zu dem drei Kilometer entfernten Bahnhof Bauschowitz. Da es ein Vorzeigelager sein sollte (s. Verschönerungsaktion, Rotes Kreuz), gab es innerhalb des Ghettos Theresienstadt keine fabrikmäßigen Tötungsvorrichtungen wie in anderen Konzentrationslagern. Die im Februar 1945 geheim gebaute Gaskammer wurde nicht mehr in Betrieb genommen (s. Gaskammer, Vernichtung). Trotzdem starben etwa ein Viertel der Häftlinge an den typischen Mangelerscheinungen der NS-Lager (s. Sterb-lichkeit).

Transport[110]

In der Verwaltungssprache des Massenmordes geprägter Begriff. Er bezeichnete die mit Hilfe von Sonderzügen durchgeführten Judendeportationen (s. dort).

Da das Ghetto Theresienstadt seit Januar 1942 – in Abweichung von der ihm in der so-genannten „Endlösung" (s. dort) zugedachten Bestimmung eines jüdischen Alters-ghettos – als Durchgangsstation für die Judendeportationen in die Konzentrations- und Vernichtungslager fungierte, erhielten die an- und abgehenden Transporte eine überra-gende Wichtigkeit im alltäglichen Zusammenleben der Lagergesellschaft. Davon zeu-gen auch die wiederholten und stellenweise sehr ausführlichen Erlebnisschilderungen von Marianne Elikan. Wer Eintragungen wie die folgende liest, vermag sich vielleicht in die durch die fortwährenden Transport-Vorkehrungen und -befehle verursachte Daueranspannung der Häftlinge hineinzudenken, wobei sie den Endzweck der Trans-porte – den systematischen Massenmord (s. Vernichtung) – erst kurz vor der Befreiung realisierten:

> Schon wieder geht ein Transport von lauter jungen Menschen, der größte Teil davon sind Kinder, die von den Eltern weg müssen freiwillige Meldungen gibt es in diesem Trans-port nicht also fahren 15-16-17 Uhr usw Kinder weg in die Welt und keiner weiß wohin und wo man sich wieder sieht. (TB 10. September 1944)

Mehr noch als die bereits erwähnten 329 aus dem Altreich abgegangenen Judendepor-tationen (s. dort) nach Theresienstadt interessieren daher die von Theresienstadt abge-wickelten Massentransporte in die Konzentrations- und die Vernichtungslager. Zwi-schen 1942 und 1944 verließen 87000 Häftlinge mit insgesamt 63 großen Transport-zügen Theresienstadt. Von diesen starben 63000 in den Vernichtungslagern (s. Ver-nichtung).

---

[110] Gottwaldt/Schulle: Judendeportationen 2005, S. 260-372; vgl. auch den Stimmungsbe-richt des Häftlings Manes (Leben 2005, S. 228): „Eine trübe, dumpfe Stimmung herrschte an solchen Tagen im Ghetto. Jeder zitterte, dass auch ihn das Los treffen könnte, er mit eingereiht würde oder zumindest Verwandte oder nahestehende Freunde. Es schien, als ob die Stunden langsam schlichen, der Puls verlangsamt ginge, die Gedanken nicht mehr die gewohnte Bahn gehen könnten. Tiefes Mitgefühl verband uns mit denen, die ins Unbe-kannte mussten."

Im September 1944 sollte auch Marianne Elikan ihre Einberufung zu einem dieser
Transporte erhalten. „Ich verdanke Dr. Eppstein mein Leben", erinnert sie sich heute.
Dank seiner Vermittlung hatte sie im letzten Moment Transportverschonung erhalten
auf Grundlage eines fingierten Krankheitsattestes. Um ihre angebliche Sehnenschei-
denentzündung glaubhaft zu machen, hatte ihr ein eingeweihter Häftlingsarzt um das
Handgelenk einen dicken Gipsverband angelegt.

Die letzte große Transport-Welle der sogenannten „Evakuierungstransporte" aus den
aufgelösten Konzentrationslagern erreichte das Ghetto in seiner Endphase zwischen
dem 20. April und dem 5. Mai 1945. Durch die Aufnahme der völlig unterernährten
und mit Krankheiten infizierten 15350 Häftlinge kam es zu einer neuerlichen, tod-
bringenden Typhusepidemie. Marianne Elikans bedrückende Beschreibung ihrer Ankunft im Ghetto zeigt, dass die Theresienstädter Häftlinge die wahre Funktion der „Judentransporte" und Konzentrationslager erst jetzt realisiert hatten.
TB Anfang/Mitte 1943, August-Oktober 1944, 8.3., 20.4., und 8.5.1945[111]

Turnhalle (Theresienstadt-Plan im Bereich C/Q 3)
Die ehemalige Turnhalle des Vereins Sokol, in der zuerst Kranke (mit Enzephalitis)
aufgenommen wurden. Bei der sogenannten „Verschönerung" (s. dort) wurde diese
Turnhalle in ein Gesellschaftshaus verwandelt, in dem sich zwei Säle für Kulturveranstaltungen, eine Bibliothek und eine Terrasse befanden. Heute wieder in ihrer Ur-
sprungsfunktion erhalten.

Typhus
Die aufgrund der unzureichenden Hygienebedingungen, schlechten medizinischen Ver-
sorgung, Mangelernährung und Arbeitsüberlastung eingetretenen Erkrankungen (s.
Krankenhaus, Krankheit und tödliche Medizin) wuchsen sich immer wieder zu an-
steckenden Epidemien mit Todesfolge aus. Die erste Typhusepidemie ereignete sich im
Anschluss an die stärkste Häftlingsfrequentierung des Ghettos (s. Häftlinge) im Winter
1942/43 mit mehr als 100 Fällen. Zu den über 500 Typhus-Infizierten der ersten Jahreshälfte 1943 gehörte auch Marianne Elikan, die infolgedessen von Mitte Februar bis
Mitte Mai 1943 im Lagerkrankenhaus verbringen musste. Zu einer weiteren großen Typhusepidemie kam es in den Monaten April-Mai 1945. Sie wurde eingeschleppt durch
die Massenankunft der aus den aufgelösten Konzentrationslagern zurückkehrenden
Häftlinge (s. Transporte).

Marianne Elikan hat ihre Erkrankung an Typhus, zu deren Genesung sie von Februar
bis Mai 1943 im sogenannten „Typhusspital", der zentralen Krankenstation des Ghettos, gelegen hat, in ihrem gleichnamigen Gedicht „Typhusspital" (s.o., Teil II.3) thematisiert.
TB Anfang/Mitte 1943, Frühsommer 1944, 5.5., 15.5.1945.[112]

---

[111] Vergleichbare Tagebuchbeschreibungen vgl. Manes: Leben 2005, S. 226f., 267f., 417-
        421 und 428-445, Mannheimer: Tagebuch 2005, S. 49-50 und Friesová: Jugend 2002, S.
        186-190; Informationen über Transportverschonung aufgrund eines Gespräches mit Mari-
        anne Elikan vom 19.6.2008.

Überlebende der Judenverfolgungen

Von den 141000 nach Theresienstadt Deportierten überlebten nur ungefähr 10% die Judenverfolgungen. [113] Bei der Befreiung des Ghettos am 5. Mai 1945 waren dort noch rund 17000 Häftlinge, unter ihnen 2440 Kinder (s. dort). Von den 87000 zuvor in den Osttransporten in die Konzentrations- oder Vernichtungslager deportierten Häftlingen überlebten 4000. Unter diesen waren ca. 150 Kinder bzw. 165 Deutsche.

Wie viele von den rund 800 Juden, die 1933 noch in Trier gelebt hatten, die Jahre der Verfolgung und Vernichtung überlebt haben, ist ungewiss. 1937/38 waren bereits 400 von ihnen ausgewandert. Die Anzahl der 1941 bis 1943 aus Trier Deportierten betrug 323. Nur 14 der Mitglieder der Judengemeinde von 1933 kehrten 1945 nach Trier zurück. Von ihnen waren neben Marianne Elikan ebenfalls in Theresienstadt interniert gewesen: die 2005 in Trier verstorbene Betty Süsskind sowie die Geschwister Karl und Liesel Mayer aus der Saarstraße, die beide später in die USA emigrierten. Karl Mayer starb dort vor wenigen Jahren. Mit allen Dreien hatte Marianne Elikan in den ersten Nachkriegsjahren freundschaftliche Kontakte, da sie in ihrer Nähe in der Saar-straße gewohnt hat. Außerdem in Theresienstadt interniert waren Edith Ermann aus Butzweiler, die später nach Amerika emigrierte und 2006 in Richmond-Hill (USA) verstorben ist, und Edith Levy aus Könen, die nach England oder in die USA aus-gewandert sein soll und möglicherweise noch am Leben ist. Die beiden in Trier gebo-renen Schriftstellerinnen Elise Haas und Gerty Spies, die ebenfalls Theresienstadt überlebten und sich in Mainz bzw. München niederließen, hatten keine Kontakte zu Marianne Elikan.

Marianne Elikan ist neben dem in Polch bei Mayen lebenden Dr. Heinz Kahn, der Auschwitz und Buchenwald überlebt hat, wahrscheinlich die einzige noch lebende Überlebende der Trierer Judenverfolgungen. Durch die Veröffentlichung dieses Tage-buches ist sie nach ihm die zweite bzw. erste weibliche Überlebende der alten Juden-gemeinde Triers, die ihre Erinnerungen der Öffentlichkeit zugänglich macht.

Von Mariannes Theresienstädter Freundinnen kehrten die folgenden zurück nach Deutschland bzw. emigrierten wenig später, ohne dass sie Marianne nochmals kon-taktierten; über ihren weiteren Lebensweg fehlen ebenfalls Informationen: Wilma Poculla, Lotti Dobeck, Bertel Bähr, Karla Ganser und Rita Rosenberger. Mit den fol-genden Theresienstadt-Überlebenden unterhielt Marianne Elikan nach dem Krieg freundschaftliche Kontakte: Herbert Süssmann in Ochtendung, mit den Geschwistern Ilse und Inge Bober in Berlin und mit Gerti Leufgen aus Emden, ihrer besten Freundin in Theresienstadt. Mit Hella Wertheim geb. Sass fand sie erst kürzlich durch die Re-cherchen für ihre Tagebuch-Veröffentlichung wieder Kontakt. Sie besuchte Hella im

---

[112] Vergleichbare autobiografische Schilderungen s. u.a. Friesová: Jugend 2002, S. 149-151 und Wertheim: Theresienstadt 2004, S. 25.

[113] Chládlkowá: Ghetto 1995, S. 48, Gedenkstätte Theresienstadt: Ghettomuseum o.J., o. S., Köser: Kultur; Wertheim: Theresienstadt 2004, S. 22; Anteil deutscher Überlebender der Osttransporte vgl. Theresienstädter Gedenkbuch 2000, S. 9; Anzahl Juden in Trier 1933 bzw. Deportationen und Heimkehrer vgl. Clemens, G./Clemens, L.: Geschichte der Stadt Trier. Trier 2007, S. 158-159, Kahn: Erlebnisse 2003 und Bohlen/Botmann 2007, S. 55-58 (S. 55-56 Liste aller 14 Trier-Heimkehrer).

Mai 2008. Weitere Kontakte mit Überlebenden der Judenverfolgungen hatte sie mit Werner de Vries, dem ehemaligen Lebensgefährten ihrer im Konzentrationslager ermordeten Halbschwester Lieselotte (vgl. auch die jeweiligen Glossareinträge).

Vergangenheitsbewältigung
Die konsequente Aufarbeitung der nationalsozialistischen Vergangenheit begann sehr spät, erst zu Anfang der 1980er Jahre.[114] Die Ursachen waren vielfältig. Eine Hauptursache waren die halbherzig durchgeführten Entnazifizierungsverfahren und die ebenso inkonsequente Wiedergutmachungspolitik (s. Wiedergutmachung). Diese miteinander verzahnten Teilbereiche der Vergangenheitsbewältigung waren, aus historischer Distanz betrachtet, eine Farce, da sie das Gegenteil ihrer vorgegebenen Zielsetzungen bewirkten: So kam es zu einer umfassenden Rehabilitierung von rund 2 Millionen ehemaliger Altnazis, die, nachdem sie in den Spruchkammerentscheidungen der Entnazifizierungsbehörden durch „Persilscheine" – so wurden die von wohlgesonnenen Kollegen ausgestellten politischen Leumundszeugnisse genannt – nur als „Mitläufer" eingestuft worden waren, alsdann rasante Karrieren in ihren früheren Berufen hinlegten. Dabei hatten nicht wenige von ihnen an der Vernichtungspolitik des Regimes in verantwortlichen Positionen mitgewirkt oder als Großunternehmer – wie die Industriellenfamilien Quandt oder Flick – erhebliche Profite aus dem Zwangsarbeitssystem der NS-Konzentrations- und Vernichtungslager erwirtschaftet. Demgegenüber erhielten die überlebenden Opfer der NS-Verfolgungen für die ihnen durch das NS-Regime „an Leib und Leben" zugefügten Schäden in langwierigen Wiedergutmachungsverfahren viel zu geringe Entschädigungsleistungen zugesprochen, die noch nicht einmal eine

---

[114] Frei: Bewusstsein 2005, Kapitel 3, S. 41-62, Fischer/Lorenz: „Vergangenheitsbewältigung" 2007, S. 18-23, 43-45, 74-77, 92-95, 288-293 und Lehmann, G./Ley, A./Ruisinger, M./Wiesemann, C.: Aufarbeitung. In: Ruisinger, M./Ley, A.: Gewissenlos – gewissenhaft: Menschenversuche im Konzentrationslager. Erlangen 2001, S. 136-139; zur Kollaboration der Wirtschaftsunternehmen s. neuerdings Bähr, J. (u.a.): Der Flick-Konzern im Dritten Reich. München 2008; aus lokalhistorischer Sicht vgl. Zuche: Stattführer 2005, S. 113-128, Schnitzler, T.: Trier unter dem Hakenkreuz. In: Dühr, E./Hirschmann F.G./Lehnert-Leven, C. (Hrsg.): Stadtgeschichte im Museum. Begleitband zur neuen stadtgeschichtlichen Ausstellung im Stadtmuseum Trier. Trier 2007, S. 92-93; ders.: Klaus Barbie in Trier – auf den Spuren einer NS-Kriegsverbrecherkarriere. Mit einem Anhang autobiografischer Dokumente. In: Neues Trierisches Jahrbuch 45 (2005), S. 101-126, ders.: „Ein unerklärlicher Widerspruch". Ein Arzt in Hermeskeil und im KZ Hinzert. In: Jahrbuch Kreis Trier-Saarburg 2007, S. 226-235, ders.: Adolf Hitler – Triers „verwirkter" Ehrenbürger. In: 16vor (= Online-Magazin) vom 19.4.2007 und Leuchtenberg, B./ Günzel, H.: „Komm mit sei ganz ruhig. Wir gehen mal dahin." Die Zwangssterilisation von Hans Lieser. Trier 2006 (= Dokumentarfilm). In: Stadtmuseum Simoenstift. Trier Kino Film Nr. 14; über den Romika-Geschäftsführer Lemm vgl. Kühn, Heinz: Die Romika: von der Waasch zur Schuhindustrie. In: Kühn, Peter: Bubiacum Pluviacum. Pluwig. Eine kleine Chronik des Ruwerer Ländchens. Pluwig 2002 (= Chroniken des Trierer Landes Nr. 37), S. 183-288 und Privatsammlung Heinz Ganz (Trier): Aktensammlung für eine Studie zur Geschichte der Firma; über Schulte vgl. Studentkowski, H.: Josef Jakob Schulte. In: Monz: Lexikon 2000, S. 424 und LHA Best. 442 Nr. 10961, Sitzungsprotokoll vom 15.12.1938.

symbolische Wiedergutmachung bewirken konnten, da sie viele Opfer durch die Verfahrenspraxis – mit absichtlich verkomplizierten Formalitäten und demütigenden ärztlichen Begutachtungen – für den Rest ihres Lebens zu bittstellenden Sozialopfern herabwürdigten.

Angesichts dieser Situation fügten sich viele KZ-Opfer bis in die 1970er Jahre in das kollektive Schweigegebot der Nachkriegsdeutschen über die historische „Erblast", weil sie so lange auf die Entscheidungen ihrer Entschädigungsanträge warten mussten. Viele von ihnen hielten sich selbst in privaten Gesprächsrunden zurück, zogen es vor, ihre Leidensgeschichten für sich zu behalten. Angesichts der Tatsache, dass man im Alltagsleben vielfach auf 'entnazifizierte' Ex-Nazis treffen konnte, stellte sich außerdem die Erkenntnis ein, dass deren „Seilschaften" weiterhin einen nicht unbeträchtlichen gesellschaftlichen und politischen Einfluss ausübten.

Auch in Trier bestanden nach dem Zweiten Weltkrieg die 'braunen Seilschaften' fort: in der Justiz wachten furchtbare 'Juristen' der NS-Zeit über die Einhaltung von Recht und Ordnung; in den Krankhäusern und Gesundheitsämtern praktizierten Vertreter des ehemaligen NS-Ärztebundes, und in den Chefetagen der Kommunalverwaltung gaben sich Personen die Türklinken in die Hand, die als ehemalige „politische Leiter" das Regime mitgetragen hatten. Hier nur einige Beispiele: Obwohl bereits 1948 von dem französischen Militärtribunal in Rastatt mehr als ein Dutzend Mitglieder der Wachmannschaft des ehemaligen Sonderlagers/KZ Hinzert verurteilt worden waren, gelang es dem für die Ermordung von mindestens 183 Häftlingen verantwortlichen Lagerkommandanten Paul Sporrenberg (1896-1961), sich in Mönchengladbach, angeblich unerkannt, eine neue Existenz aufzubauen. Er starb dort vor der Aufnahme seines Gerichtsverfahrens. – In Hermeskeil praktizierte bereits ab 1953 wieder sein ehemaliger Dienstkollege Dr. Theophil Hackethal (1883-1959) als niedergelassener Arzt, der als Lagerarzt in Hinzert willkürliche Häftlingsermordungen durch gefälschte Totenscheinausstellungen gedeckt hatte. Bereits 1952 war seine Verurteilung als Kriegsverbrecher zu 15 Jahren Zuchthausstrafe amnestiert worden – dank der geschlossenen Fürsprache des Gemeinderates von Hermeskeil und dank eines Gnadengesuches des Trierer Bischofs Bernhard Stein, der ihn sogar in der Haftanstalt Wittlich besucht hatte. Noch im Jahr seiner Entlassung erhielt Hackethal aus dem Bundesfonds für „Spätheimkehrer" Fördergelder zur Renovierung seines Hauses und seiner Arztpraxis. – Völlig problemlos eröffnete der um die selbe Zeit aus Trier in seine alte Heimat nach Husum zurückgekehrte Chirurg Dr. Herbert Schulzebeer (1901-1963) eine Arztpraxis. Schulzebeer hatte von 1935 bis 1939 als Chefarzt im Evangelischen Elisabeth-Krankenhaus an schätzungsweise 2000 Personen Zwangssterilisierungen durchgeführt. Zu seiner Entlastung hatte er der Spruchkammer in Schleswig-Holstein einen „Persilschein" eines anerkannten Kollegen aus Trier vorlegen können, den Dr. Peter Balkhausen, der amtierende Chefarzt des Mutterhauses, ausgestellt hatte. – Zur gleichen Zeit verliefen die von der Kriminalpolizei in Trier geführten Ermittlungen gegen Klaus Barbie (1913-1991), den als „Schlächter von Lyon" berüchtigten Gestapochef, ergebnislos. Mit Unterstützung des amerikanischen Geheimdienstes, der ihn als Agenten für den „Kalten Krieg" angeheuert und ihm einen falschen Pass besorgt hatte, war Barbie mit seiner aus Osburg stammenden Ehefrau und seinen beiden Kindern längst nach Bolivien ausgewandert. Erst 1983 wurde er in einem aufsehenerregenden Prozess in

Lyon zu lebenslanger Haft verurteilt. – Auch bei den Regierungs- und Verwaltungs-
behörden amtierten Personen, deren beruflicher Werdegang im Schlepptau der NS-
Vernichtungspolitik begonnen hatte. Mit dem am Reichssicherheitshauptamt Berlin
ausgebildeten Juristen Wolfgang Reinholz (1911-1995) amtierte beim Trierer Verwaltungsgericht ein ehemaliger SS-Sturmbannführer als Kammerpräsident, der 1943 in
Kroatien als Einsatzgruppenleiter die Massenerschießungen abertausender jüdischer
Frauen und Kinder befehligt hatte. Schwerpunkt seiner Tätigkeiten in Trier war das
„Flüchtlings- und Lastenausgleichsrecht". Reinholz verstarb 1995 in Trier, ohne dass
jemand nach seiner Vergangenheit gefragt hatte. – Bei der Bezirksregierung Trier
übernahm mit Josef Jakob Schulte (1899-1978) ab 1947 ein nicht minder fragwürdiger
Mann die Verantwortung als leitender Direktor und Präsident. Als nationalsozialistischer Regierungsrat hatte er mitgewirkt an der bezirksweiten „Entjudung" der jüdischen Gewerbeunternehmen und Immobilien. Sein Name steht auf dem diesbezüglichen Sitzungsprotokoll vom 19. Dezember 1938. – 1949 verhinderten allein partei-
politische Zwistigkeiten die Oberbürgermeisterkandidatur des Juristen Hans Globke,
der 1936 die Nürnberger Rassengesetze kommentiert hatte. Globke reüssierte anschließend im Kabinett von Konrad Adenauer als ranghöchster Staatssekretär.

Unter solchen Umständen wurden die Erinnerungskultur und das mahnende Gedenken
an die Gewaltherrschaft lange dominiert von den offiziellen repräsentativen Gedenk-
Pflichtveranstaltungen. Dabei ging es – ähnlich wie bei den Entnazifizierungen und
Wiedergutmachungen – weniger um den angeblichen Memorial- und Gedenkzweck,
sondern vielmehr um ein stillschweigendes, durch den äußerlichen Gestus hochoffi-
zieller „Ehrwürdigkeit" aber kaschiertes Ritual des Vergessens. Nicht von ungefähr
fehlte dergleichen Gedenkakten – namentlich dem Volkstrauertag, dem ehemaligen
„Heldengedenktag" des NS-Regimes (!) – die moralische Glaubwürdigkeit und innere
Überzeugungskraft: Nicht nur, weil ihre steifen Inszenierungen mit Kranzniederlegun-
gen und militärischen Ehrenformationen an den militaristischen Totenkult der Nazis
erinnerten, sondern vor allem, weil sie die konkreten Leidensgeschichten der Opfer
verschwiegen. Und nicht zuletzt deshalb, weil bei diesen offiziellen Gedenkritualen
die historische Problematik des Mitläufertums und der Mittäterschaft gar nicht angesprochen wurde. „Auch bei uns geschahen schreckliche Dinge", so lautete der übliche
Ausspruch der Gedenkredner, jene abgetragene Entschuldigungsformel, die historisch
interessierte jugendliche Zuhörer heute nicht mehr akzeptieren wollen. Wie wenig
glaubhaft derartige Lippenbekenntnisse sind, zeigt unter anderem auch, dass die Stadt
Trier sich bis heute nicht durch einen offiziellen Ratsbeschluss von der 1933 an Adolf
Hitler nach einstimmigem Beschluss verliehenen Ehrenbürgerschaft distanziert hat:
„Die Ehrenbürgerwürde erlischt" ja ohnehin „mit dem Tode der Ehrenperson" – eine
pragmatische, bürokratisch bequeme Denkweise, die in Trier noch in diesem Jahre
vertreten wurde, aber keinerlei Einsicht in die moralische Notwendigkeit einer kritischen Vergangenheitsbewältigung erkennen lässt.

Und schließlich gab es auch in Trier mit Orden und Verdienstauszeichnungen deko-
rierte Wirtschaftsmanager, deren Unternehmen – vergleichbar mit der jüngst erforsch-
ten Geschichte der Flicks – von dem Zwangsarbeitssystem des NS-Regimes profitiert
hatten. Hellmut Lemm (1901-1988), der langjährige Inhaber der Schuhfabrik Romika,
einem der größten Wirtschaftsunternehmen des Trierer Landes, war einer dieser nach

kritischer Einschätzung von den Judenverfolgungen und dem Zwangsarbeitssystem profitierenden Großunternehmer. Auch wenn eine umfassende Aufarbeitung der Firmengeschichte unter seiner dreißigjährigen Führung (1936-1966) noch aussteht, legt die Aktenlage doch den Schluss nahe, dass Lemm die Firma von seinen jüdischen Vorbesitzern unter dem wachsenden Druck der „Arisierungen" zu sehr günstigen Konditionen erworben hatte. Außerdem beschäftigte Lemm während des Krieges ca. 600 Kriegsgefangene und Zwangsarbeiter, unter anderem aus dem KZ Hinzert. Ungeachtet dieser Tatsachen erhielt er 1966 von der Stadt Trier das Ehrensiegel als Auszeichnung für „seine Verdienste um Kultur und Wirtschaft". Wenig später wurde Lemm auch mit dem Bundesverdienstkreuz ausgezeichnet.

Die notwendige kritische Auseinandersetzung mit der NS-Vergangenheit wurde seit den 1990er Jahren durch einige in den Medien vieldiskutierte Ausstellungen und Publikationen verstärkt. Zu nennen sind hier insbesondere die beiden Sonderausstellungen des Hamburger Instituts für Sozialforschung über die „Verbrechen der Wehrmacht" (1995 und 2001), die den Mythos von der „sauberen", an den Massenmorden angeblich unbeteiligten Wehrmacht zerstörten; weiterhin zwei weltbekannt gewordene Bücher, die sich ebenfalls aus der Täterperspektive mit dem Nationalsozialismus befassten: Daniel Jonah Goldhagens Buch „Hitlers willige Vollstrecker. Ganz gewöhnliche Deutsche und der Holocaust" (1996) und zuletzt der Roman „Die Wohlgesinnten" von Jonathan Littell (2008). Auch weitere neuere Publikationen autobiografischer Erinnerungen lebender und verstorbener NS-Opfer kommen dem Wunsch der jüngeren Generation nach Aufklärung entgegen. Am „Ende der Zeitgenossenschaft" (Norbert Frei) hat die Auseinandersetzung mit der NS-Vergangenheit ein neues Stadium erreicht.

Durch die jüngsten Veröffentlichungen ihrer KZ-Erinnerungen treten die letzten überlebenden Opfer der Verfolgungen endlich selbstbewusst aus der fremdbestimmten ahistorischen Rollenzuschreibung, die ihnen unter den beschriebenen Verhältnissen der deutschen Nachkriegsgesellschaft ungerechtfertigterweise zugewiesen wurde. Für die Überlebenden ist die Aufarbeitung ihrer Erfahrungen während der NS-Zeit ein immens anstrengender Kraftakt, der schmerzvolle Vergegenwärtigungen ihrer traumatischen Schreckenserlebnisse hervorruft. Das Interesse der jungen Generationen entschädigt sie jedoch in symbolischer Weise für die verletzenden Erfahrungen, die sie nicht nur während der Verfolgungen, sondern auch noch bei ihren sogenannten „Wiedergutmachungsverfahren" wieder und wieder hatten machen müssen.

Doch besteht angesichts der Erfahrungen, die etwa Dr. Heinz Kahn oder Marianne Elikans Zimmerkameradin in Theresienstadt, Hella Wertheim, gemacht haben, die beide seit Jahren auch Vorträge über ihre Lebenserinnerungen halten, Anlass zu der Annahme, dass diese Überlebenden durch ihre späten Schicksalsbekenntnisse auch ein Stück der lange gesuchten Aussöhnung mit ihrem schwierigen Lebensweg gefunden haben.

Vernichtung[115]

Nach den Judenverfolgungen (s. dort) der Vorkriegsjahre 1933 bis 1939 begann mit Beginn des Zweiten Weltkrieges die Phase der Judenvernichtung. Sie stand im großen Gesamtzusammenhang der nationalsozialistischen Vernichtungspolitik. Die gedankliche Auseinandersetzung mit der Option einer kompletten physischen Auslöschung des „Judentums" und deren Organisationsmöglichkeiten erfolgte nicht erst bei der Wannsee-Konferenz vom Januar 1942 und dem zitierten Referat Reinhard Heydrichs über die sogenannte „Endlösung" (s. dort). Dieser eliminatorische Rassenwahn erwirkte als Geistespate bereits die Erbgesundheitsbeschlüsse vom 14. Juli 1933, die ab 1934 die Zwangssterilisationen von 400000 „minderwertigen" Volksgenossen legitimierten; er inspirierte alsdann den „Gnadentod-Erlass" vom 1.9.1939 (rückdatiert nach Beginn des Krieges), mit dem Adolf Hitler die Ärzte zur Durchführung der Euthanasie-Mordaktion „T 4" an 100000 Kranken autorisiert hatte. Außerdem kam es zu systematischen Verfolgungen und Vernichtungsaktionen gegen Homosexuelle sowie gegen Sinti und Roma.

Die Durchführung der Vernichtungspolitik verlief in mehreren Phasen. Nach den Zwangssterilisationen ab 1934 und der erwähnten Euthanasieaktion von 1939-1941, unter deren Opfern sich bereits eine Vielzahl von Juden befanden, begann die systematische Judenvernichtungspolitik mit der Zwangsabschiebung in die Konzentrations- und Vernichtungslager 1941 bis 1943, in denen ab 1941/42 die fabrikmäßige Massentötung durch Vergasen in geschlossenen Kammern erfolgte (s. Judendeportationen, Gaskammer).

Die vom NS-Regime während der Kriegsjahre in den Lagern mit der gleichen Zielstrebigkeit vorangetriebene „Vernichtung durch Arbeit" (s. Arbeit) war ansatzweise schon in den ab April 1939 eingerichteten „Judenhäusern" (s. dort) wirksam geworden. Schon hier nahmen sich jüdische Bürger das Leben, weil sie sich nicht den permanenten Entwürdigungen durch die SA und SS und den anstrengenden Zwangsarbeiten aussetzen wollten.

Verpflegung

Wie in allen Konzentrationslagern war die Verpflegung im Ghetto Theresienstadt eine Mangelware, die den Ernährungsbedarf der Häftlinge nicht abdeckte; die angebotenen Häftlingsportionen waren eintönig, minderwertig und beinhalteten nicht die notwendigen Vitamine. Zudem fehlten in der Häftlingsnahrung die lebensnotwendigen Eiweißanteile, da kaum Milchprodukte ausgegeben wurden, und die wöchentlichen Fleischrationen maximal 50 Gramm betrugen. Die Hauptnahrungsbestandteile waren Brot, allerdings sehr oft verschimmelte Rationen, und Kartoffeln. Sie wurden ausgegeben in Form von Suppen und breiartigen Gerichten. Morgens und Abends gab es zusammen 0,4 Liter Ersatzkaffee. Auch wurden unterschiedlich große Essensrationen ausgege-

---

[115] Vgl. zum Thema allgemein den Sammelband von U. Herbert (Hrsg.): Nationalsozialistische Vernichtungspolitik 1939-1945. Neue Forschungen und Kontroversen. Frankfurt/ Main 1998; weiterhin auch: Theresienstädter Gedenkbuch 2000, S. 22-23 und 26-27, Pohl: Judenverfolgung 2002, S. 225-267 und Zimmermann, M.: Die nationalsozialistische „Lösung" der Zigeunerfrage. In: Herbert (Hrsg.), Vernichtungspolitik 1998, S. 235-262.

ben, wobei die arbeitsfähigen Häftlinge und die Kinder – letztgenannte besonders während der Verschönerungsaktionen (s. dort) – überdurchschnittliche Portionen erhielten. 1942 beispielsweise betrugen die täglichen Brotrationen für Schwerstarbeiter 500 g, für Normalarbeiter 375 g und für Nichtarbeiter nur 333 g. Überdurchschnittliche Essensportionen erhielten auch die in den Essens-Versorgungseinrichtungen – Backstube, Fleischerei, Küche und Kartoffellager – eingesetzten Internierten. Naheliegenderweise gab es an diesen Nahrungsverteilerstellen immer wieder auch – sowohl von Seiten der Häftlinge als auch von Seiten der Kommandantur und Selbstverwaltung – versteckte Betrügereien und Manipulationen, die den Zweck hatten, die persönliche Ernährungsbilanz zu verbessern. Alle diese befristeten Verbesserungen wurden re-

Abb. 40: Essensbezugskarte Marianne Elikan

lativiert durch die katastrophalen Hygienemissstände des Lagersystems, das die planmäßige Vernichtung der Internierten herbeiführen sollte. Den Zusammenhang zwischen ihrem latenten Ernährungsmissstand und dem organisierten Massenmord erahnten die Kinderhäftlinge in Theresienstadt durch eine Vielzahl skurriler oder gar makaberer Beobachtungen. So wurden die Brotrationen in die Lagerküchen auf den gleichen Holz-Handkarren angeliefert, die auch als Leichenwagen benutzt wurden. Selbst vor dieser grausigen Zwangsarbeit blieben minderjährige Häftlinge nicht verschont. Der 1931 geborene Horst Cohn berichtet in seinem Tagebuch, dass es „für uns ganz normal" war, „jeden Morgen in den Strassen die Leichen einzusammeln, auf diese Kutschen zu legen", sie alsdann zum Einsargen in Holzkisten „an einen bestimmten Platz" zu schieben, von wo sie sie zum Krematorium schoben. „Auf dem Rückweg mussten wir zur Brotzentrale, wo die Brote aufgeladen wurden, ohne irgend etwas [ergänze: „an dem Fuhrwagen"] zu ändern."

Schon in ihrer ersten Tagebucheintragung von Herbst 1942 bzw. Anfang 1943 hat Marianne Elikan die Ernährungslage beschrieben. Hier und in weiteren Eintragungen dominieren die Klagen über die sehr schlechte bzw. sehr wechselhafte Verpflegungslage. Demnach hatte sie im ersten Monat nach ihrer Ankunft (Juli/August 1942) immer nur „2-3 schlechte Kartoffeln und eine Wassersuppe" erhalten: „Das Essen ist nicht zum Essen", lautete ihre Eintragung. Weil sie sich „gar nicht an das Essen gewöhnen" konnte, verzichtete sie in jenen Monaten „meistens" auf das Lageressen und begnügte sich mit den Lebensmitteln, die sie aus Trier im Handgepäck mitgenommen hatte (!). In den späteren Tagebucheintragungen machte sie immer wieder sehr exakte Angaben über die Zusammensetzung und die befristete Erweiterung des Speiseplans im Rahmen der „Verschönerungsaktionen" (s. dort). Selbst über die vorteilhafte Ernährungssituation der dänischen Häftlinge, die sich von den Nahrungssendungen des Dänischen Roten Kreuzes gelegentlich besondere Lebensmittel organisieren konnten, findet sich im Tagebuch ein Hinweis: jene Eintragung vom 13. August 1944, in der Marianne Elikan beschrieben hat, wie ihr der befreundete Häftling Horst Baumgarten (s. dort) ein Stück dänischen Käse geschenkt hat.

In den kürzlich mit ihr geführten Gesprächen ergänzte Marianne Elikan die von ihr beim Tagebuchschreiben wegen der drohenden Zensur (s. Literatur) verschwiegenen Informationen, dass sie sich, ebenso wie ihre Zimmerkameradinnen, vor lauter Hunger an der heimlichen Beschaffung von Extra-Nahrungsportionen beteiligte. So steckte sich bei den Feldarbeiten in unbeobachteten Momenten ganze Löwenzahnblätter ungewaschen in den Mund, von denen sie schnell nur den Sand abgeschüttelt hatte. Weil man aus ihnen Spinat kochen konnte, hätten sie außerdem Brennesseln mit auf die Stube genommen. Bei Gartenarbeiten an der Eger fingen sie und andere Mädchen Frösche, rissen ihnen die Köpfe ab und nahmen sie in ihren Rucksäcken mit auf die Stube, wo sie sie in einem Topf kochenden Wassers zum Abendessen vorbereiteten. Das sei „ihre erste Froschschenkel-Mahlzeit" gewesen, um die sie damals zu Hause wohl mancher „Arier" beneidet hätte, wie sie mit einem schelmischen Lachen hinzufügte. Wurde sie zur Küchenarbeit eingeteilt, nutzte sie nach Möglichkeit jeden Gang in die Kartoffelkammer, um sich einige Kartoffeln in den Büstenhalter zu stecken. Diese Aktionen waren jedoch sehr riskant, da die SS immer wieder unvorhersehbare Kontrollaktionen durchführte.
TB Anfang/Mitte 1943, Frühsommer 1944, 13.8.1944, div. Eintr. Okt.-Dez. 1944[116]

---

[116] Interview mit Marianne Elikan vom 12.09.2008; vergleichbare autobiografische Erinnerungen vgl. Brenner-Wonschick: Theresienstadt 2004, S. 72-75 (mit Zitat Horst Cohn), Friesová: Jugend 2002, S. 141-144, Manes: Leben 2005, S. 201-202, 220-221, 248, 258-263, 296-297, 344-345, Spies: Theresienstadt 1984, S. 114-118 und neuerdings Mändel Roubíčková, E.: „Langsam gewöhnen wir uns an das Ghettoleben". Ein Tagebuch aus

Verschönerungsaktionen[117]

Zur Widerlegung der kursierenden Gerüchte über den Völkermord in den Konzentrationslagern beschlossen die NS-Behörden im Jahre 1943 eine sogenannte „Verschönerungsaktion", bei der das Propagandabild des friedlichen Judenghettos Theresienstadt durch allerlei Maßnahmen aufpoliert werden sollte. Zunächst wurden etwa 15000 Alte, Kranke und Waisen in die Vernichtungslager abtransportiert. Nach Abschluss dieser Deportationen begannen mit dem Transportstopp im Mai 1944 die eigentlichen Verschönerungsaktionen. Zum Einsatz kamen Tausende Internierte – nicht nur bei Bauarbeiten wie dem Sanieren der Fassaden, der Anlegung eines Stadtparks mit Ruhebänken und einem mustergültig eingerichteten Kinderpavillon, sondern auch beim Aufbau eines breit gefächerten Kulturprogramms. Bei den Bauarbeiten erhielten auch die bisher lediglich durch Militärkartenkoordinaten ausgewiesenen Straßen und Gebäude (s. Topografie, historische) wieder richtige Namen. Zu der Propagandaschau gehörten auch die Dreharbeiten für einen Ghetto-„Dokumentarfilm" (s. Propagandafilm) und der Druck einer Ghetto-Währung (s. Währung). Aus dem Internierungs- und Durchgangs-Lager wurde ein „Vitrinen-Ghetto" für minutiös durchorganisierte Schauvorführungen des Wohlgefühls und Frohsinns, in deren Rahmen sogar große Sportfeste mit „Pflicht-Sonnenbaden" stattfanden. Diese Verschönerungsaktionen hatten den gewünschten außenpolitischen Erfolg, da das Internationale Rote Kreuz (s. dort) den positiven Berichten seiner Besuchsdelegation vom 23. Juni 1944 Glauben schenkte. Bei ihrem sechsstündigen Besuch wurde die Delegation auch Zeuge einer gestellten Begrüßung durch eine Gruppe Kinder. Sie waren wie zufällig herbeigeeilt und hatten den Lagerkommandanten, während sie ihn umarmten, gebeten: „Onkel Rahm, komm mit uns spielen". „Nein, liebe Kinder", antwortete Rahm, „heute habe ich keine Zeit, aber morgen".

Auch wenn viele Häftlinge und „Prominente" in dieser befristeten Erweiterung der Kultur- und Freizeitangebote eine Verbesserung des tristen Lageralltages erkannt haben mochten (s. Kultur, Prominente), so wurden sich die kritisch Eingestellten unter ihnen doch sehr bald dieser in sich widersinnigen Kultur-Instrumentalisierung bewusst, die von ihnen „auf dem Vorhof zur Hölle" Demonstrationen der Kreativität erwartete. Solche kritischen Häftlinge riskierten ihr Leben, wenn sie es wagten, durch ihre subversiven Kunstaktivitäten die ungeschönten Realitäten des Ghettolebens zu thematisieren, zum Beispiel bei Kabarett- und Musikproben in verdunkelten Kellerräumen, beim heimlichen Beschreiben der Mangelernährung in den Tagebüchern, beim Verfassen sarkastischer Gedichte oder beim Komponieren ebensolcher Lieder.

Theresienstadt. Herausgegeben von Veronika Springmann. Hamburg 2007, S. 132 (Lebensmitteldiebstahl); allgemeine Infos zur Verpflegungssituation vgl. Wertheim: Theresienstadt 2004, S. 26-30, Theresienstädter Gedenkbuch, S. 37 und Huppert/Drori: Wegweiser 2005, S. 29 (Speiseplan).

[117] Huppert/Drori: Wegweiser 2005, S. 23-24 und 68 (Zitatstelle), Munk: Theresienstadt 2004, S. 113 („Pflichtsonnenbad"), Theresienstädter Gedenkbuch 2000, S. 29, Brenner-Wonschick: Theresienstadt 2004, S. 147, Friesová: Jugend 2002, S. 168 und Mändel Roubíčková: Tagebuch 2007, S. 189 (Zitatstelle Rahm).

Währung[118]

Die Einführung einer Ghettowährung durch eine eigene Bank sollte die durch die Verschönerungsaktionen (s. dort) genährte Illusion einer „normalen Stadt" unterstützen. Tatsächlich waren die gedruckten „Kronen"-Geldscheine, die eine Abbildung des Propheten Moses zeigten, wegen des nicht vorhandenen Warenmarkts völlig wertlos. Marianne Elikan hat von dieser Währung, die sie heute ironisch als „Mosesgeld" bezeichnet, einige Scheine aufbewahrt (vgl. Abbildung im Teil „Farbtafeln").

Wäsche- / Textillager (Theresienstadt-Plan L 415)

An der Hauptstraße gelegenes Geschäft für Wäsche und Bekleidungsartikel. Bei den Angeboten handelte es sich überwiegend um nach Ankunft der Transporte von den Internierten beschlagnahmte oder konfiszierte Gepäckstücke. Weitere Geschäfte dieser Art befanden sich in L 4 und L 3; s. auch das Gedicht „Die Thermosflasch" (Teil II.3).

Wäschereien

Sie befanden sich an wechselnden Standorten des Ghettos bzw. in verschiedenen Gebäuden, s. Block D VI, Jugendheim und Wäsche- / Textillager
TB Anfang/Mitte 1943 und Brief v. M. u. E. Wolff an Marianne Elikan von 1.3.1943

Wanzen / Wanzenplage

Aufgrund der mangelnden Hygiene kam es wiederholt zu starken Wanzenvermehrungen im Ghetto, die selbst die Essensvorräte und Häftlingsunterkünfte befielen. Die Plage war so groß und belastete das Leben so sehr, dass die internierten Mädchen einen makabren 'Sport' erfanden, bei dessen 'Ausübung' sie ihre Pein in selbstironischer Manier herunterspielten: eine 'Wanzenjagd' mit einer Punkteprämierung für diejenige, die die meisten Wanzen 'erlegt' hatte. Im Tagebuch finden sich ausführliche Beschreibungen dieser Umstände und Vorgänge.
TB 24.8.1944, 2.3. und 28.6.1945[119]

Wertheim, Hella geb. Sass (*1928 Insterburg/Ostpreußen)[120] –
befreundete Mitinternierte und Zimmermitbewohnerin

Hella Wertheim geb. Sass stammt aus Insterburg in Ostpreußen. Ihr Vater war von Beruf Versicherungsvertreter. Wegen der Judenverfolgungen war ihre Familie bereits vor Ausbruch des Krieges völlig verarmt. Nach der Reichspogromnacht (s. dort) hatte sie wie ihre spätere Zimmerkameradin Marianne Elikan die Schule verlassen müssen. Ähnlich wie bei Marianne, deren arischer Vater sie in seine Familie zurückholen

---

[118] Theresienstädter Gedenkbuch 2000, S. 29; Privatsammlung Marianne Elikan und Interview mit Marianne Elikan vom 4.6.2008.

[119] Vergleichbare autobiografische Schilderungen vgl. Brenner-Wonschick: Theresienstadt 2004, S. 145-146, Friesová: Jugend 2002, S. 127-129 und Manes: Leben 2005, S. 373-379.

[120] Informationen und Zitate vgl. Wertheim: Theresienstadt 2004, S. 91; s. auch Studienkreis Deutscher Widerstand 1933-1945 (Hrsg.): Kinder 2003, S. 40 mit Porträtfoto; Deportationsdaten vgl. Theresienstädter Gedenkbuch 2000, S. 688 und 691 sowie Gottwaldt/Schulle: Judendeportationen 2005, S. 284 und 436-439.

wollte (s. Rotter, Paul sowie Teil I: Biografie), gab es auch Versuche ihrer Eltern, sie vor weiteren Verfolgungen zu schützen. Die Bemühungen der Eltern Hellas, sie zu einem der Kindertransporte nach England zu schicken, hatten jedoch keinen Erfolg. Ab September 1941 musste auch sie den Judenstern tragen (s. Gelber Stern). Am 22. August 1942 kam sie in Begleitung ihrer Eltern nach Theresienstadt mit dem Großtransport XIV, den sie in Tilsit mit „hunderten weiteren Familien" (tatsächlich 1000 Personen) bestiegen hatte[121]. Dort musste sie am 25. August 1944 den Tod ihres Vaters Arthur (1878-1944) erleben und knapp zwei Monate später, am 12. Oktober 1944, auch die endgültige Trennung von ihrer Mutter Ida (1890-1944). Dieses furcht-

bare Erlebnis erfolgte bei der Selektion an der berüchtigten Rampe von Auschwitz, wohin sie einer der letzten Transporte aus Theresienstadt zusammen mit 1500 Häftlingen gebracht hatte. Zur Beförderung der außerordentlich hohen Personenzahlen kamen bei diesen letzten „Todestransporten", die im Pendelverkehr zwischen Auschwitz und Theresienstadt hin- und herfuhren, nicht wie bei den früheren Deportationszügen Personenwagen, sondern gewöhnliche Güterwagen zum Einsatz. Die von Hella Wertheim erwähnte Selektion an der Rampe von Auschwitz überlebten nur gesunde jüngere Menschen und Kinder. Anfang November 1944 kam sie für die restlichen Kriegsmonate in das Frauen-

Abb. 41: Hella Wertheim, geb. Sass

arbeitslager Lenzing bei St. Pölten (Bezirk Wien), einem Außenlager des KZ Mauthausen. Auch dieser Transportzug beförderte die Insassen in Güterwaggons. „Eingepfercht in den Viehwaggon," so beschrieb Hella in ihren Memoiren die Fahrtsituation, „aber dünne Ritzen erlaubten" immerhin, „dass wir eine gewisse Orientierung erhielten". In dem Frauenarbeitslager bekam sie die Häftlingsnummer 827. Durch die vorausgegangenen Selektionen an der Rampe von Auschwitz, bei denen sie den sadistischen KZ-Arzt Dr. Mengele gesehen hatte, war sie jetzt soweit traumatisiert, dass sie nach ihrer Befreiung am 8. Mai 1945 die zeitlichen Abläufe im Lager Lenzing nicht mehr zu rekonstruieren vermochte. Ihre Schichten in der Zellwollfabrik, wo unter anderem Uniformstoffe für die Wehrmacht hergestellt wurden, „dauerten immer 12 Stunden von sechs Uhr morgens bis sechs Uhr abends."[122] Durch den Ausstoß säurehaltiger Schwefeldämpfe erblindete sie dabei stundenweise, da die Lagerleitung den jüdischen Arbeiterinnen – im Gegensatz zu den nichtjüdischen Fremdarbeitern – keine Schutzbrillen aushändigte.

---

[121] Wertheim: Theresienstadt 2004, S. 5.
[122] Wertheim: Theresienstadt 2004, S. 61.

Nur ein Jahr nach ihrer Befreiung heiratete Hella am 18.6.1946, gerade 18 Jahre alt, Heinz Wertheim (1915-1987), einen Überlebenden der Judenverfolgungen. Mit ihm eröffnete sie 1948 in Gildehaus (Bezirk Bentheim) ein kleines Textilgeschäft. Obwohl die beiden am „Wirtschaftswunder" der Wiederaufbaujahre mitgewirkt hatten, fühlten sie sich doch nie richtig integriert in die deutsche Nachkriegsgesellschaft. Als ersten empfindlichen Störfaktor empfand Hella ihr Wiedergutmachungsverfahren (s. dort), bei dem ihr lediglich das sogenannte „Sternegeld" zugesprochen wurde – eine kleine Summe, bei der ihr jeder Monat berechnet wurde, den sie in Lagern interniert war. Für die geleistete Zwangsarbeit und für die dabei erlittenen körperlichen und seelischen Schäden erhielt sie keine Entschädigung – eine enttäuschende, für sie auch unverständliche Erfahrung, weil sie in jenen Jahren miterlebte, dass ehemalige überzeugte Nazis völlig problemlos mit sogenannten „Persilscheinen" die Entnazifizierungsverfahren durchliefen und alsbald steil Karriere machten. Sie selbst nennt als derartiges Beispiel den Heilpraktiker Dr. Ständer. Über diesen ehemaligen NS-Reichstagsabgeordneten ärgerten sich Hella und Heinz Wertheim noch mehr, als sie erfuhren, dass er „es fertiggebracht hatte, die Grabsteine vom jüdischen Friedhof (ab)holen zu lassen" und „die Inschriften herausschlagen zu lassen", um „seinen Hof mit den Steinen zu pflastern."[123]

Obwohl sie mit ihrem Geschäft ihren Lebensunterhalt bestritten, litten die Wertheims unter einem versteckten, aber latenten Antisemitismus, den sie im alltäglichen Umgang immer wieder zu spüren bekamen, seit Beginn der 1980er Jahre dann auch unter dem zunehmenden Neo-Rechtsradikalismus. So reifte in beiden der Entschluss, dem durch die Veröffentlichung ihrer Lebenserfahrungen gegenzulenken. In dieser Absicht plante Hella Wertheim 1987 mit ihrem Mann kurz vor dessen Tod einen gemeinsamen Besuch in Theresienstadt, den sie dann letztlich erst 1990 durchführte – ihr erster Besuch dort seit ihrer Freilassung.

1992 schließlich veröffentlichte Hella Wertheim ihre Memoiren, die 2004 in vierter Auflage erschienen sind. Hierin erwähnte sie unter ihren ehemaligen Zimmerkameradinnen auch „Marianne Elikan", ohne zu wissen, dass diese, genau wie sie selbst, überlebt hatte. Marianne Elikan war ihrerseits bis vor kurzem noch der Meinung, dass ihre ehemalige Theresienstädter Zimmerkameradin Hella nicht überlebt hätte. Denn hinter dem zitierten Gedicht, das Hella am 5.1.1943 in ihr Poesiealbum eingetragen hatte, notierte sie nach dem Krieg ein Kreuz in der Annahme, sie sei nach ihrer Deportation nach Auschwitz dort oder in einem anderen Lager umgekommen. Als Marianne Elikan bei den Vorarbeiten zur Veröffentlichung ihres eigenen Tagebuches davon erfuhr, dass Hella Wertheim noch am Leben ist, entschloss sie sich, die ehemalige Zimmerkameradin anzurufen. Im Mai 2008 schließlich verabredeten sie sich zu einem persönlichen Treffen, bei dem sie sich nach 64 Jahren zum ersten Mal wiedersahen.

---

[123] Wertheim: Theresienstadt 2004, S. 91.

Wiedergutmachung

Die sogenannte „Wiedergutmachung"[124] ist ein Teilsaspekt der deutschen Vergangenheitsbewältigung (s. dort). Mit dem erweiterten Begriff „deutsche Wiedergutmachungspolitik" werden alle die staatlichen Maßnahmen zusammengefasst, die zur Entschädigung der verfolgten Opfer des NS-Regimes durchgeführt wurden. So irreführend wie der gewählte Begriff „Wiedergutmachung" angesichts des millionenfachen Massenmordes gewesen war, so ineffektiv waren vielfach die tatsächlichen Entschädigungen für die Opfer. Trotz der enormen finanziellen Entschädigungsleistungen, die von den Politikern als Beweis einer gelungenen 'Abtragung historischer Schuld' immer wieder in Bruttosummen angeführt wurden, bewirkten diese Zuwendungen an die Opfer im Regelfall keinen adäquaten Schadensausgleich. Dies hatte zwei Ursachen: Erstens entsprang die Wiedergutmachung einem außenpolitischen Tauschgeschäft mit den Besatzungsmächten, sie war kein Akt aus moralischer Überzeugung. Denn nach anfänglicher Durchführung der 'Reeducation' und Entnazifizierungsprogramme verschoben sich im beginnenden Kalten Krieg sehr schnell die Prioritäten der US-Außenpolitik bezüglich der Bundesrepublik. Mit ihrer Einwilligung in die Wiedergutmachung „erkaufte" sich die Bundesrepublik das Wiederaufbau-Förderprogramm der USA durch den „Marschall-Plan" und später auch ihre Integration in die westliche Bündnisallianz der Nato und damit letztlich die Genehmigung für den Aufbau der Bundeswehr. Als Gegenleistung tolerierten die Alliierten die lasche Durchführung ihrer Vorgaben und die Zug um Zug beschlossenen Amnestiegesetze für Kriegsverbrechen – mit dem Effekt, dass Teile der alten NS-Eliten bereits im Kabinett von Konrad Adenauer vertreten waren. Entsprechend verhielt es sich in der BRD-Nachkriegsgesellschaft, in der „Entnazifizierung" und „Wiedergutmachung" vielfach als ungerechtfertigte, durch die Siegermächte auferlegte Verpflichtungen interpretiert wurden, deren moralische Notwendigkeit man nicht einsehen wollte, zumal viele geneigt waren, sich aufgrund ihrer eigenen Kriegserfahrungen mit dem kollektiven Mythos der „Bombenopfer" zu identifizieren.

Infolgedessen begründete die Regierung der Bundesrepublik auch keinen Rechtsanspruch für KZ-Opfer auf Wiedergutmachung, sondern sie beschloss eine langwierige Kette von Entschädigungsgesetzen (BEG = Bundesentschädigungsgesetz), deren letzte

---

[124] Fischer/Lorenz: „Vergangenheitsbewältigung" 2007, S. 58-60; Lehmann, G.: Zur Praxis der Wiedergutmachung. In: Ruisinger/Ley: Gewissenlos 2001, S. 67-71 und Pross, C.: Wiedergutmachung. Der Kleinkrieg der Opfer. Frankfurt/Main 1988; aus regionaler und lokaler Sicht vgl. Rath, J./Rummel, W./Weiss, P.: Die nationalsozialistische Judenverfolgung im Gebiet des heutigen Rheinland-Pfalz. Eine Quellensammlung zur Entrechtung, Enteignung und Deportation der Juden und den Anfängen der Wiedergutmachung. Bad Kreuznach/Koblenz/Mainz 2002, Rummel, W./Rath, J. (Bearb.): „Dem Reich verfallen" – „den Berechtigten zurückzuerstatten" Enteignung und Rückerstattung jüdischen Vermögens im Gebiet des heutigen Rheinland-Pfalz 1938-1953. Koblenz 2001 (= Veröffentlichungen der Landesarchivverwaltung Rheinland-Pfalz Bd. 96); biografische Erfahrungsberichte vgl. u.a. Wertheim: Theresienstadt 2004, S. 112-114; zur Beurteilung des Wiedergutmachungsverfahrens von Marianne Elikan vgl. Butendeich/Steinhardt-Stauch: Juden 2007; zitierte Einschätzung und Interview mit Marianne Elikan v. 4.5.2008; über die Entscheidungen im Wiedergutmachungsverfahren s. auch die kommentierte Biografie.

Veränderung 1969 erfolgte, und die anschließend auch von Seiten der Wirtschaft um nachfolgende Härtefondsausschüttungen ergänzt wurden. Durch die verkomplizierten Antragsregularien mit Terminfristen und unterschiedlich geregelten Länderkompetenzen wurde letztlich die Zahl der Antragsteller gering gehalten. Wer dennoch Entschädigungen beantragte, wurde mit außerordentlich geringen Kapital- oder Rentenausgleichszahlungen regelrecht abgespeist, da die Zahlungen im Regelfalle nur nach aufwendigen fachärztlichen Gutachten bewilligt wurden. Da sowohl diese Begutachtungen als auch die formalrechtlichen Verfahrensprüfungen nicht selten von ehemaligen NS-Spezialisten durchgeführt wurden und sie sich überdies oftmals – wie bei Marianne Elikan – über Jahrzehnte hinzogen, bewirkte die Praxis der Wiedergutmachung bei den klagenden KZ-Opfern vielfach eine langfristige Verschlimmerung ihrer materiellen und gesundheitlichen Folgeschäden.

Diese betrübliche Erfahrung machte auch Marianne Elikan in ihrem Wiedergutmachungsverfahren. Unbegreiflicherweise erhielt sie für den Tod ihrer Pflegeeltern, Mutter und Halbschwester gar keine Entschädigungen zugesprochen. Die mit ihrer Begutachtung befassten Fachärzte bescheinigten ihr trotz Fortbestehens gravierender Gesundheitsschädigungen durch die Lagerhaft eine Gesundheitsverbesserung und veranschlagten ihre haftbedingte Erwerbsminderung schließlich unterhalb der 30%-Grenze, woraufhin ihre Rentenzahlungen eingestellt wurden.

Wolf, Eduard (Wawern 1886-1943) und Wolf, Melanie (Kirf 1889-1943)
Melanie Wolf (geb. Hayum, *26.6.1889 Kirf/Reg.-Bez. Trier) und deren Ehemann, der Viehhändler Eduard Wolf (*15.6.1886 Wawern/Reg.-Bez. Trier), beide jüdischer Konfession, waren Marianne Elikans Pflegeeltern. Beide gelten als verschollen seit dem 1. März 1943, dem Tag ihrer Deportation nach Kattowitz in Oberschlesien; als rechtswirksamer Todestag gilt der 31.12.1943 aufgrund des Beschlusses des Amtsgerichts Trier vom 29.11.1950 (nach Festlegungsentscheid vom 3.10.1950)[125]. Diese amtliche Datierung des Todestages hing zusammen mit der damals von ihrer Pflegetochter Marianne Elikan erhobenen Wiedergutmachungsklage (s. Wiedergutmachung).

Eduard Wolf hatte noch eine Zwillingsschwester, Eva Engelke. Sie war verheiratet (Hochzeit vom 29.11.1910) mit Fritz Engelke aus Quakenbrück (geb. 22.5.1886), sie lebten in Trier, Gilbertstraße 67, und hatten drei Kinder, den Sohn Heinz Herbert und die beiden Schwestern Bernadine Edith und Maria Anna. Über ihr Schicksal während der Judenverfolgungen ist weiter nichts bekannt. Nachweislich überlebte allein Fritz Engelke. Um 1949/50 eröffnete er in der Eberhardstr. 49 einen „Textil- und Modewarenladen". Er war Eigentümer dieses Hauses, in dem er damals mit einer Hertha Engelke zusammenwohnte.

Das kinderlose Ehepaar Wolf besaß ein Haus mit Hof in Wawern und hatte Marianne Elikan 1932 von Helene Geiger in Pflege übernommen. 1938 erfuhr Marianne durch

---

[125] Bundesarchiv: Gedenkbuch 2006; s. auch Nolden: Gedenkbuch 1998, S. 115-117;
       Zwangsarbeitseinsatz vgl. Stadtarchiv Trier T 19/949; zum fraglichen Status der Pflegeeltern vgl. die Hinweise von Butendeich/Steinhardt-Stauch: Juden 2007 mit Verweis auf die
       Wiedergutmachungsakte GLA 480/32763 im Generallandesarchiv Karlsruhe; Angaben
       über F. Engelke vgl. Trierer Einwohnerbuch 1949/50, Seiten 74-75.

einen Brief Paul Rotters zum ersten Mal von der Existenz ihrer leiblichen Eltern (s. Paul Rotter, Helene Geiger). Für Marianne Elikan war diese Mitteilung ein Schock, den sie nur schwer verarbeiten konnte, weil das damals etwa zehnjährige Mädchen die Wolfs als ihre „richtigen" Eltern betrachtete. Wie sehr sie ihre Pflegeeltern liebte und sich ihnen verbunden fühlte, geht daraus hervor, dass sie etwa eineinhalb Jahre vor ihrer Deportation bei einem Besuch in Frankfurt das Angebot ihres leiblichen Vaters Paul Rotter ausschlug, ihr weiteres Leben mit ihm in seiner Familie zu verbringen.

In der Reichspogromnacht war auch das Wawerner Haus von Eduard und Melanie Wolf Ziel nationalsozialistischer Plünderungen. In der Folge mussten Marianne Elikan und ihre Pflegeeltern sich von antisemitischen Dorfbewohnern Beleidigungen und Demütigungen gefallen lassen, ehe sie dann ein halbes Jahr später, Anfang Juni 1939, nach Trier abgeschoben und zur Zwangsmiete in sogenannte „Judenhäuser" (s. dort) eingewiesen wurden. Von Anfang Juni 1939 bis Anfang März 1943 lebten sie in den beschriebenen Wohnungen in der Brückenstraße 82 und in der Pellinger Straße 33. Trotz seiner annähernd 60 Lebensjahre wurde Eduard Wolf vom Trierer Arbeitsamt bis kurz vor der Deportation zu schwersten Zwangsarbeiten herangezogen. Im Sommer 1942 fuhr er jeden Morgen im Auftrag des Bauunternehmers Philipp Veit mit einer Sonderfahrkarte der Reichsbahn vom Bahnhof Trier Süd zu Gleisausbesserungsarbeiten an der Strecke zwischen Trier und Nennig. Vor ihrer Deportation schrieben Eduard und Melanie Wolf noch eine Postkarte an Marianne Elikan nach Theresienstadt (abgedruckt in Teil II.2). In dieser Karte ist die bevorstehende Deportation allerdings mit keinem Wort erwähnt, da die Zensurbestimmungen festgelegte Inhalte für private Schreiben vorgaben. Marianne Elikan hat diese Postkarte vom 1.3.1943 als letztes und einziges Andenken an ihre Pflegeeltern bis heute aufbewahrt. Sie nimmt auch an, dass die Lagerverwaltung in Theresienstadt weitere Briefe und Pakete ihrer Pflegeeltern abgefangen hat. An ein einziges großes Lebensmittelpaket kann sie sich heute noch erinnern, das Kekse („von Bahlsen") und Bonbons enthalten habe.

Als Marianne Elikan ihren Heimatort Wawern 1951 mit einem Beamten des Amtes für Wiedergutmachung besuchte, fand sie in der Wohnung ehemaliger Nachbarn ein mit dem Monogramm ihrer Pflegemutter besticktes Tischtuch wieder – ein unvergessliches Erlebnis, das dem Schmerz über die Verfolgungsjahre und den Verlust ihrer Pflegeeltern für ihr Leben lang einen bitteren Nachgeschmack hinzufügte.

In diesem Zusammenhang besonders schwerwiegend aber war, dass Marianne Elikan die Anerkennung als rechtmäßige Erbnachfolgerin von Melanie und Eduard Wolf, die beide ohne leibliche Kinder umgekommen waren, verweigert wurde. Dafür hätte sie den Nachweis der von ihrem leiblichen Vater, Paul Rotter (s. dort), zwischen 1932 und 1942 an ihre Pflegeeltern geleisteten Unterhaltszahlungen erbringen müssen. Da alle Versuche der Kontaktaufnahme mit Paul Rotter nach dem Zweiten Weltkrieg jedoch scheiterten, u.a. aufgrund einer falschen Behördenauskunft, konnte Marianne Elikan den erforderlichen Nachweis nicht führen, so dass ihr das Wiedergutmachungsamt Trier-Saarburg keine Entschädigungsansprüche für die Zwangsenteignung und Ermordung ihrer Pflegeeltern, insbesondere auch nicht für deren Haus und Hof in Wawern, bewilligte. Dass das Wiedergutmachungsamt an ihrer Stelle eine weit entfernte Verwandte als Erbin eingesetzt hat, kann Marianne Elikan bis heute nicht verstehen.

Wolf, Hedwig geb. Jakob (7.1.1896 Spiessen-1943)[126] –
befreundete Judenhaus-Bewohnerin 1941/42 in Trier
Schrieb am 2.2.1942 eine persönliche Widmung in Marianne Elikans Poesiealbum
(s.o., Teil II.4); sie wurde mit ihrem Ehemann, dem Viehhändler Hugo Wolf aus
Beurig (26.5.1899-1943), und ihrem Sohn Silva (31.8.1929 Beurig-1943) am 1.3.1943
aus Trier deportiert. Die Familie, die 1939 einen Hinterhofanbau in dem Judenhaus
Brückenstraße 82 bewohnt hatte, wo sie auch Marianne Elikan kennenlernte, wohnte
zuletzt in dem Judenhaus in der Metzelstr. 26. Hugo Wolf verrichtete zuletzt Zwangsarbeit für die Straßenbaufirma Wenner, Trier-Süd, Medardstraße. Die ganze Familie
blieb nach der Deportation verschollen.

Zensur
s. Post und Nachrichtenkommunikation im Ghetto

Zickrick, Helga (*6.5.1927)[127] – **befreundete Mitinternierte**
Sie verfasste nach der Befreiung in Theresienstadt am 26.6.1945 eine Widmung in
Marianne Elikans Poesiealbum (s.o., Teil II.4). Helga Zickrick wurde am 18.3.1945
von Berlin nach Theresienstadt deportiert und erlebte die Befreiung Theresienstadts im
Mai 1945.

Zubusse (Zubuße)[128]
Von der Tagebuchautorin wiederholt vom Hörensagen aufgeschriebenes, wahrschein-
lich aus dem Tschechischen stammendes Wort. Mit „Zubußen" waren Extra-Essens-
Zulagen gemeint, die den Kranken und Arbeitshäftlingen ab und an gewährt wurden.
TB 1.10., 18.10., 22.11., 24.11., 20.12.1944 und 30.3.1945

Zwangsarbeit
s. Arbeit

**Zwangsarbeiterinnen (zusammen mit Marianne Elikan im Weinberg der Landes-
lehr- und Versuchsanstalt für Weinbau, Obstbau und Landwirtschaft eingesetzt)**
In ihrer Fotosammlung aus den Verfolgungsjahren hat Marianne Elikan ein Gruppenfoto aufbewahrt, das fünf junge jüdische Frauen aus Trier zeigt, die 1941 bis 1942
mit ihr Zwangsarbeiten im Weinberg der Staatlichen Landeslehr- und Versuchsanstalt
für Wein- und Obstanbau verrichtet haben.[129] Von dieser Form der Zwangsarbeit
profitierten die heimischen Unternehmen nach dem Abzug der kriegstauglichen Männer zweifellos. In der Weinwirtschaft des Landkreises waren dies die Staatsweinbau-
domäne Avelsbach (Trier-Kürenz), die Vereinigten Hospitien mit ihren Weinbergen in
Wiltingen und der dortige Weingutsbesitzer Apollinaris Koch. Diese aufgrund der

---

[126] Zur Biografie vgl. Nolden: Gedenkbuch 1998, S. 115 und Wilke: Datenbank 2008. Angaben zur Zwangsarbeit nach Stadtarchiv Trier T 19/949.
[127] Theresienstädter Gedenkbuch 2000, S. 269.
[128] Wertheim: Theresienstadt 2004, S. 28.
[129] Erläuterungen zur Zwangsarbeit in Weinbergen des NS-Bezirks Trier vgl. Heidt/Bortz:
Zwangsarbeiter, S. 225-231.

historischen Quellenlage eindeutige Feststellung wurde lange Zeit, in einigen Fällen noch bis heute, von Unternehmerseite wiederholt angezweifelt durch subjektiv gefärbte Erinnerungen von Zeitzeugen, die behaupteten, dass die Zwangsarbeiterinnen durch die Anstellung im eigenen Betrieb vor dem Abtransport in die Lager verschont worden wären, und dass man ihnen unter Einsatz des eigenen Lebens nach Möglichkeit auch versteckte Hilfeleistungen (Essen, Kleidung) angetragen hätte. Jene letztgenannte menschliche Regung gab es allerdings tatsächlich hier und da. Marianne Elikan erinnert sich an zwei nichtjüdische Helferinnen aus Olewig und Irsch, die ihnen in den Essenspausen Stücke von ihren Broten abgegeben haben.

Folgende Frauen waren zusammen mit Marianne Elikan zu Zwangsarbeiten in den Weinbergen eingeteilt:

- Edith Ermann geb. Joseph (aus Aach)
- Hella Kahn (aus Osann)
- Liesel Mayer (aus Trier)
- Else Levy (aus Könen)
- Therese Joseph (aus Edingen an der Sauer)

Abb. 42: Jüdische Zwangsarbeiterinnen auf einer Bank im Weinberg Trier-Olewig (um 1941/42): (hintere Reihe von links): Hella Kahn, Liesel Mayer, Else Levy, Edith Ermann geb. Joseph, Therese Joseph; vor der Bank sitzend zwei nicht-jüdische Weinbergsarbeiterinnen

Zwock
Tschechisches Wort (Lagersprache) für „Idiot"; u.a. verwendet in Marianne Elikans Gedicht „Ein Kakaozug von Zimmer 4".

Alphabetische Register zum Glossar: Begriffe / Namen und Bezeichnungen

Begriffe

Abgänge
„Arbeit macht frei"
Arbeit / Zwangsarbeit
Endlösung
Erinnerungskultur
Familie
Freunde und Bekannte
Gaskammer
Gelber Stern
Häftlinge im Ghetto Theresienstadt
Hausältester
Hundertschaft
Hunger
Judenältester / Judenrat / Jüdische Selbstverwaltung
Judenaktion (auch: „Sonderbehandlung")
Judendeportationen
„Judenhaus" / Judenhäuser in Trier
„Judenstern"
Judenverfolgungen
Kasernen
Kennkarte
Kinder in Theresienstadt
Krankheit und tödliche Medizin
Kultur und „Freizeit" in Theresienstadt
Lageplan des Ghettos Theresienstadt
Lagersprache
Liebe im Ghetto
Literatur im Ghetto
Massenmord / Völkermord
Mischling, Mischehen
Post und Nachrichtenkommunikation im Ghetto
Privatsphäre
Prominente Häftlinge / Funktionshäftlinge für besondere Aufgaben
Propagandafilm
Reichspogromnacht
Rotes Kreuz (IRK)
Schleuse, schleusen
Selbstverwaltung der Juden in Theresienstadt
Sterblichkeit
Stern / „Judenstern"
Stockbetten
Topografie, historische / Lageplan von Theresienstadt

Transport
Typhus
Überlebende der Judenverfolgungen
Vergangenheitsbewältigung
Vernichtung
Verpflegung
Verschönerungsaktionen
Währung
Wanzen / Wanzenplage
Wiedergutmachung
Zensur
Zwangsarbeit

Namen und Bezeichnungen (Orte, Personen, Lagersprache)

Alexander, aus Dänemark, Internierter in Theresienstadt
Aussiger Kaserne
Bachrach, Olga, Internierte in Theresienstadt
Bäckerei-Block
Bähr, Bertel, Internierte in Theresienstadt
Bähr, Ruth-Selma, verfolgte Jüdin in Trier
Bahnhof, Bahnhofstraße
Bastei
Bauhof
Baumgarten, Horst, aus Dänemark, Internierter in Theresienstadt
Bauschowitz, Bahnhof bei Theresienstadt
Bella [Nachname unbekannt], Internierte in Theresienstadt
Bibliothek / Jugendbibliothek, Kinderbibliothek
Bick, Norma, Internierte in Theresienstadt
Block D VI
Block G VI
Bober, Ingeborg und Ilse, Internierte in Theresienstadt
Bodenbacher Kaserne
Böhm, Ernst, Internierter in Theresienstadt
Brauerei
Braun, Susanne, Internierte in Theresienstadt
Burchardt, Dr. Henriette, Internierte in Theresienstadt
Busten, Herbert-Heinz, Internierter in Theresienstadt
Café / Kaffeehaus
Cohn, Carla, Internierte in Theresienstadt
Cohn, Liselotte, Internierte in Theresienstadt
De Vries, Werner, verfolgter Jude aus Gelsenkirchen, Geliebter von Lieselotte Elikan
Dobeck, Lotti, Internierte in Theresienstadt
Dreißigacker, Franz-Jakob, Halbbruder von Marianne Elikan
Dresdener Kaserne
Einwaggonieren (Lagersprache)

Elikan, Lieselotte, verfolgte Jüdin aus Heidelberg, Halbschwester v. Marianne Elikan
Elsbach, Adele, verfolgte Jüdin in Trier
Ermann, Edith geb. Joseph, verfolgte Jüdin in Trier, Internierte in Theresienstadt
Ermann, Lore, verfolgte Jüdin in Trier
Friedmann, Lilo, Internierte in Theresienstadt
Fröhlich, Rita, Internierte in Theresienstadt
Ganser, Karla, Internierte in Theresienstadt
Gaskammer Theresienstadt
Geiger, Franz-Josef, Ehemann von Helene Elikan
Geiger, Helene, verfolgte Jüdin aus Heidelberg, Mutter von Mariane Elikan
Gendamerie-Wache
Geniekaserne
Gerstl, Herta, Internierte in Theresienstadt
Ghetto-Wache
Glimmerfabrik / Glimmerspalterei
Götzel, Alice, Internierte in Theresienstadt
Goetzel, Elma, Internierte in Theresienstadt
Groll, Frieda, Internierte in Theresienstadt
Grünebaum, Inge, Internierte in Theresienstadt
Haas, Elise, verfolgte Jüdin in Trier und Internierte in Theresienstadt
Hamburger Kaserne
Hannover-Kaserne
Hohenelber Kaserne
Huth, Else, verfolgte Jüdin in Trier
Jägerkaserne
Joseph, Therese, verfolgte Jüdin in Trier
Jungenheim
Kahn, Hella, verfolgte Jüdin in Trier
Kahn, Lucie, verfolgte Jüdin in Trier
Kallmann, Adele, verfolgte Jüdin in Trier
Kaufmann, Berthilde, verfolgte Jüdin in Trier
Kavalierkaserne
Kinderheim / Kleinkinderheim
Kinder- und Lehrlingsheime
Kinderküche
Kinderpavillon
Klein, Edith, verfolgte Jüdin in Trier
Kleine Festung (Hinrichtungsstätte)
Kleinkinder-Unterbringungen
Knabenheim
Kommandantur
Krankenhaus / Krankenstationen
Krematorium
Kummbal, auch Kumball (tschech. „Mansarde")
Lebensbaum, Gertrud (Traute), Internierte in Theresienstadt

Leufgen, Gertrud (Gerti), Internierte in Theresienstadt
Levy, Else, verfolgte Jüdin aus Könen, Internierte in Theresienstadt
Levy, Marga, verfolgte Jüdin aus Trier, Internierte in Theresienstadt
Löbl, befreundete Familie aus Wien, Internierte in Theresienstadt
Lorig, befreundete Familie in Trier-Feyen
Lorig, Therese, verfolgte Jüdin in Trier
Mädchenheime
Magdeburger Kaserne
Manes, Philipp, internierter „Prominenter" in Theresienstadt
Marktplatz
Mayer, Liesel, verfolgte Jüdin in Trier
Meier, Elsa, verfolgte Jüdin in Trier
Poculla, Wilma, Internierte in Theresienstadt
Roos, Liesel, Internierte in Theresienstadt
Rosenberger, Rita, Internierte in Theresienstadt
Rotter, Paul, Vater von Marianne Elikan
Rotter, Waltraud Ingeborg, Halbschwester von Marianne Elikan
Rybak, Margot, Internierte in Theresienstadt
Säuglingsheim
Schor, Egon, aus Dänemark, Internierter in Theresienstadt
Sokolowna (ehem. Turnhalle)
Spielplatz
Spies, Gertrude (Gerty)
Sportplatz
SS-Kameradschaftsheim
Stadtpark
Sternfeld, Ingeborg, Internierte in Theresienstadt
Sudetenkaserne
Süsskind, Betty geb. Meyer aus Wawern, Internierte in Theresienstadt
Süssmann, Herbert, Internierter in Theresienstadt
Turnhalle
Wäsche- / Textillager
Wäschereien
Wertheim, Hella geb. Sass, Internierte in Theresienstadt
Wolf, Eduard u. Melanie, verfolgte Juden aus Wawern, Pflegeeltern v. Marianne Elikan
Wolf, Hedwig und Jakob, verfolgte Juden aus Trier
Zickrick, Helga, Internierte in Theresienstadt
Zubusse (Lagerspr.: zusätzl. Essensportion)
Zwangsarbeiterinnen im Weinberg Trier-Olewig
Zwock (tschech. „Idiot")

Anhang

Farbtafeln

1: Deutscher und holländischer „Judenstern"

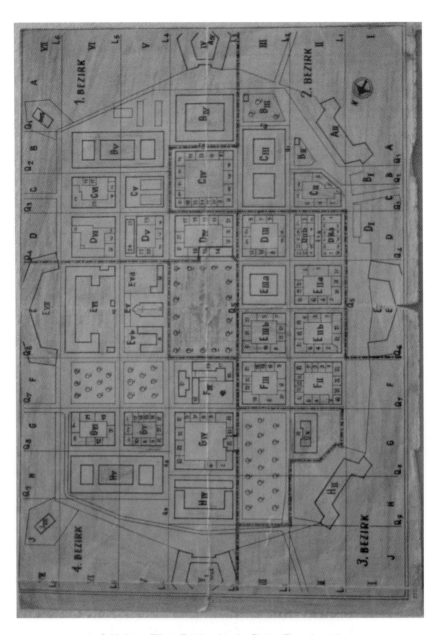

2: Marianne Elikans Taschenplan des Ghettos Theresienstadt

3: Arbeitsbescheinigung Z.K.K. (Zentrale Kinderküche) für Marianne Elikan

4 a-c: Glimmer in verschiedenen Stadien des Verarbeitungsprozesses:
Glimmer-Fragmente (oben), Glimmer-Plättchen (unten, Vorder-/Rückseite)

5: Freizeitgestaltung „Jazz"   6: Freizeitgestaltung „Märchennachmittag"

7: Kaffeehaus Theresienstadt, Eintrittskarte und Getränkebon

8: Zentralbad Theresienstadt, Eintrittskarte
Frauenbad

9: Ghetto-Währung Theresienstadt

10: Marianne Elikans Erinnerungsstücke aus dem Ghetto Theresienstadt
(von rechts unten nach links unten: Blech-Essensteller; Kenn-Nummer einer Häftlingsjacke;
Holz-Nähkästchen; Holz-Bilder; Schmuckkästchen mit Anhängern sowie mit Kunststoffplättchen aus
der Glimmerspalterei; in der Gaskammer gefundener Stein)

11: Anhänger mit dem Wappen von Theresienstadt,
angefertigt aus Altmetall des abgebrochenen Lagertors

12 a: Holz-Bild „Mädchen mit Spiegel". Geburtstagsgeschenk 1944 für Marianne Elikan

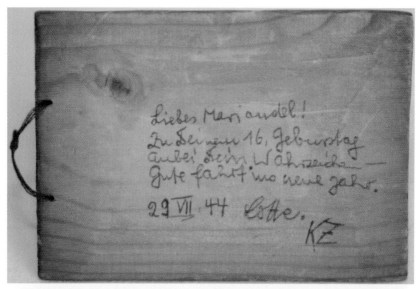

12 b: Rückseite des Holz-Bildes „Mädchen mit Spiegel" mit Geburtstagswidmung für Marianne Elikan

13: „Bauernhof". Von Marianne Elikan gebrannter Holzschnitt

14: „Alte Frau in Theresienstadt" mit Topf und Stock
Von Marianne Elikan gebrannter Holzschnitt einer unbekannten Internierten
Unten links eingeritzt der Bildtitel (?) „NACHSCHUB", was auf die dargestellte Situation hinweisen
könnte: Vielleicht ist die Frau beim Anstehen für die Essensausgabe porträtiert

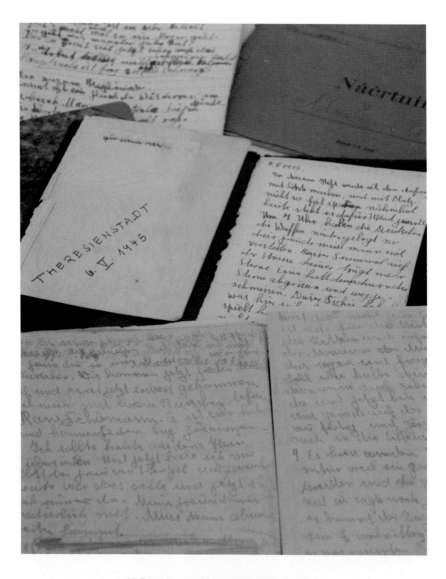

15: Tagebücher und Manuskripte Marianne Elikans
(unten: Loseblatt-Sammlung; Mitte: Notizheft in braunem Lederetui, oben rechts: Blaues Heft
(Juli bis September 1944), oben links: Manuskript „Ein Kakaozug von Zimmer 4")

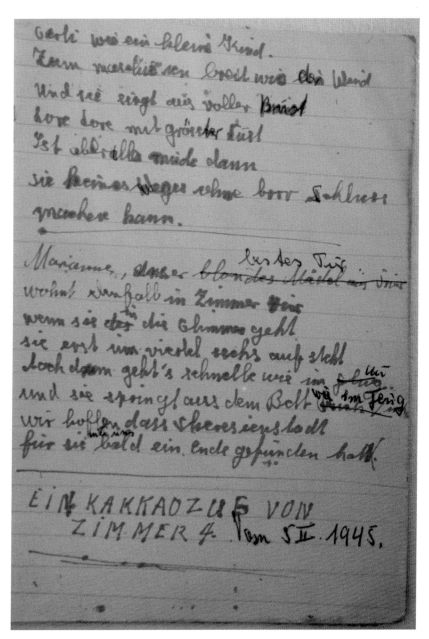

16: Marianne Elikan: „Ein Kakaozug von Zimmer 4" (Gedicht), letzte Manuskriptseite

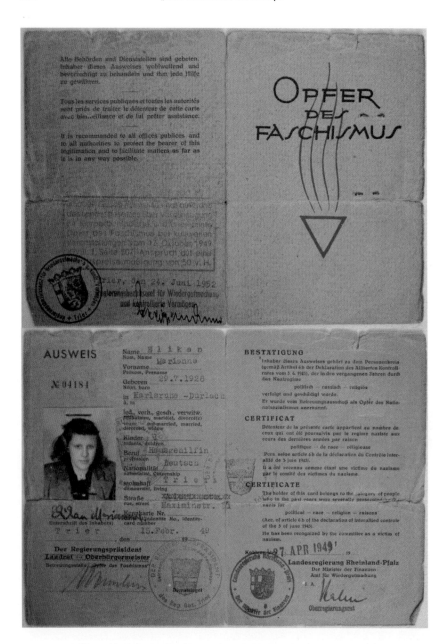

17 a und b: Opfer des Faschismus. Ausweis Marianne Elikan (Februar 1949)

Quellen- und Literaturverzeichnis

1. Unveröffentlichtes aus Privatsammlungen

Privatsammlung Marianne Elikan
Tagebuchaufzeichnungen 1942-1947
Briefe an Marianne Elikan 1942-1946
Gedichtmanuskripte und -abschriften
Poesiealbum Trier / Theresienstadt
Fotografien und persönliche Dokumente

Privatsammlung Heinz Ganz (Trier)
Geschichte de Firma ROMIKA (Trier-Gusterath): Materialsammlung aus den Jahren
der Gründung 1922, der Arisierung 1935/36, der Kriegsjahre 1939-1945 und der
Wiedergutmachungsprozesse (1949-1988)

Privatsammlung Rudolf Peter Guldenmann (Basel)
Biografische Informationen über Waltraud Ingeborg Guldenmann geb. Rotter
Nachlass Waltraud Ingeborg Guldenmann mit Foto der Familie Paul Rotter 1942 in
Frankfurt

Privatsammlung Christa Leufgen (Großefehn)
Foto von Gertrud Leufgen, Hans und Jacob Leufgen um 1939
Biografische Informationen zum Leben von Gertrud Leufgen

Privatsammlung Gertrud Trierweiler (Trier)
Korrespondenzen und Zeitungsausschnitte über die Aufstellung und Geschichte des
NS-Opfer-Denkmals „Der Große Kniende" auf dem Hauptfriedhof Trier

Rudi Süsskind (Trier)
Nachlass Betty Süsskind geb. Meyer mit Zeichnung „Stockbetten in Theresienstadt"

2. Archive und amtliche Informationen

Sonderstandesamt Arolsen
Todesfestsetzung Helene Elikan Nummer 358 Ab. 1/1950

Stadtarchiv Ettlingen
Foto Leopoldstr. 12

Standesamt Ettlingen
Ehestandsdaten Helene Elikan

Stadtarchiv Freiburg (Breisgau)
Einwohnermeldedaten und Personenstandsdaten 1967 bis 1981

Notariat Freiburg
Nachlassregelung Margarethe Anna Rotter geb. Reinemuth

Institut für Stadtgeschichte Gelsenkirchen
Einwohnermeldedaten Gelsenkirchen (1939-1960)
Archiv-Depot der Jüdischen Gemeinde Gelsenkirchen

Bezirksamt Hamburg/Fachamt Einwohnerwesen
Biografische Informationen Karla Ganser

Staatsarchiv Hamburg
Best. 314-315 Bestand Oberfinanzpräsident betr. Deportation von Karla Ganser nach
　　Theresienstadt
Melderegister 1951 betr. Auswanderung von Karla Ganser nach Haifa

Standesamt Heidelberg
Geburtsurkunde Helene Geiger Nr. 385/1903

Stadtarchiv Karlsruhe
Datenbank für das Gedenkbuch für die Karlsruher Juden (Auszüge Helene Geiger geb.
　　Elikan, Lieselotte Margot Elikan und Leopold Traub)

3. Archiveinrichtungen und Museen

Generallandesarchiv Karlsruhe
Wiedergutmachungsakte Nr. 480/32763 betr. Helene Geiger Nachfahren
K1/AEST 1239 Kennkartenfoto von Leopold Traub

Landeshauptarchiv Koblenz
Best. 442 Nr. 10961 Regierung Trier. Die Entjudung Triers (1938)
Best. 442 Nr. 18226 Finanzamt Trier (Arisierung jüd. Gewerbe und Immobilien)
Best. 572/8 Nr. 17124 Finanzamt Trier (Rückgabeforderungen an arisiertem jüd. Eigentum)
Best. 572/8 Nr. 16533 und Nr. 16534 Finanzamt Trier (Zuckerbergstr. 16, Metzelstr.
　　25/26, Israel. Gemeinde)
Best. 572 Finanzamt Trier Nr. 20953 (Jüdemerstr. 7)
Best. 583/2 Bezirksamt für Wiedergutmachung Trier. Rückerstattungsklagen Nr. 2561,
　　3995, 5272 (Schloss Erben/Simeonstr. 52), 2209, 4214, 4267, 5530, 5532 (Isay
　　Erben/Balduinstr./Ostallee)

Magistrat der Stadt Korbach
Personendaten Familie Lebensbaum in Korbach

Bundesarchiv Außenstelle Ludwigsburg
B 162/3395, Bd. 1 und B 162/3396, Bd. 2 (Ermittlungsakten gegen Klaus Barbie)

Stadtarchiv Neustadt/Weinstraße
Personendaten Familie Franz-Josef Geiger und Franz Jakob Dreissigacker

Amt für Wiedergutmachung Saarburg
VA-Nr. 77321 Entschädigungsakte Marianne Elikan Bd. 1-3

Stadtarchiv Trier
T 01/1133 Häuserverzeichnis: Zuckerbergstr. 16/17 (Synagoge mit Wohnhaus)
T 01/1609 Bd. 1-2 Häuserakten Jüdemerstr. (1878-1957)
Tb 15/948 Kennkarten der Juden: Ruth Bähr, Adele Elsbach, Lucie Kahn, Adele
    Kallmann, Berthilde Kaufmann, Liesel Mayer, Rosalie Lorig und Siegmund Lorig
T 15/949 Jüdische Zwangsarbeiterinnen und -arbeiter in Trier 1941-1943
Wilke, Angelika: Jüdinnen und Juden in Trier 1933-1945 (aktualisierte elektronische
    Datenbank) 2008

Stadtmuseum Simeonstift Trier
Trier-Kino: Film Nr. 16 mit dem Titel „Entnazifizierung"
Trier-Kino: Filme Nummern 66, 69, 77 und 78: Shoah Visual History Foundation:
    Interviews mit Überlebenden der Judenverfolgungen Kerry Weinberg, Karl Mayer,
    Heinz Kahn und Monique Lévy-Ermann

Yad Vashem – The Central Database of Shoah Victims
Personendaten von NS-Opfern namentlich aus dem Ghetto Theresienstadt

4. Literatur (mit elektronischen Literatur-Ressourcen)

ALBRECHT, Jutta: Die „Arisierung" der jüdischen Gewerbebetriebe in Trier im NS-
    Regime. Trier 2008 (= Magisterarbeit FB Zeitgeschichte an der Universität Trier).
ALFERS, Sandra: Vergessene Verse. Untersuchungen zur deutschsprachigen Lyrik
    aus Theresienstadt. In: Theresienstädter Studien und Dokumente 11 (2004), S.
    136-158.
ANONYMA: Eine Frau in Berlin. Tagebuchaufzeichnungen vom 20. April bis 22.
    Juni 1945. Berlin 2005.
ARBEITSGEMEINSCHAFT FRIEDEN (Hrsg.): Stolpersteine erzählen. Ein Wegbe-
    gleiter zu den Mahnmalen für Nazi-Opfer auf den Bürgersteigen der Stadt Trier.
    Trier 2008.
BÄHR, J. (u.a.): Der Flick-Konzern im Dritten Reich. München 2008.
BAUER, K. W.: Ons Welt öß Trier. Trier 1983.
BAUER, Richard (u.a. Hrsg.): München – „Hauptstadt der Bewegung". Bayerns Me-
    tropole und der Nationalsozialismus. München 2002.
BENEŠOVÁ, M./BLODIG, V./POLONCARZ, M.: Die kleine Festung Theresienstadt.
    Herausgegeben von der Gedenkstätte Theresienstadt 1996.
BERNETT, Hajo: Alfred Flatow: Vom Olympiasieger zum „Reichsfeind". In: Sozial-
    und Zeitgeschichte des Sports 1,2 (1987), S. 94-102.

BOHLEN, Reinhold: Die Wiederbegründung der jüdischen Kultusgemeinde durch Heinz Kahn. In: BOHLEN, Reinhold/BOTMANN, Benz (Hrsg.): Neue Adresse: Kaiserstraße. 50 Jahre Synagoge Trier. Festschrift. Trier 2007, S. 56-60.

BOHLEN, Reinhold/BOTMANN, Benz (Hrsg.): Neue Adresse: Kaiserstraße. 50 Jahre Synagoge Trier. Festschrift. Trier 2007.

BOLLE, Mirjam: „Ich weiß, dieser Brief wird dich nie erreichen." Tagebuchbriefe aus Amsterdam, Westerbork und Bergen-Belsen. Aus dem Niederländischen von Stefan Häring und Verena Kiefer. Frankfurt/Main 2006.

BRAUN, Christian A.: Nationalsozialistischer Sprachstil. Heidelberg 2007.

BRENNER-WONSCHICK, Hannelore: Die Mädchen von Zimmer 28. Freundschaft, Hoffnung und Überleben in Theresienstadt. München 2004.

BÖFFGEN, Karl-Heinz/HELLER, Klaus (Red.): Gegen das Vergessen. Das Schicksal der Gerolsteiner Juden. Herausgeber: Forum Eine Welt e.V. und Stadt Gerolstein. Gerolstein 2006.

BOLLMUS, Reinhard: Trier und der Nationalsozialismus (1925-1945). In: DÜWELL, Kurt/IRSIGLER, Franz (Hrsg.): 2000 Jahre Trier. Bd. 3. Trier in der Neuzeit. Trier ²1996, S. 517-589.

BUCHHOLZ, Marlies: Die hannoverschen Judenhäuser in der Zeit der Ghettoisierung und Verfolgung 1941 bis 1945. Hildesheim 1987 (= Quellen und Darstellungen zur Geschichte Niedersachsens. Herausgegeben vom Historischen Verein Niedersachsens. Bd. 101).

BUNDESARCHIV KOBLENZ (Hrsg.): Gedenkbuch der Verfolgung der Juden und der nationalsozialistischen Gewaltherrschaft in Deutschland. 2., wesentl. erw. Aufl., bearb. vom Bundesarchiv Koblenz. Koblenz 2006.

BUTENDEICH, Rita/STEINHARDT-STAUCH, Uschi: Helene Geiger. In: Gedenkbuch für die Karlsruher Juden 2007.

BUTENDEICH, Rita/STEINHARDT-STAUCH, Uschi: Liselotte Margot Elikan. In: Gedenkbuch für die Karlsruher Juden 2007.

CHLÁDLKOVÁ, Ludmilla: Ghetto Theresienstadt. Dokumente. Übersetzung Dagmar Lieblová. Prag. 2. Auflage 1995.

CHRISTOFFEL, Edgar: Der Weg durch die Nacht. Verfolgung und Widerstand im Trierer Land während der Zeit des Nationalsozialismus. Verfolgte aus Trier und dem Trierer Land durchlebten die Konzentrationslager und Zuchthäuser des „Dritten Reiches." Trier 1983.

DEEN, Helga: „Wenn mein Wille stirbt, sterbe ich auch. Tagebuch und Briefe". Frankfurt 2007.

DIDI-HUBERMANN, Georges: Bilder trotz allem. Aus dem Französischen von Peter Geimer. München 2007.

DÜSING, Michael (Hrsg.): Wir waren zum Tode bestimmt: Lódz – Theresienstadt – Auschwitz – Freiberg – Oederan – Mauthausen. Jüdische Zwangsarbeiterinnen erinnern sich. Leipzig 2002.

DURLACHER, Gerhard L.: Weiterleben. In: Studienkreis Deutscher Widerstand 1933-1945 (Hrsg.): Kinder in Theresienstadt – Zeichnungen, Gedichte, Texte. Katalog einer Ausstellung. Redaktion: Ursula Krause-Schmit/Barbara Leissing/ Gottfried Schmidt o.O. 2003, S. 36-37.

EISEN, Georg: „Tzu iberleybn" – Children's Games in the Holocaust. In: Sozial- und Zeitgeschichte des Sports 1 (1987), H. 2, S. 75-97.

ENZYKLOPÄDIE DES HOLOCAUST. 4 Bde. München 1998.

ERBRICH, Edith: „Wir mussten schon als Kinder erwachsen sein." Erinnerungen von Edith Erbrich geb. Bär an ihre Kindheit in Frankfurt/Main und im KZ Theresienstadt. Studienkreis Deutscher Widerstand 1933-1945 (Hrsg.): Kinder in Theresienstadt – Zeichnungen, Gedichte, Texte. Katalog einer Ausstellung. Redaktion: Ursula Krause-Schmit/Barbara Leissing/Gottfried Schmidt. o.O. 2003, S. 41-48.

EXENBERGER, Herbert: Vom „Cabaret ABC im Regenbogen" zur „Lindenbaum Gruppe" in Theresienstadt. In: Theresienstädter Studien und Dokumente 3 (1996), S. 233-244.

FALSER, Michael: 1945-1949. Die „Stunde Null", die Schuldfrage, der „Deutsche Geist" und der Wiederaufbau. In: Ders.: Zwischen Identität und Authentizität. Zur politischen Geschichte der Denkmalpflege in Deutschland. Dresden 2008, S. 71-97.

FEUCHERT, Sascha/LEIBFRIED, Erwin/RIECKE, Jörg (Hrsg.): Die Chronik des Gettos Lodz/Litzmannstadt (5 Bände). Göttingen 2007.

FISCHER, Torben/LORENZ, Matthias N. (Hrsg.): Lexikon der „Vergangenheitsbewältigung" in Deutschland. Debatten- und Diskursgeschichte des Nationalsozialismus nach 1945. Bielefeld 2007.

FOGEL, H./STASZEWSKI, N.: Zum Leben und Wirken Bertha Papenheims. Neu-Isenburg 2006.

FRANK, Anne: Tagebuch. Fassung von Otto H. Frank und Mirjam Pressler. Aus dem Niederländischen von Mirjam Pressler. Frankfurt/Main 2007.

FRANZ, G.: Gerty Spies: In: MONZ, H. (Hrsg.): Trierer Biographisches Lexikon. Trier 2000, S. 441-442.

FRANZ, G.: Gerty Spies. Meine Jugend in Trier. Mit Einleitung und Erläuterungen. In: Kurtrierisches Jahrbuch 39 (1998), S. 219-237.

FREI, Norbert: 1945 und Wir. Das Dritte Reich im Bewusstsein der Deutschen. München 2005.

FRIEDLÄNDER, Saul: Das Dritte Reich und die Juden. Bd. 1: Die Jahre der Verfolgung 1933-1939, München 1998.

FRIEDLÄNDER, Saul: Das Dritte Reich und die Juden. Bd. 2: Die Jahre der Vernichtung 1939-1945. München 2006.

FRIESOVÁ, Jana Renée: Festung meiner Jugend. o.O., o.J. (um 2002). Gedenkstätte Theresienstadt (Hrsg.): Das Ghettomuseum in Theresienstadt. Übersetzung Peter Zieschang. o.O., o.J.

GEISHECKER, Anja: Das Schicksal eines Juden aus dem Regierungsbezirk Trier, der in der Zeit des Nationalsozialismus nach Polen deportiert wurde. Trier 1988/1989 (= Geschichte-Facharbeit/Auguste-Viktoria Gymnasium Trier, unpubliziert). www.ghetto-theresienstadt.info (Internet-Ressource: Nachschlagewerk).

GOTTWALDT, Alfred/SCHULLE, Diana: Die „Judendeportationen" aus dem Deutschen Reich 1941-1945. Eine kommentierte Chronologie. Wiesbaden 2005.

GRÄBNER, Dieter: Der bestellte Tod. Die Kriegsgeneration bricht ihr Schweigen. Blieskastel 2005.

GUTH, Karin: „... wir mussten ja ins Judenhaus, ein kleines Loch". Bornstrasse 22. Ein Erinnerungsbuch. Mit Fotografien und Dokumenten von Zeitzeugen und dokumentarischen Aufnahmen von Karin Guth. Hamburg/München 2001.

HEINRICH, Dominik/MAES, Jürgen/NEBE, Michael: Der Viehmarkt im Brennpunkt von Planung und Interessen. Trier 1989.

HEINRICH, Dominik: Riskantes Monopoly: Das neue Einkaufszentrum – Top oder Flop. In: KATZ. Kritisches Trierer Jahrbuch 2004, S. 15-22.

HEISE, K..A.: Die alte Stadt und die neue Zeit. Stadtplanung und Denkmalpflege im 19. und 20. Jahrhundert. Trier 1999.

HERBERT, Ulrich: Vernichtungspolitik. Neue Fragen und Antworten zur Geschichte des „Holocaust".In: HERBERT, Ulrich: Nationalsozialistische Vernichtungspolitik 1939-1945. Neue Forschungen und Kontroversen. Frankfurt ⁴2001, S. 9-66.

HEß, R.: Der Bildhauer Michael Trierweiler wurde 85 Jahre alt. In: Neues Trierisches Jahrbuch 33 (1993), S. 179-196.

HEUBACH, Helga (Hrsg.): Bertha Pappenheim u.a. „Das unsichtbare Neu-Isenburg." Über das Heim des jüdischen Frauenbundes in Neu-Isenburg von 1907 bis 1942. Neu-Isenburg 1994.

HOFFMANN, Detlev (Hrg.): Das Gedächtnis der Dinge. KZ-Relikte und KZ-Denkmäler 1945-1995. Frankfurt/Main 1997.

HUPPERT, Jehuda/DRORI, Hana: Theresienstadt. Ein Wegweiser. Prag 2005.

INSTITUT THERESIENSTÄDTER INITIATIVE (Hrsg.): Theresienstädter Gedenkbuch. Die Opfer der Judentransporte aus Deutschland nach Theresienstadt 1942-1945. Prag/Berlin 2000.

JACOBS, Jacques: Existenz und Untergang der alten Judengemeinde der Stadt Trier. Trier 1984.

KAHN, Heinz: Erlebnisse eines jungen deutschen Juden in Hermeskeil, Trier, Auschwitz und Buchenwald in den Jahren 1933 bis 1945. In: Ein Eifler für Rheinland-Pfalz. Festschrift für Franz-Josef Heyen zum 75. Geburtstag am 2. Mai 2003. Hg. v. Johannes Mötsch. Mainz 2003, S. 641-659.

KINSKY-POLLACK, Helga: Weiterleben. In: Studienkreis Deutscher Widerstand 1933-1945 (Hrsg.): Kinder in Theresienstadt – Zeichnungen, Gedichte, Texte. Katalog einer Ausstellung. Redaktion: Ursula Krause-Schmit/Barbara Leissing/ Gottfried Schmidt. o.O. 2003, S. 37.

KLÜGER, Ruth: Weiterleben. In: Studienkreis Deutscher Widerstand 1933-1945 (Hrsg.): Kinder in Theresienstadt – Zeichnungen, Gedichte, Texte. Katalog einer Ausstellung. Redaktion: Ursula Krause-Schmit/Barbara Leissing/Gottfried Schmidt. o.O. 2003, S. 37.

KNIGGE, Volkhard: Unterhaltsamer Schrecken. In: Süddeutsche Zeitung, 3. Mai 2005, S. 11.

KÖRTELS, W.: Elise Haas. Eine Lyrikerin aus Trier. Konz 2008.

KÖSER, Helmut: im Vorhof zur Hölle. Internetessource: http://www.brueckemost-stiftung.de/?id=280.

KRISAM, Alfons: 2000 Jahre Trier. Von Augustus bis Zimmermann. Geschichte der Stadt Trier mal heiter, mal ernst betrachtet. Trier 1984.

KUBALEK, Ines: Das dunkle Geheimnis. Unter dem ehemaligen Reichsbahngebäude trieb die Gestapo ihr Unwesen – Besuch mit einem ehemaligen Zeitzeugen. In: Trierischer Volksfreund v. 19.12.2007.

KÜHN, Heinz: Die Romika: von der Waasch zur Schuhindustrie. In: KÜHN, Peter: Bubiacum Pluviacum. Pluwig. Eine kleine Chronik des Ruwerer Ländchens. Pluwig 2002 (= Chroniken des Trierer Landes, 37), S. 183-288.

LANDESZENTRALE FÜR POLITISCHE BILDUNG (Hrsg.): Verfolgung und Widerstand in Rheinland-Pfalz 1933-1945. Bd. 1: Gedenkstätte KZ Osthofen – Ausstellungskatalog. Mainz 2008.

LEHMANN, Gertrud/LEY, Astrid/RUISINGER, Maria/WIESEMANN, Claudia: Aufarbeitung. In: RUISINGER, Marion/LEY, Astrid: Gewissenlos – gewissenhaft: Menschenversuche im Konzentrationslager. Erlangen 2001, S. 136-139.

LEHMANN, Gertrud: Zur Praxis der Wiedergutmachung. In: RUISINGER, Marion/ LEY, Astrid: Gewissenlos – gewissenhaft: Menschenversuche im Konzentrationslager. Erlangen 2001, S. 67-71.

LEUCHTENBERG, B./GÜNZEL, H.: „Komm mit sei ganz ruhig. Wir gehen mal dahin." Die Zwangssterilisation von Hans Lieser. Trier 2006 (= Dokumentarfilm). In: Stadtmuseum Simeonstift. Trier Kino Film Nr. 14.

LEY, Astrid/MORSCH, Günter: Medizin und Verbrechen. Das Krankenrevier des KZ Sachsenhausen 1936-1945. Berlin 2007 (= Schriftenreihe der Stiftung Brandenburgische Gedenkstätten, 21).

LEY, Astrid/WIRTH, Kerstin: Die Zwillingsforschung von Auschwitz. In: RUISINGER, Marion/LEY, Astrid: Gewissenlos – gewissenhaft: Menschenversuche im Konzentrationslager. Erlangen 2001, S. 100-111.

MÄNDEL ROUBÍČKOVÁ, Eva: „Langsam gewöhnen wir uns an das Ghettoleben". Ein Tagebuch aus Theresienstadt. Herausgegeben von Veronika Springmann. Hamburg 2007.

MANNHEIMER, Max: Spätes Tagebuch. Theresienstadt – Auschwitz- Warschau – Dachau. Zürich ⁵2002.

MASSIN, B.: Mengele, die Zwillingsforschung und kollegialer Konsens. In: SACHSE, Carola (Hrsg.): Geschichte der Kaiser-Wilhelm-Gesellschaft im Nationalsozialismus. Bd. 6: Die Verbindung nach Auschwitz: Biowissenschaften und Menschenversuche an Kaiser-Wilhelm-Instituten. Dokumentation eines Symposiums. 2004, S. 201-254.

MIGDAL, U. (Hg.): Und die Musik spielt dazu. Chansons und Satiren aus dem KZ Theresienstadt. Herausgegeben und mit einem Vorwort von Ulrike Migdal. München 1986.

MONZ, Heinz: Aufbaujahre. Ereignisse und Entwicklungen in der Zeit nach dem Zweiten Weltkrieg bis zum Jahre 1975. Trier 1987.

MORGEN, R.: Regen und Feuerwerk zum Jubiläum. Kaufhof feiert bundesweit 125. Geburtstag. In: Trierischer Volksfreund, 4. September 2004.

MÜLLER-HILL, Benno: Das Blut von Auschwitz und das Schweigen der Gelehrten. In: KAUFMANN, Doris (Hrsg.). Geschichte der Kaiser-Wilhelm-Gesellschaft im Nationalsozialismus. Bestandsaufnahme und Perspektiven der Forschung. Bd. 1. Göttingen 2000, S. 189-230.

MURMELSTEIN, Wolf: Theresienstadt – einige wichtige Tatsachen. Internetressource: www.shoa.de/content/view/454/46/

MURMELSTEIN, Wolf: Theresienstadt – Die Sonderstellung von Eichmanns „Musterghetto". Internetressource: www.shoa.de/content/view/248/46/

NOLDEN, Reiner: Vorläufiges Gedenkbuch für die Juden von Trier 1938-1943. Zusammengestellt von Reiner Nolden. 2., überarb. u. korr. Aufl. Trier 1998.

NOLDEN, Reiner/ROOS, Stefan: Über das Schicksal der Juden aus dem Altkreis Trier im „Dritten Reich". In: Jahrbuch Kreis Trier-Saarburg 2008, S. 240-250.

OSCHLIES, W.: Sprache in nationalsozialistischen Konzentrationslagern. o.O. 1985.

POHL, Dieter: Die Ermordung der Juden im Generalgouvernement. In: HERBERT, Ulrich (Hrsg.): Nationalsozialistische Vernichtungspolitik 1939-1945. Neue Forschungen und Kontroversen. Frankfurt/Main 1998, S. 98-121.

POHL, Dieter: „Rassenpolitik", Judenverfolgung, Völkermord. In: MÖLLER, Horst (u.a. Hrsg.). Die tödliche Utopie. Bilder. Texte. Dokumente. Daten zum Dritten Reich. München 2002⁴, S. 206-267.

PROSS, Christian: Wiedergutmachung. Der Kleinkrieg der Opfer. Frankfurt/M. 1988.

RUISINGER, Marion/LEY, Astrid: Gewissenlos – gewissenhaft: Menschenversuche im Konzentrationslager. Erlangen 2001.

RATH, Jochen/RUMMEL, Walter/WEISS, Petra: Die nationalsozialistische Judenverfolgung im Gebiet des heutigen Rheinland-Pfalz. Eine Quellensammlung zur Entrechtung, Enteignung und Deportation der Juden und den Anfängen der Wiedergutmachung. Bad Kreuznach/Koblenz/Mainz 2002.

RATH, Jochen/RUMMEL, Walter/WEISS, Petra: „Verfolgung und Verwaltung. Enteignung und Rückerstattung jüdischen Vermögens im Gebiet des heutigen Rheinland-Pfalz 1938-1953". Begleitheft zur Ausstellung im Bundesarchiv Koblenz (23. November 2001-18. Januar 2002). Koblenz 2002.

REICH-RANICKI, Marcel: Mein Leben. München 1999.

REICHEL, P.: Auschwitz. In: FRANCOIS, E./SCHULZE, H.: Deutsche Erinnerungsorte. Bd. 1. München 2001, S. 600-621.

REEMTSMA, Jan Philipp: Hässliche Wirklichkeit und liebgewordene Illusionen: Grundzüge einer Theorie der Gewalt in der Moderne. In: Süddeutsche Zeitung vom 25.01.2008, S. 14.

RIES, R.: Die organisierte Vernichtung „unwerten Lebens." Mordaktionen des Euthanasie-Programms 1939-1945 im Bereich des Bistums Trier. In: Neues Trierisches Jahrbuch 46 (2006), S. 81-04.

ROHAN, Erich/ROHAN, Gertrud: „Erst wollten wir nicht erzählen, aber maß muss ja …". Interview vom 30. Juli 2002 in Kriftel. In: Studienkreis Deutscher Widerstand 1933-1945 (Hrsg.): Kinder in Theresienstadt – Zeichnungen, Gedichte, Texte. Katalog einer Ausstellung. Redaktion: Ursula Krause-Schmit/Barbara Leissing/ Gottfried Schmidt (o.O.) 2003, S. 49-56.

SANDER, H./JOHR, B.: Befreier und Befreite. Krieg, Vergewaltigungen, Kinder. Frankfurt a.M. 2005.

SANDFORT, Paul Aaron: Weiterleben. In: Studienkreis Deutscher Widerstand 1933-1945 (Hrsg.): Kinder in Theresienstadt – Zeichnungen, Gedichte, Texte. Katalog einer Ausstellung. Redaktion: Ursula Krause-Schmit/Barbara Leissing/Gottfried Schmidt (o.O.) 2003, S. 38.

SCHAAB, W.: Lydia – Das Leben einer Zwangsarbeiterin aus der Ost-Ukraine in Trier (1942 bis 1945). In: Neues Trierisches Jahrbuch 47 (2007), S. 85-96.

SCHACHNE, Lucie: Das jüdische Landschulheim Herrlingen von 1933-1939. Schachne dipa Verlag Frankfurt, o.J..

SCHERF, Robert: Die Synagoge Kaiserstr. 25 in Trier, in: BOHLEN, Reinhold/BOT-MANN, Benz (Hrsg.): Neue Adresse: Kaiserstraße. 50 Jahre Synagoge Trier. Festschrift. Trier 2007, S. 45-54.

SCHNITZLER, Thomas: Zum Benennungstreit um das Hindenburggymnasium Trier – ein historischer Rückblick. Warum die Umbenennung jetzt erfolgen wird und warum sich die Schule selbst um einen geeigneten Namen bemühen sollte. In: 16vor vom 14.02.2008

SCHNITZLER, Thomas: Das „Judenhaus" Ecke Domänen-/Brühlstraße: die tragische Geschichte einer Baulücke. Stolpersteine zum Gedenken an die Deportierten. In: Cürenzia 6 (2004), S. 4-7.

SCHNITZLER, Thomas: Stolpersteine – ein Mahnmal in der Stadtsparkasse. In: KATZ 2005. Kritisches Trierer Jahrbuch, S. 38-45.

SCHNITZLER, Thomas (Red.): Stolpersteine-Rundgang durch Trier-Innenstadt (Stand Januar 2008): Balduinstraße bis Zuckerbergstraße. Herausgegeben von der Arbeitsgemeinschaft Frieden e.V. Trier. Mit einem Vorwort von Thomas Zuche. Trier 2008 (im Druck).

SCHNITZLER, Thomas: Klaus Barbie in Trier – auf den Spuren einer NS-Kriegsverbrecherkarriere. Mit einem Anhang autobiografischer Dokumente. In: Neues Trierisches Jahrbuch 45 (2005), S. 101-126.

SCHNITZLER, Thomas: „Gewissenhaft und treudeutsch": Ernst Cantor – Leben und Wirken eines Turnvereinsvorsitzenden aus Mainz, der Opfer der Rassenverfolgungen wurde. In: Jahrbuch für Westdeutsche Landesgeschichte 33 (2007), S. 457-485.

SCHNITZLER, Thomas: Trier unter dem Hakenkreuz. In: DÜHR, Elisabeth/ HIRSCHMANN Frank G./LEHNERT-LEVEN, Christel (Hrsg.): Stadtgeschichte im Museum. Begleitband zur neuen stadtgeschichtlichen Ausstellung im Stadtmuseum Trier. Trier 2007, S. 82-93.

SCHNITZLER, Thomas: Adolf Hitler – Triers „verwirkter" Ehrenbürger. In: 16vor (= Online-Magazin) v. 19.04.2007.

SCHNITZLER, Thomas Trierer Sportgeschichte. Trier 1997.

SCHNITZLER, Thomas: „Ein unerklärlicher Widerspruch". Ein Arzt in Hermeskeil und im KZ Hinzert. In: Jahrbuch Kreis Trier-Saarburg 2007, S. 226-235.

SCHUBERT, Angelika/KRÖBER, Gabriele: Annas Kinder – die Geschichte des Landschulheims Herrlingen. München (o.J.) Schubert-Filmproduktion (= Dokumentarfilm).

SCHWAN, G.: Der Mitläufer. In: FRANCOIS, E./SCHULZE, H.: Deutsche Erinnerungsorte. Bd. 1. München 2001, S. 654-669.

SEEMÜLLER, Ulrich: Das jüdische Altersheim Herrlingen und die Schicksale seiner Bewohner. Blaustein-Herrlingen o.J.

SEVERIN, Renate: Verwehte Spuren. Die Geschichte der Ochtendunger Juden. In: Ochtendunger Heimatblätter 12 (2007), S. 7-48.

SPIES, Gerty: Drei Jahre Theresienstadt. München 1984.

SPIES, Gerty: Bittere Jugend. Frankurt/Main 1997.

SPIES, Gerty: Im Staube gefunden. Gedichte. München 1987.

STADTARCHIV/STADTBIBLIOTHEK TRIER (Hrsg.): Juden in Trier. Katalog einer Ausstellung von Stadtarchiv und Stadtbibliothek Trier März-November 1988. Unter Mitarbeit von Horst Mühleisen und Bernhard Simon, bearbeitet von Reiner Nolden. Trier 1988.

STIPELEN-KINTZINGER, Annegret van: Trier in alten Ansichten. Zaltbommel 1980 (= Europäische Bibliothek).

STUDIENKREIS DEUTSCHER WIDERSTAND 1933-1945 (Hrsg.): Kinder in Theresienstadt – Zeichnungen, Gedichte, Texte. Katalog einer Ausstellung. Redaktion: Ursula Krause-Schmit/Barbara Leissing/Gottfried Schmidt o.O. 2003.

TARSI, Anita: Das Schicksal der alten Frauen aus Deutschland in Theresienstadt. In: Theresienstädter Studien und Dokumente 5 (1998), S. 100-130.

TIMMERMANN, H. (Hrsg.): Potsdam 1945. „Konzept, Taktik, Irrtum?" Berlin 1997

TREPLIN, Vera: Zweierlei Vergangenheit – zweierlei Erinnerungen. In: Analytische Psychologie 32 (2001), S. 84-106.

VÁCLAVEK, Ludvík B.: Zur Problematik der deutschen Lyrik aus Theresienstadt 1941-1945. In: Theresienstädter Studien und Dokumente 1 (1994), S. 128-134.

VOGEL, Ludwin: Trier nach dem Zweiten Weltkrieg. In: DÜWELL, Kurt/IRSIGLER, Franz (Hrsg.): 2000 Jahre Trier. Bd. 3: Trier in der Neuzeit. Trier 1996[2], S. 591-612.

WEILER, Otmar: Trier und der Nationalsozialismus. Die Machtergreifung in einer rheinischen Stadt. Dokumentenband zur Ausstellung des Stadtarchivs und der Stadtbibliothek Trier 1984.

WEINBERG, Kerry: Scenes from Hitler's „1000-Year Reich". Twelve Years of Nazi Terror and Aftermath. New York o.J. (um 1997).

WEISSOVÁ-HOŠKOVÁ, Helga: Von zehntausend Kindern überlebten einhundert. In: DÜSING, Michael (Hrsg.): Wir waren zum Tode bestimmt: Lódz – Theresienstadt – Auschwitz – Freiberg – Oederan – Mauthausen; jüdische Zwangsarbeiterinnen erinnern sich. Leipzig 2002. 1. Auflage, S. 58-63.

WEISSOVÁ-HOŠKOVÁ, Helga: Weiterleben. In: Studienkreis Deutscher Widerstand 1933-1945 (Hrsg.): Kinder in Theresienstadt – Zeichnungen, Gedichte, Texte. Katalog einer Ausstellung. Redaktion: Ursula Krause-Schmit/Barbara Leissing/Gottfried Schmidt (o.O.) 2003, S. 39.

WELTER, Adolf: Die Luftangriffe auf Trier 1939-1945. Ein Beitrag zur Geschichte des Trierer Landes. 3. Auflage, erweiterte Fassung.. Trier 2005.

WELZER, Harald: Täter. Wie aus ganz normalen Menschen Massenmörder werden. Frankfurt/Main 2005[2]

WERTHEIM, Hella geb. Sass: Weiterleben. In: Studienkreis Deutscher Widerstand 1933-1945 (Hrsg.): Kinder in Theresienstadt – Zeichnungen, Gedichte, Texte. Katalog einer Ausstellung. Redaktion: Ursula Krause-Schmit/Barbara Leissing/Gottfried Schmidt (o.O.) 2003, 40-41.

WERTHEIM, Hella/ROCKEL, Manfred: Immer alles geduldig getragen. Als Mädchen in Theresienstadt, Auschwitz und Lenzing. Seit 1945 in der Grafschaft Bentheim. Bielefeld [4]2004.

ZAICH, Katja B.: Das Sammellager Hollandsche Schouwburg in Amsterdam. In: BENZ, W./DISTEL, B. (Hrsg.): Terror im Westen. Nationalsozialistische Lager in den Niederlanden, Belgien und Luxemburg. Berlin 2004 (= Geschichte der Konzentrationslager 1933-1945 Bd.), S. 181-196.

ZENZ, Emil: Trier in Rauch und Trümmern. Das Kriegsgeschehen in der Stadt, in Ehrang. Pfalzel, Konz in den Jahren 1943-1945. Trier 2008 (= erweiterte Neuauflage der Erstauflage von 1983).

ZIMMERMANN, Michael: die nationalsozialistische „Lösung der Zigeunerfrage. In: HERBERT, Ulrich (Hrsg.): Nationalsozialistische Vernichtungspolitik 1939-1945. Neue Forschungen und Kontroversen. Frankfurt/Main 1998, S. 235-262.

ZUCHE, Thomas (Hrsg.): Stattführer. Trier im Nationalsozialismus.3. überarbeitete und erweiterte Auflage. Trier 2005.

Abbildungsnachweis

Textabbildungen:

1 Marianne Elikan 1939 (Privatsammlung Marianne Elikan)
2 Lieselotte Elikan 1938 (Stadtarchiv Karlsruhe)
3 Geburtstagsglückwünsche (Privatsammlung Marianne Elikan)
4 Familie Rotter (Nachlass Waltraud Ingeborg Guldenmann)
5 Abmeldebescheinigung Marianne Elikan (Privatsammlung Marianne Elikan)
6 Deutsches Mädchenheim Theresienstadt, Postkarte (Privatsammlung Marianne Elikan)
7 Stockbetten in Theresienstadt (Nachlass Betty Süsskind geb. Meyer)
8: Arbeitseinberufung Marianne Elikan (Privatsammlung Marianne Elikan)
9 a, b: Arbeitsausweis Marianne Elikan (Privatsammlung Marianne Elikan)
10: Krankenstandsmeldung Marianne Elikan (Privatsammlung Marianne Elikan)
11: Repatriation Office-Ausweis Marianne Elikan (Privatsammlung Marianne Elikan)
12: Kriegerdenkmal Pellinger Straße 33 (Privatsammlung Marlene Mensendiek-Scholz)
13: Gestapo-Luftschutzbunker Balduinsbrunnen (Privatsammlung Thomas Schnitzler)
14: Ausweis Vereinigung der Verfolgten des Naziregimes Marianne Elikan (Privatsammlung Marianne Elikan)
15: Marianne Elikan mit Tocher Jeanette (Privatsammlung Marianne Elikan)
16: Inge Bober, um 1947 (Privatsammlung Marianne Elikan)
17: Ilse Bober, um 1947 (Privatsammlung Marianne Elikan)
18: Gerty Leufgen, um 1939 (Privatsammlung Christa Leufgen)
19: Marianne Löbl (Privatsammlung Marianne Elikan)
20: Herbert-Heinz Busten, um 1943 (Privatsammlung Marianne Elikan)
21: Egon Schor (Privatsammlung Marianne Elikan)
22: Horst Baumgarten (Privatsammlung Marianne Elikan)
23: Alexander (Privatsammlung Marianne Elikan)
24: Postkarte Melanie und Eduard Wolf (Privatsammlung Marianne Elikan)
25: Poesiealbum-Eintrag Elise Haas (Privatsammlung Marianne Elikan)
26: Poesiealbum-Eintrag Adele Elsbach (Privatsammlung Marianne Elikan)
27: Poesiealbum-Eintrag Therese Lorig (Privatsammlung Marianne Elikan)
28: Poesiealbum-Eintrag Hella Sass (Privatsammlung Marianne Elikan)
29: Poesiealbum-Eintrag Marianne Löbl (Privatsammlung Marianne Elikan)
30: Kennkarte Ruth Selma Bähr (Stadtarchiv Trier, Tb 15/948)
31: Transportbefehl Dr. Henriette Burchardt (Privatsammlung Marianne Elikan)
32: Kennkarte Adele Elsbach (Stadtarchiv Trier, Tb 15/948)
33: Leistungsstreifen Glimmerspalterei (Privatsammlung Marianne Elikan)

34: Stoff-Etikett mit Häftlingsnummer Marianne Elikans (Privatsammlung Marianne
   Elikan)
35: Präsenztabelle Hausdienst Marianne Elikan (Privatsammlung Marianne Elikan)
36: Kennkarte Adele Kallmann (Stadtarchiv Trier, Tb 15/948)
37: Kennkarte Berthilde Kaufmann (Stadtarchiv Trier, Tb 15/948)
38: Kennkarte Liesel Mayer (Stadtarchiv Trier, Tb 15/948)
39: Vorladung Postempfang für Olga Bachrach (Privatsammlung Marianne Elikan)
40: Essensbezugskarte Marianne Elikan (Privatsammlung Marianne Elikan)
41: Hella Wertheim, geb. Sass (aus: Studienkreis Deutscher Widerstand 1933-1945
   (Hrsg.): Kinder in Theresienstadt. Zeichnungen, Gedichte, Texte. o.O. 2003, S. 40)
42: Jüdische Zwangsarbeiterinnen im Weinberg Olewig (Privatsammlung Marianne
   Elikan)

Farbtafeln:
1: Deutscher und holländischer „Judenstern"
2: Taschenplan Theresienstadt
3: Arbeitsbescheinigung Z.K.K. für Marianne Elikan
4 a-c: Glimmer in verschiedenen Stadien des Verarbeitungsprozesses
5: Eintrittskarte Freizeitgestaltung „Jazz"
6: Eintrittskarte Freizeitgestaltung „Märchennachmittag"
7: Eintrittskarte / Getränkebon Kaffeehaus Theresienstadt
8: Eintrittskarte Frauenbad Theresienstadt
9: Ghetto-Währung Theresienstadt
10: Marianne Elikans Erinnerungsstücke
11: Anhänger Wappen Theresienstadt
12 a, b: Holz-Bild „Mädchen im Spiegel"
13: Holz-Bild „Bauernhof"
14: Holz-Bild „Alte Frau in Theresienstadt"
15: Tagebücher und Manuskripte Marianne Elikans (Collage)
16: Gedichtmanuskript „Ein Kakaozug von Zimmer 4"
17 a, b: Opfer des Faschismus. Ausweis Marianne Elikan
Alle Privatsammlung Marianne Elikan.

Alle Abbildungen aus der Privatsammlung Marianne Elikan
fotografiert von Bettina Leuchtenberg.

Dank

Für freundliche Mitteilungen und Hinweise sei gedankt:

- Frau Archivrätin Siegrid Kämpfer vom Institut für Stadtgeschichte in Frankfurt/Main

- Frau Dr. Heidi Fogel (Neu-Isenburg)

- Frau Claudia Lack vom Stadtarchiv Neu-Isenburg

- Frau Christa Leufgen (Großefehn)

- Frau Dorothee Le Maire vom Stadtarchiv Ettlingen

- Frau Marlene Mensendiek-Scholz (Frankfurt/Main)

- Herr Prof. Dr. Ferdinand Opll (Wiener Stadt- und Landesarchiv)

- Frau Archivrätin Dr. Christiane Pfanz-Sponagel vom Stadtarchiv Freiburg

- Diana Weber vom Stadtarchiv Heidelberg

- Frau Elvira Prenzel vom Stadtarchiv Neustadt/Weinstraße

- Herrn Prof. Dr. Stefan Goch vom Institut für Stadtgeschichte in Gelsenkirchen

- Frau Diana Weber vom Stadtarchiv Heidelberg

- Herr Dr. Heinz Kahn (Polch)

- Herrn Archivdirektor Dr. Reiner Nolden vom Stadtarchiv Trier

- Herrn M.A. Jürgen Schuhladen-Krämer vom Stadtarchiv Karlsruhe

- Herrn Mag. Wolf-Erich Eckstein (Israelitische Kultusgemeinde Wien)

- Herrn Dr. Martin Stingel vom Generallandesarchiv in Karlsruhe

- Herrn Dr. Jost Hausmann vom Landeshauptarchiv in Koblenz

- Herrn Reinhold Burkard vom Stadtarchiv Koblenz

- Herrn Karl Giebler vom Haus Unterm Regenbogen (ehemaliges Landschulheim Herrlingen)

- Herrn Rudolf Peter Guldenmann (Basel)

- Herrn Meissner (Bundesarchiv Berlin)

- Herr Thomas Ulbrich (Brandenburgisches Landeshauptarchiv)

- Herr. Dr. R. Uphoff (Stadtarchiv Emden)

- Frau Angelika Wilke (Stadtarchiv Trier)